"十二五"职业教育国家规划教材
经全国职业教育教材审定委员会审定

管理会计
GUANLI KUAIJI

主　编　马元兴
副主编　郭素娟　刘　勤
参　编　袁中文　杨　洋

中国财政经济出版社

图书在版编目（CIP）数据

管理会计／马元兴主编．—北京：中国财政经济出版社，2015.11
"十二五"职业教育国家规划教材
ISBN 978-7-5095-5290-2

Ⅰ.①管… Ⅱ.①马… Ⅲ.①管理会计-高等职业教育-教材 Ⅳ.①F234.3

中国版本图书馆 CIP 数据核字（2014）第 072833 号

责任编辑：蔡 宾 田明晖　　　　　责任校对：李 丽
封面设计：华乐功　　　　　　　　　版式设计：董生萍

中国财政经济出版社出版

URL：http://www.cfeph.cn
E-mail：jiaoyu@cfeph.cn

（版权所有　翻印必究）

社址：北京市海淀区阜成路甲 28 号　邮政编码：100142
营销中心电话：010-88191522　编辑部门电话：010-88190670
北京中兴印刷有限公司印刷　各地新华书店经销
787×1092 毫米　16 开　20.5 印张　474 000 字
2016 年 1 月第 1 版　2021 年 7 月北京第 2 次印刷
定价：37.00 元
ISBN 978-7-5095-5290-2/F·4276
（图书出现印装问题，本社负责调换）
本社质量投诉电话：010-88190744
打击盗版举报热线：010-88191661　QQ：2242791300

前　言

现代企业的经营管理离不开管理会计作为支撑。管理会计运用一系列的会计方法，对各种经济信息进行收集、分类、汇总、分析并出具报告，借以进行预测和决策，制定计划，对经营业务进行控制，对业绩进行评价，提供企业经营决策的依据，帮助企业改善经营管理。

本书被评为"十二五"职业教育国家规划教材，全书以现代市场经济体制和全球经济一体化为背景，从现代企业的内部管理需要出发，阐述了预测决策会计、规划控制会计和责任会计的基本理论和方法。高职高专会计专业的学生通过对本书的学习，掌握管理会计的基本内容和基本理论，学会如何在社会主义市场经济条件下和现代企业制度环境中，进一步加工和运用企业内部财务信息，预测经济前景、参与经营决策、规划经营方针、控制经营过程和考评责任业绩的基本程序、操作技能和基本方法。

本书按照培养高素质、高技能职业人才的要求，力求突出以下特色：

1. 能力本位。本书以培养学习者的职业能力作为根本出发点，以管理会计的预测、决策、控制、考评为重点，将"知识、技能、素质"融入每一个学习子情境之中。

2. 学练结合。本书体现"学中做、做中学"的高职教学特点，根据教学内容，将知识、技能的传授通过［做中学］、［业务操作］等栏目，引导学生通过学练结合的方式，加以掌握。

3. 突出实践。本书以企业实际工作内容为基础，通过［小资料］、［情境引例］、［典型工作任务］将教学内容和企业实际业务操作有机结合，让学生在实际环境中学习、思考和掌握知识与技能。

4. 创新发展。本书考虑学习者的职业发展需求和综合素质培养要求，在做到"必须够用"的基础上，通过［小思考］、［工作实例］提示学习者思考实际工作中出现的问题，培养学生在基本学习前提下的创新发展能力。

5. 内容丰富。本书除设计了［情境引例］、［典型工作任务］、［业务操作］、［工作实例］、［做中学］、［小资料］、［小思考］外，还包括［著名人物］、［案例启示］、［经典巨著］、［经典事件］、［习题与实训］等栏目，以丰富多彩的教学内容拓展学习者的知识和兴趣。

本书由马元兴教授担任主编，负责拟定编写大纲并执笔编写了学习情境一、学习情境二；郭素娟执笔编写了学习情境三、学习情境四；杨洋执笔编写了学习情境五；刘勤执笔编写了学习情境六；袁中文执笔编写了学习情境七、学习情境八和学习情境九。全书由郭素娟和刘勤审阅、修改，由马元兴统稿。

本书在编写过程中，参阅了许多学者的论著和教材，得到了有关企业的帮助和指导，在此向他们表示衷心的感谢。

由于我们水平有限，书中难免存在不妥、疏漏甚至谬误之处，敬请各位专家、学者及广大读者批评指正。

编者

2015 年 9 月

目 录

学习情境一　管理会计认知 …… 1
　学习子情境一　管理会计基本理论 …… 2
　学习子情境二　管理会计基本方法 …… 16

学习情境二　经营预测 …… 59
　学习子情境一　销售预测 …… 64
　学习子情境二　利润预测 …… 76
　学习子情境三　成本预测 …… 83
　学习子情境四　资金预测 …… 87

学习情境三　经营决策 …… 99
　学习子情境一　生产决策 …… 114
　学习子情境二　定价决策 …… 126

学习情境四　投资决策 …… 140
　学习子情境一　现金流量分析 …… 143
　学习子情境二　投资决策指标 …… 148
　学习子情境三　投资决策评价 …… 159

学习情境五　全面预算 …… 171
　学习子情境一　全面预算方法 …… 179
　学习子情境二　编制业务预算 …… 190
　学习子情境三　编制财务预算 …… 198

学习情境六	存货控制	209
	学习子情境一 存货经济批量	213
	学习子情境二 存货控制方法	224
学习情境七	成本控制	236
	学习子情境一 标准成本制定	241
	学习子情境二 成本差异分析与处理	249
学习情境八	作业成本	270
	学习子情境一 作业成本法的计算程序	277
	学习子情境二 作业成本管理在企业中的应用	284
学习情境九	责任会计	296
	学习子情境一 责任中心与考核	300
	学习子情境二 内部转移价格	310

学习情境一 管理会计认知

 **职业能力目标**

管理会计是一门为企业预测前景、规划未来、科学决策、控制和评价各责任单位经济活动的科学，在现代企业管理中发挥着重要作用。学习管理会计，首先应明确管理会计的基本理论，其目标是：了解管理会计的产生与发展；理解管理会计的基本内容；理解管理会计的目标和对象；懂得管理会计的主要特点以及与财务会计的区别和联系。其次应掌握管理会计的基本方法，第一是成本性态分析法，其目标是：能够根据企业的成本资料进行成本性态分类；能够对企业的混合成本进行分解，并建立混合成本的性态分析模型；能够根据企业的成本资料进行成本性态分析。第二是变动成本分析法，其目标是：能够用完全成本法和变动成本法计算产品的总成本和单位成本；能够用完全成本法和变动成本法计算单个会计期间和多个会计期间的营业利润并分析营业利润产生差异的原因。第三是本量利分析法，其目标是：能够计算单一品种产品的保本量和保本额；能够计算多品种产品的保本量和保本额；能够运用与保本分析有关的指标评价企业经营安全程度。

 **典型工作任务**

黑龙江斯达国际纸业集团公司总裁董鹰在《利用信息技术来改造传统企业，加速实现管理创新》中提到："原来我们比较熟悉的是财务会计，那么实际上企业内部在变化的时候，企业现代化用'财会'这个外部概念描述就没有意义。我不知道我们的管理会计这个概念大家都熟悉不熟悉，它有两个基本的职能。第一个叫预算规划；第二个叫控制评价。预算规划是对未来说的，控制评价是对当时说的。而财务会计是事后会计，是到月底做出整体的结算。我们实际上是把管理会计的预算与规划的哲理运用到我们的战略中去。"

这一描述为我们财务会计工作者学习管理会计基本理论和基本方法提出了明确的工作任务。

● 著名人物——余绪缨

余绪缨（1922—2010年），男，汉族，江西省靖安县人，教授，会计学家，会计教育家。新中国管理会计的开拓者和奠基人，引进"会计信息系统论"第1人，我国第1位现代管理会计方向博士生导师。

《会计计量基础》与《会计计量理论》

1967年，美籍日裔会计学家和教育家井尻雄士教授出版了《会计计量基础——基于数学、经济学及其行为学的探究》（简称《基础》），1975年，由美国会计学会作为《会计研究文集（第十辑）》出版了井尻雄士的《会计计量理论》（简称《理论》）。

《基础》和《理论》这两本著作在受托责任学派学界享有崇高的声誉，是"受托责任学派"的奠基之作。他曾担任美国会计学会会长，并入选美国"会计名人堂"。井尻教授的计量观又可以称为"受托责任计量观"。他的研究范围广，著作颇丰，其中关于会计计量理论的研究自成一派、影响广泛。

学习子情境一
管理会计基本理论

☞ 情境引例

小张大学会计专业毕业来到法兰公司财务部应聘，接受财务部李部长面试。李部长说："欢迎你来我公司财务部工作，企业的财务会计工作一方面是要将企业发生的经济业务进行核算，为企业外部提供财务会计报表，这在会计核算手段信息化的今天并不复杂；另一方面要为公司领导提供企业经营预测、决策、预算、控制和评价的报告，这是我们会计工作者为企业生存发展，在激烈的市场竞争中取胜的关键工作。请问你在大学学习过管理会计吧？请你谈谈什么是管理会计，当前是什么状况，其基本内容和职能是什么？"

经典事件

第二次工业革命与管理会计

第二次工业革命实际上是第一次产业革命的纵深发展，但发展的主要阵地已经转移到美国。第二次工业革命中出现了两个新的生产变革：一个变革是"标准化"——制造出标准的、可互换的零件；另一个变革是设计出"流水线"。这两个变革使得劳动生产率在提高，这是科学管理的结果，也为科学管理提出了更高的要求。20世纪初，产生了以"泰罗制"为代表的科学管理理论，管理会计随之萌芽。20世纪50至60年代，管理会计从财务会计中渐渐脱离并创建起来。1952年在世界会计师联合会上，正式通过了"管理会计"这个专门术语。从此，企业会计就正式分为财务会计和管理会计两大领域。

职业判断与业务操作

一、管理会计的概念

"管理会计"这一术语最早出现在1922年美国会计学者奎因坦斯出版的著作《管理会计：财务管理入门》中。在1952年伦敦举行的国际会计师联合会（IFAC）年会上，会计学界正式提出"管理会计"这一术语。此后，西方有关组织机构和会计学者根据各自的认识和把握，从不同角度对管理会计定义进行了描述。我国正式引入管理会计是在20世纪70年代末至80年代初。

（一）国外学会组织对管理会计的定义

1958年，美国会计学会（American Accounting Association，AAA）管理会计委员会对管理会计定义为："管理会计就是运用适当的技术和概念，处理企业历史的和计划的经济信息，以助于管理人员制订出合理的、能够实现经营目标的计划，以及为达到各项目标所进行的决策。"

1966年，AAA在出版的《基本会计理论声明书》中，对管理会计委员会于1958年对管理会计的定义作了进一步解释："管理会计就是运用适当的技术和概念，对经济实体的实际经济数据和预计经济数据进行处理，以帮助管理人员制订合理的经济目标，并为实现该目标而进行合理决策。"

1981年，美国会计人员学会（National Association of Accountants，NAA）在其发布的管理会计公报第一号中，将管理会计定义为："管理会计是一个辨识、衡量、累计、分析、准备、说明和沟通的营运活动的财务信息，以确保有效地运用组织的资源。管理会计工作也可应用于非管理阶层团体，如股东、债权人、证券管理单位和捐税机关，用以编制财务报告。"

1988年，国际会计师联合会（International Federation of Accountants，IFAC）下设的财务和管理会计师委员会在其发表的《论管理会计概念（征求意见稿）》中明确表示：

"管理会计可定义为在一个组织中,管理部门用于计划、评价和控制的(财务和经营)信息的确认、计量、收集、分析、编报、解释和传输的过程,以确保其资源的合理使用并履行相应的经营责任。"

(二) 国内学者对管理会计的定义

1983 年,余绪缨在《管理会计》一书中认为:"现代管理会计是在新的历史条件下,以现代管理科学为基础,一方面丰富和发展了其早期形成的一些技术方法;另一方面又大量吸收了现代管理科学中运筹学、行为科学等方面的研究成果,把它们引进、应用到会计中来,形成了一个新的、相对独立的、完整的理论方法体系。这个体系,表现为多种学科的相互渗透和结合,成为一门新兴的综合性边缘科学。"

1995 年,李天民将管理会计定义为:"管理会计主要是通过一系列专门方法,利用财务会计提供的资料及其他有关资料,进行整理、计算、对比和分析,使企业各级管理人员能据以对日常发生的一切经济活动进行规划与控制,并帮助企业领导作各种决策的一整套信息处理系统。"

综上所述,管理会计又称"内部报告会计",它是指以企业现在和未来的价值运动为对象,以提高经济效益为目的,以为企业内部管理者提供经营管理决策的科学依据为目标而进行的经济管理活动。

 小思考

管理会计广泛吸收了现代行为科学、管理科学和系统理论,形成了一门综合多学科的科学,它是会计的一个分支。请问管理会计是否属于企业管理的重要组成部分?

答:属于企业管理的重要组成部分。

 小资料

管理会计师协会发布的管理会计的定义(2008 年)

管理会计是一门专业学科,它为管理层制定决策、编制计划和业绩管理系统提供指导,并在财务报告和控制方面提供专业意见,以协助管理层制定和实施组织战略。

资料来源:《管理会计》第 6 版 (美) 阿特金森 (Atkinson, A. A.) 等著;刘曙光,陈静等译. 北京:清华大学出版社,2011.11

二、管理会计的产生与发展

管理会计是社会化大生产和科学管理的必然产物,其形成和发展是同现代企业的内外环境及与之相应的管理学理论和实践的发展相联系的,并受社会实践及经济理论的双重影响。一方面,社会经济的发展要求加强企业管理;另一方面,经济理论乐观其成。与财务会计相比,管理会计的历史较短,它萌芽于20世纪初,20世纪50年代传统管理会计体系及内容基本形成,并得到了较为迅速的发展,20世纪80年代以来又有了许多进步与创新。管理会计从传统的、单一的会计系统中分离出来,成为与财务会计并列的独立领域,经历了一个逐步发展的过程,大致可分为以下三个阶段。

(一) 管理会计的萌芽阶段

管理会计的起源可以追溯到19世纪末20世纪初。英国在工业革命的影响下,经济快速发展。由于企业所有权与经营管理权分离,所以企业对簿记提出更高的要求,即不仅能记账、算账、报账,而且要能审核账目,查错防弊;不仅能解释经济信息,说明问题,而且要研究资产的估价方法及有关理论。此时的英国成为全世界会计理论研究的中心。第一次世界大战后,美国在经济实力、科学技术和企业经营管理等方面取代了英国的位置,会计理论研究中心由英国转移到美国。1911年,美国人泰罗发表了著名的《科学管理原理》(泰罗制),开辟了企业管理的新纪元。泰罗的科学管理思想受到当时社会和企业界的极大重视,它给企业管理理论和实践带来了深刻的影响和变革。在推行泰罗制的过程中,为企业管理服务的会计,也发生了空前的变化和发展。会计领域内相继出现了许多诸如"标准成本"、"差异分析"、"预算控制"等同泰罗制的科学管理方法直接相联系的新的观念和新的技术方法,企业通过制定标准成本,进行预算控制和差异分析,改进企业管理与成本控制,使会计由单纯的记账、算账、报账,发展到事前预算、事中控制和事后分析相结合,并参与企业内部管理,为提高经济效益服务。慢慢地,各种数学的、技术的数理统计方法逐渐与会计学科结合起来,使会计的管理职能不断扩大和延伸,逐步形成侧重于企业内部管理的会计方法体系,这是管理会计从会计中分离出来的经济基础和历史原因。

(二) 管理会计的形成阶段

20世纪40年代,特别是第二次世界大战后,资本主义生产力迅速发展,企业规模不断扩大,跨国公司大量涌现,国内、国际市场竞争加剧。这种形势迫使企业家将管理的重心转向改进经营管理和对市场的开发上。企业为增强竞争力,不得不广泛推行职能管理、行为科学管理,想方设法调动员工的积极性,同时注重市场调研,加强科学的预测和决策,逐步形成了一个能与市场竞争环境相适应的预测、决策、控制、考核、评价的管理会计体系。于是,企业内部的管理科学化、现代化就发展了,现代管理科学也随之产生和发展。现代管理科学的创立及其在企业管理中的应用,不仅极大地提高了现代企业的经营管理水平,而且有力地推动了会计科学的发展。因此,在会计领域中逐渐形成了一整套相对独立的会计方法体系和理论——管理会计。这一时期的管理会计由生产管理转向经济决策,由关注劳动生产效率的提高转向全局性的经济效益的提高。管理会计正式形成以后,传统的单一会计系统就逐步分化为财务会计与管理会计两个相对独立的系统。现代管理科学的形成和发展,对现代管理会计的形成和发展在理论上起着奠基和指导的作用,在方法上赋予它现代化的管理方法和技术,可以说,现代管理会计是在新的历史条件下,以现代管理科学为基础,一方面丰富和发展了其早期形成的一些技术方法；另一方面又大量吸收了现代管理科学中运筹学、行为科学等方面的研究成果，将其引进、应用到会计中来，形成一个新的与管理现代化相适应的会计信息系统。西方国家一方面把以提供财务报表为主要手段，以企业外部投资人、债权人等为主要服务对象的会计，称为财务会计，它是传统会计的继续和发展；另一方面，为适应现代化管理需要，将会计中为企业内部管理人员进行正确决策及有效经营服务的内容从传统会计中分离出来，称为"管理会计"。它是以新的经营管理条件为基础，逐步形成和发展起来的一门新的学科，它既是企业管理的一个分支，又是与财务会计并列的一个会计分支。

（三）管理会计的发展阶段

20世纪70年代以后，管理会计师协会在美国成立，出版了专门的管理会计刊物，教科书开始走向讲台，管理会计与财务会计的区别开始明朗化、规范化。1980年，在法国巴黎召开了世界各国管理会计人员联会，专门研究管理会计的应用和推广问题。此后，管理会计在世界各国得到广泛发展并传入我国。1979年，机械工业部组织翻译出版了我国第一部《管理会计》，厦门大学是我国第一个将"管理会计"引入课堂的高等学府，引领管理会计的研究和发展，使其逐步成为会计专业的主要课程。

20世纪80年代以后，由于国际性竞争日趋激烈，为适应社会经济和科学技术的重大变革，基于学科的交叉渗透，管理会计进入一个新的大发展阶段，从一般性的企业预测、决策、控制、考核、评价转移到企业化和行为化问题，形成了许多新的领域：诸如作业会计、环境管理会计、人力资源价值会计、行为会计、战略管理会计、国际管理会计等。这一阶段，以重视环境适应性为基本特征的战略管理会计发展迅速，著名管理学家西蒙于1981年首次提出了"战略管理会计"一词，他认为战略管理会计应该侧重于本企业与竞争对手关于市场份额、定价、成本、产量等方面的资讯，研究内容为成本管理、投资决策、业绩评价等。新领域的拓展，要求现代管理会计学理论研究方法也不断丰富，数量经济分析、风险分析、数理统计推断、运筹学、管理工程学、现代决策论、控制论、信息论、系统论、现代心理学、行为科学以及电脑应用技术被广泛地应用，极大地推动了管理会计的发展。

> ◆ 小思考
>
> 管理会计从产生发展到今天已经有100多年了，国内外许多学者为管理会计的产生与发展作出了杰出的贡献。请问国外代表人物和国内代表人物分别是谁？
>
> 答：国外：美国人泰罗；国内：余绪缨。

三、管理会计的基本内容和职能

（一）管理会计的基本内容

管理会计主要为企业的内部管理服务，其主要内容可分为规划与决策会计、控制与责任会计两个部分。

1. 规划与决策会计

规划与决策会计是为企业管理中预测前景、参与决策和规划未来服务的，它首先利用会计资料及相关信息，运用科学的预测方法对利润、成本、销售及资金等进行预测分析，进而运用专门的决策方法对与企业经营和投资有关的问题进行决策分析。规划与决策会计主要包括预测分析、短期经营决策和长期投资决策。

2. 控制与责任会计

控制与责任会计是为企业进行事后分析、控制和评价现在的经济管理活动服务的。即首先将预测确定的目标通过数量形式进行汇总、协调，编制企业的全面预算，并明确各责任中心的责任。随后，利用标准成本制度对日常发生的经济活动进行追踪、收集和计算，将其实际发生数与预算数进行对比分析，编制日常绩效评价报告，用以考核和评价各责任中心的业绩。与此同时，控制与责任会计还要将经营过程中所发现的问题及时反馈给相关部门，以便及时调整经济活动，将管理会计的"控制"职能落到实处，便于改进以后的经营管理工作。控制与责任会计主要包括全面预算、成本控制和责任会计。

（二）管理会计的职能

管理会计是从财务会计中派生出来的一个重要分支，它不同于财务会计，它将传统的会计职能发展得更加广泛，能够分析过去、控制现在、预测未来。

1. 预测职能

管理会计的预测职能主要是运用科学方法，根据历史资料和现实情况，预计和推测经济活动的未来趋势和变化程度的过程，包括销售预测、成本预测、利润预测、资金需要量预测等内容。

2. 决策职能

管理会计的决策职能主要是指按照既定的目标，通过预测、分析、比较和判断，从两个或两个以上被选方案中选择最优方案的过程，包括经营决策（产品品种决策、产品组合决策、生产组织决策、定价决策）和投资决策等内容。

3. 预算职能

管理会计的预算职能主要是指用货币量度和非货币量度反映企业一定期间内收入、成本、利润和对资产的要求及资金需要，反映经营目标和结果的计划过程，包括业务预算、专门决策预算和财务预算等内容。

4. 控制职能

管理会计的控制职能主要是指按预算要求，控制经济活动，使之符合预算过程，包括标准成本法和责任会计等内容。

5. 考核和评价职能

管理会计的考核和评价职能主要是指通过实际与预算的比较，确定差异，分析差异形成的原因，并据以对责任者的业绩进行评价，进而对生产经营进行调整的过程，这一过程往往在标准成本法和责任会计的实施中体现出来。

（三）管理会计岗位职责

根据管理会计的基本内容和职能，在企业实际工作中管理会计岗位具有如下职责：

1. 对财务成本进行预算，提出决策分析数据

（1）进行成本、销售和利润的预测。

（2）参与生产经营短期决策和长期投资决策，提出有关决策分析的数据。

2. 编制全面预算，确定各项财务目标

（1）根据生产经营目标，编制企业的全面预算，确定目标成本和目标利润。

（2）提出增收节支的措施，保证成本目标和利润目标的实现，提高经济效益。

3. 对财务成本进行控制，开展价值分析

（1）建立财务成本控制体系，对成本和资金进行控制，保证销售目标和利润目标的完成。

（2）对产品进行价值分析，按销售区域进行利润的敏感性分析，以挖掘降低成本的潜力。

4. 评价经营业绩，考核责任单位实绩和成果

（1）建立成本和利润责任中心，编制责任预算，保证企业生产经营目标的实现。

（2）通过对各责任中心业绩报告的实际数与预算数的对比，考核评价各责任中心的工作实绩和经营效果。

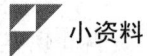 小资料

RIM 公司

2010 年 9 月，黑莓智能手机的生产商——RIM 公司，宣布其平板电脑 Play Book 将于 2011 年第一季度进入火热的平板电脑市场。这一声明造成了 RIM 的股价下跌 3%，分析家将其归咎于人们对 Play Book 不能如之前所预期的那样在 12 月假日档上市表示失望。

曾经是智能手机的市场领先者的 RIM 正遭受越来越激烈的市场竞争。虽然黑莓产品在商用细分市场上取得了不俗的成绩，然而苹果等新的竞争对手已经威胁到 RIM 的市场领先地位。苹果的 iPhone 在最初设计时就定位于消费者市场。苹果的最新热卖产品 iPad 平板电脑自 2010 年 3 月上市以来就取得了巨大成功，RIM 在其自身平板电脑上面临巨大的市场压力。

RIM 在 2010 年面临的形势生动地展现了公司战略（选择将参与竞争的市场）和业务单元战略（选择如何在既定的细分市场的竞争）的重要性。RIM 面临的战略决策需要相关的、及时的信息支撑，而其中大部分信息都是由管理会计信息提供的。

资料来源：《管理会计》第 6 版（美）阿特金森（Atkinson, A. A.）等著；刘曙光，陈静等译. 北京：清华大学出版社，2011.11

> **学中做**
>
> 企业准备用银行存款5 000万元投资购买一套生产设备和企业已用银行存款5 000万元购买一套生产设备。请予以判别和操作。
>
> 判别：前者属于管理会计范畴，后者属于财务会计范畴。
>
> 操作：前者需要用管理会计方法进行预测、分析、决策。后者用财务会计核算，借：固定资产，贷：银行存款。

四、管理会计的目标

管理会计是适应企业加强内部经营管理，提高企业竞争力的需要而产生和发展起来的。因此，管理会计的最终目标是提高企业的经济效益，实现经济效益最优化。为实现企业最终目标，管理会计应实现以下两个分目标。

（一）为管理和决策提供信息

会计是一个信息系统，管理会计作为会计的分支，其主要任务是向企业管理当局提供有关企业管理和经营决策的会计信息，主要包括与预测、决策企业经营活动有关的信息，与预算和控制企业经营活动有关的信息，与考核和评价企业经营活动有关的信息，以及与维护企业资产安全、完整及资源有效利用有关的信息。会计人员向企业管理者提供管理会计信息时，应当认真选择并加工整理，确保所提供的会计信息对企业管理有用。

为保证管理会计信息的有用性，管理会计信息必须具备以下质量特征：

（1）相关性。相关性是指管理会计所提供的信息应当具有对决策有影响或对预期产生结果有用的特征。

（2）准确性。准确性是指管理会计所提供的信息在相关范围内必须正确地反映客观事实。

（3）一贯性。一贯性是指同一企业不同时期应使用相同的规则、程序和方法，其目的在于使企业本身各个年度的管理会计信息能够相互可比。

（4）客观性。客观性是指由两个以上有资格的人利用相同的规划、程序和方法，对同样一组数据进行检验，可以得出基本相同的计量结果，得出基本相同的验证结论。

（5）灵活性。灵活性是指数据能够成为几种不同类型的信息，从而为不同管理目的服务。灵活的信息分类能够更好地适应不同的管理要求，并减少管理所需要的信息数量。

（6）及时性。及时性是指管理会计必须为管理当局决策提供最为及时、迅速的信息。

（7）简明性。简明性是指管理会计所提供的信息，不论是在内容上还是在形式上，都应当简单明了，易于理解，使信息使用者理解它的含义和用途，并懂得如何加以运用。

（8）成本效益性。成本效益性是指形成、使用管理会计信息所花费的代价与其在决策和控制上所取得的效果进行对比分析，借以确定在信息的形成、使用上如何以较少的代价取得较大的效果。

（二）参与企业的经营管理

管理会计的实质是会计与管理的直接结合，是一种会计管理。在现代企业管理理论的指导下，管理会计正在以各种方式积极参与企业的经营管理，表现为企业管理循环的每一步骤，都有与之相配合的管理会计步骤。其具体步骤为：

（1）企业管理方面做出决策，确定企业的经营目标，管理会计方面应参与决策并相应地编制预算。

（2）企业管理方面为完成经营目标，把目标分解落实到各车间部门，管理会计方面就要建立责任会计制度，制订各单位的预算。

（3）在企业管理的实际执行过程中，管理会计方面要进行内部控制。

（4）企业管理方面对实际执行情况进行检查，管理会计方面按责任会计进行业绩考核。

（5）企业管理方面总结过去，提出新的业务规划方案，管理会计方面对过去的效益进行分析，对新的业务规划方案进行预测，为下一循环的决策提供依据。

小思考

管理会计的目标，一是为管理和决策提供信息，二是参与企业的经营管理。请问：财务管理的目标是什么？与管理会计目标是否相同？

答：财务管理目标是实现企业价值最大化。大目标相同，实现手段不同。

五、管理会计的对象

管理会计的对象指的是管理会计观察或思考的客体或行为的目标。通俗地讲指管理会计的规划、控制、预测、评价等职能是对什么来实行的。国内理论界形成三种不同的观点。

（一）现金流动论

该观点认为管理会计的对象是企业的现金流动。主要理由如下：第一，一门学科研究的对象，应该贯穿于该学科的始终，因为它是该学科有关内容的集中和概括，而从内容上看，现金流动贯穿了管理会计全过程的各个环节；第二，通过现金可以把企业生产经营中的资金、成本、利润等各个方面联系起来，进行统一评价，为改善经营管理、提高经济效益提供重要的、综合的信息；第三，现金流动具有最大的综合性和敏感性，可以在预测、决策、预算、控制、考核、评价等各个环节发挥积极能动作用。

（二）价值差量论

该观点认为管理会计的对象是价值差量。主要理由如下：第一，一般来说，管理会计中的成本性态分析与变动成本计算、盈亏临界点与本量利分析、经营决策分析与评价、资本支出决策分析与评价、标准成本系统、责任会计等都运用价值差量方法进行研究与分析，即价值差量问题贯穿于管理会计工作的始终。第二，价值差量具有很大的综合性。管理会计研究的"差量"问题，既有价值差量，又包括实物差量和劳动差量，后者是前者的基础，前者是后者的表现。第三，现金流动不能作为管理会计的对象，因为现金流动仅在经营决策和资本支出决策的分析和评价中涉及，其他内容均不直接涉及现金流动，因此，现金流动并不能在管理会计中贯穿始终。

（三）资金总运动论

该观点认为管理会计的对象是企业及所属各级机构过去、现在和将来的资金总运动。主要理由如下：第一，管理会计与财务会计同属于现代会计的范畴，因而有着共同的对象——资金运动。所不同的是，管理会计的对象涵盖了所有时空的资金运动，而财务会计仅以过去的资金运动为对象。第二，把资金总运动作为管理会计的对象，与管理会计的实践与历史发展相吻合。

归纳以上三种观点，我们认为：从实质上讲，管理会计的对象是企业的生产经营活动；从管理体现经济效益的角度上看，管理会计的对象是企业生产经营活动中的价值运动，并以价值差量为其主要表现形式。

小思考

管理会计对象是企业生产经营活动中的价值运动，并以价值差量为其主要表现形式。请问：财务会计的对象是什么？财务管理的对象又是什么？

答：财务会计对象是指企事业单位在日常经营活动或业务活动中所表现出的资金运动。

财务管理的对象是企业资金运行系统，包括筹资系统、投资系统、资金运用系统和收益分配系统。

小资料

所有的企业都需要管理会计

管理会计信息能为所有类型的组织创造价值，这些组织包括：试图为股东提供出色的、可持续的收益的私营企业，竭力为目标受众创造积极的社会影响的非营利组织和非政府机构（NGOs），积极改善市民生活水平的政府部门。上述各种组织中的一个共同线索是如何实施为自己的利益相关者创造长期价值的战略。战略实施所需要的前提包括：与战略目标相匹配的决策制定，关键流程的持续改善，激励员工努力实现组织制定的目标，开发新产品和新服务的创新。

资料来源：《管理会计》第6版（美）阿特金森（Atkinson, A. A.）等著；刘曙光，陈静等译. 北京：清华大学出版社，2011.11

六、管理会计的特点

管理会计是社会化大生产高度发展的必然产物,随着生产和管理的需要,管理会计从传统的财务会计中分离出来,形成一个新的会计分支。管理会计究竟有哪些特点呢?依其职能而论,它相对于传统财务会计来讲主要具有以下特点:

(一)从核算目的和服务对象看,管理会计侧重于满足企业内部管理的需要

财务会计通过记录经济业务、定期编制财务报告,对内、对外提供一定期间的经营成果和资金活动情况等财务信息,它主要为投资者以及外界与企业有经济利益关系的团体或者个人服务,而管理会计则是围绕企业内部经营管理的需要,搜集、加工、分析整理各种资料,并不定期地编制各种管理报表,向企业领导提供最优决策和有效经营的有用信息,主要为企业内部经营管理服务。

(二)从反映经济活动重点看,管理会计侧重未来

传统财务会计侧重对企业经营活动作历史性描述,也即通过记账、算账、报账着重反映已经发生的经济事项,仅单纯地提供经济信息。而管理会计则是能动地应用已发生的经济事项和有关资料等信息,来预测和规划尚未发生的经济活动,对多种预测方案进行科学对比分析,从中选择最佳方案,为企业决策者进行正确决策提供客观依据,并利用财务会计资料和其他有关资料,控制现在的经济活动。所以说,管理会计能否有效地预测前景、参与决策、规划未来和控制现在是企业盛衰的关键。

(三)从核算方法看,管理会计采用的核算方法多于财务会计

财务会计主要以货币作为计量单位,采用统一的核算方法,反映企业经济活动。核算时一般采用简单的算术方法和原始计算工具。而管理会计的任务主要为管理者提供预测、决策控制、规划等所需资料,因此,核算方式在很多方面可不受公认会计原则的制约,所采用的方法已大大超出了初等数学范围,核算时以现代管理科学为基础,采用高等数学、应用数学、运筹学等方法进行核算。运用数学分析法,建立函数方程式,进行定量化分析,并利用电子计算机技术,这有助于消除决策者的主观性、随意性,使管理决策结果更加精确、可靠和科学。

(四)从核算依据、程序、数字的精确程度和信息资料的编报时间看,管理会计的要求不严

财务会计在核算依据上,西方国家一般必须遵循公认会计原则。在我国则要严格按照《中华人民共和国会计法》(简称《会计法》)、《企业会计准则》和行业会计制度等法律、法规的规定进行核算,其核算程序也比较固定,具有一定强制性,凭证、账簿、报表都规定有固定格式。核算的各种数据必须准确、平衡并要求提供准确真实的会计信息。会计报表的编报时间也应严格按国家规定定期编制报送月度、季度、年度财务会计报表。而管理会计则没有像财务会计那样严格的要求,其核算完全服从管理的需要,不受公认会计原则或统一会计制度的限制,以经济决策理论和数学公式作为核算手段,从

事各项核算工作。它在核算程序上不太固定，可以根据管理者需要自行设计程序及其所适用的各种报表格式。其核算数据并不要求绝对精确，一般对其所预测、决策事项只要求计算近似值即可，这是因为有许多事前预测和未来的规划等受很多外界因素的制约，不可能精确，在报表的编制时间上应视管理者需要来定，可每天编制，甚至每隔几小时编制，有时又可一年编制一次甚至长达数年编制一次。

小思考

会计的特点是：以货币作为主要的计量尺度；以凭证为依据；具有连续性、系统性、全面性和综合性。而管理会计的特点与会计有着很大的差别，请问这是为什么？

答：因为二者的目标有着很大差别。

七、管理会计与财务会计的关系

管理会计是会计学新近发展出来的一个分支，也是企业经营管理的一种重要手段。随着市场经济的发展和现代企业制度的建立，旨在加强企业内部资金、成本、利润等管理，为企业进行经营决策服务的管理会计应用越来越广泛。管理会计与财务会计两者之间既有区别，又有密切联系，它们相互补充，互相配合，在企业经营管理中共同发挥作用。

（一）管理会计与财务会计的联系

1. 职能目标一致

财务会计和管理会计的职能是相通的，具有一致性，都是对企业经济活动进行反映和管理，只是从不同角度、以不同方式发挥着会计的职能和作用。财务会计侧重于反映职能，管理会计侧重于管理职能，但财务会计同样具有管理职能，管理会计同样也具有反映的职能。管理会计只有通过向企业管理当局反映各种资料，才可以实施会计的管理职能。

2. 会计信息同质

财务会计所提供的许多重要财务成本指标，如收入、成本、利润等，企业管理当局特别是高层决策者同样需要，这是编制计划、实施控制和制订决策所必不可少的。企业管理当局在不了解企业财务状况和经营成果的情况下，难以对企业经营活动做出正确的预测、决策、控制和分析。同样，管理会计提供的有关会计信息，企业外部会计信息使用者也应有所了解，这有助于他们做出正确的投资决策。因此，从会计信息使用者的角度看，财务会计和管理会计是相通的。

3. 会计资料同源

管理会计若为企业内部管理和决策提供服务，就必须获得会计核算资料，即通过会计记账、算账、报账等手段所能获得的相关资料。这些资料正是财务会计通过填制会计凭证、设置会计账簿，记录、整理、汇总日常经济业务获得的。因此，我们可以说，管理会计和财务会计加工处理的会计资料是相同的。也就是说，由财务会计负责取得会计凭证并据以登记会计账簿，而管理会计只对财务会计所提供的有关资料进行一系列特殊加工、处理，使之成为企业管理当局预测、决策、控制和分析企业经营活动、参与企业管理的依据。

(二) 管理会计与财务会计的区别

1. 主要服务对象的侧重点不同

管理会计主要是向企业管理当局提供企业内部生产经营管理所需要的经济信息，作为管理当局预测未来、规划目标、选择方案、制定决策、编制预算、进行控制和评价的依据的。简言之，管理会计主要是为企业内部生产经营管理服务的。财务会计以其最终编制的财务报表为主要特征，主要服务对象则是企业外界的债权人、银行、税务等。财务会计虽然也为企业管理当局提供财务信息，如资金流转、成本开支、利润实现等情况，但财务会计是向外界与企业有经济利害关系的管理当局、团体单位乃至个人提供企业的经济信息。

2. 工作依据的规范不同

管理会计工作不受强制性的《会计法》、公认的会计原则、统一的新《企业会计准则》的约束，它只服从于管理人员的意愿和需要，受经济规律、经济理论、数学公式的制约。例如，它可以将成本按照习性进行重新归类组合，区分为固定成本和变动成本，并运用变动成本法进行成本预测和经营决策。因此，新《企业会计准则》等对管理会计的要求并不很严格，其结构比较松散，其工作领域比财务会计更为广阔。财务会计则不同。在我国，财务会计工作必须严格按照《会计法》以及新《企业会计准则》行事，必须遵循会计工作规范，即必须按会计原则工作。如必须严格遵循财政部统一颁发的包括会计科目的使用、会计报表的编报、成本计算规程、费用开支范围、财产物资盘存、估价、报损等内容在内的会计制度，不能越出"雷池"一步。

3. 工作重点和时限的侧重点不同

管理会计的工作重点和时限是现在和将来，尤其重视着眼未来、面对未来，对未来的经济活动进行展望，对今后进行事前的预测和决策。财务会计的工作重点和时限则主要是反映过去已经发生的经济活动，单纯地提供已经发生的经济活动信息，进行事后的反映和监督，即对历史描述。

4. 核算对象的范围不同

管理会计核算对象的范围，既可是整个企业，也可是企业内部的一个局部。既可从整个企业的全局出发，为企业的规划、决策、控制、评价提供数据，也可从企业内部的各个责任中心，为解决局部问题或特定问题提供数据。因此管理会计核算对象的范围是可大可小的。财务会计则主要以整个企业为核算对象，提供反映整个企业财务状况和经营成果的总括性资料，同时为适应实行企业内部经济责任制的需要，考核评价各车间、各部门的实绩。

5. 核算程序和报表格式不同

管理会计的核算程序和报表格式不固定、不统一，可以自由选择合适的核算程序和根据需要自行设计报表的格式。财务会计的核算程序则是固定的，并带有强制性。如一个企业需要向上级、财政部门、税务部门、审计部门、开户银行提供一定资料，而这些资料应当如何搜集、整理，都是有固定的程序的。财务会计所用凭证、账簿、报表的格式也是统一规定的。

6. 核算方法体系不同

管理会计采用的方法灵活多样，没有严密的结构体系，而且大量采用各种现代数学方法和统计方法，并借助于计算机进行复杂的计算。财务会计则有一整套处理会计资料的方法体系。对凭证的填制，会计科目的运用，复式借贷记账法原理的应用，登记账簿的要求，成本的计算规程，物资、账目的清查，报表的编制等，财务会计都有严格的规定，但其所用的计算方法则主要是简单的算术方法，一般使用简单的计算工具即可。

7. 核算精确度的要求不同

管理会计为了满足管理上的需要，它一般强调核算速度，要求提供的数据迅速、及时，对数据的计算一般要求近似值即可，不要求绝对精确。所以，管理会计的核算结果则具有一定的"弹性"。财务会计对核算的精确度则要求很高，分文不差，资产和权益必须平衡，总账与明细账必须一致，各项财务成本指标的计算要求十分精确。

8. 编制会计报表的时间不同

管理会计的报表编制时间不定期且不固定，根据管理的需要以及要求随时编制，也可能一年或数年编制一次，而财务会计则必须按规定期限定期、及时编制财务会计报表。

小思考

根据管理会计的特点和与财务会计的区别，你认为管理会计人员应具备什么样的素质？

答：鉴于管理会计的方法灵活多样，又没有固定的工作程序可以遵循，其体系缺乏统一性和规范性，所以在很大程度上管理会计的水平取决于会计人员素质的高低。同时，由于管理会计工作需要考虑的因素比较多，涉及的内容比较复杂，也要求从事这项工作的人员必须具备现代科学管理、数学、预测学和经济学方面的知识及果断的应变能力，具有较强的分析问题的能力。财务会计工作则需要基础知识比较扎实、操作能力强、工作细致的专门人才来承担。

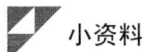

小资料

公司的使命

事实上，每家公司都有自己的使命，用于说明其基本目标，以及如何通过与客户、股东、雇员、供应商和社区的关系为社会创造价值。所有"财富500强"企业的使命都可以在 http：//www. missionstatements. com/fortune_ 500_ mission_ statements. html 中找到。

例如："财富500强"企业之一的联邦快递（FedEx）提供了有关企业使命和其他企业管理系统方面的信息。http：//ir. fedex. com/governance. cfm。

工作实例

考试选才

某股份有限公司董事会认识到管理会计十分重要,决定设立管理会计岗位,要求财务部长从公司财务会计人员中选拔一位人员从事管理会计工作,财务部长不了解目前财务会计人员对管理会计知识的掌握情况,决定考试选才。财务部长将8位会计人员召集在一起,出了12个题目让每一位会计人员回答。题目如下:

1. 管理会计与财务会计的职能一样,主要是核算和监督。
2. 管理会计和财务会计是截然分开的,无任何联系。
3. 管理会计报告要在会计期末以报表的形式上报。
4. 管理会计吸收了经济学、管理学和数学等方面的研究成果,在方法上灵活多样。
5. 贯穿管理会计的理论是本量利分析理论。
6. 管理会计服务于企业外部,受会计法规约束。
7. 管理会计的职能主要是满足企业各项管理职能的需要。
8. 管理会计的信息质量特征与财务会计的信息质量特征完全不同。
9. 在提供管理会计信息时可以完全不考虑成本效益原则。
10. 一个管理会计师可以将手中掌握的信息资料随意提供给他人。
11. 与财务会计相比,管理会计不能算是一个独立的职业,它的职业发展受到限制。
12. 管理会计与财务管理两者反映的内容相同。

请你对以上题目进行分析,并说明正确与否。

学习子情境二
管理会计基本方法

☞ 情境引例

法兰公司召开年度董事会,财务部李部长全面汇报了法兰公司2013年生产经营情况和财务资产情况。指出:2013年法兰公司在董事会的领导下,公司总经理会同各级领导全力工作,全面并超额完成了2013年的计划任务,实现销售收入5.6亿元,比计划5亿元增长了12%;实现净利润2 100万元,比计划2 000万元增长了5%。虽然销售增长了12%,但净利润只增长了5%,其原因是公司的生产经营成本大幅度增加、生产销售的产品有些出现亏损、部门之间的生产经营管理还不平衡等,只要加强管理 2014 年有很大潜力。

听了李部长汇报后，公司各位董事和高管进行了讨论。最后，公司董事长总结说："李部长汇报很全面，我们既要肯定成绩，又要看到问题，法兰公司的发展还需要进一步加强企业内部管理，今天会议决定，请财务部对 2013 年公司发生的成本进行性态分析，对公司生产的产品用完全成本法和变动成本法计算营业利润，对生产经营的产品用本量利分析法进行全面分析，提出 2014 年加强企业生产经营管理的措施，提交下次董事会审议。"

法兰公司董事长作出的决定就是要求我们财务人员运用管理会计的基本方法进行预测分析和控制。

经典事件

东印度公司的财务创新

1600 年 12 月 31 日，英国著名的东印度公司正式成立。东印度公司是由一群拥有创业心和影响力的商人所合股集资组成，最初主要贸易是棉花、丝绸、靛青、硝石和茶叶。

在当时的航海条件下，船舶从英国出发，到印度采购完成再返回英国需要比较长的时间，如公司的第一次贸易航行就耗时两年半。另外，公司将东方贸易所采购的各种货物换成现金也需要时间，这使得股东分配利润的周期长而且不确定，且返航后也不会马上有足够的现金支付股利。为了解决这些问题，东印度公司陆续进行了一系列相关的财务会计改革。从 1612 年起，公司开始将单一航行的投资，改为对数次航行的合股投资，并且以下一次航海的股份来代替现金股利——这就是股票股利的前身。针对清算股本所需要的极其复杂的会计核算，1657 年 9 月该公司发布新章程，允许签发永久性的股份，作为未来所有航海冒险活动的一种联合投资。并将每次清算转换为永久性股份，提出每年而不是每次冒险活动结束时结算利润。这样，就实际形成了会计最重要的假设——持续经营和会计分期。同时也产生了具有现代意义的股份公司。这些会计改革，开辟了会计的年度报告制度先河，出现了流动资产和流动负债、固定资产和固定负债的划分界限，对现代会计制度的构建和发展起到了极大的推动作用。

职业判断与业务操作

一、成本性态分析法

成本是反映企业生产经营管理水平高低和经济效益好坏的一个综合性指标。不同的会计对成本概念的理解是不相同的。在财务会计中，从正确核算企业的财务状况和准确计量企业的经营成果的要求出发，通常把成本概括为：在一定条件下，企业为生产一定种类、一定数量的产品所发生的可以用货币表现的各种耗费。

管理会计是以企业内部经营管理为服务对象，充分发挥其预测、决策、控制、规划和考核评价等职能，这就需要根据各种职能分别核算和提供满足管理会计不同要求的各种成本信息，因此，在管理会计中，成本是指企业在生产经营活动中对象化的、以货币表现的、为达到一定目的而应当或可能发生的各种经济资源的价值牺牲或付出的代价。管理会计中的成本概念其内涵和外延比财务会计要广得多，成本不仅仅是一种物化劳动和活劳动的耗费，也可以是一种因放弃某个机会而未能获得的收益；成本记录、计量的内容，不仅仅包括过去已经发生的，也可以是将来应当或可能发生的；成本归集的对象不仅仅是产品，也可以是生产经营过程中的其他客体，如企业的某个责任单位。

（一）成本按性态分类

成本按性态分类是管理会计特有的，根据管理会计分析研究的需要而确定的一种成本分类的标志。这种分类从本质上区别于其他的成本分类，有其鲜明的管理会计成本概念的内涵。

成本性态又称为成本习性，是指在相关范围内，成本总额与业务量之间的依存关系。其中，成本总额主要是指为取得经营成果所发生的全部成本费用总额，包括两类，即全部生产成本和非生产成本。业务量表示为产量、销量、直接人工工时、机器小时等工作量单位。按成本性态研究和分析成本，目的是要揭示成本与产销量等业务量之间的内在联系。因此，成本按其性态分类有助于从数量上研究产品成本与生产能力之间的规律性联系，有利于充分挖掘企业降低成本的潜力和进行准确的成本控制，以实现提高经济效益的目的。

成本按照性态可划分为三类：变动成本、固定成本和混合成本。

1. 变动成本

变动成本，是指在一定时期和一定业务量成本范围内，成本总额随着业务量的变动而发生正比例变动的成本。企业生产过程中发生的直接材料、直接人工、制造费用中随产量成正比例变动的物料用品费、燃料费、动力费、按工作量法计算的固定资产折旧费、按销售量支付的销售佣金、运输费、包装费等都属变动成本。这类成本总额将随着产量或销量的变动而成正比例变动。但从单位业务量来观察，单位产品的直接材料、直接人工等却是等量的，即单位变动成本不受业务量变动的影响而保持不变。因此，变动成本具有以下两个特点：

（1）变动成本总额的正比例变动性。将其反映在平面直角坐标系上，变动成本线是一条以单位变动成本为斜率的直线，其总成本模型为：$y=bx$。

（2）单位变动成本的不变性。将其反映在平面直角坐标系上，单位变动成本线是一条与横轴平行的直线，其单位变动成本的性态模型为：$y=b$。

[业务操作 1—1]

丽华电子公司生产 G 产品，每件 G 产品需要甲材料 0.5 千克，每千克甲材料成本为 20 元，2013 年上半年丽华电子公司生产 G 产品的产量与甲材料之间的耗用数据见表 1-1。

表 1-1　　　　　　　　　　G 产品产量与甲材料成本资料

月份	G 产品生产量/件	甲材料耗用量/千克	甲材料单位成本/元	甲材料耗用总成本/元
1	500	250	20	5 000
2	300	150	20	3 000
3	400	200	20	4 000
4	600	300	20	6 000
5	450	225	20	4 500
6	550	275	20	5 500

从表 1-1 中可看出，当 G 产品的产量发生变化时，耗用甲材料的总成本也随着生产量成正比例变动。而每件 G 产品的甲材料单位成本均为 20 元。根据上述资料，可将其变动成本的成本性态模型用图 1-1 和图 1-2 表示。

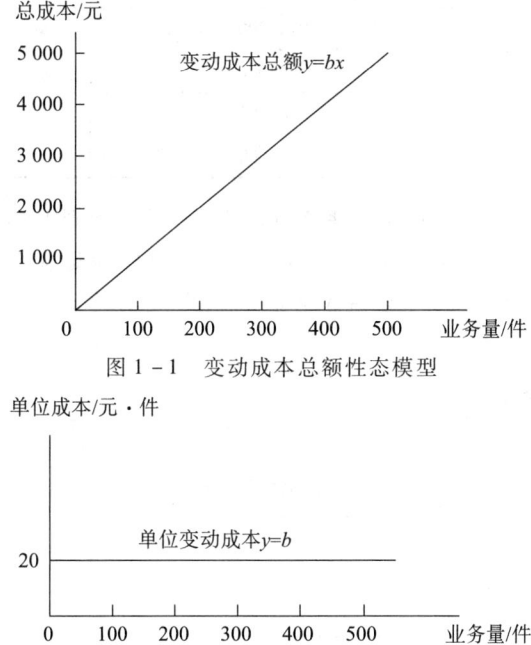

图 1-1　变动成本总额性态模型

图 1-2　单位变动成本性态模型

通过变动成本的特点可以看出，降低变动成本的途径是降低单位变动成本。

2. 固定成本

固定成本是指在一定时期和一定业务量范围内，成本总额不受业务量的变动影响而保持固定不变的成本。例如，企业以直线法计提的固定资产折旧、财产保险费、管理人员的工资等。这类成本总额不受业务量变动影响而保持不变，但从单位业务量来观察，单位固定成本会随着业务量的增加或减少而呈反方向增减变动。因此，固定成本具有以下两个特点：

（1）固定成本总额的不变性。将其反映在平面直角坐标系上，固定成本总额是一条平行于横轴的直线，其总成本模型为：$y = a$。

（2）单位固定成本的反方向变动性。将其反映在平面直角坐标系上，单位固定成本线是一条反比例曲线，其单位成本模型为：$y = a/x$。

[业务操作 1—2]

丽华电子公司的一条生产线，年最大生产量为 G 产品 10 000 件，生产线设备价值 100 万元，可使用 10 年无残值，按直线法计提折旧。生产量与折旧费之间的关系见表 1-2。

表 1-2　　　　　　　　　　生产量与折旧费资料

年生产量/件	年折旧费/元	单位产品的年折旧费/元
10 000	100 000	10.00
8 000	100 000	12.50
6 000	100 000	16.67
5 000	100 000	20.00
3 000	100 000	33.33

从表中可以看到，当 G 产品的年产量从 3 000 件增加到 10 000 件，每年的折旧费总额始终不变，均为 10 万元，但单位产品分摊的折旧费却随着生产量的增加而减少，从 33.33 元降到 10 元。根据上述资料，可将其固定成本的成本性态模型用图 1-3 和图 1-4 表示。

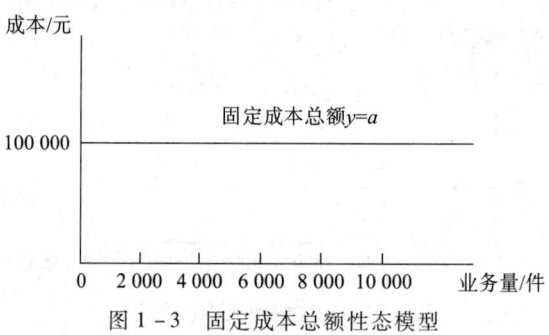

图 1-3　固定成本总额性态模型

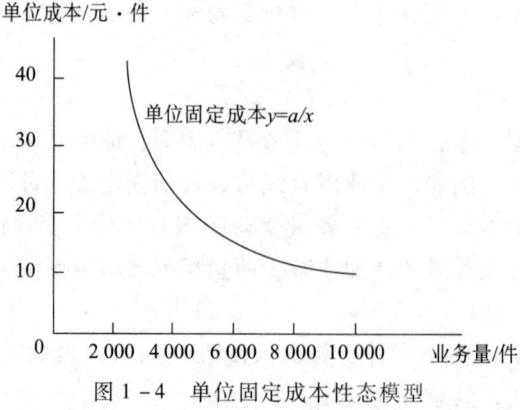

图 1-4　单位固定成本性态模型

通过固定成本特点可以得知，降低固定成本的途径是提高产量和提高劳动生产效率。

3. 混合成本

按照成本性态，即在一定条件下成本总额与特定业务量之间的依存关系，成本可以分为固定成本、变动成本和混合成本三大类。介于固定成本和变动成本之间，其总额既随业务量变动又不成正比例的那部分成本。混合成本的数额随着业务量的变动而成非正比例的变动。针对混合成本的特有性质，管理会计把混合成本分为半变动成本、半固定成本和延期变动成本三类。

（1）半变动成本是一种同时包含有变动成本和固定成本两方面内容的混合成本。半变动成本的特点是：其成本有一个初始量，形成一个基数，类似固定成本，它不随业务量增减而变动；在此基础上，每生产一件产品，成本也随着增加一部分，这部分成本又类似于变动成本。半变动成本是混合成本中最普遍的形式，包含企业设备维护和修理费、公用事业服务费中的水、电、气、电话及其他服务费。

（2）半固定成本也称阶梯式混合成本，它的特点是：当业务量在一定范围内增减变动时，成本发生额固定在一定的水平上保持不变；当业务量增减超过一定范围的限额时，其成本发生额就突然跳跃到一个新的水平，然后又在业务量增减的一定限度内保持不变，直到业务量增减再突破到新的限度时，才又开始下一次跳跃式的升降。其成本变化构成的曲线呈阶梯式，如企业中化验员、检验员的工资就具有这种性质。

（3）延期变动成本在日常生活中范围也比较广，例如在正常工作时间（每天7~8小时）的情况下，企业对一般职员所支付的工资是固定不变的。但当工作时间超过正常水准，则需要根据加班时间的长短成比例地支付加班工资或津贴。

4. 混合成本的细分

混合成本与业务量之间的关系比较复杂，按照混合成本变动趋势的不同，可以分为四种：

（1）半固定成本。半固定成本又称"阶梯式混合成本"，是其总额会随产量呈阶梯式变动的成本。这类成本的特点是在一定业务量范围内其成本不随业务量的变动而变动，类似固定成本，当业务量突破这一范围，成本就会跳跃上升，并在新的业务量变动范围内固定不变，直到出现另一个新的跳跃为止。如企业化验员、保养工、质检员、运货员等人员的工资等就属于这类成本。

（2）半变动成本。半变动成本又称"标准式混合成本"，是指总成本虽然受产量变动的影响，但是其变动的幅度并不同产量的变动保持严格的比例。半变动成本是一种同时包含固定成本和变动成本因素的混合成本。这类成本的固定部分是不受业务量影响的基数成本，变动部分则是在基数成本的基础上随业务量的增长而正比例增长的成本。如企业的电话费、水费、电费、煤气费、机器设备维修保养费等就属于这类成本。

（3）延期变动成本。延期变动成本又称"低坡式混合成本"，是指在一定产量范围内总额保持稳定，超过特定产量则开始随产量比例增长的成本。例如，在正常产量情况下给员工支付固定月工资，当产量超过正常水平后则需支付加班费，这种人工成本就属于延期变动成本。

（4）曲线式混合成本。曲线式混合成本通常有一个初始量，一般不变，相当于固定成本；在这个初始量的基础上，成本随业务量变动但并不存在线性关系，在坐标图上表现为一条抛物线。按照曲线斜率的不同变动趋势，这类混合成本可进一步分为递增型混合成本和递减型混合成本。无论哪一类混合成本都可以直接或间接地用一条直线方程 $y = a + bx$ 去模拟它，这就为成本性态分析中采用一定方法进行混合成本分解提供了数学依据。

> **小思考**
>
> 每个月你支付的手机使用费用是混合成本吗？
> 答：是的。你的手机账单中包括固定的部分，如每个月的月租，这和你的通话时间无关；另外还有其他可变的部分，如当月的信息量等。

（二）成本性态分析

成本性态分析是指在成本性态分类的基础上，按照一定的原则、程序和方法最终将全部成本区分为固定成本和变动成本两部分，并建立相应的成本函数模型的过程。

1. 成本性态分析的意义

在管理会计中，研究成本对产量的依存性，亦即从数量上具体掌握成本与产量之间的规律性的联系，具有重要意义。

（1）成本性态分析是采用变动成本计算法的前提条件。变动成本计算法在计算企业各期间的损益时必须首先将企业一定时期发生的所有成本划分为固定成本和变动成本两大类，再将与产量变动成正比例变动的生产成本作为产品成本，并据以确定已销产品的单位成本，以及作为期末存货的基础；而将与产量变动无关的所有固定成本作为期间成本处理，全额从当期的销售收入中扣除，由此可见，进行成本性态分析、正确区分变动成本与固定成本，是进行变动成本计算的基础。

（2）成本性态分析，为进行成本—产量—利润之间相互依存关系的分析，提供了方便。成本—产量—利润依存关系的分析作为管理会计的基础分析方法，在分析中需要使用反映成本性态的成本函数（即反映成本性态的方程式），对过去的数据进行分析、研究，从而相对准确地将成本分解为固定成本和变动成本两大类。

（3）成本性态分析，是正确制定经营决策的基础。要做出正确的短期经营决策必须区分相关成本和非相关成本。在"相关范围"内，固定成本不随产量的变动而变动，在短期经营决策中大多属于非相关成本；而变动成本在大多数情况下属于相关成本。所以，正确进行短期经营决策的关键是将成本按其性态划分为固定成本与变动成本。

（4）成本性态分析是正确评价企业各部门工作业绩的基础。变动成本与固定成本具有不同的成本性态。在一般情况下，变动成本的高低，可反映出生产部门和供应部门的工作业绩。完成得好坏应由它们负责。例如在直接材料、直接人工和变动性制造费用方面，如有所节约或超支，就可视为其业绩好坏的反映，这样就便于分清各部门的经济责任。而固定成本的高低一般不是基层生产单位所能控制的,通常应由管理部门负责,可以通过制定费用预算加以控制。因此采用科学的成本分析方法和正确的成本控制方法,也有利于正确评价各部门的工作业绩。

2. 成本性态分析的特点

成本性态分析就是要用特定的办法,对成本和业务量之间的关系进行分析,选择采用高低点法、散布图法和回归直线法等技术,将所有成本都划分为固定成本与变动成本两大类,但由于相关范围的存在,成本性态分析通常具有相对性、暂时性和可转化性等特点:

(1) 相对性。是指在同一时期内、同一成本项目在不同企业之间可能具有不同的性态。这种相对性决定了不同企业都有着区别于其他企业的不同的成本特性。

(2) 暂时性。是指就同一企业而言,同一成本项目在不同时期可能有不同的性态。将产品成本划分为固定成本和变动成本的基本条件是"相关范围假定",然而,从长远看,任何一种成本不可能永久地保持不变,也不可能与业务量永久地保持线性关系,传统成本性态划分是传统管理会计目标及行为短期性的体现。此外,传统成本性态将固定成本简单地作短期的期间化处理,淹没了大量的长期性和战略性的重要信息,使企业多项活动的绩效难以真正体现。因此,就某一企业而言,应当经常进行成本性态分析,而不能将某次成本性态分析的结果作为一成不变的标准。

(3) 可转化性。是指在同一时空条件下,某些成本项目可以在固定成本和变动成本之间实现相互转化。因此,任何企业在进行成本性态分析时,都要从实际出发,具体问题具体分析。

3. 成本性态分析的程序

成本性态分析的程序是指完成成本性态分析任务所经过的步骤。共有两种分析程序:多步骤分析程序和单步骤分析程序。

(1) 多步骤分析程序。多步骤分析程序又称分步分析程序,属于先定性分析后定量分析的程序。

首先将总成本按其性态分为变动成本、固定成本和混合成本三部分;然后再采用一定的技术方法分解混合成本为变动成本和固定成本,在此基础上,分别将它们与固定成本和变动成本合并,最后建立相关的总成本性态分析模型。

(2) 单步骤分析程序。单步骤分析程序又称同步分析程序,属于定性分析与定量分析同步进行的程序。该程序将总成本直接一次性地区分为变动成本和固定成本两部分,并建立有关的总成本性态分析模型。

这种程序不考虑混合成本的根据是:第一,按照一元线性假定,无论是总成本还是混合成本都是一个业务量 x 的函数,因此,按分步分析程序与同步分析程序的进行成本性态分析的结果应当是相同的;第二,在混合成本本身的数额较少,前后期变动幅度较小,对企业影响十分有限的情况下,可以将其视为固定成本,以便简化分析过程。

4. 成本性态分析的方法

(1) 技术测定法。此方法又称工程技术法,是利用经济工程项目财务评价技术方法所测定的企业正常生产过程中投入与产出的关系,分析确定实际业务量基础上其固定成本和变动成本的水平，并据此建立相应的成本性态分析模型的一种分析方法。

分析依据：企业建设投产之前的项目可行性分析报告，内容包括有关的工程设计说明书和成本费用估算表等。

适用范围：此法适用于投入量与产出量关系比较稳定的新企业及其主要成本的测算，对于已发生较大技术变革或生产能力有重大变动的老企业，不宜采用此法。

（2）直接分析法。此方法又称个别确认法，是在掌握有关项目成本性态的基础上，在成本发生的当时逐一对每项成本的具体内容进行直接分析，并据此确定成本性态分析模型一种分析方法。

分析依据：要求掌握事先按成本性态构成确定的成本开支标准；或掌握可以借鉴的其他同类企业成本形态的分析结论。

选用范围：此法适用于管理会计基础工作开展较好的小企业，至于规模较大的企业不宜采用此法。

（3）历史资料分析法。此方法是建立在有若干期相关的成本和业务量历史资料的基础上，运用一定的数学方法对其进行数据处理，并据此建立成本性态分析模型的一种定量分析方法。

分析依据：要求掌握若干期相关的成本和业务量的历史资料。

适用范围：此法适用于生产条件较为稳定、成本水平波动不大以及有关历史资料比较完备的老企业。

历史资料分析法是成本性态分析最常见的一种方法。按照资料利用的具体形式不同，历史资料分析法又可分为高低点法、散布图法和一元线性回归法。

①高低点法。高低点法指在若干连续时期中，选择最高业务量和最低业务量两个时点的半变动成本进行对比，求得变动成本和固定成本的一种分解半变动成本的方法。

高低点法是利用代数式 $y = a + bx$，选用一定历史资料中的最高业务量与最低业务量的总成本（或总费用）之差 Δy，与两者业务量之差 Δx 进行对比，求出 b，然后再求出 a 的方法。

具体步骤如下：

第一，确定高低点。根据某项成本过去一定时期的业务量和成本资料，找出最高业务量及其相应成本的高点坐标 (X_1, Y_1) 和最低业务量及其相应成本的低点坐标 (X_2, Y_2)。

第二，计算单位变动成本 b 和固定成本 a。

单位变动成本 =（最高业务量成本 - 最低业务量成本）/（最高业务量 - 最低业务量）= 高低点成本之差/高低点业务量之差

$b = \Delta y / \Delta x$

固定成本 a = 最高（低）业务量成本 $- b \times$ 最高（低）业务量

第三，将固定成本 a、单位变动成本 b 的值代入下式，写出一般成本性态分析模型：

$y = a + bx$

[业务操作1—3]

丽华电子公司2013年上半年维修电力制造费用资料见表1–3。

表1–3　　　　　　　　　　生产量与电力制造费用资料

项目	1月	2月	3月	4月	5月	6月
生产量/件	2 000	3 000	5 000	8 000	4 000	6 000
制造费用/元	500	700	1 200	1 700	900	1 400

根据以上资料，试用高低点法对丽华公司的电力制造费用进行成本性态分析。

第一，确定高低点。4月份最高点（8 000，1 700）；1月份最低点（2 000，500）。

第二，计算单位变动成本和固定成本。

单位变动成本（b）=（1 700 – 500）/（8 000 – 2 000）= 0.2（元/件）

固定成本（a）= 1 700 – 0.2 × 8 000 = 100（元）

或 = 500 – 0.2 × 2 000 = 100（元）

第三，确定电力制造费用的成本性态分析模型。

$y = 100 + 0.2x$

用高低点法分解半变动成本简便易算，只要有两个不同时期的业务量和成本，就可求解，使用较为广泛。但这种方法只根据最高、最低两点资料，而不考虑两点之间业务量和成本的变化，计算结果往往不够精确。

②散布图法。散布图法是指根据若干时期的历史资料，将其业务量和成本数据逐一在坐标图上标注，形成若干个散布点，再通过目测的方法尽可能画出一条接近所有坐标点的直线，并据以推算出固定成本总额和单位变动成本的一种成本习性分析方法。

散布图法的工作步骤为：

第一，收集历史数据。收集以前各期产量与总成本的历史数据。

第二，画出散布图。将各期总成本数据标入直角坐标系，画出散布图。

第三，确定固定成本平均值。根据离散的历史成本点目测成本随产量变动的趋势，画出一条能反映成本平均变动趋势的直线，直线与纵轴的交点即固定成本平均值。

第四，计算单位变动成本。在直线上任取一点，根据 $b = (y - a)/x$ 的计算公式，计算出单位变动成本。

第五，计算总成本。按照计算出的固定成本平均值（a）、单位变动成本（b），预测未来某期产量下的总成本，预测公式为：

$y = a + bx$

其中：y—未来预测期的总成本；x—产量。

[业务操作1—4]

丽华电子公司2013年上半年实际发生的机器工时和维修成本资料见表1-4。

表1-4　　　　　　　　机器工时和维修成本资料

项目	1月	2月	3月	4月	5月	6月
机器工时/千小时	30	20	52	35	40	25
维修成本/元	340	250	560	380	430	280

根据以上资料，试用散布图法对丽华电子公司的维修成本进行性态分析。

第一，画出散布图。以机器工时为横轴（x），以维修成本为纵轴（y），建立平面直角坐标系；将丽华电子公司2013年1~6月份的机器工时和维修成本的坐标点分别标注在坐标图上，形成散布图，如图1-5所示。

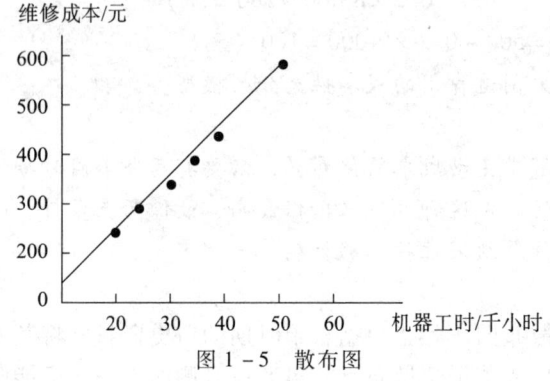

图1-5　散布图

第二，画出趋势直线。以最高点为一端在散布图上用目测法画出一条能够反映成本变动趋势的直线，直线与纵轴的交点为固定成本，在图中读出该直线的截距为 $a=75$。

第三，在直线上任取一点，测出坐标为（20，250），计算 b 值为：
$b=(250-75)/20=8.75$

第四，根据 a、b 值，写出维修成本变动趋势的成本性态分析模型为：
$y=75+8.75x$

散布图法由于将全部成本数据均作为描述成本习性的依据，其准确程度比高低点法高。但因为其采用目测的方法得出固定成本，因而计算结果也具有一定的不准确性。

③一元线性回归法。一元线性回归法是根据自变量 x 和因变量 y 的相关关系，建立 x 与 y 的线性回归方程进行预测的方法。由于市场现象一般是受多种因素的影响，而并不是仅仅受一个因素的影响。所以应用一元线性回归法，必须对影响市场现象的多种因素做全面分析。只有当诸多的影响因素中，确实存在一个对因变量影响作用明显高于其他因素的变量，才能将它作为自变量，应用一元线性回归预测法进行预测。

其预测的数学模型为：

$$y = a + bx$$

一元线性回归法的具体步骤如下:

第一,根据历史资料列表,求 n、$\sum x$、$\sum y$、$\sum xy$、$\sum x^2$ 和 $\sum y^2$ 的值。

第二,按下式计算相关数 r,并据此判断 y 与 x 是否存在必要的内在联系。

$$r = \frac{n\sum xy - \sum x \sum y}{\sqrt{[n\sum x^2 - (\sum x)^2][n\sum y^2 - (\sum y)^2]}}$$

相关系数的取值范围在 0 与 ±1 之间,用来说明业务量与成本之间的相关程度。当 $r = -1$ 时,说明业务量与成本之间完全负相关;当 $r = 0$ 时,说明业务量与成本之间零相关,或者说业务量与成本之间不存在任何联系;当 $r = 1$ 时,说明业务量与成本之间完全正相关;当 r 趋近于 1 时,说明业务量与成本之间基本正相关。只有当业务量与成本之间存在完全或基本正相关时,才可以将业务量与成本之间的关系用直线方程 $y = a + bx$ 来表示。

第三,根据最小平方法得到常数固定成本 a 和单位变动成本 b 的计算公式。

$$a = \frac{\sum y - b\sum x}{n}$$

或

$$a = \frac{\sum x^2 \sum y - \sum x \sum xy}{n\sum x^2 - (\sum x)^2}$$

$$b = \frac{n\sum xy - \sum x \sum y}{n\sum x^2 - (\sum x)^2}$$

第四,将 a、b 值代入 $y = a + bx$,写出一般成本性态分析模型。

[业务操作 1—5]

沿用丽华电子公司 2013 年上半年实际发生的机器工时和维修成本资料见表 1-4,试用一元线性回归分析法对丽华电子公司的维修成本进行性态分析。

第一,根据表 1-4 的资料进行加工整理,求得有关数据见表 1-5。

表 1-5　　　　　　　　　　有关数据整理计算表

月份	机器工时 x	维修成本 y	xy	x^2	y^2
1	30	340	10 200	900	115 600
2	20	250	5 000	400	62 500
3	52	560	29 120	2 704	313 600
4	35	380	13 300	1 225	144 400
5	40	430	17 200	1 600	184 900
6	25	280	7 000	625	78 400
$n = 6$	$\sum x = 202$	$\sum y = 2\,240$	$\sum xy = 81\,820$	$\sum x^2 = 7\,454$	$\sum y^2 = 899\,400$

第二，根据表1-5所示数据，计算r。

$$r = \frac{n\sum xy - \sum x \sum y}{\sqrt{[n\sum x^2 - (\sum x)^2][n\sum y^2 - (\sum y)^2]}}$$

$$= \frac{6 \times 81\,820 - 202 \times 2\,240}{\sqrt{(6 \times 7\,454 - 202^2)(6 \times 899\,400 - 2\,240^2)}}$$

$$= 38\,440 \div 38\,534.35 \approx 0.9976$$

由于r的值接近于1，说明x与y之间基本正相关，存在着密切的线性联系，可用$y = a + bx$的直线来描述其变动。

第三，根据表1-5所示数据，计算a、b的值。

$$b = \frac{n\sum xy - \sum x \sum y}{n\sum x^2 - (\sum x)^2}$$

$$= (6 \times 81\,820 - 202 \times 2\,240) \div (6 \times 7\,454 - 202^2)$$

$$= 9.8061$$

$$a = \frac{\sum y - b\sum x}{n}$$

$$= (2\,240 - 9.8061 \times 202) \div 6$$

$$= 43.1946$$

第四，根据a、b的数值，写出维修成本的性态分析模型：

$$y = 43.1946 + 9.8061x$$

一元线性回归法利用了微分极值原理，因此计算结果比前两种更为准确，但计算工作量较大，也比较复杂。在信息技术不断提升的情况下，这种方法将会得到广泛应用。

二、变动成本法

变动成本法，即变动成本计算法，也称直接成本法或称边际成本法，它是指在将成本划分为变动成本和固定成本的基础上，计算产品生产过程中的变动制造成本，包括直接材料、直接人工和变动制造费用，将全部固定成本包括固定制造成本在发生当期直接计入当期损益的一种成本计算方法。

随着经济及科学技术的迅猛发展，市场竞争的日趋激化，决策的重要性日益突出，加之企业广泛实行预算管理，需要企业会计部门提供与之相应的成本资料，以便加强对经济活动的事前规划与日常控制。由此，变动成本法得到广泛重视并应用于西方各国的企业内部管理方面，成为管理会计的一项重要内容。

（一）变动成本法的产生与发展

据美国权威的《柯勒会计辞典》记载，第一篇专门论述直接成本法的论文是由美籍英国会计学家乔纳森·N.哈里斯撰写的，刊于1936年1月15日的《全国会计师联合会公报》。文章追溯了1934年哈里斯在杜威——阿尔末化学公司设计"直接标准成本制造计划"中所发现的问题。当时该公司销售量上升利润反而下降的现象，引起了哈里斯的注意，矛盾从何而来？他发现问题的根源在于采用传统的完全成本法。依据此资料，哈里斯对比新旧两种方法对营业净利润的不同影响，揭示了直接成本法的优点。自哈里斯的文章公开发表之后，直接成本法的概念才得以迅速传播。

到了20世纪50年代，随着企业环境的改变、竞争的加剧、决策意识的增强，人们逐渐认识到传统的完全成本法提供的会计信息越来越不能满足企业会计内部管理的需要，必须重新认识变动成本法，充分发挥其积极作用。美国的一些会计师和经理又重新研究并开始在实务中试行变动成本法，并将变动成本法中的边际贡献这一概念用于本量利分析及其他方面。人们认识到，变动成本法不仅有利于企业加强成本管理，而且对制定利润计划，组织科学的经营决策也十分有用。从此，变动成本法开始受到人们的普遍重视。到20世纪60年代，变动成本法风靡欧美。

（二）变动成本法的主要特征

变动成本法是以成本性态分析为前提，只有进行成本性态分析，制造费用才被分为固定性制造费用和变动性制造费用，进而生产成本才可以被划分为变动生产成本（包括直接材料、直接人工、变动制造费用）和固定生产成本（即固定制造费用）。变动成本法的产品成本只包括直接材料、直接人工、变动制造费用等变动生产成本，期间成本包括固定制造费用、管理费用、营业费用，这与传统的制造成本法有所不同。

（三）变动成本法的作用

1. 提供每种产品的盈利能力资料

每种产品的盈利能力资料，是管理会计要提供的重要管理信息之一。因为利润的规划和经营管理中许多重要的决策，都要以每种产品的盈利能力作为考虑的重要依据。而每种产品的盈利能力可通过其"边际贡献"来综合表现。所以，各种产品的边际贡献正是其盈利能力的表现，也是它对企业最终利润所做贡献大小的重要标志。而边际贡献的确定又有赖于变动成本的计算。

2. 为正确地制定经营决策以及进行成本的计划和控制，提供许多有价值的资料

以边际贡献分析为基础，进行盈亏临界点和本—量—利分析，有助于揭示产量与成本变动的内在规律，并用于预测前景，规划未来（如规划目标成本、目标利润及编制弹性预算等）。同时，这些资料也有利于正确地制定短期经营决策。这就使得短期经营决策常常借助于边际贡献的信息来进行。

3. 变动成本计算便于和标准成本、弹性预算和责任会计等直接结合，在计划和日常控制的各个环节发挥重要作用

变动成本与固定成本具有不同的成本性态，对于变动成本可通过指定标准成本和建立弹性预算进行日常控制。因此采用变动成本计算法，有利于采用科学的成本分析方法和正确的成本控制方法，也有利于正确评价各部门的工作业绩。

（四）变动成本法与完全成本法的区别

变动成本法是管理会计为改革财务会计的传统成本计算模式而设立的新模式，其最主要的特点是只将变动生产成本作为产品成本的构成内容，而将固定生产成本作为期间

成本处理。这就决定了变动成本法与传统的完全成本法有着很大的不同。

1. 理论依据不同

变动成本法的理论依据：固定制造费用与特定会计期间相联系，和企业生产经营活动持续经营期的长短成比例，并随时间的推移而消逝。其效益不应递延到下一个会计期间，而应在其发生的当期，全额列入损益表，作为该期销售收入的一个扣减项目。

传统的完全成本法则强调成本补偿的一致性，其理论依据是：固定制造费用发生在生产领域，与产品生产直接相关，其与直接材料、直接人工和变动制造费用的支出并无区别，应当将其作为产品成本的一部分，从产品销售收入中得到补偿。

2. 应用前提与成本构成的内容不同

变动成本法是在成本性态分析的基础上，对产品成本按其与产量变动间的线性关系划分为变动成本与固定成本，并进行粗略估计。其中，变动成本包括直接材料、直接人工、变动制造费用和变动性销售及管理费用；固定成本包括固定性制造费用和固定性销售及管理费用。

完全成本法将成本按其用途分成生产成本与非生产成本两大类。其中，生产成本包括直接材料、直接人工和制造费用，非生产成本包括销售和管理费用等期间费用。

3. 产品成本构成内容不同

由于上述两个方面的差异，使得两种成本计算方法在产品成本构成内容方面也有所不同。完全成本法下，产品成本中包含直接材料、直接人工和为生产产品而耗费的全部制造费用（包括变动制造费用和固定制造费用），成本随着产品的流转而结转；变动成本法则将制造费用中的固定部分视作当期的期间费用，随同销售和管理费用一起全额扣除，而与期末是否结余存货无关，产品成本中只包含直接人工、直接材料和变动制造费用。

4. 存货估价及成本流程不同

采用变动成本法，无论是在产品、库存产成品还是已销产品，其成本都只包含变动成本，故期末结余存货只按变动成本计价而不包括固定成本。采用完全成本法，固定性制造费用作为产品成本的一部分参与期末成本的分配，这样，已销产品、库存产成品及在产品均"吸收"了一定份额的固定性制造费用。可见，完全成本法下的存货计价必然高于变动成本法下的存货计价。

5. 损益确定的程序不同

（1）在完全成本法下损益确定程序为：首先用销售收入补偿本期实现销售产品的生产成本，从而确定销售毛利，然后再用销售毛利补偿非生产成本，以确定当期损益。其具体步骤和计算公式如下：

① 计算销售毛利。

销售毛利 = 销售收入 − 销售成本

其中：

销售成本 = 期初存货成本 + 本期生产成本 − 期末存货成本
　　　　 = 可供销售的产品成本 − 期末存货成本

② 计算营业利润。

营业利润 = 销售毛利 − 非生产成本

其中：

非生产成本 = 销售费用 + 管理费用 + 财务费用

（2）在变动成本法下损益确定程序为：首先用销售收入补偿本期实现销售产品的变动成本，从而确定边际贡献，然后再用边际贡献补偿固定成本，以确定当期损益。其具体步骤和计算公式如下。

① 计算边际贡献。

边际贡献 = 销售收入 − 变动成本

其中：

变动成本 = 销售产品的变动生产成本 + 变动非生产成本
　　　　 = 单位变动成本 × 销售量 + 单位变动非生产成本 × 销售量

② 计算营业利润。

营业利润 = 边际贡献 − 固定成本

其中：

固定成本 = 固定生产成本 + 固定非生产成本
　　　　 = 固定制造费用 + 固定销售费用 + 固定管理费用 + 固定财务费用

> **小资料**
>
> **沉没成本**
>
> 沉没成本效应会导致一种适应不良的经济行为，它的表现趋势是在已经投入了资金、人力或时间的事情上继续进行尝试。（作者）得出了相关的证据，证明儿童在处于某种类似于沉没成本的经济情况时，通常会表现出比成年人更加恰当的行为。
>
> 资料来源：Hal Arks and Peter Ayton, "The Sunk Cost and Concorde Effects: Are Humans Less Rational Than Lower Animals?" Psychological Bulletin, Vol. 125, No. 5 (1999): 591–600.

[业务操作 1—6]

天生电子公司只生产一种产品。2013 年有关的业务量、销售价、成本等资料见表 1—6。

表 1—6　　　　　　　　天生电子公司有关生产与成本资料

期初存货量	0 件	直接材料	48 000 元
本年生产量	8 000 件	直接人工	24 000 元
本年销售量	6 000 件	变动制造费用	8 000 元
期末存货量	2 000 件	固定制造费用	20 000 元
单价	20 元	变动销售费用	1 200 元
		固定销售费用	2 800 元
		变动管理费用	600 元
		固定管理费用	5 400 元

要求：
1. 分别按变动成本法和完全成本法计算产品成本和期间成本。
2. 分别按变动成本法和完全成本法计算期末存货成本和本期销售成本。
3. 分别按变动成本法和完全成本法编制损益表。

根据表 1-6 的资料，按变动成本法和完全成本法计算产品成本和期间成本见表 1-7。

表 1-7　　　　　　　　　　产品成本和期间成本计算表　　　　　　　　　　单位：元

项目		完全成本法		变动成本法	
		总成本	单位成本	总成本	单位成本
产品成本	直接材料	48 000	6	48 000	6
	直接人工	24 000	3	24 000	3
	制造费用	28 000	3.5		
	变动制造费用			8 000	1
	合计	100 000	12.5	80 000	10
期间成本	固定制造费用			20 000	
	销售费用	4 000		4 000	
	管理费用	6 000		6 000	
	合计	10 000		30 000	

从表 1-7 可见，按完全成本法确定的产品总成本与单位成本要比变动成本法的相应数值高，而它的期间成本却低于变动成本法，这种差异的形成主要源于两种成本计算方法对固定制造费用的处理方法不同，它们共同的期间成本是销售费用和管理费用。

根据表 1-6 的资料，按变动成本法和完全成本法计算期末存货成本和本期销售成本见表 1-8。

表 1-8　　　　　　　　　　期末存货成本和本期销售成本　　　　　　　　　　单位：元

项目	完全成本法	变动成本法	差额
期初存货成本	0	0	0
本期产品成本	100 000	80 000	+20 000
可供销售商品成本合计	100 000	80 000	+20 000
单位产品成本	12.5	10	+2.5
本期销售量	6 000	6 000	0
期末存货量	2 000	2 000	0
期末存货成本	25 000	20 000	+5 000
本期销售成本	75 000	60 000	+15 000

从表 1-8 可见，按完全成本法计算的期末存货成本比变动成本法下的期末存货成本多了 5 000 元，是由于按变动成本法确定的期末存货成本只包括了变动生产成本 20 000 元；而按完全成本法确定的 25 000 元期末存货成本中，除了包括 20 000 元变动

生产成本外，还包括了 5 000 元（2.5 元/件×2 000 件）的固定生产成本。同理，因为完全成本法下的本期销售成本 75 000 元包括 60 000 元变动生产成本和 15 000 元（2.5 元/件×6 000 件）的固定生产成本，而变动成本法下的 60 000 元销售成本全部是由变动生产成本组成的，所以导致两种成本计算方法的销售成本出现了 15 000 元的差异。这一切都是因为完全成本法将固定生产成本 20 000 元计入了产品成本，而在变动成本法下这种成本则被全额计入期间成本。

根据表 1-6 的资料，按变动成本法和完全成本法编制损益表见表 1-9。

表 1-9　　　　　　　　　　　　　损　益　表　　　　　　　　　　　单位：元

完全成本法		变动成本法	
销售收入（20×6 000）	120 000	销售收入（20×6 000）	120 000
销售成本：		变动成本：	
期初存货成本	0	变动生产成本（10×6 000）	60 000
本期生产成本	100 000	变动销售费用	1 200
可供销售的生产成本	100 000	变动管理费用	600
减：期末存货成本	25 000	变动成本合计	61 800
销售成本	75 000	边际贡献	58 200
销售毛利	45 000	减：固定成本	
减：非生产成本		固定制造费用	20 000
销售费用	4 000	固定销售费用	2 800
管理费用	6 000	固定管理费用	5 400
非生产成本合计	10 000	固定成本合计	28 200
营业利润	35 000	营业利润	30 000

从表 1-9 可见，按完全成本法计算的营业利润比按变动成本法计算的营业利润多了 5 000 元，其原因是按完全成本法计算的期末存货成本比变动成本法下的期末存货成本多了 5 000 元。

（五）对变动成本法和完全成本法的评价

1. 变动成本法

在变动成本法，充分体现了"费用与收益相配比"这一公认的会计原则。将属于期间成本性质的固定生产成本和非生产成本一同作为期间费用处理，计入当期损益表中，由当期的收入补偿。另外由于变动成本法把固定制造费用列作期间成本处理，就使产品成本计算中的费用分摊工作大大简化，减少了费用分摊时的主观性。在生产多种产品的企业这一点尤为突出。但变动成本法不能适应长期决策和定价决策。因为从较长的时间来看，固定成本会发生变动，单位成本也将随着技术的进步和劳动生产率的提高而下降，所以不利于进行产品定价决策。另外，在成本划分上仍然带有主观性。变动成本法按成本习性将成本划分为变动成本和固定成本，在很大的程度上这只是一种假设，尤其是混合成本的分解，无论采用何种方法计算，都带有主观随意性。

（1）变动成本法的优点：①营业利润随销售量的增加或减少而升降，这是企业经理人员所想要的会计信息；②便于进行本—量—利分析，有利于销售预测。变动成本法的基本理论和程序揭示了成本、业务量、利润之间的内在关系；③有利于促使企业管理当局重视销售，防止盲目生产；④有利于短期经营决策；⑤有利于编制弹性预算。弹性预算实际上是根据变动成本法的原理编制的，企业采取以销定产，可以随业务量的变化而机动地调整，具有弹性；⑥有利于成本控制和业绩考核；⑦有利于产品成本的计算工作。

（2）变动成本法的缺点：①不符合传统的成本概念。AAA 的成本概念和准则委员会认为"成本是为了达到一个特定的目的而已经发生或可能发生的，以货币计量的牺牲"。依照这个传统观点，不论固定成本还是变动成本都要计入产品成本；②不能适应长期决策的需要。变动成本法对短期经营决策有明显的作用，但不适合长期决策；③影响征税部门的收益和投资者及时取得的收益。变动成本法，一般会降低期末存货估价，降低了营业利润额，在某种程度上会暂时降低所得税和股利；④成本分解不够精确。将成本划分为固定成本和变动成本在很大程度上是假设的结果，不是一种精确的计算。

2. 完全成本法

完全成本法便于直接编制对外财务报表。完全成本法得到公认原则的认可和支持，所以完全成本法提供的成本资料可以直接用来编制对外的财务报表，不需要进行任何加工处理。另外，税法也要求用于税负目的的收益表应使用完全成本法。完全成本法有助于刺激企业加速生产的积极性。在一定时期的相关范围内，产量越大，则单位产品承担的固定制造费用就越低，整个单位产品成本也随之降低，从而激励企业提高产品产量。但完全成本法不利于企业进行预测和编制弹性预算等内部管理。在完全成本法下，产品成本没有按成本习性分为变动成本和固定成本，这样无法进行本量利分析，不便于预测企业的利润，并且不利于企业进行短期的决策，同时也不利于成本控制。

（1）完全成本法的优点：①符合公认的会计原则。完全成本法是从价值补偿角度计算成本的，不论是变动成本还是固定成本都计入产品成本中，反映生产过程中的全部耗费，因而符合传统的成本概念，便于编制财务报表，是财务会计核算中确定盈亏的重要依据；②强调成本补偿上的一致性。完全成本法把固定制造费用分配到了每一单位产品。因为只要是与产品生产有关的耗费，均应从产品销售收入中得到补偿，固定制造费用也不例外。从成本补偿的角度讲，用于直接材料的成本与用于固定制造费用的支出并无区别。所以，固定制造费用应与直接材料、直接人工和变动制造费用一起共同构成产品的成本。而不能人为地将它们割裂开来。因此，完全成本法可以促进企业积极扩大生产，降低单位产品的成本，提高经济效益；③强调生产环节对企业利润的贡献。由于完全成本法下固定制造费用也被归集于产品而随产品流动，因此本期已销售产品和期末未销产品在成本负担上是完全一致的。在一定销售量的条件下，产量大则利润高，所以，客观上完全成本法有刺激生产的作用。这也就是说，从一定意义上讲，完全成本法强调了固定制造费用对企业利润的影响。

（2）完全成本法的缺点：①不利于成本管理。由于完全成本法将固定制造费用计入产品成本，给成本管理带来了问题：一是固定制造费用的分配增加了成本的计算工作量，影响成本计算的及时性和准确性；二是产品成本中变动成本和固定成本的划分，使成本控制工作变得复杂；②不利于企业的短期决策。因为在产品单价、单位变动成本和固定成本总额不变时，其利润的变化理应同销售量的变化同向。但是按完全成本法计算，利润的多少和销售量的增减不能保持相应的比例，因而不易被人们理解，不利于短期决策、控制和分析工作，甚至会片面追求产量。

（六）变动成本法和完全成本法的运用

1. 单轨制

即以变动成本法完全取代完全成本法，最大限度地发挥变动成本法的优点。虽然用变动成本法来否定完全成本法是成本会计的进步，但就目前我国的实际情况来看，用变动成本法来替代完全成本法是不现实的。目前，我国成本会计核算大都使用完全成本法，变动成本法的应用在我国还处于研究探索阶段，我国的财政部、税务总局、证监会等也都不允许以变动成本法核算。而且变动成本法不符合会计准则的要求，不能用来编制对外反映的会计报表，此种方法目前在我国还是不能够实现的。

2. 双轨制

即在完全成本法核算之外，另外设置一套变动成本法的核算系统，提供两套平行的成本核算资料，以满足不同的需要。这种核算方法的优点在于将发生的成本费用分别用完全成本法和变动成本法进行核算，使得经济业务同时在两个不同的成本会计核算体系内得以反映，既能满足对外报告的要求，又能方便、快捷地对内提供所需的资料。但双轨制的应用有一个十分明显的弊端，即这种方法不符合成本效益原则，双轨制的设立会增加企业运行成本和会计人员的核算工作。企业的核算应符合成本效益原则，在遵循原有成本核算系统框架的前提下，通过对核算账户的巧妙设计，利用两种成本计算方法的内在联系来实现对内对外的资源共享。正是基于这一考虑，才要找到两种成本计算方法的内在联系并建立统一的成本核算体系，以其中一种成本计算方法为基础，通过对基础成本计算方法的调整来得到另一种成本计算方法，所以也就有了两种成本计算方法结合应用的第三种方法，即结合制。

3. 结合制

即将变动成本法与完全成本法结合使用，日常核算建立在完全成本法的基础上，以满足企业对外报告的需要；期末对需要按变动成本法反映的有关项目予以调整，以满足企业内部经营管理的需要。完全成本法和变动成本法结合应用的可行性如下：两种方法都是为了对企业生产耗费水平进行考核和评价，核算内容除固定性制造费用外，其余项目都相同；两种方法具有明显的互补性，且都是企业经营管理不可缺少的。其中最主要的差别是对固定制造费用的处理不同，在完全成本法下，固定制造费用是产品的生产成本，作为存货成本的一部分；而在变动成本法下，固定制造费用是作为期间费用。但对于直接材料、直接人工、变动制造费用，在两种方法下都列入产品成本中；对于管理费用、财务费用、销售费用，在两种方法下都是作为期间费用处理。因此，很容易得出以下结论：完全成本法和变动成本法虽然在成本划分、存货计价、损益表的编制等方面有较大的差异，但对具体成本项目的处理大体一致，只对个别项目的处理存在差别。上述这些都为两种方法的结合提供了条件和可能，需要时可将完全成本法下的成本进行简单变化得到采用变动成本法核算的成本信息，得出的结果可直接为企业内部经营管理所用,而不需要再费时费力地进行两种成本计算方法的平行核算。

基于既能享受到变动成本法计算的好处,又能满足当前对会计核算的统一要求的考虑,企业应以一种核算方法为基础,同时提供另一种方法下相关的成本资料,这样既可兼顾成本效益原则,又不会使企业增加额外运行成本或增加会计人员的工作负担。通过统一成本核算体系,到需要时通过简便的转换就能很容易地得出完全成本法下或变动成本法下完整的成本信息,从而使企业会计核算兼顾内部和外部两方面的要求。

综上所述,两种成本计算方法结合应用的关键就在于如何调整两者对于固定性制造费用不同的处理方法,除此之外,其他各成本项目几乎相同。由于两种成本计算方法之间不同之处很少,十分有利于两者的结合和转化,处理也比较简单,因此两者的结合应用是可行的。

三、本量利分析法

本量利分析是成本—产量(或销售量)—利润依存关系分析的简称,也称为"CVP分析"(Cost—Volume—Profit Analysis),是指在变动成本计算模式的基础上,以数学化的会计模型与图文来揭示固定成本、变动成本、销售量、单价、销售额、利润等变量之间的内在规律性的联系,为会计预测决策和规划提供必要的财务信息的一种定量分析方法。

本量利分析着重研究销售数量、价格、成本和利润之间的数量关系,它所提供的原理、方法在管理会计中有着广泛的用途,同时它又是企业进行决策、计划和控制的重要工具。

本量利分析方法是在成本性态分析和变动成本法的基础上发展起来的,是主要研究成本、销售数量、价格和利润之间数量关系的方法。它是企业进行预测、决策、计划和控制等经营活动的重要工具,也是管理会计的一项基础内容。

本量利分析方法起源于20世纪初的美国,到了20世纪50年代已经非常完善,并在西方会计实践中得到了广泛应用。时至今日,该方法在世界范围内都得到了广泛的应用,对企业预测、决策、计划和控制等经营活动的有效进行提供了良好保证。

(一)本量利分析的基本假设

在现实经济生活中,成本、销售数量、价格和利润之间的关系非常复杂。例如,成本与业务量之间可能呈线性关系也可能呈非线性关系;销售收入与销售量之间也不一定是线性关系,因为售价可能发生变动。为了建立本量利分析理论,必须对上述复杂的关系做一些基本假设,由此来严格限定本量利分析的范围,对于不符合这些基本假设的情况,可以进行本量利扩展分析。

1. 相关范围和线性关系假设

由于本量利分析是在成本性态分析基础上发展起来的,所以成本性态分析的基本假设也就成为本量利分析的基本假设,也就是在相关范围内,固定成本总额保持不变,变动成本总额随业务量变化成正比例变化,前者用数学模型来表示就是 $y = a$,后者用数学模型来表示就是 $y = bx$,所以,总成本与业务量呈线性关系,即 $y = a + bx$。相应的,假设售价也在相关范围内保持不变，这样，销售收入与销售量之间也呈线性关系，用数学模型来表示就是以售价为斜率的直线 $y = px$（p 为销售单价）。这样，在相关范围内，成本与销售收入均分别表现为直线。

由于有了相关范围和线性关系这种假设，就把在相关范围之外，成本和销售收入分别与业务量呈非线性关系的实际情况排除在外了。但在实际经济活动中，成本、销售收入和业务量之间却存在非线性关系这种现象。为了解决这一问题，将在后面放宽这些假设，讨论非线性条件下的情况。

2. 品种结构稳定假设

该假设是指在一个生产和销售多种产品的企业里，每种产品的销售收入占总销售收入的比重不会发生变化。但在现实经济生活中，企业很难始终按照一个固定的品种结构来销售产品，如果销售产品的品种结构发生较大变动，必然导致利润与原来品种结构不变假设下预计的利润有很大差别。有了这种假定，就可以使企业管理人员关注价格、成本和业务量对营业利润的影响。

3. 产销平衡假设

所谓产销平衡就是企业生产出来的产品总是可以销售出去，能够实现生产量等于销售量。在这一假设下，本量利分析中的"量"就是指销售量而不是生产量，进一步讲，在销售价格不变时，这个量就是指销售收入。但在实际经济生活中，生产量可能会不等于销售量，这时产量因素就会对本期利润产生影响。

正因为本量利分析建立在上述假设基础上，所以一般只适用于短期分析。在实际工作中应用本量利分析原理时，必须从动态的角度去分析企业生产经营条件、销售价格、品种结构和产销平衡等因素的实际变动情况，调整分析结论。积极应用动态分析和敏感性分析等技术来克服本量利分析的局限性。

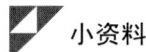 小资料

项目开发时的盈亏平衡

由于开发一款新型飞机所需的成本极为高昂，因此飞机制造商以及与公司相关的分析人士都十分关注实现盈亏平衡所需要销售的新型飞机数量，同时也将其作为生产新机型所带来的企业风险。EADS（空中客车的母公司）的首席财务官汉斯·彼得·林（Hans Peter Ring）曾经说过，公司于 2007 年投产的巨无霸——空客 A380—800，将在 2015 年实现盈亏平衡。之所以需要这么久才能实现盈亏平衡，是因为必须生产并销售出许多架新飞机才能覆盖开发成本以及每年固定的生产、销售和物流成本。

资料来源：《管理会计》第 6 版（美）阿特金森（Atkinson, A. A.）等著；刘曙光，陈静等译 .—北京：清华大学出版社，2011.11

(二) 本量利分析的基本公式

1. 盈亏临界点计算公式

确定盈亏临界点,是进行本量利分析的关键。所谓盈亏临界点,就是指使得边际贡献与固定成本恰好相等时的销售量。此时,企业处于不盈不亏的状态。盈亏临界点计算有两种方法:

(1) 按实物单位计算,其公式为:

$$\text{盈亏临界点的销售量(实物单位)} = \frac{\text{固定成本}}{\text{单位产品边际贡献}}$$

其中:单位产品边际贡献 = 单位产品销售收入 − 单位产品变动成本

(2) 按金额综合计算,其公式为:

$$\text{盈亏临界点的销售量(金额单位)} = \frac{\text{固定成本}}{\text{边际贡献率}}$$

其中:

$$\text{边际贡献率} = \frac{\text{销售收入} - \text{变动成本}}{\text{销售收入}}$$

2. 本量利计算公式

本量利分析是以成本性态分析和变动成本法为基础的,其基本公式是变动成本法下计算利润的公式,该公式反映了价格、成本、业务量和利润各因素之间的相互关系。即:

税前利润 = 销售收入 − 总成本 = 销售价格 × 销售量 − (变动成本 + 固定成本)
　　　　 = 销售单价 × 销售量 − 单位变动成本 × 销售量 − 固定成本

即:$P = px - bx - a = (p - b)x - a$

式中:P——税前利润;
　　　p——销售单价;
　　　b——单位变动成本;
　　　a——固定成本;
　　　x——销售量。

该公式是本量利分析的基本计算公式,以后的所有本量利分析可以说都是在该公式基础上进行的。

3. 边际贡献计算公式

边际贡献是指产品的销售收入扣除变动成本之后的金额,表明该产品为企业做出的贡献,也称贡献边际、边际利润或创利额,是用来衡量产品盈利能力的一项重要指标。由于变动成本又分为制造产品过程中发生的变动生产成本和非制造产品过程中发生的变动非生产成本,所以边际贡献也可以分为制造边际贡献和营业边际贡献两种,本书中如无特别说明,边际贡献就是指扣除了全部变动成本的营业边际贡献。

边际贡献可以用总额形式表示,也可以用单位边际贡献和边际贡献率形式表示。

(1) 边际贡献总额。边际贡献总额 (Total Contribution Margin, TCM) 是指产品销售收入总额与变动成本总额之间的差额。用公式表示为:

边际贡献总额 = 销售收入总额 – 变动成本总额，即：$TCM = px - bx$

由于：税前利润 = 销售收入总额 – 变动成本总额 – 固定成本

    = 边际贡献总额 – 固定成本

可以写成：$P = TCM - a$

所以：边际贡献总额 = 税前利润 + 固定成本，即：$TCM = P + a$

（2）单位边际贡献。单位边际贡献（Unit Contribution Margin，UCM）是指单位产品售价与单位变动成本的差额。用公式表示为：

单位边际贡献 = 销售单价 – 单位变动成本，即：$UCM = p - b$

该指标反映每销售一件产品所带来的边际贡献。

（3）边际贡献率。边际贡献率（Contribution Margin Rate，CMR）是指边际贡献总额占销售收入总额的百分比，或单位边际贡献占单价的百分比。用公式表示为：

边际贡献率 = 边际贡献总额/销售收入总额 × 100%

    = 单位边际贡献/销售单价 × 100%

即：该指标反映每百元销售收入所创造的边际贡献。

与边际贡献率相关的另一个指标是变动成本率（Variable Cost Rate，VCR）。变动成本率是指变动成本总额占销售收入总额的百分比或单位变动成本占单价的百分比。用公式表示为：

变动成本率 = 变动成本总额/销售收入总额 × 100%

    = 单位变动成本/单价 × 100%

即：将变动成本率与边际贡献率两个指标联系起来，可以得出：

  边际贡献率 + 变动成本率 = 1

由此可以推出：

边际贡献率 = 1 – 变动成本率

或

变动成本率 = 1 – 边际贡献率

可见，变动成本率与边际贡献率两者是互补的。企业变动成本率越高，边际贡献率就越低，变动成本率越低，其边际贡献率必然越高。

4. 本量利分析的基本关系

在进行本量利分析时，应明确认识下列基本关系：

（1）在销售总成本已定的情况下，盈亏临界点的高低取决于单位售价的高低。单位售价越高，盈亏临界点越低；单位售价越低，盈亏临界点越高。

（2）在销售收入已定的情况下，盈亏临界点的高低取决于固定成本和单位变动成本的高低。固定成本越高，或单位变动成本越高，则盈亏临界点越高；反之，盈亏临界点越低。

> **小资料**
>
> **本—量—利分析**
>
> 　　假设现在的商业活动是为 iphone 开发应用程序。这是一个非常有趣的商业活动，因为其可变成本几乎为零。我们假设，雇用程序员和图形设计员开发应用程序的成本是 2 万美元。如果应用程序的售价为 0.99 美元，苹果公司收取其中的 30%，售出应用程序的边际贡献为 0.693 美元（0.99 美元 × 70%）。通过计算，需要销售 28 861 美元的应用程序才能收回初始投资。
>
> 　　资料来源：《管理会计》第 6 版（美）阿特金森（Atkinson, A. A.）等著；刘曙光，陈静等译 . —北京：清华大学出版社，2011.11

（3）在盈亏临界点不变的前提下，销售量越大，企业实现的利润便越多（或亏损越少）；销售量越小，企业实现的利润便越少（或亏损越多）。

（4）在销售量不变的前提下，盈亏临界点越低，企业能实现的利润便越多（或亏损越少）；盈亏临界点越高，企业能实现的利润便越少（或亏损越多）。

（三）盈亏临界点分析

盈亏临界点又称为"保本点"、"盈亏平衡点"、"损益两平点"等，是指刚好使企业经营达到不盈不亏状态的销售量（额）。此时，企业的销售收入恰好弥补全部成本，企业的利润等于零。盈亏临界点分析就是根据销售收入、成本和利润等因素之间的函数关系，分析企业如何达到不盈不亏状态。也就是说，销售价格、销售量以及成本因素都会影响企业的不盈不亏状态。通过盈亏临界点分析，企业可以预测售价、成本、销售量以及利润情况并分析这些因素之间的相互影响，从而加强经营管理。企业可以根据所销售产品的实际情况，计算盈亏临界点。

1. 盈亏临界点计算

（1）单一产品的盈亏临界点。企业只销售单一产品，则该产品的盈亏临界点计算比较简单。根据本量利分析的基本公式：

税前利润 = 销售收入 − 总成本 = 销售价格 × 销售量 −（变动成本 + 固定成本）

　　　　= 销售单价 × 销售量 − 单位变动成本 × 销售量 − 固定成本

$P = px - bx - a = (p - b)x - a$

企业不盈不亏时，利润为零，利润为零时的销售量就是企业的盈亏临界点销售量。

即：0 = 销售单价 × 盈亏临界点销售量 − 单位变动成本 × 盈亏临界点销售量 − 固定成本

盈亏临界点销售量 = 固定成本/（销售单价 − 单位变动成本）

　　　　　　　　= 固定成本/单位边际贡献

可以写成：$x_0 = \dfrac{a}{p-b} = \dfrac{a}{UCM}$

相应的，盈亏临界点销售额＝盈亏临界点销售量×销售单价
　　　　　　　　　　　＝固定成本/边际贡献率

即：

$$px_0 = \frac{pa}{p-b} = \frac{a}{p-b}p = \frac{a}{CMR}$$

[业务操作1—7]

天生电子公司生产和销售H电子产品，该产品的市场售价预计为100元，该产品单位变动成本为50元，固定成本为32 000元，请问该产品的盈亏临界点的销售量和销售额分别是多少？

$$x_0 = \frac{a}{p-b} = \frac{32\,000}{100-50} = 640 \text{（件）}$$

$$px_0 = \frac{pa}{p-b} = \frac{100 \times 32\,000}{100-50} = 64\,000 \text{（元）}$$

或

$$px_0 = 100 \times 640 = 64\,000 \text{（元）}$$

（2）多品种的盈亏临界点。在现实经济生活中，大部分企业生产经营的产品不止一种。在这种情况下，企业的盈亏临界点就不能用实物单位表示，因为不同产品的实物计量单位是不同的，把这些计量单位不同的产品销量加在一起是没有意义的。所以，企业在产销多种产品的情况下，只能用金额来表示企业的盈亏临界点。即只能计算企业盈亏临界点的销售额。通常计算多品种企业盈亏临界点的方法有：综合边际贡献率法、联合单位法、主要品种法和分算法等，下面将逐一介绍：

①综合边际贡献率法。所谓综合边际贡献率法是指将各种产品的边际贡献率按照其各自的销售比重这一权数进行加权平均，得出综合边际贡献率，然后再据此计算企业的盈亏临界点销售额和每种产品的盈亏临界点的方法。

具体表示：企业盈亏临界点＝企业固定成本总额/综合边际贡献率

企业盈亏临界点的具体计算步骤是：

第一，计算综合边际贡献率

首先，计算各种产品的销售比重

某种产品的销售比重＝该种产品的销售额/全部产品的销售总额×100%

销售比重是销售额的比重而不是销售量的比重。

其次，计算综合边际贡献率

综合边际贡献率 ＝ $\sum$（各种产品边际贡献率×该种产品的销售比重）

该公式也可以写作：综合边际贡献率＝各种产品边际贡献额之和/销售收入总额

第二，计算企业盈亏临界点销售额

企业盈亏临界点销售额＝企业固定成本总额/综合边际贡献率

第三，计算各种产品盈亏临界点销售额
某种产品盈亏临界点销售额 = 企业盈亏临界点销售额 × 该种产品的销售比重

[业务操作1—8]

天生电子公司生产销售甲、乙、丙三种电子产品，全年预计固定成本总额为210 000元，预计销售量分别为8 000件、5 000件和3 000件，预计销售单价分别为40元、80元、100元，单位变动成本分别为20元、50元、80元，则该企业的盈亏临界点是多少？

第一，计算综合边际贡献率
计算全部产品销售总额 = 8 000 × 40 + 5 000 × 80 + 3 000 × 100 = 1 020 000（元）
计算每种产品的销售比重
甲产品的销售比重 = 8 000 × 40 ÷ 1 020 000 = 31.37%
乙产品的销售比重 = 5 000 × 80 ÷ 1 020 000 = 39.22%
丙产品的销售比重 = 3 000 × 100 ÷ 1 020 000 = 29.41%
计算综合边际贡献率
甲产品的边际贡献率 = (40 − 20) ÷ 40 = 50%
乙产品的边际贡献率 = (80 − 50) ÷ 80 = 37.5%
丙产品的边际贡献率 = (100 − 80) ÷ 100 = 20%
综合边际贡献率 = 50% × 31.37% + 37.5% × 39.22% + 20% × 29.41% = 36.27%

第二，计算盈亏临界点销售额
盈亏临界点销售额 = 固定成本总额/综合边际贡献率
　　　　　　　　 = 210 000 ÷ 36.27% = 578 990.90（元）

第三，将企业盈亏临界点销售额分解为各种产品盈亏临界点销售额和销售量
甲产品盈亏临界点销售额 = 578 990.90 × 31.37% = 181 629.45（元）
乙产品盈亏临界点销售额 = 578 990.90 × 39.22% = 227 080.23（元）
丙产品盈亏临界点销售额 = 578 990.90 × 29.41% = 170 281.22（元）
相应的，可以计算出每种产品盈亏临界点销售量
甲产品盈亏临界点销售量 = 181 629.45 ÷ 40 ≈ 4 541（件）
乙产品盈亏临界点销售量 = 227 080.23 ÷ 80 ≈ 2 839（件）
丙产品盈亏临界点销售量 = 170 281.22 ÷ 100 ≈ 1 703（件）

综合边际贡献率的大小反映了企业全部产品的整体盈利能力高低，企业若要提高全部产品的整体盈利水平，可以调整各种产品的销售比重，或者提高各种产品自身的边际贡献率。

②联合单位法。所谓联合单位法是指企业各种产品之间存在相对稳定的产销量比例关系，这一比例关系的产品组合可以视同为一个联合单位，然后确定每一联合单位的售价和单位变动成本，以进行多品种的盈亏临界点分析。假设某企业A、B、C三种产品，

其销量比为1:2:3，则这三种产品的组合就构成一个联合单位。然后按照这种销量比来计算各种产品共同构成的联合单价和联合单位变动成本。即：

联合销售单价＝A产品单价×1＋B产品单价×2＋C产品单价×3

联合单位变动成本＝A产品单位变动成本×1＋B产品单位变动成本×2＋C产品单位变动成本×3

然后就可以计算出联合保本量，即：

联合保本量＝固定成本/（联合单价－联合单位变动成本）

某产品保本量＝联合保本量×该产品销量比

这种方法主要适用于有严格产出规律的联产品生产企业。

> **小资料**
>
> **在本量利分析中引入不确定性**
>
> 像罗斯家具公司的经理，同时也是公司的拥有者朱莉·罗斯（Juile Rose）这样的决策者，通常喜欢把盈亏平衡时的销售水平与自己对潜在销售额的预期联系在一起。例如，假设朱莉认为，虽然销售数量是不确定的，但是肯定介于1 500和3 000之间，而且售价是统一的。你可能还记得在统计学课程中学过，这样的假设意味着朱莉认为市场对她生产的摇椅的需求呈均匀分布，因此，摇椅的销售量很可能为1 819把，销售率为78.73%＝(3 000－1 819)/(3 000－1 500)。
>
> 资料来源：《管理会计》第6版（美）阿特金森（Atkinson, A. A.）等著；刘曙光，陈静等译．—北京：清华大学出版社，2011.11

[业务操作1—9]

根据[业务操作1—8]中的资料，采用联合单位法计算甲、乙、丙三种电子产品的盈亏临界点。

第一，确定产品销量比：甲:乙:丙＝1:0.625:0.375

联合单价＝1×40＋0.625×80＋0.375×100＝127.5（元/联合单位）

联合单位变动成本＝1×20＋0.625×50＋0.375×80＝81.25（元/联合单位）

联合保本量＝210 000÷(127.5－81.25)≈4 541（联合单位）

第二，计算各种产品保本量：

甲产品保本量＝4 541×1＝4 541（件）

甲产品保本额＝4 541×40＝181 640（元）

乙产品保本量＝4 541×0.625＝2 838（件）

乙产品保本额＝2 838×80＝227 040（元）

丙产品保本量 = 4 541×0.375 = 1 703（件）
丙产品保本额 = 1 703×100 = 170 300（元）

③主要品种法。如果企业生产经营的多种产品中，有一种产品能够给企业提供的边际贡献占企业全部边际贡献总额的比重很大，而其他产品给企业提供的边际贡献比重较小，则可以将这种产品认定为主要品种。此时，企业的固定成本几乎由主要产品来负担，所以，可以根据这种产品的边际贡献率计算企业的盈亏临界点。当然，用这种方法计算出来的企业的盈亏临界点可能不十分准确。如果企业产品品种主次分明，则可以采用这种方法。

④分算法。分算法是指在一定条件下，企业可以将全部固定成本按一定标准在各种产品之间进行分配，然后再对每一个品种分别进行盈亏临界点分析的方法。全部固定成本中的专属固定成本直接划归某种产品负担，而共同固定成本则要按照一定标准（如产品重量、体积、长度、工时、销售额等）分配给各种产品。

这种方法要求企业能够客观分配固定成本，如果不能做到客观，则可能使计算结果出现误差。这种方法可以给企业管理当局提供各产品计划和控制所需要的资料。

2. 盈亏临界点作业率和安全边际计算

（1）盈亏临界点的作业率。盈亏临界点作业率也称为保本作业率、危险率，是指企业盈亏临界点销售量（额）占现有或预计销售量（额）的百分比。该指标越小，表明用于保本的销售量（额）越低；反之，越高。其计算公式为：

盈亏临界点作业率 = 盈亏临界点销售量（额）/现有或预计销售量（额）×100%

[业务操作1—10]

根据[业务操作1—7]，天生电子公司生产和销售H电子产品，该产品的单位市场售价预计为100元，该产品单位变动成本为50元，固定成本为32 000元，经计算该产品的盈亏临界点的销售量是640件，盈亏临界点销售额为64 000元，预计H产品的年销售量为1 000件。

H产品的盈亏临界点的作业率 = 640÷1 000×100% = 64%
或 = 64 000÷1 000×100×100% = 64%

这说明，H产品的作业率只有超过64%时，才能获得盈利，否则就会发生亏损。某些西方企业用该指标来评价企业经营的安全程度。

（2）安全边际。所谓安全边际是指现有或预计销售量（额）超过盈亏临界点销售量（额）的部分。超出部分越大，企业发生亏损的可能性越小，发生盈利的可能性越大，企业经营就越安全。安全边际越大，企业经营风险越小。衡量企业安全边际大小的指标有两个，它们是安全边际量（额）和安全边际率。

安全边际量（额）= 现有或预计销售量（额）- 盈亏临界点销售量（额）
安全边际率 = 安全边际销售量（额）÷现有或预计的销售量（额）×100%

安全边际率与盈亏临界点的作业率之间的关系为：
安全边际率 + 盈亏临界点作业率 = 1

［业务操作1—11］

根据［业务操作1—10］的资料和计算数据，计算H产品的安全边际量（额）和安全边际率。

H产品的安全边际销售量 = 1 000 – 640 = 360（件）
H产品的安全边际销售额 = 1 000 × 100 – 64 000 = 36 000（元）
　　　　　　　　　　或 = 360 × 100 = 36 000（元）
安全边际率 = 360 ÷ 1 000 × 100% = 36%
　　　或 = 36 000 ÷ 100 000 × 100% = 36%

西方国家一般用安全边际率来评价企业经营的安全程度。表1–10列示了安全边际率的经验数据。

表1–10　　　　　　　　安全边际率的经验数据

安全边际率	10%以下	10%~20%	20%~30%	30%~40%	40%以上
安全程度	危险	值得注意	比较安全	安全	很安全

安全边际能够为企业带来利润。我们知道，盈亏临界点的销售额除了弥补产品自身的变动成本外，刚好能够弥补企业的固定成本，不能给企业带来利润。只有超过盈亏临界点的销售额，才能在扣除变动成本后，不必再弥补固定成本，而是直接形成企业的税前利润。用公式表示如下：

税前利润 = 销售单价 × 销售量 – 单位变动成本 × 销售量 – 固定成本
　　　　 =（安全边际销售量 + 盈亏临界点销售量）× 单位边际贡献 – 固定成本
　　　　 = 安全边际销售量 × 单位边际贡献
　　　　 = 安全边际销售额 × 边际贡献率

将上式两边同时除以销售额可以得出：
税前利润率 = 安全边际率 × 边际贡献率

（四）目标利润点分析

目标利润是项目经营预期实现的利润目标，是根据拟投资项目的具体条件，在全面分析研究了项目开发收入与成本因素之后，经过充分的市场调查和反复的计算平衡确定的。目标利润一经确定，便成为企业生产经营活动的行动依据，企业要根据目标利润来组织销售收入，控制销售成本。

目标利润点就是目标利润的界点。目标利润点分析就是确保目标利润界点实现分析，也就是保利分析，就是指将目标利润引进本量利分析的基本公式，在单价和成本水平既定的情况下，在确保企业目标利润实现的正常条件下，充分揭示成本、业务量、利润三者之间关系的本量利分析。

将目标利润引进本量利分析模式，在以目标管理为基本特征的现代企业管理中具有重要意义。通过保利分析，可以首先确定为实现目标利润而应达到的目标销售量和目标销售额，从而以销定产，确定目标生产量、目标生产成本以及目标资金需要量等，为企业实施目标控制奠定了基础，从而为企业短期经营明确了方向。

目标利润点即保利点是指企业为实现目标利润而要达到的销售量或销售额。保利点有两种表现形式：保利点销售量（简称保利量）和保利点销售额（简称保利额），一般用下列符号表示：

TP——目标利润；

x_1——保利销售量；

y_1——保利销售额。

保利点计算确定与保本点计算确定方法一样，也分为单一品种和多品种计算确定。

1. 单一品种保利点的确定

（1）不考虑所得税的保利点确定。由于本量利分析中的"利润"一般为营业利润或利润总额，所以不考虑所得税的保利点分析是最基本的本量利分析。

把目标利润引进本量利分析的基本公式：

目标利润（TP）= 目标销售量 ×（单位售价 − 单位变动成本）− 固定成本总额

$$= x_1(p-b) - a$$

则确保实现目标利润业务量的计算公式如下：

保利销售量（x_1）=（固定成本 + 目标利润）÷（单位售价 − 单位变动成本）

$$=(a+TP) \div (p-b)$$

=（固定成本总额 + 目标利润）÷ 单位边际贡献

$$=(a+TP) \div cm$$

保利销售额（y_1）= 单位售价 × 保利销售量

$$= px_1$$

=（固定成本总额 + 目标利润）÷ 单位边际贡献率

$$=(a+TP) \div cmR$$

（2）考虑所得税的保利点确定。考虑所得税（记作 tR）的目标利润，就是目标税后净利润（记作 TTP）。对于企业的所有者而言，只有企业在一定时期所实现的税后利润才归属所有者，它既是所有者取得投资报酬、实现资本保值增值的重要保证，也是企业提取盈余公积、分配股利、形成企业内部积累的重要依据。因此，企业的目标税后利润以及确保目标税后利润实现的保利分析，更受投资者关注，也更受企业管理者的重视。由于

目标税后利润 = 税前利润 ×（1 − 所得税税率）

则确保实现目标税后净利润业务量的计算公式如下：

保利销售量（x_1）= {固定成本总额 + [目标税后利润 ÷（1 − 所得税税率）]} ÷（单位售价 − 单位变动成本）

$$= \{a + [TTP \div (1-tR)]\} \div (p-b)$$

= {固定成本总额 + [目标税后利润 ÷（1 − 所得税税率）]} ÷ 单位

边际贡献
$$= \{a + [TTP \div (1 - tR)]\} \div cm$$

保利销售额（y_1）= {固定成本总额 + [目标税后利润 ÷ (1 - 所得税税率)]} ÷ 边际贡献率

$$= \{a + [TTP \div (1 - tR)]\} \div cmR$$

[业务操作 1—12]

根据［业务操作 1—10］的资料和计算数据，假定 H 产品目标利润为 10 000 元，所得税税率为 25%，分别计算 H 产品不考虑所得税和考虑所得税的目标利润销售量（额）。

不考虑所得税：

H 产品的保利销售量（x_1）= $(a + TP) \div (p - b)$ = (32 000 + 10 000) ÷ (100 - 50)
$\qquad\qquad\qquad\qquad$ = 840（件）

H 产品的保利销售额（y_1）= $(a + TP) \div cmR$ = (32 000 + 10 000) ÷ 50%
$\qquad\qquad\qquad\qquad$ = 84 000（元）

考虑所得税：

H 产品的保利销售量（x_1）= $\{a + [TTP \div (1 - tR)]\} \div (p - b)$
$\qquad\qquad\qquad\qquad$ = {32 000 + [10 000 ÷ (1 - 25%)]} ÷ (100 - 50)
$\qquad\qquad\qquad\qquad$ = 906.67（件）

H 产品的保利销售额（y_1）= $\{a + [TTP \div (1 - tR)]\} \div cmR$
$\qquad\qquad\qquad\qquad$ = {32 000 + [10 000 ÷ (1 - 25%)]} ÷ 50%
$\qquad\qquad\qquad\qquad$ = 90 666.67（元）

以上计算结果说明 H 产品若要获得 10 000 元的目标利润，不考虑所得税的销售量为 840 件，销售额为 84 000 元；考虑所得税即获得 10 000 元的税后净利润，H 产品需销售 907 件，销售额为 90 700 元。

2. 多品种保利点的确定

多品种的保利分析与多品种保本分析一样，不能用实物量表现，只能用货币量表现，因为不同品种的产品的销售量直接相加无意义。因此，多品种保利点的计算确定方法一般有综合边际贡献率法、联合单位法、主要品种法和分算法等，并且保利点计算确定的原理也与保本点一致，故不再逐一讨论，仅以综合边际贡献率法为例，说明确保实现目标税后利润的综合保利销售额的计算。

综合边际贡献率法税后保利销售额的计算公式：

综合保利销售额 = {固定成本总额 + [目标税后利润 ÷ (1 - 所得税税率)]} ÷ 综合边际贡献率

[业务操作1—13]

根据[业务操作1—8]的资料和计算结果为依据,若天生电子公司生产销售甲、乙、丙三种电子产品,全年预计固定成本总额为210 000元,预计销售量分别为8 000件、5 000件和3 000件,预计销售单价分别为40元、80元、100元,单位变动成本分别为20元、50元、80元,该企业全年要求实现目标税后利润100 000元,所得税税率为25%,问三种产品全年应实现多少销售额才能实现税后目标利润。

综合保利销售额 = {210 000 + [100 000 ÷ (1 − 25%)]} ÷ 36.27% = 946 604.17(元)

计算说明该企业至少在达到946 604.17元的销售额以后,才能确保企业目标税后利润的实现。

3. 为保证目标利润实现应采取的措施

为保证目标利润的实现,在目标利润一定的情况下,可以根据各因素变动对利润指标的影响以及影响利润的敏感程度,分项或综合计算各因素,确定目标利润实现所应采取的措施。

(1)单因素变动,以保证目标利润的实现。我们由本量利分析的基本公式可以得到各因素逐个变动的计算公式。

①实现目标利润时,单位售价的计算公式:

单位售价(p) = (变动成本总额 + 固定成本总额 + 目标利润) ÷ 销售量 = $(bx + a + TP) \div x$
= 单位变动成本 + (固定成本总额 + 目标利润) ÷ 销售量 = $b + (a + TP) \div x$
= 单位变动成本 + 单位目标边际贡献 = $b + cm$

②实现目标利润时,单位变动成本的计算公式:

单位变动成本(b) = (销售收入总额 − 固定成本总额 − 目标利润) ÷ 销售量
= $(px - a - TP) \div x$
= 单位售价 − (固定成本总额 + 目标利润) ÷ 销售量
= $p - (a + TP) \div x$

③实现目标利润时,销售量的计算公式:

销售量(x) = (固定成本总额 + 目标利润) ÷ (单位售价 − 单位变动成本)
= $(a + TP) \div (p - b)$
= (固定成本总额 + 目标利润) ÷ 单位边际贡献 = $(a + TP) \div cm$

④实现目标利润时,固定成本总额的计算公式:

固定成本总额(a) = 销售收入总额 − 变动成本总额 − 目标利润 = $px - bx - TP$
= 边际贡献总额 − 目标利润 = $Tcm - TP$
= 销售收入总额 × 边际贡献率 − 目标利润 = $px \times cmR - TP$
= 销售收入总额 × (1 − 变动成本率) − 目标利润 = $px \times (1 - bR) - TP$
= 单位边际贡献 × 销售量 − 目标利润 = $cm \times x - TP$
= (单位售价 − 单位变动成本) × 销售量 − 目标利润 = $(p - b)x - TP$

[业务操作1—14]

根据[业务操作1—10]的资料，天生电子公司生产和销售H电子产品，该产品的单位市场售价预计为100元，该产品单位变动成本为50元，固定成本为32 000元，预计H产品的年销售量为1 000件。现该企业根据市场预测，决定将目标利润由10 000元提高到20 000元，要求对影响利润的四个因素逐个进行分析，计算它们应如何变动，才能保证20 000元的目标利润实现。

①提高单位售价：

单位售价$(p) = b + (a + TP) \div x = 50 + (32\ 000 + 20\ 000) \div 1\ 000 = 102$（元）

即若a、b、x不变，将p提高到102元，即提高售价2%（$2 \div 100 \times 100\%$），就可以保证目标利润的实现。

②降低单位变动成本：

单位变动成本$(b) = p - (a + TP) \div x = 100 - (32\ 000 + 20\ 000) \div 1\ 000 = 48$（元）

即若a、p、x不变，只要将b降低到48元，降低单位变动成本4%（$2 \div 50 \times 100\%$），就可以保证目标利润的实现。

③提高销售量：

销售量$(x) = (a + TP) \div (p - b) = (32\ 000 + 20\ 000) \div (100 - 50) = 1\ 040$（件）

即若p、a、b不变，只要将x提高到1 040件，提高销售量4%（$40 \div 1\ 000 \times 100\%$），就可以保证目标利润的实现。

④降低固定成本总额：

固定成本总额$(a) = (p - b)x - TP = (100 - 50) \times 1\ 000 - 20\ 000 = 30\ 000$（元）

即若p、b、x不变，只要将a降低到30 000元，降低固定成本总额6.25%（$2\ 000 \div 32\ 000 \times 100\%$），就可以保证目标利润的实现。

（2）多因素同时变动以保证目标利润的实现。以上逐个分析各因素为保证目标利润实现所采取的相应措施，而假设是其他因素都不变。但在现实的经济生活中，各个因素并非孤立存在，而是相互制约，相互影响，所以要结合分析各个因素同时变动对利润的影响。

[业务操作1—15]

根据[业务操作1—14]的资料和计算结果，假定为了竞争需要，H电子产品售价只能上升到101元，经过内部挖潜单位变动成本最大只能降到49.50元，全年固定成本总额可以降至31 000元。

要求：计算各因素变动对利润的影响及销售量为多少时，才能达到20 000元的目标利润。

如各因素不变，则该产品全年的利润为：

利润 $(P) = (p - b)x - a = (100 - 50) \times 1\,000 - 32\,000 = 18\,000$（元）

①售价提高到101元，则利润为：

利润 $(P) = (p - b)x - a = (101 - 50) \times 1\,000 - 32\,000 = 19\,000$（元）

$\Delta P = 19\,000 - 18\,000 = 1\,000$（元）

②单位变动成本降低到49.50元，则利润为：

利润 $(P) = (p - b)x - a = (101 - 49.50) \times 1\,000 - 32\,000 = 19\,500$（元）

$\Delta P = 19\,500 - 19\,000 = 500$（元）

③固定成本总额降低至31 000元，则利润为：

利润 $(P) = (p - b)x - a = (101 - 49.50) \times 1\,000 - 31\,000 = 20\,500$（元）

$\Delta P = 20\,500 - 19\,500 = 1\,000$（元）

由于上述三个因素的同时变动，利润已上升至20 500元，已经超过目标利润500元，如果考虑销售量变化，销售量可以减少，其减少量应为：

$500 \div (101 - 49.5) \approx 10$（件）

成本性态分析

以下是恒伟机械制造厂历史上发生的各种费用项目名称：

(1) 直接材料；
(2) 间接材料；
(3) 直接人工；
(4) 间接人工；
(5) 工厂的公用事业费；
(6) 工厂的财产税；
(7) 销售人员用的汽车租金；
(8) 销售人员的招待费；
(9) 机器用的润滑剂；
(10) 坏账；
(11) 全体职工的奖金税；
(12) 广告费；
(13) 机器维修费；
(14) 生产设备折旧费；
(15) 全厂资产保险费；
(16) 产品运出费用；
(17) 停工工资。

要求：

(1) 分别说明上述各项目，哪些属于制造成本？哪些属于非制造成本？

(2) 分别说明上述各项目，哪些属于变动成本？哪些属于固定成本？哪些属于混合成本？

情境小结

管理会计是以企业现在和未来的价值运动为对象，以提高经济效益为目的，以为企业内部管理者提供经营管理决策的科学依据为目标而进行的经济管理活动。管理会计是社会化大生产和科学管理的必然产物，其形成和发展是同现代企业的内外环境及与之相应的管理学理论和实践的发展相联系的，并受社会实践及经济理论的双重影响。管理会计主要为企业的内部管理服务，其主要内容可分为规划与决策会计和控制与责任会计两个部分。管理会计是从财务会计中派生出来的一个重要分支，它不同于财务会计，它将传统的会计职能发展得更加广泛，履行预测、决策、规划、控制和考核的职能。管理会计的目标：一是为管理和决策提供信息，二是参与企业的经营管理。管理会计与财务会计之间既有联系又存在一定的区别，二者相辅相成，共同构成了现代会计的两个重要的科学分支。

在现代管理会计中，成本是指企业在生产经营活动中对象化的、以货币表现的、为达到一定目的而应当或可能发生的各种经济资源的消耗。成本按照经济用途分类可分为生产成本和非生产成本两大类，这是财务会计学的传统分类方法。成本按其性态分类，可分为变动成本、固定成本、混合成本，这是管理会计特有的一种成本分类标志。研究成本性态必须充分考虑相关范围的影响，相关范围是指把成本按其性态确定为变动成本和固定成本的前提条件，只有在相关范围内，变动成本总额才能够与业务量呈现正比例的变动关系，而单位变动成本不受业务量变动的影响而保持不变。成本性态分析是管理会计的一项最基本的工作，常用的成本性态分析方法有：技术测定法、直接分析法、历史资料法。历史资料分析法是成本性态分析最常用的一种方法，包括高低点法、散布图法和一元直线回归法三种具体方法。

变动成本法是指在产品成本计算过程中，以成本性态分析作为前提，将变动生产成本作为产品成本，将固定生产成本及非生产成本作为期间成本的一种成本计算法。在这种成本计算方法下，计算产品生产成本时，只计入和产品生产量直接有关的变动成本，即产品的直接材料、直接人工和变动制造费用。而把与期间有关的固定制造费用和销售费用、管理费用等非生产成本作为期间成本在当期全部转销。变动成本法是管理会计为改革财务会计的传统成本计算模式而设立的新模式，其最主要的特点是只将变动生产成本作为产品成本的构成内容，而将固定生产成本作为期间成本处理。这就决定了变动成本法与传统的完全成本法有着很大的不同。变动成本法和完全成本法有各自的优缺点，很难区分谁优谁劣，在实际运用时一般有三种方法，即单轨制、双轨制和混合制。

本量利分析是指在成本性态分析的基础上，通过对成本、业务量和利润三者关系的分析，建立数学化的会计模型和图示，进而揭示变动成本、固定成本、销售量、销售单价和利润之间的内在规律性联系，为会计预测、决策、规划和控制提供有价值的会计信息的一种定量分析方法。运用本量利分析应设定：相关范围和线性关系假设；品种结构稳定假设和产销平衡假设。本量利分析的基本公式包括：盈亏临界点计算公式；本量利计算公式；边际贡献计算公式等。盈亏临界点计算分析包括：单一产品的盈亏临界点计算；多品种的盈亏临界点计算；盈亏临界点作业率和安全边际计算。目标利润点分析计算，即保利点计算确定与保本点计算确定方法一样，也分为单一品种和多品种计算确定，另外还包括为保证目标利润实现应采取的措施分析计算。

习题与实训

一、单项选择题

1. 下列说法正确的是（   ）。
   A. 管理会计是经营管理型会计，财务会计是报账型会计
   B. 管理会计是报账型会计，财务会计是经营管理型会计
   C. 管理会计为对外报告会计
   D. 财务会计为对内报告会计

2. 管理会计不要求信息（   ）。
   A. 相对精确　　　　　　　　B. 及时
   C. 绝对精确　　　　　　　　D. 相关

3. 管理会计的服务侧重于（   ）。
   A. 股东　　　　　　　　　　B. 外部集团
   C. 债权人　　　　　　　　　D. 企业内部的经营管理

4. 能够作为管理会计原始雏形的标志，并于20世纪初在美国出现的是（   ）。
   A. 责任会计　　　　　　　　B. 预测决策会计
   C. 科学管理理论　　　　　　D. 标准成本计算制度

5. 管理会计的对象是（   ）。
   A. 利润　　　　　　　　　　B. 收入
   C. 成本　　　　　　　　　　D. 价值运动

6. 成本按其性态可分为（   ）。
   A. 可控成本和不可控成本　　B. 机会成本和假设成本
   C. 产品成本和期间成本　　　D. 固定成本、变动成本和混合成本

7. 当业务量增加时，单位固定成本将（   ）。
   A. 随着业务量的变动而呈正比例变动　　B. 不随业务量变动而变动
   C. 随着业务量的变动而呈反比例变动　　D. 上述选项都不对

8. 当业务量增加时，单位变动成本将（   ）。
   A. 随着业务量变动而呈正比例变动　　　B. 始终保持不变
   C. 随着业务量变动而呈反比例变动　　　D. 上述选项都不对

9. 成本性态分析法中的高低点，在选择时应以（   ）为标准。
   A. 成本　　　　　　　　　　B. 业务量
   C. 业务量、成本均可　　　　D. 不一定

10. 在历史资料分析法的具体应用中，计算结果最精确的方法是（   ）。
    A. 高低点法　　　　　　　　B. 散布图法
    C. 一元直线回归法　　　　　D. 直接分析法

11. 完全成本法的期间成本是指（　　）。
   A. 直接材料费　　　　　　　　　B. 直接人工费
   C. 制造费用　　　　　　　　　　D. 非生产成本
12. 变动成本法的产品成本是指（　　）。
   A. 固定生产成本　　　　　　　　B. 变动生产成本
   C. 固定非生产成本　　　　　　　D. 变动非生产成本
13. 某工厂生产甲产品，当月生产8 000件，每件直接材料15元，直接人工12元，变动制造费用10元，全月发生固定制造费用80 000元，按完全成本法计算的单位产品成本为（　　）。
   A. 37　　　　　　　　　　　　　B. 47
   C. 40　　　　　　　　　　　　　D. 27
14. 某产品本期按完全成本法计算的本期单位产品成本是14元，本期产量500件，销售量400件，固定生产成本2 000元，按变动成本法计算的本期单位产品成本为（　　）元。
   A. 14　　　　　　　　　　　　　B. 10
   C. 9　　　　　　　　　　　　　　D. 18
15. 单位边际贡献等于（　　）。
   A. 销售收入减变动成本总额　　　B. 销售总额减单位变动成本
   C. 单价减单位变动成本　　　　　D. 单价减单位成本
16. 盈亏平衡点销售量是指（　　）时的销售量。
   A. 边际贡献等于完全成本　　　　B. 边际贡献等于固定成本
   C. 边际贡献等于变动成本　　　　D. 边际贡献大于固定成本
17. 某公司生产的产品，单价为4元，边际贡献率为40%，本期的保本点业务量为30万件，则其固定成本为（　　）万元。
   A. 12　　　　　　　　　　　　　B. 50
   C. 48　　　　　　　　　　　　　D. 60

二、多项选择题

1. 管理会计的基本内容包括（　　）。
   A. 财务会计　　　　　　　　　　B. 规划与决策会计
   C. 控制与责任会计　　　　　　　D. 责任会计
   E. 成本会计
2. 管理会计的基本职能有（　　）。
   A. 预测职能　　　　　　　　　　B. 决策职能
   C. 预算职能　　　　　　　　　　D. 控制职能
   E. 考核和评价职能
3. 管理会计属于（　　）。
   A. 现代企业会计　　　　　　　　B. 经营型会计
   C. 外部会计　　　　　　　　　　D. 报账型会计

E. 内部会计

4. 管理会计应向各级管理人员提供（　　）。
A. 与计划、评价和控制企业经营活动有关的各类信息
B. 历史信息和未来信息
C. 与维护企业资产安全、完整及资源有效利用有关的信息
D. 与股东、债权人及其他企业外部利益关系者决策有关的信息
E. 经营管理者所需要的全部信息

5. 下列关于管理会计的叙述，正确的有（　　）。
A. 工作程序性较差　　　　　　B. 可以提供未来信息
C. 以责任单位为主体　　　　　　D. 必须严格遵循公认会计原则
E. 重视管理过程和职工的作用

6. 下列单位中，可以作为管理会计主体的有（　　）。
A. 企业整体　　　　　　　　　　B. 分厂
C. 车间　　　　　　　　　　　　D. 班组
E. 个人

7. 下列说法中正确的是（　　）。
A. 企业会计是管理会计的一个重要组织部分
B. 管理会计主要面向未来
C. 管理会计方法灵活多样
D. 管理会计数学方法应用较广泛
E. 管理会计是控制与业绩评价会计

8. 成本按性态可分为（　　）。
A. 制造成本　　　　　　　　　　B. 固定成本
C. 变动成本　　　　　　　　　　D. 半变动成本
E. 销售成本

9. 下列属于变动成本的是（　　）。
A. 直接材料费用　　　　　　　　B. 直接人工费用
C. 包装费用　　　　　　　　　　D. 按销售量支付的佣金
E. 以上都是

10. 下列属于固定成本的是（　　）。
A. 行政人员工资　　　　　　　　B. 折旧费用
C. 租赁费用　　　　　　　　　　D. 车间管理人员工资
E. 车间工人工资

11. 下列项目中，属于固定成本特点的有（　　）。
A. 总额不变　　　　　　　　　　B. 总额成正比例变动
C. 单位额不变　　　　　　　　　D. 单位额成反比例变动
E. 单位额变动

12. 在相关范围内，变动成本应当具有的特征有（　　）。
A. 总额不变　　　　　　　　　　B. 总额成正比例变动

C. 单位额不变   D. 单位额变动
E. 单位额成反比例变动

13. 在完全成本法下，期间费用包括（   ）。
A. 制造费用   B. 变动制造费用
C. 固定制造费用   D. 推销成本
E. 管理费用

14. 在变动成本法下，期间成本包括（   ）。
A. 管理费用   B. 销售费用
C. 制造费用   D. 固定生产成本
E. 非生产成本

15. 变动成本法与完全成本法的区别表现在（   ）。
A. 产品成本的构成内容不同   B. 存货成本水平不同
C. 损益确定程序不同   D. 编制的损益表格式不同
E. 计算出的营业利润不同

16. 完全成本法和变动成本法共同的成本是（   ）。
A. 直接材料   B. 直接人工
C. 销售费用   D. 管理费用
E. 变动制造费用

17. 本量利分析的前提条件是（   ）。
A. 成本性态分析假设   B. 相关范围及线性假设
C. 变动成本法假设   D. 产销平衡和品种结构不变假设
E. 目标利润假设

18. 安全边际率等于（   ）。
A. 安全边际量÷实际销售量   B. 保本销售量÷实际销售量
C. 安全边际额÷实际销售额   D. 保本销售额÷实际销售额
E. 安全边际量÷安全边际额

19. 边际贡献率的计算公式可表示为（   ）。
A. 1－变动成本率   B. 边际贡献÷销售收入
C. 固定成本÷保本销售量   D. 固定成本÷保本销售额
E. 单位边际贡献÷单价

20. 下列各项能引起利润减少的有（   ）。
A. 单位变动成本增加   B. 固定成本上升
C. 单价下降   D. 销售量减少
E. 单价上升

21. 下列条件中，能使安全边际扩大的有（   ）。
A. 单价提高   B. 单位变动成本提高
C. 销售量降低   D. 销售量提高
E. 单位变动成本降低

三、判断题

1. 管理会计萌生于19世纪末20世纪初。（　　）
2. 管理会计的最终目标是提高企业的经济效益。（　　）
3. 在准确性和及时性之间，管理会计重视准确性，以保证信息的质量。（　　）
4. 管理会计具有固定的核算程序。（　　）
5. 管理会计提交的报告局限于企业内部各位管理领导。（　　）
6. 管理会计核算不受会计准则、会计制度的约束。（　　）
7. 管理会计与财务会计的目标是完全一致的。（　　）
8. 管理会计与财务会计相比核算方法更为灵活多样。（　　）
9. 管理会计与财务会计的信息来源完全不同。（　　）
10. 管理会计着眼于未来，所以不需要历史资料。（　　）
11. 固定成本在一定期间内不受业务量的影响而保持固定不变的成本。（　　）
12. 成本性态是成本总额与特定业务量在质量方面的依存关系。（　　）
13. 高低点法的优点是计算精确度高，缺点是计算过程过于复杂。（　　）
14. 无论何种混合成本，最终都能划分为固定成本和变动成本两部分。（　　）
15. 回归直线法是成本性态分析方法中最为精确的一种方法。（　　）
16. 变动成本法下，全部制造费用均计入当期损益。（　　）
17. 完全成本法下，只要各期的销售量相同，各期的净收益也相同。（　　）
18. 在变动成本法下，利润额真正成了反映企业产量多少的晴雨表。（　　）
19. 完全成本法与变动成本法核算方法不同，企业在运用时只能选择其一。（　　）
20. 企业各种产品提供的边际贡献就是企业的营业利润。（　　）
21. 当企业的边际贡献等于固定成本时，企业处于保本状态。（　　）
22. 单一品种情况下，保本点销售量随着边际贡献率上升而上升。（　　）
23. 单价单独变动时，会使安全边际反方向变动。（　　）
24. 在一定时期内，如果企业的保本作业率为零，断定该企业处于保本状态。（　　）

四、简答题

1. 简述管理会计的职能。
2. 简述管理会计的特点。
3. 简述管理会计与财务会计的联系。
4. 简述管理会计与财务会计的区别。
5. 什么是成本性态？成本按性态分为哪几类？
6. 固定成本、变动成本、混合成本各自的特点是什么？
7. 变动成本法的特点是什么？
8. 变动成本法与完全成本法的区别是什么？
9. 什么是本量利分析？它有哪些基本假设？
10. 本量利分析的基本模型有哪些？

五、计算分析题

1. 红茶公司 2013 年 1～6 月份的维修成本资料如下：

项目	1月	2月	3月	4月	5月	6月
机器工作小时	500	510	600	750	1 000	900
维修成本/元	9 000	9 500	10 000	12 000	15 000	13 000

要求：

（1）用高低点法将维修成本分解为变动成本和固定成本，并写出成本性态分析模型。

（2）用直线回归分析法将维修成本分解为变动成本和固定成本，并写出成本性态分析模型。

（3）当该公司 2013 年 7 月份机器工作小时达到 800 小时，用以上两种方法预测其维修成本是多少？

2. 庆丰工厂生产一种产品，本期初该产品无存货，本期产量为 650 件，销售量为 600 件，每件销售价格为 200 元。生产该产品所耗用的费用如下：

项目	金额（元）
直接材料	19 500
直接人工	13 000
其他变动制造费用	6 500
固定制造费用	6 500
变动销售费用	3 000
固定销售费用	300

要求：

（1）分别按变动成本法和完全成本法计算该产品的单位成本。

（2）分别按变动成本法和完全成本法编制利润表，并说明两种方法下营业利润产生差异的原因。

3. 精工公司本年度生产甲产品，单位变动成本为 6 元，变动成本总额为 120 000 元，共获得营业利润 40 000 元。该公司下年度甲产品的销售单价不变，其变动成本率与本年度的 60% 保持不变。

要求：

（1）为该公司预测甲产品的保本销售量。

（2）若该公司下年度将销售量提高 15%，则可获得多少营业利润？

4. 假定精工公司在计划年度产销甲产品 50 000 件，若该产品的变动成本率为 70%，安全边际率为 15%，单位边际贡献为 3.6 元。

要求：

（1）预测该公司甲产品的保本销售额。

（2）计算保本作业率，并验证安全边际率与保本作业率的互补关系。

（3）若该公司计划年度产销甲产品 60 000 件，预计可获得多少税前利润？

5. 假定精工公司在计划年度准备生产销售甲、乙、丙、丁四种产品，其固定成本总额为 24 000 元。四种产品销售单价、销售量和单位变动成本的资料见下表：

项目	甲产品	乙产品	丙产品	丁产品
销售单价/元	900	2 000	1 000	3 000
销售量/件	40	80	20	60
单位变动成本/元	720	1 800	600	2 100

要求：

（1）采用加权平均边际贡献率法，预测该公司在计划期内的综合保本销售额及四种产品的保本销售额。

（2）根据该公司计划期内四种产品的销售收入计算，将实现多少营业利润？

6. 假定精工公司本年度生产并销售甲产品 40 000 件，销售单价 20 元，单位变动成本 14 元，固定成本总额 150 000 元，本年度可获得营业利润 90 000 元，现根据该公司的生产能力及市场调查，把计划年度的目标营业利润定为 120 000 元。

要求：计算影响计划年度利润的各个因素应怎样变动，才能保证目标利润的实现。

学习情境二
经 营 预 测

 职业能力目标

在市场经济条件下,企业的生存和发展与市场息息相关,而市场又是瞬息万变的,只有通过预测,掌握大量的第一手市场动态和发展的数据资料,才能情况明、方向准,做出正确的决策。学习经营预测就是要学会企业的销售预测、利润预测、成本预测和资金预测。懂得经营预测的原则、方法和步骤;能运用趋势预测分析法和因果预测分析法进行销售预测;能运用本量利预测法、销售利润率预测法、资金利润率预测法、经营杠杆预测法和因素变动分析法进行利润预测;能运用目标成本预测、历史资料分析法、因素预测法和定额预算法进行成本预测;能运用资金周转率法、销售百分比法和线性回归法进行资金需要量预测。

 **典型工作任务**

先锋家电公司专门生产家庭厨房电器,调查发现,随着人们工作节奏加快和生活水平提高,在厨房的时间越来越少,人们都想下班回家后就能吃上热气腾腾的饭菜,早晨起来可口的早餐已经完成烹制,2~3人家庭都想拥有智能电饭煲和智能蒸菜锅。公司准备生产智能电饭煲和智能蒸菜锅,为了能让公司董事会科学决策,厂长决定抽调销售和会计人员对智能电饭煲和智能蒸菜锅进行经营预测。经营预测小组以本市为范围进行了科学预测,并向公司董事会提出了如下预测报告:(1)智能电饭煲和智能蒸菜锅的销售预测。本市有1 000万人口,共有家庭200万户,其中2~3人小家庭有140万户,调查发现有50%的小家庭都想购买智能电饭煲和智能蒸菜锅,预计销售量为70万件,消费者的心理价格为两件组合不要超过500元,建议销售定价为498元。(2)智能电饭煲和智能蒸菜锅的成本预测。按照生产销售70万件智能电饭煲和智能蒸菜锅预测,生产和销售的总成本预计为28 000万元,其中变动成本为22 400万元,固定成本为5 600万元,单位总成本为400元,单位变动成本为320元。(3)智

能电饭煲和智能蒸菜锅的利润预测。按照预计销售智能电饭煲和智能蒸菜锅 70 万件，组合销售价 498 元计算，销售收入预计为 34 860 万元，生产和销售的总成本预计为 28 000 万元，税前预计利润为 6 860 万元。（4）生产销售智能电饭煲和智能蒸菜锅的资金需要量预测。生产智能电饭煲和智能蒸菜锅需要建设一条生产线，预计投资 3 000 万元，生产原材料周转库存需占用资金 1 500 万元，销售智能电饭煲和智能蒸菜锅需占用资金 1 500 万元，所以，总资金需要量预计为 6 000 万元。公司董事会认真审阅了上述预测报告，认为科学、准确且客观可行，当即批准生产销售智能电饭煲和智能蒸菜锅。

● 著名人物——葛家澍

葛家澍（1921—2013 年），男，汉族，江苏兴化人。1921 年 3 月出生于江苏省兴化市，教授，我国第一批经济学（会计学）博士生导师，经济学家、管理学家、会计学家和教育家。

《会计思想史》

迈克尔·查特菲尔德（Chatfield. Michael）是美国著名的会计史学家，《会计思想史》是其完成于 1974 年的一部会计史学方面的名著。这部著作以大量论文和书籍中所包含的会计史知识为基础，通过对会计历史中所有重大发展阶段的重大问题的讨论，以较翔实的资料向读者介绍了有关会计思想发展的基本观点。查特菲尔德的这本《会计思想史》是按一般读者所熟悉的方式展示会计思想史的优秀研究成果，它不仅可以使读者对会计发展的各方面的相互联系与影响有所了解，而且对会计思想的发展以及会计为何这样发展等问题做了一些合理的诠释。更值得一提的是，本书虽然是一本进行会计思想方面研究的理论专著，但其可读性却很强，读懂它只需要具备基本的会计知识即可，而且每章末所提供的大量参考文献也为那些感兴趣的读者提供了深入学习的线索。

知识准备

一、什么是经营预测

预测（Forecasting）是预计未来事件的一门艺术、一门科学。它包含采集历史数据并用某种数学模型来外推将来。它也可以是对未来的主观或直觉的预期。它还可以是上述的综合，即经由经理良好判断调整的数学模型。它是用科学的理论和方法来预计、推测事物发展的必然性和可能性的行为。

经营预测是企业制定发展规划并进行决策的依据。在市场经济条件下，企业的生存和发展与市场息息相关，而市场又是瞬息万变的，只有通过预测，掌握大量的第一手市场动态和发展的数据资料，才能情况明、方向准，做出正确的决策。

二、经营预测的内容

经营预测的内容主要包括：销售预测、利润预测、成本预测和资金预测等方面。

（一）销售预测

销售计划的中心任务之一就是销售预测，它影响到包括计划、预算和销售额确定在内的销售管理的各方面工作。

销售预测是指对未来特定时间内，全部产品或特定产品的销售数量与销售金额的估计。销售预测是在充分考虑未来各种影响因素的基础上，结合本企业的销售实绩，通过一定的分析方法提出切实可行的销售目标。

（二）利润预测

利润预测是对公司未来某一时期可实现的利润的预计和测算。它是按影响公司利润变动的各种因素，预测公司将来所能达到的利润水平，或按实现目标利润的要求，预测需要达到的销售量或销售额。

目标利润就是指公司计划期内要求达到的利润水平。它既是公司生产经营的一项重要目标，又是确定公司计划期销售收入和目标成本的主要依据。正确的目标利润预测，可促使公司为实现目标利润而有效地进行生产经营活动，并根据目标利润对公司经营效果进行考核。公司的利润包括营业利润、投资净收益、营业外收支净额三部分，所以利润的预测也包括营业利润的预测、投资净收益的预测和营业外收支净额的预测。在利润总额中，通常营业利润占的比重最大，是利润预测的重点，其余两部分可以用较为简便的方法进行预测。

（三）成本预测

成本预测是指运用一定的科学方法，对未来成本水平及其变化趋势做出科学的估计。通过成本预测，掌握未来的成本水平及其变动趋势，有助于减少决策的盲目性，使经营管理者易于选择最优方案，做出正确决策。

（四）资金预测

资金预测是指在销售预测、利润预测和成本预测的基础上，根据企业未来发展目标并考虑影响资金的各项因素，运用专门方法推测出企业在未来一定时期内所需要的资金数额、来源渠道、运用方向及其效果的过程，又称资金需要量预测。具体包括流动资金需要量和固定资产项目投资需要量、资金追加需要量等内容。

> 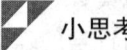 **小思考**
>
> 在经营预测中,处于先导地位和对其他预测起着决定性作用的预测是什么?
>
> 答:销售预测。

三、经营预测的基本原则

(一)延续性原则

它是指企业经营活动中,过去和现在的某种发展规律将会延续下去,并假设决定过去和现在发展的条件,同样适用于未来。企业经营预测根据这条原则,就可以把未来视作历史的延伸进行推测。以后提到的趋势预测分析法,就是基于这条原则而建立的。

(二)相关性原则

它是指企业经营活动过程中一些经济变量之间存在着相互依存、相互制约的关系。企业经营预测根据这条原则,就可以利用对某些经济变量的分析研究来推测受它们影响的另一个(或另一些)经济变量发展的规律性。以后提到的因果预测分析法就是基于这条原则而建立的。

(三)相似性原则

它是指企业在经营活动过程中不同的(一般是无关的)经济变量所遵循的发展规律有时会出现相似的情况。预测分析根据这条原则,可以利用已知变量的发展规律类推出未知变量的发展趋势。以后提到的判断分析法就是基于这条原则而建立的。

(四)统计规律性原则

它是指企业在经营活动过程中对于某个经济变量所做出的一次观测结果,往往是随机的;但多次观测的结果,却会出现具有某种统计规律性的情况。预测分析根据这条原则,就可以利用概率分析及数理统计的方法进行推测。以后提到的回归分析法就是基于这条原则而建立的。

四、经营预测的方法

如前所述,经济规律的客观性及其可认识性是预测分析方法论基础;系统的、准确的会计信息及其他有关资料,是开展预测分析工作的必要条件。至于进行预测分析所采用的专门方法,种类繁多,随分析对象和预测期限的不同而各有所异。但其基本方法大体上可归纳为定量分析法和定性分析法两大类。现分述如下:

(一)定量分析法

定量分析法亦称"数量分析法"。它主要是应用现代数学方法(包括运筹学、概率论和微积分等)和各种现代化计算工具对与预测对象有关的各种经济信息进行科学的加工处理，并建立预测分析的数学模型，充分揭示各有关变量之间的规律性联系，最终还要对计算结果做出结论。定量分析法按照具体做法不同，又可分为以下两种类型：

1. 趋势预测分析法

根据预测对象过去的、按时间顺序排列的一系列数据，应用一定的数学方法进行加工、计算，借以预测其未来发展趋势的分析方法，亦称"时间序列分析法"或"外推分析法"。它的实质就是遵循事物发展的"延续性原则"，并采用数理统计的方法，来预测事物发展的趋势。例如，算术平均法、移动加权平均法、指数平滑法、回归分析法、二次曲线法等都属于这种类型。

2. 因果预测分析法

根据预测对象与其他相关指标之间相互依存、相互制约的规律性联系，来建立相应的因果数学模型所进行的预测分析方法。它的实质就是遵循事物发展的相关性原则，来推测事物发展的趋势。例如，本—量—利分析法、投入产出分析法、经济计量法等都属于这种类型。

（二）定性分析法

定性分析法亦称"非数量分析法"。它是一种直观性的预测方法。主要是依靠预测人员的丰富实践经验以及主观的判断和分析能力（它们必须建立在预测者的智慧和广博的科学知识的基础知识），在不用或少量应用计算的情况下，就能推断事物的性质和发展趋势的分析方法。当然这种方法在量的方面不易准确，一般是在企业缺乏完备、准确的历史资料的情况下，首先邀请熟悉该行业经济业务和市场情况的专家，根据他们过去所积累的经验进行分析判断，提出预测的初步意见；然后再通过召开调查会或座谈会的方式，对上述初步意见进行修正补充，并作为提出预测结论的依据。

（三）两类方法的关系

定性分析法和定量分析法在实际应用中并非相互排斥，而是相互补充、相辅相成的。定量分析法虽然较精确，但许多非计量因素无法考虑，这就需要通过定性分析法将一些非计量因素考虑进去，但定性分析法受主观因素的影响，因此在实际工作中常常将两种方法结合应用，相互取长补短，以提高实用性。

五、经营预测的步骤

经营预测是一项复杂且要求比较高的工作，一般可按以下步骤进行：

（一）确定预测目标

确定预测目标就是确定对什么进行预测，并达到什么目的。例如，是预测企业的销售量还是预测企业的利润，这是根据企业经营的总体目标来设计和选择的。确定预测目标是做好经营预测的前提，是制定预测分析计划、确定信息资料来源、选择预测方法及组织预测人员的依据。

（二）收集、整理和分析资料

预测目标确定后，应着手搜集有关经济的、技术的、市场的计划资料和实际资料。

这是开展经营预测的前提条件。在收集资料的过程中要尽量保证资料的完整全面。在占有大量资料的基础上,对资料进行加工、整理、归集、鉴别、去伪存真、去粗取精,找出各因素之间的相互依存、相互制约的关系,从中发现事物发展的规律,作为预测的依据。

(三) 选择预测方法

不同的预测方法能达到不同的目的,所以对于不同的对象和内容,应采用不同的预测方法,不能一成不变。对于那些资料齐全、可以建立数学模型的预测对象,应在定量预测方法中选择合适的方法;对于那些缺乏定量资料的预测对象,应当结合以往的经验选择最佳的定性预测方法。

(四) 实际预测过程

根据预测模型及掌握的未来信息,进行定性、定量的预测分析和判断,揭示事物的变化趋势,提出企业需要的、符合实际的预测结果,为企业的经营管理提供信息。

(五) 检查验证

经过一段时间的实际操作,对上一阶段的预测结果需要进行验证和分析评价。即以实际数与预测数进行比较,检查预测的结果是否准确,并找出误差原因,以便及时对原选择的预测方法加以修正。这是个反复进行信息数据处理和选择判断的过程,也是多次进行反馈的过程,目的是保证预测的正确性。

(六) 修正预测结果

对于原用定量方法进行的预测,常常由于某些因素的数据不充分或无法定量而影响预测的精度,这就需要用定性方法考虑这些因素,并修正定量预测的结果。对于原用定性方法预测的结果,往往也需用定量方法加以修正补充,使预测结果更接近实际。总之,这个过程是一个定性和定量相结合的过程。

(七) 报告预测结论

将修正补充过的预测结论向企业的有关领导报告。

学习子情境一
销售预测

☞ 情境引例

先锋家电公司厂长决定抽调销售和会计人员对智能电饭煲和智能蒸菜锅进行经营预测,成员由财务部长、成本会计和销售主管三人组成,财务部长根据厂长的要求，将生产销售智能电饭煲和智能蒸菜锅进行经营预测，并形成详细的报告向董事会提交，由董事会决策。财务部长认为：这是一项重大的经营预测，关系到企业的生存与发展，预测工作小组肩负重大任务。财务部长召集小组人员开会，研究制订经营预测的工作方案。经营预测方案包括：一、明确了经营预测的内容，即进行销售预测、利润预测、成本预测和资金预测。二、明确了经营预测的基本原则，即延续性原则、相关性原则、相似性原则和统计规律性原则。三、确定了运用定量分析法和定性分析法相结合的方法进行经营预测。四、确定了经营预测的实施步骤。五、明确了经营预测的工作分工。财务部长批准此方案，并组织小组人员开展经营预测工作。

先锋家电公司智能电饭煲和智能蒸菜锅的销售预测由财务部长和销售主管实施。二人进行了深入细致的市场调查，走访了全市所有的家电市场，查阅了全市所有家电生产企业，选择了典型家庭进行家访，选择了典型人群进行了问卷调查，走访了统计局等，通过调查取得了基本资料。小组成员对智能电饭煲和智能蒸菜锅的需求动向、同业竞争动向、营销策略、销售政策等进行了认真研究，运用定性与定量相结合的方法进行了预测，最终形成的销售预测报告为：(1) 需求对象。对象为家庭，特别是2~3人组成的小家庭。本市有1 000万人口，共有家庭200万户，其中2~3人的小家庭有140万户。(2) 需求量。通过抽样调查和问卷调查，统计发现有50%的小家庭都想同时购买智能电饭煲和智能蒸菜锅，预计销售量为70万件。(3) 同业竞争。调查全市家用电器生产商，目前由于技术原因没有企业投资生产。(4) 销售价格。调查发现智能电饭煲和智能蒸菜锅分别用于主食和副食烹饪，每个家庭都想同时拥有，根据目前家用电器的价格，消费者的心理价格为两件组合一般不要超过500元，按照销售定价策略，建议销售定价两件套为498元。

经典事件

大萧条催生的会计准则

1929年10月29日，是美国历史上著名的"黑色星期二"。这一天，股票价格一路狂泻，价格下跌得快到连股票行情的自动显示器都跟不上。从1929年10月29日到11月13日短短的两个星期内，共有300亿美元的财富"消失"，相当于美国在第一次世界大战中的总开支。

1929年，纽约证券交易所在股市崩盘之后，最先对当时会计实务缺乏统一性的现实情况提出强烈批评。松散的会计实务被认为是导致美国资本市场崩溃和萧条的主要原因。当时的美国政府、工商界及会计职业界都强调要求统一会计实务，希望公司会计报表能够真实反映其财务状况和经营成果。为此，美国政府于1933年公布《证券法》，1934年公布《证券交易法》，同时授权美国证券交易委员会（SEC）负责制定统一会计规则。但是 SEC 从未行使过制定权，而是授权美国会计师协会制定，公认会计准则制度由此开始确立。

可以说，大萧条直接促使了公认会计准则制度的诞生。从美国开始，各国对会计准则的制定和遵循进入了发展、推广阶段。

职业判断与业务操作

一、销售预测的概念

销售计划的中心任务之一就是销售预测，它影响到包括计划、预算和销售额确定在内的销售管理的各方面工作。

销售预测是指对未来特定时间内，全部产品或特定产品的销售数量与销售金额的估计。销售预测是在充分考虑未来各种影响因素的基础上，结合本企业的销售实绩，通过一定的分析方法提出切实可行的销售目标。

二、销售预测的影响因素

尽管销售预测十分重要，但进行高质量的销售预测却并非易事。在进行预测和选择最合适的预测方法之前，了解对销售预测产生影响的各种因素是非常重要的。

一般来讲，在进行销售预测时考虑两大类因素：

（一）外界因素

1. 需求动向

需求是外界因素之中最重要的一项。如流行趋势、爱好变化、生活形态变化、人口流动等，均可成为产品（或服务）需求的质与量方面的影响因素，因此，必须加以分析与预测。企业应尽量收集有关对象的市场资料、市场调查机构资料、购买动机调查等统计资料，以掌握市场的需求动向。

2. 经济变动

销售收入深受经济变动的影响，经济因素是影响商品销售的重要因素，为了提高销售预测的准确性，应特别关注商品市场中的供应和需求情况。尤其近几年来，科技、信息快速发展，更带来无法预测的影响因素，导致企业销售收入波动。因此，为了正确预测，需特别注意资源问题的未来发展、政府及财经界对经济政策的见解以及基础工业、加工业生产、经济增长率等指标变动情况。尤其要关注突发事件对经济的影响。

3. 同业竞争动向

销售额的高低深受同业竞争者的影响，古人云"知己知彼，百战不殆"。为了生存，必须掌握对手在市场的所有活动。例如，竞争对手的目标市场在哪里、产品价格高低、促销与服务措施等等。

4. 政府、消费者团体的动向

考虑政府的各种经济政策、方案措施以及消费者团体所提出的各种要求等。

（二）内部因素

1. 营销策略

市场定位、产品政策、价格政策、渠道政策、广告及促销政策等变更对销售额所产生的影响。

2. 销售政策

考虑变更管理内容、交易条件或付款条件、销售方法等对销售额所产生的影响。

3. 销售人员

销售活动是一种以人为核心的活动，所以人为因素对于销售额的实现具有相当深远的影响力，这是我们不能忽略的。

4. 生产状况

货源是否充足，能否保证销售需要等。

三、销售预测的作用

1. 通过销售预测，可以调动销售人员的积极性，促使产品尽早实现销售，以完成使用价值向价值的转变。

2. 企业可以以销定产，根据销售预测资料，安排生产，避免产品积压。

四、销售预测的程序

销售预测可以看作是一个系统，是由有关信息资料的输入、处理和预测结果的输出所组成的信息资料转换过程。对于复杂的预测对象，有时要把它进行分解，对分解后的子系统进行预测，在此基础上再对总的预测目标进行预测。

销售预测是一项很复杂的工作，要使这一复杂工作有条不紊地进行，就必须遵循一定的程序。

销售预测的基本程序如下：

（一）确定预测目标

销售预测是以产品的销售为中心的，产品的销售本身就是一个复杂的系统。有关的系统变量很多，如市场需求潜量、市场占有率、产品的售价等等。而对这些变量进行长期预测或是短期预测，这对预测资料的要求、预测方法的选择都有所不同。所以，预测目标的确定是销售预测的主要问题。

（二）收集和分析资料

在预测目标确定以后，为满足预测工作的要求，必须收集与预测目标有关的资料，所收集到的资料的充足与可靠程度对预测结果的准确度具有重要的影响。所以，对收集的资料必须进行分析，并满足以下条件：

1. 资料的针对性

即所收集的资料必须与预期目标的要求相一致。

2. 资料的真实性

即所收集的资料必须是从实际中得来的，并加以核实的资料。

3. 资料的完整性

资料的完整性直接影响到销售预测工作的进行。所以，必须采取各种方法，以保证得到完整的资料。

4. 资料的可比性

对于同一种资料，来源不同，统计口径不同，也可能差别很大。所以在收集资料时，对所得到的资料必须进行分析，如剔除一些随机事件造成的资料不真实性，对不具备可比性的资料通过分析进行调整等，以避免资料本身原因给预测结果带来误差。

五、销售预测的方法

（一）销售预测的定性分析法

定性预测法是在预测人员具备丰富的实践经验和广泛的专业知识的基础上，根据其对事物的分析和主观判断能力对预测对象的性质和发展趋势做出推断的预测方法，如市场调研法和判断分析法。这类方法主要是在企业所掌握的数据资料不完备、不准确的情况下使用，以通过对经济形势、国内外科学技术发展水平、市场动态、产品特点和竞争对手情况等情况资料的分析研究，对本企业产品的未来销售情况做出判断。

1. 市场调研法

市场调研法就是通过对某种产品在市场上的供需情况变动的详细调查，了解各因素对该产品市场销售的影响状况，并据以推测该种产品市场销售量的一种分析方法。

在这类方法下，其预测的基础是市场调查所取得的各种资料，然后根据产品销售的具体特点和调查所得资料情况，采用具体的预测方法进行预测。

2. 判断分析法

判断分析法主要是根据熟悉市场未来变化的专家的丰富实践经验和综合判断能力，在对预测期销售情况进行综合分析研究以后所做出的产品销售趋势的判断。参与判断预测的专家既可以是企业内部人员，如销售部门经理和销售人员，也可以是企业外界的人员，如有关推销商和经济分析专家等。

判断分析法的具体方式一般可分为下列四种：

（1）意见汇集法。意见汇集法也称主观判断法，它是由本企业熟悉销售业务、对于市场的未来发展变化的趋势比较敏感的领导人、主管人员和业务人员，根据其多年的实践经验集思广益，分析各种不同意见并对之进行综合分析评价后所进行的判断预测。这一方法产生依据是，企业内部的各有关人员由于工作岗位和业务范围及分工有所不同，尽管他们对各自的业务都比较熟悉，对市场状况及企业在竞争中的地位也比较清楚，但其对问题理解的广度和深度却往往受到一定的限制。在这种情况下就需要各有关人员既能对总的社会经济发展趋势和企业的发展战略有充分的认识，又能全面了解企业当前的销售情况，进行信息交流和互补，在此基础上经过意见汇集和分析，就能做出比较全面客观的销售判断。

①高级经理意见法。高级经理意见法是依据销售经理（经营者与销售管理者为中心）或其他高级经理的经验与直觉，通过一个人或所有参与者的平均意见求出销售预测值的方法。

②销售人员意见法。销售人员意见法是利用销售人员对未来销售进行预测。有时是由每个销售人员单独做出这些预测,有时则与销售经理共同讨论而做出这些预测。预测结果以地区或行政区划汇总,一级一级汇总,最后得出企业的销售预测结果。

③购买者期望法。许多企业经常关注新顾客、老顾客和潜在顾客未来的购买意向情况,如果存在少数重要的顾客占据企业大部分销售量这种情况,那么购买者期望法是很实用的。

这种预测方法是通过征询顾客或客户的潜在需求或未来购买商品计划的情况,了解顾客购买商品的活动、变化及特征等,然后在收集消费者意见的基础上分析市场变化,预测未来市场需求。

(2) 德尔菲法。特尔菲法又称专家调查法,它是一种客观判断法,由美国兰德公司在20世纪40年代首先倡导使用。它主要是采用通讯的方式,通过向见识广、学有专长的各有关专家发出预测问题调查表的方式来搜集和征询专家们的意见,并经过多次反复、综合、整理、归纳各专家的意见以后,做出预测判断。

(3) 专家会议法。专家会议法也属于一种客观判断法,它是由企业组织各有关方面的专家组成预测小组,通过召开各种形式座谈会的方式,进行充分广泛的调查研究和讨论,然后运用专家会议的集体科研成果做出最后的预测判断。

(4) 模拟顾客综合判断法。先请各位专家模拟成各种类型的顾客,通过比较本企业和竞争对手的产品质量、售后服务和销售条件等做出购买决策,然后把这些"顾客"准备购买本企业产品的数量加以汇总,形成一个销售预测值。

> **小思考**
>
> 德尔菲法和专家会议法哪个更好?
> 答:德尔菲法更好。因为专家会议法虽具有集体讨论、结果更全面、可靠的特点,但由于可能会受到权威专家的影响,其客观性相对德尔菲法较差。

(二) 销售预测的定量分析法

定量预测法主要是根据有关的历史资料,运用现代数学方法对历史资料进行分析加工处理,并通过建立预测模型来对产品的市场变动趋势进行研究并做出推测的预测方法,如趋势预测分析法和因果预测分析法。这类方法是在拥有尽可能多的数据资料的前提下运用,以便能通过对数据类型的分析,确定具体适用的预测方法对产品的市场需求做出量的估计。

1. 趋势预测分析法

趋势预测分析法是应用事物发展的延续性原理来预测事物发展的趋势。首先把本企业的历年销售资料按时间的顺序排列下来,然后运用数理统计的方法来预计、推测计划期间的销售数量或销售金额,故亦称"时间序列预测分析法"。这类方法的优点是收集信息方便、迅速;缺点是对市场供需情况的变动因素未加考虑。

(1) 算术平均法。算术平均法是以过去若干期的销售量或销售额的算术平均数作为计划期的销售预测数。其计算公式如下:

计划期销售预测数 $(\bar{x})$ = 过去各期销售量(或销售额)之和 ÷ 期数

$$= (x_1 + x_2 + x_3 + \cdots + x_n) \div n$$

$$= \sum_{i=1}^{n} x_i \div n$$

式中:x_i 为第 i 期的销售量(或销售金额)。

[业务操作 2—1]

兰陵公司 2013 年下半年各月的实际销售额资料见表 2-1。

要求:预测兰陵公司 2014 年 1 月份的销售额。

表 2-1　　　　　　　　　　销 售 额 资 料

月份	7	8	9	10	11	12
销售额/万元	3 400	3 200	3 600	4 200	3 800	4 000

兰陵公司 2014 年 1 月份预测销售额 $(\bar{x})$ = (3 400 + 3 200 + 3 600 + 4 200 + 3 800 + 4 000) ÷ 6
　　　　　　　　　　　　= 3 700(万元)

算术平均法的优点是计算简单,缺点是把各个时期的销售差异平均化,没有考虑不同时期实际销售数字对预测值的较大影响,因而可能会使预测结果产生较大的差异,所以这种方法只适用于各期销售量基本稳定的产品的预测,如没有季节性变化的食品、日常用品等。

> ◆ 学中做
>
> 某公司近三年的销售额分别为 29 万元、32 万元、35 万元,用算术平均法预测未来一年的销售额。
>
> 操作:
>
> 未来一年销售额 = (29 + 32 + 35) ÷ 3 = 32(万元)

(2) 移动加权平均法。移动加权平均法是先根据过去若干期的销售量或销售额,按其距离预测期的远近分别进行加权(近期加权数大些,远期加权数小些);然后计算其加权平均数,并以此作为计划期的销售预测值。所谓"移动"是指对计算平均数的时期不断向后推移。例如,预测 7 月份的销售量以 4 月、5 月、6 月的历史资料为依据;若预测 8 月份的销售量,则以 5 月、6 月、7 月的资料为准。一般情况下,预测数受近期实际销售的影响程度较大，因此越接近预测期的实际销售情况加权数应越大些。其计算公式如下：

计划期销售预测数 $(\bar{x})$ = 过去各期销售量（或销售额）分别乘以其权数并加总 ÷ 各项权数之和

$$= (x_1w_1 + x_2w_2 + x_3w_3 + \cdots + x_nw_n) \div (w_1 + w_2 + w_3 + \cdots + w_n)$$

$$= \sum_{i=1}^{n} x_i w_i \div \sum_{i=1}^{n} w_i$$

式中：x_i 为第 i 期的销售量（或销售额）；w_i 为第 i 期的销售量（或销售额）的对应权数。

由于这种方法通常只能代表计划前一期的实际销售水平，为了反映近期的销售发展趋势，应在上述公式的基础上再加平均每月的销售变动趋势值 b，才能作为计划期的销售预测值。其计算公式如下：

计划期销售预测数 $(\bar{x}) = \sum_{i=n\div2+1}^{n} x_i w_i \div \sum_{i=n\div2+1}^{n} w_1 + b$

式中：b 一般为本季度平均每月实际销售量（或销售额）与上季度平均每月实际销售量（或销售额）之差被3除所得的商，即：

$b =$ ［本季度平均每月实际销售量（或销售额）- 上季度平均每月实际销售量（或销售额）］÷ 3

[业务操作 2—2]

沿用兰陵公司2013年下半年各月的实际销售额资料见表2-1。

要求：用移动加权平均法预测兰陵公司2014年1月份的销售额。

① 计算每月销售平均变动趋势值 b：

第3季度平均每月实际销售额 =（3 400 + 3 200 + 3 600）÷ 3 = 3 400（万元）

第4季度平均每月实际销售额 =（4 200 + 3 800 + 4 000）÷ 3 = 4 000（万元）

b =（4 000 - 3 400）÷ 3 = 200（万元）

② 预测该企业2014年1月份的销售额：

运用上述方法，当权数不同时，预测结果也不同。

令 $w_4 = 1$，$w_5 = 2$，$w_6 = 3$，则：

1月份的预计销售额 $(\bar{x})$ =（4 200 × 1 + 3 800 × 2 + 4 000 × 3）÷（1 + 2 + 3）+ 200
= 4 166.67（万元）

假定令 $w_4 = 0.2$，$w_5 = 0.3$，$w_6 = 0.5$，则：

1月份的预计销售额 $(\bar{x})$ =（4 200 × 0.2 + 3 800 × 0.3 + 4 000 × 0.5）÷（0.2 + 0.3 + 0.5）+ 200
= 4 180（万元）

移动加权平均法的优点是既考虑到销售的发展趋势，同时又根据时期的远近分别加权,从而消除了各个时期的销售差异平均化,其预测结果比较接近计划期的实际情况。

(3) 指数平滑法。指数平滑法就是遵循"重近轻远"的原则,对全部历史数据采用逐步衰减的不等加权办法进行数据处理的一种预测方法。指数平滑法通过对历史时间序列进行逐层平滑计算,从而消除随机因素的影响,识别经济现象基本变化趋势,并以此预测未来。它是短期预测中最有效的方法。使用指数平滑系数来进行预测,对近期的数据观察值赋予较大的权重,而对以前各个时期的数据观察值则顺序的赋予递减的权重。指数平滑法是同类预测法中被认为是最精确的,因为最近的观察值已经包含了最多的未来情况的信息。其计算公式如下:

计划期销售预测值 $(F_t) = aA_{t-1} + (1-a)F_{t-1}$

式中:a 为平滑系数;A_{t-1} 为 $t-1$ 的实际销售量(或销售额);F_{t-1} 为 $t-1$ 的预测销售量(或销售额)。

平滑系数是一个经验数据,它具有修匀实际数所包含的偶然因素对预测值影响的作用。一般取值在 0.3~0.7 之间,平滑系数取值越大,则近期实际数对预测结果的影响就越大;平滑系数取值越小,则近期实际数对预测结果的影响就越小。所以,在进行近期预测或者销售量较大的预测时,平滑系数应取得适当大些;在进行长期预测或者销售量较小的预测时,平滑系数应取得适当小些。

[业务操作 2—3]

沿用兰陵公司 2013 年下半年各月的实际销售额资料见表 2-1。假定 12 月份的预测销售额为 4 200 万元,平滑系数 $a = 0.5$。

要求:用指数平滑法预测兰陵公司 2014 年 1 月份的销售额。假定平滑系数 $a = 0.5$。

$$2014 年 1 月份预测销售额 (F_1) = aA_{t-1} + (1-a)F_{t-1}$$
$$= 0.5 \times 4\,000 + (1-0.5) \times 4\,200$$
$$= 4\,100 \text{(万元)}$$

指数平滑法实际上是一种分别以 a 和 $(1-a)$ 为权数的特殊的加权平均法。采用这种方法可适当消除偶然因素引起的实际的波动,使预测更加精确,该方法适用面较广,但平滑系数的选择存在一定的随意性。

> **学中做**
>
> 某公司 2014 年 3 月份实际销售量为 900 件,原预测销售量为 1 000 件,设平滑指数为 0.6,请预测 2014 年 4 月份销售量。
>
> 操作:
>
> 2014 年 4 月份销售量 = 900 × 0.6 + (1 - 0.6) × 1 000 = 940 (件)

（4）修正的时间序列回归法。销售量（或销售额）Q 与时间 t 之间的依存关系，可用一元回归直线表达：

$$Q = a + bt$$

由于时间变量 t 是一个等差时间序列，因此可利用这一特点对时间值进行修正，简化回归系数的计算：

$$b = \frac{n\sum tQ - \sum t \sum Q}{n\sum t^2 - (\sum t)^2}$$

$$a = \frac{\sum Q - b\sum t}{n} = \overline{Q} - b\overline{t}$$

如果按时间序列的特点对 t 值进行修正，使 $\sum t = 0$，则计算公式可以简化为：

$$b = \frac{\sum tQ}{\sum t^2}$$

$$a = \frac{\sum Q}{n}$$

若 n 为奇数，则将预测期的中间数设为 0，以 1 为间隔期确定为 t 值。若 n 为偶数，则将取预测期的中间数分别设为 −1 和 +1，以 2 为间隔期确定 t 值。这样可使 $\sum t = 0$。

［业务操作 2—4］

沿用兰陵公司 2013 年下半年各月的实际销售额资料见表 2—1。

要求：用修正的时间序列回归法预测兰陵公司 2014 年 1 月份的销售额。

①根据表 2—1 的资料，n 为偶数，将有关数据整理计算见表 2—2。

表 2—2　　　　　　　　　　有关数据整理计算表

月份	t	Q	tQ	t^2
7	−5	3 400	−17 000	25
8	−3	3 200	−9 600	9
9	−1	3 600	−3 600	1
10	1	4 200	4 200	1
11	3	3 800	11 400	9
12	5	4 000	20 000	25
$n = 6$	$\sum t = 0$	$\sum Q = 22\,200$	$\sum tQ = 5\,400$	$\sum t^2 = 70$

②将表 2—2 有关数据整理计算结果代入计算公式，计算 a，b 值：

$$b = \frac{\sum tQ}{\sum t^2} = \frac{5\,400}{70} = 77.14$$

$$a = \frac{\sum Q}{n} = \frac{22\,200}{6} = 3\,700$$

③建立销售量(或销售额)Q与时间t之间的依存关系:

$Q = 3\,700 + 77.14t$

④代入t值,预测兰陵公司2014年1月份的销售额:

2014年1月兰陵公司销售额$(Q) = 3\,700 + 77.14 \times 7 = 4\,239.98$(万元)

2. 因果预测分析法

因果预测分析法,是利用事物发展的因果关系来推测事物发展趋势的方法。它一般是根据过去掌握的历史资料,找出预测对象的变量与其相关变量之间的依存关系,来建立相应的因果预测的数学模型,然后通过对数学模型的求解来确定对象在计划期的销售量或销售额。

因果预测所采用的具体方法较多,最常用而且最简单的是回归分析法。回归分析主要是研究事物变化中的两个或两个以上因素之间的因果关系,并找出其变化的规律,应用回归数学模型,预测事物未来的发展趋势。由于在现实的市场条件下,企业产品的销售量往往与某些变量因素(例如,国民生产总值、个人可支配的收入、人口、相关工业的销售量、需要的价格弹性或收入弹性等等)之间存在着一定的函数关系,因此我们可以利用这种关系,选择最恰当的相关因素建立起预测销售量或销售额的数学模型,这往往会比采用趋势预测分析法获得更为理想的预测结果。例如轮胎与汽车,面料、辅料与服装,水泥与建筑之间存在着依存关系,而且都是前者的销售量取决于后者的销售量。所以,可以利用后者现成的销售预测的信息,采用回归分析的方法来推测前者的预计销售量(额)。这种方法的优点是简便易行,成本低廉。回归分析法主要包括一元回归直线法(预测对象的相关因素有一个)与多元回归法(预测对象的相关因素有两个或两个以上)。其具体步骤如下:

(1)确定影响销售量(或销售额)的主要因素x。x_i($i=1,2,\cdots,n$)为自变量,当$i>1$时,则需要用多元线性回归,自变量x越多,预测结果就越精确,但计算过程越复杂。x越少,则预测误差越大。为了使计算过程简化,应做到尽量选择重要因素,而忽略不重要的非定量的、偶然的因素。

(2)根据有关资料确定预测对象的销售量(或销售额)y与自变量x_i之间的数量关系,建立因果预测模型。若只有一个自变量x,则可以根据回归分析的原理建立直线方程$y = a + bx$,其常数项a与系数b的值可按下列公式计算:

$$b = \frac{n\sum xy - \sum x \sum y}{n\sum x^2 - (\sum x)^2}$$

$$a = \frac{\sum y - b\sum x}{n}$$

(3)根据未来有关自变量x_i变动情况,预测销售量(或销售额)。根据计划期预计销售量(或销售额)x代入$y = a + bx$,即可求得预测对象y的预计销售量(或销售额)。

[业务操作 2—5]

红豆子午轮胎厂主要生产汽车轮胎。2010~2013 年江苏地区各年份汽车实际销售量和轮胎实际销售量情况见表 2-3。

表 2-3　　　　　　　　　　汽车和轮胎实际销售量资料

项目	2010 年	2011 年	2012 年	2013 年
汽车销售量/万辆	30	40	50	60
轮胎销售量/万只	210	270	320	370

预计 2014 年江苏地区汽车销售量为 70 万辆，红豆子午汽车轮胎在江苏的市场占有率为 20%。要求用回归分析法预测红豆子午轮胎厂 2014 年的轮胎销售量。

①设 y 为轮胎的销售量，x 为汽车的销售量。x 是影响汽车轮胎销售的主要因素。

②建立回归分析模型 $y = a + bx$，其中，a 表示为原来社会上所有汽车每年对轮胎的需要量，b 表示汽车每销售一万辆对轮胎的需要量。根据以上所给出的资料，将有关数据整理，见表 2-4。

表 2-4　　　　　　　　　　有关数据整理计算结果

年份	x/万辆	y/万只	xy	x^2
2010	30	210	6 300	900
2011	40	270	10 800	1 600
2012	50	320	16 000	2 500
2013	60	370	22 200	36 00
n = 4	$\sum x = 180$	$\sum y = 1\ 170$	$\sum xy = 55\ 300$	$\sum x^2 = 8\ 600$

将整理计算结果代入计算公式得：

$$b = \frac{n \sum xy - \sum x \sum y}{n \sum x^2 - (\sum x)^2} = \frac{4 \times 55\ 300 - 180 \times 1\ 170}{4 \times 8\ 600 - 180^2} = 5.3$$

$$a = \frac{\sum y - b \sum x}{n} = \frac{1\ 170 - 5.3 \times 180}{4} = 54$$

③建立江苏地区回归分析模型，预测 2014 年江苏轮胎市场销售量：

$y = 54 + 5.3x$　代入 $x = 70$

得：

$y = 54 + 5.3 \times 70 = 425$（万只）

④预测红豆子午汽车轮胎 2014 年销售量：

$y = 425 \times 20\% = 85$（万只）

估算销售量对股价的影响

一些组织和分析人士将本—量—利分析又向前发展了一步。与不再估算销售水平对利润的改变不同,这些组织改为预测最终利润对股利的上涨所能带来的影响。例如,2010年4月,苹果公司开始生产iPad,到2010年6月末,苹果公司对外宣布,iPad上市的前3个月的平均销售量为100万台。据此,一些市场分析人士预计,每售出10万台iPad能给苹果公司的股价带来1美分的贡献。

学习子情境二
利润预测

☞ 情境引例

先锋家电公司准备投资6 000万元,生产智能电饭煲和智能蒸菜锅,公司确定的年目标利润为5 000万元,能否实现?利润预测由先锋家电公司的财务部长和成本会计具体负责。依据销售预测得知,先锋家电公司智能电饭煲和智能蒸菜锅年度预计销售量为70万件,预计销售二件组合价为498元,预计年度销售收入为34 860万元。生产和销售智能电饭煲和智能蒸菜锅70万件需要多少成本呢?财务部长和成本会计二人运用本量利预测法对成本和利润进行了预测,预计生产和销售智能电饭煲和智能蒸菜锅70万件的总成本为28 000万元,预计税前利润为6 860万元。根据公司确定的年目标利润为5 000万元,如果能实现智能电饭煲和智能蒸菜锅70万件的产销量,公司能实现税前目标利润为6 860万元。

道德风险

获2001年度诺贝尔经济学奖的斯蒂格利茨在研究保险市场时,发现一个经典的例子:美国一所大学学生自行车被盗比率约为10%。几个有经营头脑的学生发起了一个对自行车的保险,保费为保险标的15%。按常理,这几个学生应获得可观的利润。但该保险运作一段时间后,这几个学生发现自行车被盗比率迅速提高到15%以上。何以如此?这是因为自行车投保后学生们对自行车安全防范措施明显减少。在这个例子中,投保的学生由于不完全承担自行车被盗的风险后果,因而采取了对自行车安全防范的不作为行为。而这种不作为行为,就是道德风险。可以说,只要市场经济存在,道德风险就不可避免。

职业判断与业务操作

利润是企业一定期间的经营成果，它是企业生产经营中的一个重要的综合性指标。利润预测是指在销售预测的基础上，按照企业经营目标的要求，通过对影响利润变动的有关因素的综合分析，预计、推测和估算未来一定时期内应该达到和期望实现的利润水平及其变动趋势的一系列专门方法。做好利润的预测工作，对于加强企业管理、扩大经营成果、提高经济效益有着极为重要的意义。

利润预测的主要方法有本量利预测法、销售利润率预测法、资金利润率预测法、经营杠杆预测法和因素变动分析法等。

一、本量利预测法

本量利预测法是指在研究成本性态和保本分析的基础上，根据有关产品的成本、销售量、利润之间的依存关系，进而确定企业在未来一定期间的利润水平的一种方法。

本量利预测的基本公式：

目标利润 =（单位售价 - 单位变动成本）× 销售量 - 固定成本总额　　　　　（1）

或

目标利润 = 销售收入总额 × 加权平均边际贡献率 - 固定成本总额　　　　　（2）

其中：

加权平均边际贡献率 = $\sum$（某种产品边际贡献率 × 该产品销售比重）

公式（1）针对单一品种目标利润的预测，公式（2）针对多品种目标利润的预测。

[业务操作 2—6]

前述红豆子午汽车轮胎厂只生产销售一种汽车轮胎，2014 年预测的销售量为 85 万只，假定红豆子午汽车轮胎厂 2014 年的固定成本总额为 5 000 万元，该轮胎的单位销售价为 500 元，单位变动成本为 375 元。

要求：采用本量利预测法预测红豆子午汽车轮胎厂 2014 年目标利润。

目标利润 =（单位售价 - 单位变动成本）× 销售量 - 固定成本总额
　　　　 =（500 - 375）× 85 - 5 000 = 5 625（万元）

预计红豆子午汽车轮胎厂 2014 年目标利润为 5 625 万元。

[业务操作 2—7]

前述兰陵公司 2014 年 1 月销售预测用指数平滑法计算预计销售额为 4 100 万元。该公司生产销售 A、B、C 三种产品，其构成情况见表 2-5。

表 2-5　　　　　　　　　　兰陵公司产品销售情况表

产品品种	1月份销售额（万元）	销售比重%	边际贡献率%
A产品	2 050	50	25
B产品	1 230	30	18
C产品	820	20	15
合计	4 100	100	—

预计兰陵公司 2014 年 1 月固定成本总额 500 万元。

要求：采用本量利预测法预测兰陵公司 2014 年 1 月份的目标利润。

第一，计算加权平均边际贡献率 $=\sum$（某种产品边际贡献率×该产品销售比重）

$$=50\%\times25\%+30\%\times18\%+20\%\times15\%=20.90\%$$

第二，预测目标利润 = 销售收入总额×加权平均边际贡献率 - 固定成本总额

$$=4\,100\times20.90\%-500=356.90\text{（万元）}$$

二、销售利润率预测法

销售利润率预测法是指假设基期的销售利润率在计划期保持不变，然后以计划期预计销售收入总额乘以销售利润率来预测企业计划期的目标利润的一种方法。其计算公式为：

目标利润 = 计划期预计销售收入×基期销售利润率

其中：

$$\text{销售利润率}=\frac{\text{净利润}}{\text{销售收入}}\times100\%$$

[业务操作 2—8]

红豆子午汽车轮胎厂 2013 年的销售收入为 38 000 万元，净利润 4 940 万元，前述预测 2014 年红豆子午汽车轮胎厂销售收入为 42 500 万元。

要求：采用销售利润率预测法对 2014 年红豆子午汽车轮胎厂的目标利润进行预测。

$$\text{基期利润率}=\frac{4\,940}{38\,000}\times100\%=13\%$$

计划期目标利润 = 预计销售收入×销售利润率 = 42 500×13% = 5 525（万元）

2014 年红豆子午汽车轮胎厂的目标利润为 5 525 万元。

三、资金利润率预测法

资金利润率预测法是指假设基期的资金利润率在计划期保持不变，然后以计划期预计资金总量乘以资金利润率来预测企业计划期目标利润的一种方法。其计算公式：

目标利润 = 预计资金总量×资金利润率

其中：

$$资金利润率 = \frac{净利润}{资金总量} \times 100\%$$

[业务操作 2—9]

红豆子午汽车轮胎厂 2013 年的销售收入为 38 000 万元，净利润 4 940 万元，占用资金总量为 29 000 万元，预测 2014 年红豆子午汽车轮胎厂销售收入为 42 500 万元，预计在去年占用资金总量的基础上，还需投入 2 000 万元。

要求：采用资金利润率法预测 2014 年红豆子午汽车轮胎厂的目标利润。

2013 年资金利润率 $= \dfrac{净利润}{资金总量} \times 100\% = \dfrac{4\ 940}{29\ 000} \times 100\% = 17.03\%$

2014 年目标利润 $= (29\ 000 + 2\ 000) \times 17.03\% = 5\ 279.30$（万元）

2014 年红豆子午汽车轮胎厂的目标利润为 5 279.30 万元。

> **学中做**
>
> 某公司 2013 年利润为 15 万元，资金占用额 100 万元，2014 年追加投资 20 万元，请预测该公司 2014 年利润为多少？
>
> 操作：
>
> 2014 年预计利润 $= 120 \times (15 \div 100) = 18$（万元）

四、经营杠杆预测法

在单价、单位变动成本、固定成本不变的情况下，销售量的变动率小于利润的变动率，这种杠杆效应称之为经营杠杆。其原因是：当产销量上升时，单位固定成本下降，导致利润的增长率大于产销量的增长率；反之，当产销量下降时，单位固定成本上升，导致利润的降低大于产销量的降低率。如果不存在固定成本，所有成本都是变动成本，那么边际贡献就是利润，这时利润的变动率就同产销量的变动率完全一致。

（一）经营杠杆的计量

只要企业存在固定成本，就存在经营杠杆效应。但不同的企业或同一企业不同产销量上的经营杠杆效应的大小是不完全一致的，为此，需要对经营杠杆进行计量。对经营杠杆计量的常用指标是经营杠杆系数。经营杠杆系数（记作 *DOL*）是指在一定产销量基础上，利润（*EBIT*）变动率相当于产销量变动率的倍数。其计算公式为：

$$经营杠杆系数（DOL）= \frac{利润变动率}{产销量变动率} = \frac{K_0}{K_3} = \frac{P_1 - P_0}{P_0} \div \frac{x_1 - x_0}{x_0}$$

式中：K_0 为利润变动率；K_3 为产销量变动率；P_0 为基期利润；P_1 为报告期（计

划期）利润；x_0 为基期产销量；x_1 为报告期（计划期）产销量。

[业务操作 2—10]

红豆子午汽车轮胎厂 2011—2013 年的销售、成本和利润资料见表 2-6。

表 2-6　　　　　　　　　销售、成本和利润资料

项目	2011 年	2012 年	2013 年
销售量/只	540 000	640 000	740 000
销售单价/元	500	500	500
单位变动成本/元	375	375	375
单位边际贡献/元	125	125	125
固定成本总额/元	38 000 000	40 000 000	45 000 000
税前利润/元	29 500 000	40 000 000	47 500 000

要求：计算红豆子午汽车轮胎厂 2012 年和 2013 年的经营杠杆系数。

红豆子午汽车轮胎厂 2012 年的经营杠杆系数：

$$\text{经营杠杆系数}(DOL) = \frac{\text{利润变动率}}{\text{产销量变动率}} = \frac{K_0}{K_3} = \frac{P_1 - P_0}{P_0} \div \frac{x_1 - x_0}{x_0}$$

$$= \frac{40\,000\,000 - 29\,500\,000}{29\,500\,000} \div \frac{640\,000 - 540\,000}{540\,000}$$

$$= 0.355\,9 \div 0.185\,2 = 1.92$$

红豆子午汽车轮胎厂 2013 年的经营杠杆系数：

$$\text{经营杠杆系数}(DOL) = \frac{47\,500\,000 - 40\,000\,000}{40\,000\,000} \div \frac{740\,000 - 640\,000}{640\,000}$$

$$= 0.187\,5 \div 0.156\,3 = 1.20$$

（二）经营杠杆系数的变动规律

（1）只要固定成本不为零，经营杠杆系数恒大于 1；

（2）在前后期单价、单位变动成本和固定成本不变的情况下，产销量的变动与经营杠杆系数的变动方向相反；

（3）成本指标的变动与经营杠杆系数的变动方向相同；

（4）单价的变动与经营杠杆系数的变动方向相反；

（5）在同一产销量水平上，DOL 越大，利润变动幅度就越大，从而企业的经营风险也就越大。

（三）经营杠杆系数在利润预测中的应用

1. 预测产销量变动对利润的影响

在已知经营杠杆系数 DOL、基期利润 P_0 和产销量变动率 K_3 的情况下，可按下列公

式预测计划期利润变动率 K_0 和计划期利润预测值 P_1：

计划期利润变动率（K_0）= 产销量变动率 × 经营杠杆系数 = K_3 × DOL

计划期利润预测值（P_1）= 基期利润 ×（1 + 计划期利润变动率）= $P_0(1+K_0)$

= 基期利润 ×（1 + 产销量变动率 × 经营杠杆系数）

= $P_0(1 + K_3 \times DOL)$

[业务操作 2—11]

据前述资料红豆子午汽车轮胎厂 2013 年的利润为 47 500 000 元，2014 年预测的销售量为 850 000 只，经营杠杆系数与 2013 年持平为 1.2。

要求：计算 2014 年红豆子午汽车轮胎厂的利润变动率和利润预测值。

据资料首先计算：

2014 年销售变动率 = $\dfrac{850\,000 - 740\,000}{740\,000} \times 100\% = 14.86\%$

可知：

$P_0 = 47\,500\,000$

$DOL = 1.2$

$K_3 = 14.86\%$

2014 年红豆子午轮胎厂的利润变动率（K_0）= $K_3 \times DOL$ = 14.86% × 1.2 = 17.83%

2014 年红豆子午轮胎厂的利润预测值（P_1）= $P_0 \times (1 + K_3 \times DOL)$

= 47 500 000 ×（1 + 14.86% × 1.2）

= 55 970 200（元）

2. 预测为实现目标利润应采取的调整产销量措施

在已知经营杠杆系数 DOL、基期利润 P_0 和目标利润 P_1 或目标利润变动率 K_0 的情况下，可按下列公式预测产销量变动率 K_3：

产销量变动率（K_3）= $\dfrac{目标利润 - 基期利润}{基期利润 \times 经营杠杆系数} = \dfrac{P_1 - P_0}{P_0 \times DOL}$

= $\dfrac{目标利润变动率}{经营杠杆系数} = \dfrac{K_0}{DOL}$

[业务操作 2—12]

据前述资料红豆子午汽车轮胎厂 2013 年的利润为 4 750 万元，2014 年的经营杠杆系数与 2013 年持平为 1.2，公司确定 2014 年的目标利润为 5 800 万元。

要求：测算为确保 2014 年目标利润的实现产销量的变动率和目标利润变动率。

已知：

$P_0 = 4\,750$

$P_1 = 5\ 800$

$DOL = 1.2$

2014年红豆子午轮胎厂产销量变动率 $(K_3) = \dfrac{P_1 - P_0}{P_0 \times DOL} = \dfrac{5\ 800 - 4\ 750}{4\ 750 \times 1.2} = 18.42\%$

2014年红豆子午轮胎厂目标利润变动率 $(K_0) = K_3 \times DOL = 18.42\% \times 1.2 = 22.10\%$

光耀建材商店是一个乡镇企业，位于镇政府所在地，自1994年营业以来，一直经营各种建材、日杂用品。商店以货真价廉、服务热情颇受当地消费者的信赖。几年来，销售量占整个市场销量的70%，经营效果在周边同业中位于首位。多年来与各商家建立了固定的协作关系赢得了厂家的信任。2000年年初，几个大的厂家派人找到商店的经理金辉，欲将光耀建材商店作为厂家指定的代卖店。欲与其合作的厂家有长岭乡石棉瓦厂，该厂的石棉瓦质量好，价位合理，近几年一直是老百姓的首选品种；春阳市第二玻璃厂，该厂的玻璃在这里也畅销；双阳鼎鹿水泥厂，鼎鹿水泥是优质水泥，每年都热销。他们均可以先将货物送上门，待到销售交款，如果剩余还可由厂家将货物取回。这样连同周转资金都可节省下来。经理金辉开始进行市场调查。

光耀商店位于镇政府所在地，交通便利，而且本镇及周围村民生活水平较高，近几年来随着生活观念、消费意识的转变，人们都想将原有的草房、砖房重建成砖房、楼房，改善居住环境。据统计，过去的两年，本镇每年就有400余户兴建房舍，而且现在有上升的趋势；由于本镇刚刚由乡转变成镇，镇企业规划办决定在5年内，对原有企业的办公场所包括办公楼和生产的车间、仓库进行改、扩建，同时还要新建几家企业，再有外镇的需求，可预测每年石棉瓦需45 000块，水泥18 000袋，玻璃9 000平方米，而且它们的需求是成比例的，一般比例为5:2:1。

由于厂家送货，一是货源得以保证；二是节约运费降低成本，节省人力财力；三是树立企业形象，在巩固市场占有率70%的同时，预计可扩大市场占有率5%以上。

厂家提供商品的进价是石棉瓦12元/块，水泥14元/袋，玻璃8.5元/平方米；行业平均加价率为9.3%，光耀商店在市价平均价位以下，制定销售价为：石棉瓦13元/块，水泥15.2元/袋，玻璃9.2元/平方米。

如果将商店作为代卖点，由于厂家批量送货，还需租仓库两间，月租金750元；招临时工一名，月工资450元，每年支付税金5 000元（工商部门估税）。

经过一个月的调查，金辉核算了过去几年经营石棉瓦、水泥、玻璃每年可获利润20 000元，他要重新预测代卖三种商品后会带来多少利润之后再做决策。

请问：

1. 确定维持原有获利水平的销量并决策。
2. 如果与厂家协作，每年可获利多少？
3. 若想获利40 000元可行吗？

学习子情境三
成本预测

情境引例

先锋家电公司投资生产销售智能电饭煲和智能蒸菜锅,预计年度销售量为 70 万件,要求进行成本预测。预测小组在财务部长的指挥下,成本会计和销售主管运用成本预测的不同方法,即目标成本预测、历史资料分析法、因素预测法和定额预算法等,对生产销售 70 万件智能电饭煲和智能蒸菜锅进行了认真的预测。预测结果显示:投资建设的生产线、厂房、管理和销售人员的费用,以及其他固定性支出预计总成本为 5 600 万元。生产智能电饭煲和智能蒸菜锅一套,预计直接材料为 220 元,预计直接人工为 80 元,预计直接制造费用为 20 元,每套智能电饭煲和智能蒸菜锅的变动成本为 320 元。可得产销 70 万件智能电饭煲和智能蒸菜锅,变动成本总额为 22 400 万元,固定成本总额为 5 600 万元,总成本为 28 000 万元。

1 美分硬币为什么成为"鸡肋"

铸造 1 美分硬币需要黄铜、青铜和锌,甚至还有不锈钢等原料,从 1982 年起,开始采用以锌为主的原料。1 美分硬币的正面是林肯总统的头像,背面是林肯纪念堂。

早年,1 美分在美国可以买到 1 磅面包,但随着常年的通货膨胀,1 分钱变得越来越不值钱了。美国财政部下属的造币局宣布,由于金属价格猛涨,生产 1 美分硬币的成本已高达 1.2 美分,超过了 1 美分本身的价值。因此,有舆论呼吁,除非商品经济学有某种改变,否则应当让 1 美分硬币退出货币市场。

其实,"废除 1 美分硬币"运动早在 1989 年就出现了,该运动创始人高尔说,如今再花 1.2 美分去制造 1 美分硬币,显然是荒谬之举。2002 年盖洛普公司的调查也发现,58% 的美国民众因为 1 美分面值太低,收到 1 美分硬币后从来不使用,而是存放在储钱罐或抽屉里,还有 2% 的人干脆扔掉。结果,在街道、汽车、沙发、海滩,甚至垃圾堆里,都很容易发现 1 美分硬币。

职业判断与业务操作

　　成本是衡量一个企业经营状况的重要指标，也是管理会计的主要对象之一。成本预测是指运用一定的科学方法，对未来成本水平及其变化趋势做出科学的估计。通过成本预测，掌握未来的成本水平及其变动趋势，有助于减少决策的盲目性，使经营管理者易于选择最优方案，做出正确决策。其意义：成本预测是进行成本决策和编制成本计划的依据；成本预测是降低产品成本的重要措施；成本预测是增强企业竞争力和提高企业经济效益的主要手段。

　　成本预测的主要方法有目标成本预测、历史资料分析法、因素预测法和定额预算法。

一、目标成本预测

　　目标成本是指在确保实现目标利润的前提下，企业在成本方面应达到的目标。进行目标成本预测是为了控制企业生产经营过程中的物质消耗和活劳动消耗，降低产品成本，保证目标利润的实现。目标成本的预测一般可采用以下两种方法：

　　（1）以某一先进的成本水平作为目标成本，它可以是本企业历史最低水平或国内外同类产品中的先进成本水平，也可以是标准成本或定额成本。

　　（2）根据事先制定的目标利润和销售预测的结果，充分考虑价格因素，按照预计的销售收入扣除目标利润后预测目标成本。其计算公式如下：

　　目标成本 = 预计单价 × 预计销售量 − 目标利润
　　　　　　= 预计销售收入 − 目标利润

[业务操作 2—13]

　　如前述红豆子午汽车轮胎厂预计 2014 年的轮胎销售量为 85 万只，单位销售价为 500 元，目标利润为 5 625 万元。

　　要求：预测 2014 年红豆子午汽车轮胎厂的目标成本。

　　目标成本 = 预计单价 × 预计销售量 − 目标利润
　　　　　　= 500 × 85 − 5 625 = 36 875（万元）

　　目标成本可以作为衡量产品成本、费用支出的标准，以便在生产过程中及时监督和分析脱离目标成本的偏差。所以，目标成本的确定既要考虑到先进性，又要注意到可行性。这样，才有利于调动各方面的积极性，从而保证目标利润的实现。

二、历史资料分析法

　　成本预测中的历史资料分析法是指在掌握有关历史资料的基础上，按照成本习性的原理，通过建立总成本模型 $y = a + bx$，利用销售量的预测值 x，预测出未来总成本和单位成本水平的预测方法。模型中的 a 表示固定成本，b 表示单位变动成本。常用的方法包括高低点法、直线回归分析法、加权平均法等具体方法。其中高低点法、直线回归分析法已经作过介绍，这里仅介绍加权平均法。

加权平均法是指根据若干期的固定成本总额和单位变动成本的历史资料，按照事先确定的权数进行加权，以计算加权平均的成本水平，从而建立成本预测模型，进而预测未来总成本的一种定量分析方法。

与高低点法、直线回归分析法需要利用若干期间总成本和产销量历史资料不同，加权平均法确定 a、b 所依据的历史资料全部是成本信息。其计算公式如下：

$$y = \bar{a} + \bar{b}x = \frac{\sum aW}{\sum W} + \frac{\sum bW}{\sum W}x \qquad （W\text{ 代表权数}）$$

此法适用于有详细的固定成本与单位变动成本历史资料的企业进行预测，所计算的结果比按总成本时间序列计算的结果误差相对小些。

[业务操作 2—14]

兰陵公司 2014 年生产的 A 产品，1~6 月份的成本资料见表 2-7。

表 2-7　　　　　　　　　　A 产品的成本资料　　　　　　　　　　单位：元

月份	固定成本 a	单位变动成本 b
1	45 000	35
2	50 000	38
3	50 000	36
4	55 000	36
5	58 000	34
6	60 000	32

要求：用自然权数加权平均法预测 7 月份 A 产品产量为 1 500 部的总成本和单位成本。

因为：

$\sum aW = 45\,000 \times 1 + 50\,000 \times 2 + 50\,000 \times 3 + 55\,000 \times 4 + 58\,000 \times 5 + 60\,000 \times 6 = 1\,165\,000$

$\sum bW = 35 \times 1 + 38 \times 2 + 36 \times 3 + 36 \times 4 + 34 \times 5 + 32 \times 6 = 725$

$\sum W = 1 + 2 + 3 + 4 + 5 + 6 = 21$

所以：

$\bar{a} = \dfrac{\sum aW}{\sum W} = \dfrac{1\,165\,000}{21} \approx 55\,476$

$\bar{b} = \dfrac{\sum bW}{\sum W} = \dfrac{725}{21} \approx 35$

预测模型:

$\bar{y} = \bar{a} + \bar{b}x = 55\,476 + 35x$

A 产品 7 月份的预测值:

$y_7 = 55\,476 + 35 \times 1\,500 = 107\,976$(元)

单位成本 $= 107\,976 \div 1\,500 = 71.98$(元)

7 月份 A 产品产量为 1 500 部的总成本为 107 976 元,单位产品成本为 71.98 元。

三、因素预测法

因素预测法是指通过分析与定型产品成本有关的技术进步、劳动生产率变动以及物价变动方向和经济发展前景,考虑上述因素以及预定采取相应措施对成本指标的相对影响,预测现有老产品未来成本的一种定量分析法。

四、定额预算法

定额预算法指利用定型产品的各种消耗定额及成本加工水平等资料,预计测算现有产品未来生产成本的一种定量分析方法。

诺兰工业公司(Nolan Industries)

诺兰工业公司主要生产纸浆和造纸业所需的高速生产系统中的各种控制单元。公司目前有两种主要产品:XR224 和 XR276。公司的销售经理普尼特·沙(Punit Shah)正在编制下一年的生产计划,并评估一种新产品的市场前景。

普尼特正在研究公司的财务团队为他提供的下列摘要性信息:

产品	XR244	XR276
销售价格/美元	785.00	955.00
总成本/美元	470.00	595.00
利润/美元	315.00	360.00
最大销售量/件	10 000	15 000
机器小时/(小时/件)	2.5	3.00

近几年,两种产品在销售组合中所占的比例分别为:XR244 占 40%,XR276 占 60%。由于 XR276 的利润更高,普尼特想知道,是否可以构建一个新的产品组合,其中包含 XR276 的比例更高。诺兰工业公司共有 48 000 机器小时可用于这两种产品生产。公司的会计人员告诉普尼特,产品成本中的 65% 是根据生产水平而变化的,而公司的固定成本为 750 万美元。

正当普尼特考虑这个商业机会的时候,他收到了一封来自客户的电子邮件。邮件中说,客户打算从诺兰工业公司购买 2 000 件产品。产品的单价为 1 200 美元,每件产品的成本为 820 美元,生产每件产品需要 3.5 个工时。

除了新产品的机会外，普尼特在思考：
(1) 每种产品他必须分别销售多少能打破 40:60 这一比例？
(2) 在现有的机器小时和 40:60 的产品组合下，他最多能够销售多少件产品？获得的利润又是多少？
(3) 是否存在比 40:60 更好的产品组合？
(4) 考虑到眼下面临的新产品的机会，他是否应当接受这一订单？如果接受的话，生产水平和利润又会是多少？

学习子情境四　资金预测

☞ **情境引例**

先锋家电公司投资生产智能电饭煲和智能蒸菜锅，预计销售量为 70 万件，要求进行资金需要量预测。资金预测小组在财务部长的带领下，与分管生产厂长和技术主管商谈，年产 70 万件智能电饭煲和智能蒸菜锅，预计每天的生产量要达到 2 000 件套，每天按 3 班计算，每班的生产量需要近 700 件套，投资一条每班生产智能电饭煲和智能蒸菜锅 700 件套的生产流水线，预计需要投资 3 000 万元。除生产线投资需要资金外，生产和销售也需要占用资金。资金预测小组运用资金周转率法进行预测：已知生产销售智能电饭煲和智能蒸菜锅 70 万件，销售收入预计 34 860 万元，按照基期资金周转率 12 次，预计需要生产销售资金 2 905 万元。资金预测小组运用销售百分比法进行预测：根据历史资料家用电器每销售 100 元需占用资金 10 元，按此标准预测，生产销售 34 860 万元智能电饭煲和智能蒸菜锅，需要资金 3 486 万元。资金预测小组认为：二种预测结果虽然不同，但比较接近，生产销售需要资金量可取其平均数约为 3 200 万元，另外，智能电饭煲和智能蒸菜锅需求旺盛还可压缩 200 万元资金占用，预计生产销售需要资金量为 3 000 万元。根据生产需要占用原材料资金和销售需要占用应收账款各占 50%，预计生产占用资金 1 500 万元，销售占用资金 1 500 万元。可见，产销 70 万件智能电饭煲和智能蒸菜锅，需要总资金 6 000 万元。

| 经典事件 |

南海泡沫事件与民间审计的诞生

南海公司是英国通过国会法案，成立于 1711 年的一家特殊公司，虽然名为贸易公司，实际上却像当时的英格兰银行一样，是协助政府融资的私人机构。

1719 年年末，南海公司决定仿效法国密西西比公司推出股票换国债计划，为英国政府融资。南海公司向英国政府提出一个名为"南海计划"（South Sea Scheme）的大型换股计划，以换取更大利益。南海公司为此向不少政府要员进行大举贿赂，得到一些议员的大力声援，最终使南海公司的相关方案获得下院通过，其后在获得御准后生效。

与政府的密切合作关系及被夸大的南美贸易丰厚利润，使得南海公司的投票大受公众追捧，南海公司股价由 1720 年初约 120 英镑急升至同年 7 月的 1 000 英镑以上。同时还在当时掀起了全国性的投机狂热，成千上万的人赌博式地购买有价证券，根本不顾后果。

英国著名物理学家牛顿在第一次进场买入南海股票时小赚 7 000 英镑，但第二次买进时已是股价高峰，大蚀 2 万英镑离场。无数愤怒的债权人和投资者在蒙受巨大损失后，强烈要求严惩欺诈者并赔偿损失。英国议会组织了一个特别委员会对该事件进行调查，委员会聘请了一个精通会计实务的独立会计师——查尔斯·斯内尔（Charles Snell）对南海公司的会计账目进行调查，并编制了一份审计报告书，指出公司会计记录严重失实，存在明显舞弊行为。这是英国国会历史上首次委托民间第三方独立会计师进行核实调查，这种做法在后世被广泛采用。查尔斯·斯内尔被认为是世界上第一位受聘对股份公司的会计记录进行审查的会计师，他所编制的南海公司审计报告也被认为是世界上最早的、由会计师呈送的审计报告。南海公司的破产事件，揭开了民间审计走向现代的序幕。

职业判断与业务操作

资金是企业进行生产经营活动的基本条件，企业为达到生产经营的预期目标所需要的资金数额，即为企业的资金需要量，资金预测实际上就是企业资金需要量预测。

资金预测是指在销售预测、利润预测和成本预测的基础上，根据企业未来经营发展目标并考虑影响资金的各项因素，预计、推测企业为了未来时期内或一定项目所需要的资金数额、来源渠道、运用方向及其效果的一系列专门方法。通过资金预测可以使企业保证资金供应，合理组织资金运用，不断提高资金利用的经济效果。

资金预测常用的方法包括资金周转率法、销售百分比法和回归直线法等。

一、资金周转率法

资金周转率法是指根据历史的实际资金周转率，预测企业计划期内的资金需要量的一种定量分析方法。其计算公式如下：

$$\text{计划期资金需要量} = \frac{\text{预计销售额}}{\text{基期资金周转率}}$$

$$资金周转率 = \frac{产品销售额}{资金平均占用额}$$

[业务操作 2—15]

红豆子午汽车轮胎厂 2013 年实际销售汽车轮胎 74 万只,预计 2014 年的轮胎销售量为 85 万只,每只轮胎的售价为 500 元。2013 年红豆子午汽车轮胎厂年初占用资金 15 000 万元,年末占用资金 18 000 万元。

要求:预测红豆子午汽车轮胎厂 2014 年的资金需要量和需要增加的资金额。

$$2013 年资金周转率 = \frac{74 \times 500}{(15\ 000 + 18\ 000) \div 2} \approx 2.24\ (次)$$

$$2014 年资金需要量 = \frac{85 \times 500}{2.24} \approx 18\ 973\ (万元)$$

2014 年需要增加的资金额 = 18 973 - 18 000 = 973 (万元)

二、销售百分比法

销售百分比法是指假定收入、费用、资产、负债与销售收入存在稳定的百分比关系,并根据预计销售额和相应的百分比预计资产、负债和所有者权益变动,然后利用会计等式确定融资需求的一种方法。

销售百分比法预测的步骤:

第一步,对历史数据资料进行审核以判断哪些财务报表项目与销售成比例变化,并计算出相关项目与销售额的百分比。

第二步,运用一定方法预测销售额。

第三步,借助推断出的历史百分比和最新估计的销售额,估计预测期的单个财务报表项目。

第四步,根据会计恒等公式估计预测期的融资需求量。

下面将以实例来介绍销售百分比法的具体计算。

[业务操作 2—16]

兰陵电子公司近几年企业财务状况比较稳定,资金基本能维持收支平衡。根据近几年的财务状况,请用销售百分比法,预测 2014 年的资金需要量。

1. 根据历史数据确定销售百分比

(1) 整理兰陵公司近几年的财务报表。根据兰陵公司的历史资料,整理出近三年的财务报表资料见表 2-8。

(2) 分析计算销售百分比。根据兰陵公司近三年的财务报表可以看出,短期借款、应付票据、所有者权益等指标与销售不成比例变化,其他项目都成比例变化。不成比例变化的项目用 N 表示，其余计算出与销售额的百分比，见表 2-9。

表 2-8　　　　　　　　　兰陵公司 2011~2013 年财务报表　　　　　　　　单位：万元

项目	2011 年	2012 年	2013 年
销售净额	2 000	2 400	3 000
净利润	60	75	100
资产：			
流动资产	400	500	600
长期资产	600	700	800
资产合计	1 000	1 200	1 400
负债及所有者权益：			
短期借款	80	80	80
应付票据	5	6	5
应付账款	161	209	259
预收账款	4	5	6
长期负债	350	400	450
负债合计	600	700	800
实收资本	200	200	200
资本公积	50	50	50
留存收益	150	250	350
所有者权益合计	400	500	600
总计	1 000	1 200	1 400

表 2-9　　　　　　　　　兰陵公司 2013 年销售额百分比计算表　　　　　　　　单位：万元

项目	2013 年年末实际金额	占销售额（%）
销售净额	3 000	
净利润	100	3.33%
资产：		
流动资产	600	20%
长期资产	800	26.67%
资产合计	1 400	46.67%
负债及所有者权益：		
短期借款	80	N
应付票据	5	N
应付账款	259	8.63%
预收账款	6	0.2%
长期负债	450	15%
负债合计	800	23.83%
实收资本	200	N
资本公积	50	N
留存收益	350	N
所有者权益合计	600	
总计	1 400	

注：资产、负债项目占销售额的百分比，也可以根据以前年度的平均数确定，选用 2013 年的数据主要是与预测期更接近。

2. 预测销售额

销售额的预测方法有多种，在这里选用销售增长率法来预测2014年的销售额。通过分析论证，假定2014年的销售额将在2013年的基础上增长20%。则：

2014年的预测销售额 = 3 000 × (1 + 20%) = 3 600 (万元)

3. 计算预计销售额下的资产、负债、留存收益的增加额。

(1) 资产。

流动资产 = 3 600 × 20% = 720 (万元)

长期资产 = 3 600 × 26.67% = 960.12 (万元)

预计总资产 = 720 + 960.12 = 1 680.12 (万元)

(2) 负债。

应付账款 = 3 600 × 8.63% = 310.68 (万元)

预收账款 = 3 600 × 0.2% = 7.2 (万元)

长期负债 = 3 600 × 15% = 540 (万元)

其他负债项目按2013年数据。

预计总负债 = 80 + 5 + 310.68 + 7.2 + 540 = 942.88 (万元)

(3) 留存收益。

假定兰陵公司的净利润预测 = 3 600 × 3.33% = 119.88 (万元)

假定兰陵公司2014年的留存收益率为60%。

留存收益增加 = 119.88 × 60% = 71.928 (万元)

预计2014年的留存收益 = 350 + 71.928 = 421.928 (万元)

4. 计算外部融资需求量

外部融资需求量，根据前面预测计划的数据进行归类加总，编制模拟报告，见表2-10，即可得到外部融资需求量。

表 2-10　　　　　　　　　　　兰陵公司2014年模拟报表　　　　　　　　　单位：万元

项　目	2013年年末实际数额	占销售额 (%)	2014年预计数额
销售净额	3 000		3 600
资产：			
流动资产	600	20%	720
长期资产	800	26.67%	960.12
资产合计	1 400	46.67%	1 680.12
负债及所有者权益：			
短期借款	80	N	80
应付票据	5	N	5
应付账款	259	8.63%	310.68
预收账款	6	0.2%	7.2

续表

项 目	2013年年末实际数额	占销售额（%）	2014年预计数额
长期负债	450	15%	540
负债合计	800	23.83%	942.88
实收资本	200	N	200
资本公积	50	N	50
留存收益	350	N	421.928
所有者权益合计	600		671.928
融资需求量			65.312
总 计	1 400		1 680.12

从表2-10可以看出，兰陵公司2014年为完成3 600万元的销售额，并保持现金收支平衡，需要增加资金280.12（1 680.12 - 1 400）万元，其中，负债自然增长提供142.88（942.88 - 800）万元，留存收益提供71.928（421.928 - 350）万元，所以，2014年还需外部筹集资金65.312（280.12 - 142.88 - 71.928）万元。

小思考

销售百分比法预测资金需要量主要依据资产负债表中的敏感性项目，请问资产负债表中有哪些敏感性项目？

答：流动资产、长期资产、应付账款、预收账款、长期负债等。

三、回归直线法

回归直线法是假定资金需要量与营业业务量之间存在线性关系并建立数学模型，然后根据历史有关资料，用回归直线方程确定参数预测资金需要量的一种方法。

其预测的数学模型为：

$$y = a + bx$$

式中：y——资金需要量；

a——不变资金；

b——单位业务量所需要的变动资金；

x——业务量。

其中，不变资金是指在一定的营业规模内，不随业务量增减的资金，主要包括：为维持营业而需要的最低数额的现金、原材料的保险储备、必要的成品或商品储备，以及固定资产占用的资金。变动资金是指随营业业务量变动而同比例变动的资金。

运用线性模型，根据企业历史资料在确定a、b数值的基础上，即可预测一定业务量x所需的资金量y。

由此可见，只要求出a和b，并知道预测期的销售收入，就可以用上述公式测算资金需求量。a 与 b 可用回归直线方程求出，其计算公式为：

$$a = \frac{\sum y - b \sum x}{n}$$

或

$$a = \frac{\sum x^2 \sum y - \sum x \sum xy}{n \sum x^2 - (\sum x)^2}$$

$$b = \frac{n \sum xy - \sum x \sum y}{n \sum x^2 - (\sum x)^2}$$

[业务操作 2—17]

沿用兰陵电子公司的资料，兰陵公司 2011~2013 年的销售额和资金需要量数据见表 2-11 所示。2014 年的销售额为 3 600 万元，要求预测兰陵公司 2014 年为完成销售额所需要的资金量。

表 2-11　　　　　　　　　兰陵公司销售额与资金需要量表

年度	销售额（万元）x	资金需要量（万元）y
2011	2 000	1 000
2012	2 400	1 200
2013	3 000	1 400

回归直线法预测过程为：

1. 根据资料整理计算出线性回归分析资料，见表 2-12。

表 2-12　　　　　　　　　回归直线方程数据计算表　　　　　　　　　单位：万元

年度	销售额 x	资金需要量 y	xy	X^2
2011	2 000	1 000	2 000 000	4 000 000
2012	2 400	1 200	2 880 000	5 760 000
2013	3 000	1 400	4 200 000	9 000 000
$n=3$	$\sum x = 7\,400$	$\sum y = 3\,600$	$\sum xy = 9\,080\,000$	$\sum x^2 = 18\,760\,000$

2. 根据表 2-12 数据计算 a、b 值。

$$a = \frac{\sum x^2 \sum y - \sum x \sum xy}{n \sum x^2 - (\sum x)^2} = \frac{18\,760\,000 \times 3\,600 - 7\,400 \times 9\,080\,000}{3 \times 18\,760\,000 - (7\,400)^2} = 226.32$$

$$b = \frac{n \sum xy - \sum x \sum y}{n \sum x^2 - (\sum x)^2} = \frac{3 \times 9\,080\,000 - 7\,400 \times 3\,600}{3 \times 18\,760\,000 - (7\,400)^2} = 0.39$$

3. 代入 a、b 值，建立直线方程式。

$y = 226.32 + 0.39x$

4. 根据2014年预测的销售量，计算2014年预计资金需要量。

$y = 226.32 + 0.39 \times 3600 = 1630.32$（万元）

兰陵公司2014年为完成3 600万元销售额，需要资金1 630.32万元。预计在2013年资金的基础上增加资金230.32（1 630.32 – 1 400）万元。

运用回归直线法必须注意以下问题：（1）资金需要量与营业业务量之间线性关系的假定应符合实际需要；（2）确定 a、b 值，应利用预测年度前连续若干年的历史资料，一般要有三年及以上；（3）应考虑价格等因素的变动情况。

> **小思考**
>
> 运用线性回归分析法预测资金需要量，应利用预测年度前连续若干年的历史资料，一般要有3年或3年以上。请问这是为什么？
> 答：连续、系统和规律性，使预测结果客观真实。

情境小结

经营预测是企业制定发展规划并进行决策的依据。在市场经济条件下，企业的生存和发展与市场息息相关，而市场又是瞬息万变的，只有通过预测，掌握大量的第一手市场动态和发展的数据资料，才能情况明、方向准，做出正确的决策。经营预测的内容，主要包括：销售预测、利润预测、成本预测和资金预测等方面。经营预测遵循延续性、相关性、相似性和统计规律性等基本原则。经营预测运用的预测方法主要有定量分析法和定性分析法两种。经营预测应遵循规定的实施步骤。

销售预测是根据市场上产品供需情况的发展趋势，以有关的历史资料和各种信息为基础，运用科学的预测方法和管理人员的实际经验，预计和测算企业产品在未来一定时期内销售量或销售额的一系列专门方法。常用的销售预测的方法有：市场调研法、判断分析法、趋势预测分析法、因果预测分析法。

利润预测是指在销售预测的基础上，按照企业经营目标的要求，通过对影响利润变动的有关因素的综合分析，预计、推测和估算未来一定时期内应该达到和可望实现的利润水平及其变动趋势的一系列专门方法。利润预测的主要方法有：本量利预测法、销售利润率预测法、资金利润率预测法、经营杠杆预测法、因素变动分析法。

成本预测是指根据企业现有的经济、技术条件和今后的发展前景以及市场供求状况，通过对影响成本变动的有关因素的综合分析，推测和估算未来一定时期内的成本水平及其变动趋势的一系列专门方法。主要有：目标成本预测、历史资料分析法、因素预测法、定额测算法。

资金需要量预测是指在销售预测、利润预测和成本预测的基础上，根据企业未来经营发展目标并考虑影响资金的各项因素，预计、推测企业未来一定时期内或一定项目所需要的资金数额、来源渠道、运用方向及其效果的一系列专门方法。常用的预测方法有：资金周转率预测法、销售百分比法、回归直线法等。

习题与实训

一、单项选择题

1. 经营预测的内容不包括（　　）。
   A. 销售预测　　　　　　　　　B. 成本预测
   C. 资金预测　　　　　　　　　D. 采购预测

2. 预测分析法按其性质可分为定量分析法和（　　）。
   A. 算术平均法　　　　　　　　B. 回归直线法
   C. 指数平滑法　　　　　　　　D. 定性分析法

3. （　　）只适用于各期销售量基本稳定的产品的预测，如没有季节性变化的日用品。
   A. 算术平均法　　　　　　　　B. 回归直线法
   C. 指数平滑法　　　　　　　　D. 移动加权平均法

4. 指数平滑法实质上属于（　　）。
   A. 算术平均法　　　　　　　　B. 回归直线法
   C. 趋势平均法　　　　　　　　D. 加权平均法

5. 某公司 2012 年 5 月份实际销售量为 900 件，原预测销售量为 1 000 件，设平滑指数为 0.6，则预测 2012 年 6 月份销售量为（　　）。
   A. 960 件　　　　　　　　　　B. 940 件
   C. 1 140 件　　　　　　　　　D. 1 500 件

6. 下列预测方法中适合于新产品的预测方法是（　　）。
   A. 平滑指数法　　　　　　　　B. 回归直线法
   C. 加权平均法　　　　　　　　D. 技术测定法

7. 下列预测方法中属于定性分析法的是（　　）。
   A. 趋势分析法　　　　　　　　B. 因果分析法
   C. 高低点法　　　　　　　　　D. 调查分析法

8. 某公司近三年销售额分别为 29 万元、32 万元、35 万元，用算术平均法预测未来一年的销售额为（　　）。
   A. 35 万元　　　　　　　　　　B. 32 万元
   C. 38 万元　　　　　　　　　　D. 33 万元

9. 某公司近两年销售额分别为 100 万元和 120 万元，利润分别为 20 万元和 30 万元，则经营杠杆系数为（　　）。
A. 2   B. 2.5
C. 3   D. 0.5

10. 某公司 2012 年利润为 12 万元，资金占用额 100 万元，2013 年追加投资 50 万元，则预计利润为（　　）。
A. 12 万元   B. 15 万元
C. 18 万元   D. 20 万元

二、多项选择题

1. 下列方法中属于定性分析法的是（　　）。
A. 德尔菲法   B. 调查分析法
C. 经理判断法   D. 回归直线法
E. 加权平均法

2. 下列方法中属于定量分析法的是（　　）。
A. 平滑指数法   B. 趋势平均法
C. 因素变动分析法   D. 回归直线法
E. 本量利分析法

3. 销售预测常用的方法有（　　）。
A. 市场调研法   B. 判断分析法
C. 趋势预测分析法   D. 因果预测分析法
E. 回归直线法

4. 成本预测常用的方法有（　　）。
A. 目标成本预测   B. 历史资料分析法
C. 因素预测法   D. 定额测算法
E. 高低点法

5. 利润预测的主要方法有（　　）。
A. 本量利预测法   B. 销售利润率预测法
C. 资金利润率预测法   D. 经营杠杆预测法
E. 因素变动分析法

6. 预测资金需要量的方法有（　　）。
A. 资金周转率预测法   B. 加权平均法
C. 销售百分比法   D. 回归直线法
E. 因素变动分析法

7. 影响资金需要量预测的项目有（　　）。
A. 应收账款   B. 应收票据
C. 存货   D. 应付账款
E. 销售收入

8. 运用回归直线法必须注意的问题是（　　）。
A. 资金需要量与营业业务量之间存在线性关系

B. 连续若干年的历史资料一般要有三年及以上
C. 应考虑价格等因素的变动情况
D. 市场竞争态势
E. 用高低点法计算 a、b 值

三、判断题

1. 趋势分析法和因素分析法属于定性分析法。（   ）
2. 预测分析的起点是利润预测。（   ）
3. 定性分析法受主观因素影响，定量分析法不受主观因素影响。（   ）
4. 平滑指数越大，近期实际数对预测值的影响越大。（   ）
5. 若产销量不变，经营杠杆系数越大，则利润变动幅度越大。（   ）
6. 定性分析法和定量分析法在实际工作中一般只选择其中一种方法预测。（   ）
7. 负债类项目与资金需要量成反比关系。（   ）
8. 由于固定成本的存在，其他条件不变时利润的变动率总是大于产销量的变动率。（   ）
9. 德尔菲法属于定性分析法。（   ）
10. 移动加权平均法确定权数时，离预测期越近，权数越小。（   ）

四、简答题

1. 什么是经营预测？经营预测的步骤包括哪些？
2. 销售预测有哪些影响因素？
3. 销售预测的定性分析法具体有哪些？
4. 什么是经营杠杆和经营杠杆系数？经营杠杆系数在利润预测中是如何应用的？

五、计算分析题

1. 天山公司以销定产，2014 年上半年销售电动车情况如下：

月份	1	2	3	4	5	6
销售额（万元）	300	250	350	400	450	400

要求：
（1）用算术平均法、移动加权平均法预测 7 月份的销售额。
（2）用指数平滑法预测 7 月份的销售额（1 月份预测数为 290 万元，平滑系数为 0.3）。
（3）用修正的时间序列回归法预测 7 月份的销售额。

2. 天山公司 2014 年预计销售电动车 5 000 辆，每辆售价为 2 000 元，单位变动成本为 1 400 元，天山公司 2014 年预计固定成本总额为 120 万元。

要求：采用本量利预测法计算天山公司 2014 年的目标利润。

3. 天山公司 2014 年第 4 季度销售电动车辆 1 200 辆，每辆售价为 2 000 元，单位变动成本为 1 400 元，固定成本总额为 30 万元，实现利润 42 万元。

要求：
（1）计算天山公司的经营杠杆系数。
（2）若2015年第1季度的销售预计比2014年第4季度的销售增长20%，试用经营杠杆分析法预测天山公司2015年第1季度的利润。

4. 天山公司2014年上半年电动车产品成本资料见下表：

月份	1	2	3	4	5	6
生产量（件）	350	400	380	450	420	410
产品成本（万元）	45	55	54	65	58	57

该公司预计2014年7月份产量为440辆。

要求：用高低点法预测7月份产品生产成本。

5. 天山公司近四年的销售额和资金需要量资料见下表：

单位：万元

年份	2010	2011	2012	2013
销售额	500	700	800	1 000
资金需要量	100	120	150	180

该公司2014年预计销售额为1 400万元。

要求：用回归直线法预测2014年的资金需要量。

学习情境三 经 营 决 策

 **职业能力目标**

经营决策是指决策结果只会影响或决定企业近期（一年或一个经营周期）经营实践的方向、方法和策略，侧重于从收入、成本、利润和产品生产等方面对如何充分利用企业现有资源和经营环境，取得尽可能大的经济效益而实施的决策。通过该学习情境的学习，应该能够了解决策分析的程序和类型，掌握与决策相关的成本，掌握短期经营决策的方法，掌握生产决策的相关内容，理解定价决策。

 典型工作任务

甲公司是一家汽车配件生产企业，年制造并销售 100 万件某种配件。假设该配件的制造成本是 3 000 万元，单位制造成本为 30 元。年底时，一家邮购商行给甲公司发来一份单价为 26 元、订购 10 万件产品的特殊订单，这份订单满足以下条件：(1) 不会对甲公司的日常业务产生任何影响；(2) 不会存在任何因价格歧视而引发的垄断问题；(3) 不会影响固定成本总额；(4) 不会发生任何额外的变动销售费用和管理费用；(5) 使用的是该公司的闲置生产能力。甲公司相关指标见表 3 - 1。

表 3 - 1　　　　　　　　　甲公司有关指标　　　　　　　　　单位：万元

项　目	金　额
销售收入	4 000
减：变动费用	
制造费用	2 400
销售与管理费用	220
贡献毛益	1 380
减：固定费用	
制造费用	600
销售与管理费用	580
经营收益	200

请问：甲公司应该接受这份订单吗？

假设甲公司接到一份10万件产品的特殊订单，该订单有如下条款：销售价格为27元，如果接受这份订单，需要帮公司获取这份潜在订单的代理人支付8万元的佣金。那么，是否应该接受这份特殊订单？

如果以每件23元的价格购买25万件产品，且无需支付8万元的代理费用，情况又怎样？

《审计理论》

C·W. 尚德尔（C. W. Schandl）是美国著名的审计学家，其所著的《审计理论》全名为《审计理论：评价、调查和判断》，实际上是莫茨和夏拉夫审计理论思想的扩展和深化。该书成书于1978年，美国会计学会曾经为该书举行过专题讨论会，并出版了介绍性的小册子。全书分为定义和基本假设、审计结构（审计模式）、信息心理、信息传递上的障碍、审计理论结构的要素、审计程序、审计与调查和审计原则共8章。该书的理论价值主要有两点：一是丰富发展了审计理论结构体系；二是首次把审计判断作为审计理论结构的要素来研究。

著名人物——大卫·李嘉图

基本资料：
大卫·李嘉图，1772年4月18日出生于英国伦敦。

教育背景：
毕业于荷兰商业学校。

个人经历：
伦敦证券交易所、马尔萨斯政治经济学俱乐部、国王俱乐部会员。

学术研究：
主要领域：古典经济学理论、政治哲学；
著名思想：古典经济学理论、比较优势理论、工资理论、利润理论；
主要代表作：《政治经济学及赋税原理》。

知识准备

一、决策分析的定义

所谓决策，是指企业为了实现一定的目标而从若干备选方案中选取一个最优方案的过程。决策分析是管理当局的主要职责，"管理的中心在经营，经营的重心在决策"。决策分析就是企业为了实现预定的目标，由各级管理人员在科学预测的基础上，结合本企业的内部条件和外部环境，对未来经营战略、方针、措施与方法的各种备选方案可能导致的结果，进行测算和对比分析，权衡利弊，从中选出最优方案的过程。

二、决策分析的程序

决策分析非常复杂，总的来说，就是提出问题、分析问题和解决问题的过程。为了实现决策目标，必须按照科学的程序进行，可以概括为以下几个步骤：

1. 确定决策目标

决策目标是决策的出发点和归宿。首先要弄清楚该项决策要解决什么问题，到达什么目的。目标要具体和明确，要有针对性和可行性。

2. 收集相关信息

收集相关信息是决策分析的基础工作。针对决策目标，广泛收集尽可能多的、对决策目标有影响的各种可计量因素和不可计量因素的有关资料，特别是有关预期收入和预期成本的数据，要保证所收集的信息对决策的有用性。

3. 提出备选方案

决策就是对未来的各种可能行动方案进行选择或做出决定。为了对未来各种可能行动方案做出最优的选择，应根据所确定的决策目标和所掌握的相关信息，提出若干可行性的备选方案。

4. 选择最优方案

选择最优方案是整个决策过程中最关键的环节。企业需要对备选方案做出定性和定量分析，全面权衡有关因素的影响，在不断比较筛选的基础上选出相对最优的方案。

5. 方案的实施与修正

决策方案选定之后，就应将其纳入企业的计划，并具体组织实施，并对实施情况进行检查监督，将实施结果与决策目标进行对比，找出偏差，及时修正。同时，现实中存在着各种难以预测的不确定因素，在决策的执行过程中可能会发生各种新情况，影响决策的预期效果。因此，在必要时，可对原方案目标进行适当的修正，使其尽可能符合客观实际。

三、决策分析的分类

（一）按决策时间的长短可分为短期经营决策和长期投资决策

短期经营决策是指企业对一年或一个经营周期的生产经营活动所进行的决策，如生产决策、定价决策、采购决策等。其主要特点是：资金投入量小，见效快，能够充分利用现有资源。

长期投资决策是指企业对未来较长期间（超过一年或一个经营周期）的重大投资活动所进行的决策，如固定资产的购置，新产品的研发等。其主要特点是：资金投入量大，见效慢，方案影响时间长，资金回收期长。

本情境主要讨论短期经营决策问题，长期投资决策将在下一情境进行研究。

（二）按决策的重要程度可分为战略决策和战术决策

战略决策是指关系到企业未来发展方向和大政方针的全局性重大决策。如经营目标的制定、新产品的开发、生产能力的扩大等，这类决策取决于企业的长远规划和外部市场环境对企业的影响，它的正确与否，对企业的兴衰成败具有决定性意义。

战术决策是指为达到预期的战略目标，对企业日常经营活动所采取的方法和手段的局部性决策。如新产品品种决策、零部件自制或外购决策等。这类决策主要考虑如何使现有的人力、物力、财力资源得到合理充分的利用，以产生最大的经济效益。战术决策的正确与否，不会对企业大局产生决定性影响。

（三）按决策方案之间的关系可分为接受或拒绝方案决策、互斥决策和最优组合决策

接受或拒绝决策是指只存在一个备选方案，决策只需要对这一个方案做出接受或拒绝的选择。如亏损产品是否停产的决策、是否接受特殊价格追加订货的决策等。这类决策又叫单一方案决策。

互斥决策是指在两个或两个以上的备选方案中选择一个最优方案的过程。这类决策一旦选择了某一方案，必须放弃其他方案。例如，零部件自制还是外购的决策、开发哪一种新产品的决策等。这类决策属于多方案决策。

最优组合决策是指有几个不同备选方案可以选择，但由于某种资源受到限制，只能从中选择一组最优组合方案的决策。如在资本总额定量的情况下，不同投资项目的最优组合决策等。这类决策也属于多方案决策。

四、经营决策的相关概念

（一）经营决策的定义

经营决策是指决策结果只会影响或决定企业近期（一年或一个经营周期）经营实践的方向、方法和策略，侧重于从收入、成本、利润和产品生产等方面对如何充分利用企业现有资源和经营环境，取得尽可能大的经济效益而实施的决策。短期经营决策的内容主要包括生产决策、定价决策等。

经营决策的目标就是在一定时期内，尽可能取得最大的经济效益。在其他条件不变的情况下，判定某经营决策方案优劣的主要标志就是看该方案能否使企业在一年或一个经营周期内获得更多的利润。

（二）相关收入与无关收入

相关收入是指与特定决策方案相联系的、能对决策产生重大影响、在短期经营决策中必须予以充分考虑的收入，又称有关收入。相关收入的计算，要以特定决策方案的单价和相关业务量为依据。其中，相关业务量是指在短期经营决策中必须重视的，与特定决策方案相联系的产量或销量。

与相关收入相对立的概念是无关收入。某项收入的发生与某决策方案的存在与否无关，即无论是否存在某决策方案，均会发生某项收入，则该项收入就是该方案的无关收入。在短期经营决策中无需考虑无关收入。

（三）相关成本与无关成本

1. 相关成本

相关成本是指与特定决策方案相联系的、能对决策产生重大影响的、在短期经营决策中必须予以充分考虑的成本，又称"有关成本"。

在短期经营决策中，比较常见的相关成本有：差量成本、边际成本、机会成本、重置成本、付现成本、专属成本、可延缓成本和可避免成本等。

（1）差量成本。差量成本是指企业在进行短期经营决策时，根据不同备选方案计算出来的成本差异。

 小思考

某公司全年需要 1 000 件 A 零件，可以自制也可以外购。若自制，单位变动成本为 3 元，固定成本 500 元；若外购，单价为 5 元。自制或外购的成本计算见表 3-2。请问是自制还是外购？

表 3-2　　　　　　　　　成本计算表　　　　　　　　　单位：元

项目＼方案	自　制	外　购	差量成本
采购成本		1 000×5＝5 000	
变动成本	1 000×3＝3 000		
固定成本	500		
总成本	3 500	5 000	-1 500

答：由于自制成本比外购成本低 1 500 元，（即差量成本为 -1 500 元），在其他条件相同时，应选择自制方案。

差量成本这一概念还经常用于反映由于生产能力利用程度不同（例如增加产量）而形成的成本差额。在生产经营能力的相关范围内，某一决策方案的差量成本就是该方案的相关变动成本，等于该方案的单位变动成本与相关业务量的乘积；如果超出了相关范围，则增量成本总额等于变动成本的增加额与固定成本的增加额之和。

小思考

某企业生产 A 产品，最大生产能力为年产 10 000 件，正常利用率为最大生产能力的 80%。A 产品的单位变动成本为 3 元，年固定成本为 6 000 元。以年产 8 000 件为基础，每增加 1 000 件产品的生产量而追加的差量成本计算表见表 3-3。请问追加生产量后变动成本与固定成本如何变化？

表 3-3			成本计算表				单位：元	
产量（件）	总成本		产量增加 1 000 件的差量成本		单位成本		产量增加 1 000 件的差量单位成本	
	固定成本	变动成本	固定成本	变动成本	固定成本	变动成本	固定成本	变动成本
8 000	6 000	24 000	—	—	0.75	3	—	—
9 000	6 000	27 000	0	+3 000	0.67	3	-0.08	0
10 000	6 000	30 000	0	+3 000	0.60	3	-0.07	0

答：通过以上计算可以看出，在相关范围内，即产量不超过其最大生产能力 10 000 件时，固定成本总额不随产量的变动而变动，所以每增加生产 1 000 件产品而追加的成本额为变动成本 3 000 元。单位成本中的固定部分则呈下降趋势。

学中做

某公司有一项追加订货，数量为 500 件（即增量）。若接受该项追加订货，必须专门为其购买 1 000 元的设备。假定该项设备除了生产这批订货外无其他用途。假设产品的单位变动成本为 20 元。是否接受该项追加订货？

操作：

追加订货的差量成本为：

变动成本总额 = 20 × 500 = 10 000（元）；

固定成本 1 000 元；

共计 11 000 元。

只要追加订货的销售收入大于差量成本 11 000 元，即可接受追加订货。

(2) 边际成本。边际成本是指当业务量发生微小变动时所引起的成本变动额。但在实际经济生活中，业务量的微小变动只能小到一个经济单位。因此，在管理会计中，边际成本是指当业务量增加一个单位所引起的成本增加额。在生产经营能力的相关范围内，边际成本实质上就是单位变动成本。

边际收入是与边际成本相联系的一个收入概念，它是指当业务量增加一个单位所引起的收入增加额。边际收入与边际成本之间有一种非常重要的关系：当边际成本等于边际收入时，产品的利润额达到最高，此时所达到的产品产销量为最佳，产品的售价为最佳售价。这是因为：当边际收入等于边际成本时，边际贡献是正数，企业的总利润就会随着业务量的增加而增加。销售量每增加一个单位，所产生的利润增加额等于边际贡献的数额；当边际收入小于边际成本时，边际贡献是负数，说明增加一个单位销售量所增加的成本比其增加的收入还大，企业的总利润就会减少。销售量每增加一个单位，所减少的利润等于边际贡献的数额（负数）。因此，当边际收入等于边际成本时，也就是边际贡献等于零时，企业的总利润达到最大。

（3）机会成本。机会成本是以经济资源的稀缺性和多种选择机会为前提的，是指在经济决策中应由中选的最优方案负担的、按所放弃的次优方案潜在收益计算的那部分机会损失。也就是说，不选择其他方案而选择最优方案的代价，就是已放弃方案的获利可能。进行决策时，将机会成本的因素考虑进去，有利于对所选方案的最终效益进行全面评价。

小思考

某公司现有一空置的车间，既可以用于 A 产品的生产，也可以用于出租。如果用来生产 A 产品，其收入为 40 000 元，成本费用为 26 000 元，可获收益 14 000 元；如果用于出租，可获租金收入 11 000 元。在决策中，如果选择用于生产 A 产品，则必须放弃出租方案，请问应选择何种方案？其机会成本是多少？

答：应选择生产 A 产品方案，生产 A 产品比出租多获利 3 000 元。其机会成本为 11 000 元。

许多经济资源具有多方面的用途，机会成本就是产生于某项资源的用途选择。如果一项资源只能用来实现某一职能，则不会产生机会成本，如公司购买的一次还本付息债券，只能在到期时获得确定的收益，不会产生机会成本。如果一项资源可以同时用来实现若干职能，则可能产生机会成本，如公司购买的可转让债券，既可以到期获得确定的收益，也可以在未到期前中途转让以获得转让收益，因此可能产生机会成本。

此外，由于机会成本只是被放弃方案的潜在利益而非实际支出，因此不能据以登记入账。但由于资源的有限性，企业必须充分利用现有资源，所以，在经营决策中，机会成本应作为一个重要因素予以充分考虑。

（4）重置成本。重置成本是指目前从市场上重新取得某项现有的资产所需支付的成本。它是相对于历史成本而言的。在短期经营决策中，尤其是定价决策中，重置成本是一个不可忽视的重要因素。

小思考

某商场 2013 年 1 月份购入 A 产品 1 000 件，购入单价 240 元。4 月份，甲顾客愿意以单价 280 元全部购买。此时，A 产品的市场销售单价为 300 元。问此项交易是否可行？

答:按照财务会计的观点,此项交易可行,每件可获购销差价40元,商场可获毛利40 000元。按照管理会计的观点,此项交易不可行。因为商场不仅不能从此项交易中获利,反而每销售一件产品就会亏损20元,共亏损20 000元。因为以每件280元出售以后,重新购进每件要花费300元。也就是说,商场在定价决策时,不能以240元(历史成本)为依据,而应该以300元(重置成本)作为考虑的重点。

(5)付现成本。付现成本是指在决策方案开始实施时,立即用现金支付的成本。在一定意义上来说,决策方案的成本都要用现金支付,但发生的时间有所不同。有的发生在决策方案实施前,如购买原有设备的支出;有的发生在决策方案实施后,如购买原材料采用分期付款方式时的后期付款。管理会计中所说的付现成本不包括方案实施前和实施后用现金支付的成本,它只是指方案开始实施时马上用现金支付的成本。

> **小思考**
>
> 某企业生产A产品需要购入甲原材料25吨,现有两个方案可供选择:方案一,A公司可提供全部25吨甲原材料,每吨3 400元,共计85 000元,要求货款立即支付;方案二,B公司也可提供全部25吨甲原材料,每吨3 700元,共计92 500元,但货款可分期支付。首付14 500元,即可拿到全部原材料,其余货款分12个月还清,每月末付6 500元。请问应采用哪个方案?
>
> 答:很显然,方案二的总成本比方案一的总成本高很多(92 500 - 85 000 = 7 500)。如果企业本身货币资金不紧张,或能够以相对较低的成本筹措到资金时,当然应该选择方案一。但是,如果企业资金比较拮据,又难以筹措到成本较低的资金,则企业就会更重视付现成本而选择方案二,即以付现成本最小的方案来替代总成本最低的方案。

(6)专属成本。专属成本是指那些能够明确归属于特定决策方案的固定成本。例如,为生产某种产品而专用的设备的折旧费、保险费。它往往是为了弥补生产能力不足的缺陷、增加有关设备而发生的。专属成本是经营决策的相关成本,必须予以充分考虑。

(7)可延缓成本。可延缓成本是指在决策中对其暂缓开支,也不会对企业未来的生产经营产生重大不利影响的成本。可延缓成本具有一定的弹性,在企业财力困难的情况下,推迟实施某一决策方案,也不至于影响企业大局。因此,可延缓成本是短期经营决策中必须考虑的相关成本。

(8)可避免成本。可避免成本是指发生与否以及发生金额多少都会受到企业管理当局的决策影响的成本。由于这种成本受到决策的直接制约,属于比较典型的相关成本。例如，前面所讲的广告费、职工培训费等酌量性固定成本，就是可避免成本。又如，自制某种零部件需要支付的直接材料、直接人工和变动性制造费用，当自制方案决定舍弃不用，改为向市场购买时，上述成本就不会发生，因而属于可避免成本。

（9）可分成本。可分成本是指在联产品生产决策中必须考虑的，由于对已经分离的联产品进行深加工而追加的变动成本。联产品是指企业在生产过程中，投入一种原材料，可以同时生产出多种产品，这些产品统称为联产品。例如，炼油厂投入石油，可提炼出汽油、煤油、柴油、沥青等，它们都称为联产品。对汽油、煤油、柴油、沥青等进行深加工而追加的变动成本即为可分成本。可分成本的计算要考虑单位可分成本与相关的联产品深加工业务量两大因素。

2. 无关成本

与相关成本相对立的概念是无关成本。所谓无关成本是指不受决策结果影响，已经发生或注定要发生的成本。如果无论是否存在某决策方案，均会发生某项成本，那么就可以判定该项成本就是该方案的无关成本。在短期经营决策中，没有必要考虑无关成本，否则可能会导致决策失误。无关成本主要包括：沉没成本、共同成本、不可延缓成本、不可避免成本、联合成本等。

（1）沉没成本。沉没成本是指由于过去决策结果而引起的、并已经实际支付款项的成本。因为这类成本是过去已经发生的，一经支出就无法返回，因而现在和将来的任何决策都无法改变其历史事实，故在短期经营决策中无需考虑。

> **小思考**
>
> 某企业有一台旧设备要提前报废，其原始成本为 100 000 元，已计提折旧 80 000 元，折余净值为 20 000 元。这 20 000 元的折余价值就是沉没成本。假设处理这台设备，由两个方案可以选择：一是将旧设备直接出售，可获得变价收入 5 000 元；二是经修理后再出售，需支出修理费用 5 000 元，但可得 13 000 元。问应选择哪个方案？
>
> 答：在进行决策时，由于旧设备的折余价值 20 000 元属于过去已经支出再无法收回的沉没成本，所以不予考虑，只需将这两个方案的收入加以比较即可。直接出售可得收入 5 000 元，而修理后出售可得净收入 8 000 元（13 000 – 5 000）。很显然，采用第二个方案比采用第一个方案可多得 3 000 元（8 000 – 5 000）。所以，应将旧设备修理后再出售。

应该注意的是，企业大多数固定成本均属于沉没成本，但并不是说全部固定成本都属于沉没成本。例如，与决策方案有关的新增固定资产的折旧费就不是沉没成本，而是决策的相关成本。此外，某些变动成本也可能属于沉没成本。如在半成品是否深加工的决策中，半成品本身的成本，无论是其固定成本还是其变动成本，均属于沉没成本。

（2）共同成本。共同成本是与专属成本相对立的成本概念，它是指应该由多个方案共同负担的必定要发生的固定成本。例如，企业管理人员的工资、生产多种产品共同使用的厂房机器的折旧费等都是共同成本。由于它的发生与特定的方案无关，因此在短期经营决策中可以不予考虑，是一种比较典型的无关成本。

应该注意的是，变动成本一般是专属成本，而固定成本才有专属成本和共同成本之分。因此，变动成本没有必要划分专属成本和共同成本，专属成本和共同成本是特指固定成本的。

（3）不可延缓成本。不可延缓成本是与可延缓成本相对立的成本概念，是指在决策中若对其暂缓开支，就会对企业未来的生产经营产生重大不利影响的成本。例如，某企业过去一直采用以重柴油为燃料的锅炉，能源消耗大，且污染环境。现决定在计划年度改用烧煤的锅炉，并装上防污装置，需花费60万元。这个方案即使在计划年度财力紧张的情况下也必须执行，否则可能被政府有关部门勒令停产。所以，与此方案有关的成本均属于不可延缓成本。由于不可延缓成本在发生的时间上具有较强的刚性，即使在企业财力有限的情况下，也必须及时保证对它的支付，没有选择的余地，所以在短期经营决策中没有必要考虑。

（4）不可避免成本。不可避免成本是与可避免成本相对立的成本概念，是指企业管理者的决策行为不能改变其发生与否以及发生金额多少的成本。由于不可避免成本的发生具有必然性，注定要发生，只能保证对其的顺利支付，因此在短期经营决策中无需考虑。例如，前面所讲的管理人员工资、固定资产折旧费等约束性固定成本就属于不可避免成本。

（5）联合成本。联合成本是与可分成本相对立的成本概念，是指在未分离前的联产品生产过程中发生的、应由所有联产品共同负担的成本。如炼油厂从投入石油到生产出汽油、煤油、柴油、沥青为止，这一过程发生的成本为联合成本。

小思考

要承认沉没成本与决策无关，有时比较困难。例如，你已经拥有一张周末的足球比赛的门票。周末，电视将要直播这场足球比赛。如果你更愿意在舒适温暖的家里观看比赛，那么你去现场还是在家里看球的决定，会取决于你将免费入场观看或为门票支付100元吗？

答：门票的价格，无论是0元、100元、还是1 000元，都与决定无关。你已获得了球票，并且已经付了钱，这个事实无法更改。现在你能做的是在未来行动中选取对你价值最大的一种。

# 小资料

"星晨急便"倒闭

星晨急便鑫飞鸿是一家全国性网络平台的速递公司,其中阿里巴巴控股30%以上。宅急送创始人陈平控股53%。

2012年3月4日,星晨急便创始人、CEO陈平宣布倒闭:"公司解散了,阿里7 000万元,我的5 000万元全部赔光了。现在客户的2 000多万元货款加盟商非法侵占,也不能返还。1 400多名员工两个多月没有工资,我已经倾家荡产。做生意有赔有赚,现在公司赔本了,恳请大家一起承担,在此,真诚地向大家说一声:对不起了。陈平。"

过去两年,民营快递被频频注资,除了阿里巴巴注资星晨急便外,海航集团旗下大新华物流投资天天快递,百世物流收购汇通快递70%股权等。不过,资金解决不了造血能力差的问题,一旦公司发展遇到坎,后续资金又跟不上,就会导致资金链断裂。星晨急便与鑫飞鸿合并,两家公司都是身带快递业顽疾,合并后老问题就更大了。本来就亏损的星晨急便摊子大了,负担也重了,终于倒地不支。

近年来,有不少快递企业倒在盲目扩张上。2010年深圳东道快递公司倒闭,2011年杭州时空速递有限公司关门,海外快递巨头德国邮政因水土不服退出中国市场等等。

据了解,从2009年3月企业创立至今,星晨急便共计注入资金1.2亿元左右,这其中还包括阿里巴巴30%以上的股份。显然,这对于一个布局全国网络的快递企业来说是远远不够的。尤其是星晨急便并购鑫飞鸿并未达到再次融资的目的,反而使自己陷入危机。长期的亏损和风投资金的缺位最终导致其资金链断裂,临近全面崩盘。

五、经营决策的基本方法

经营决策的分析方法,是指应用数学等工具对决策过程中可供选择的多个备选方案进行定性和定量的描述和分析,以帮助决策者从中选择最佳方案的方法。进行经营决策的基本方法一般有以下几种:贡献毛益分析法、差量分析法、成本平衡点分析法和相关成本分析法等。

(一) 贡献毛益分析法

一般来说,如果不改变生产能力,固定成本总额不会发生变化,因此可以直接比较各个备选方案贡献毛益的大小进行决策。贡献毛益分析法就是在成本性态分析的基础上,通过比较不同备选方案所能提供的贡献毛益的大小来确定最优方案的一种方法。根据不同的前提条件,贡献毛益分析法可以分为贡献毛益总额分析法、剩余贡献毛益分析法、单位资源贡献毛益分析法等。

1. 贡献毛益总额分析法

贡献毛益总额分析法是指以各种备选方案的贡献毛益总额作为决策评价指标的一种方法。其应用的前提条件是：当各个备选方案的相关收入均不为零，相关成本全部为变动成本，不涉及专属成本和机会成本时，可以将贡献毛益总额作为决策的标准来确定方案的优劣。用公式可以表示为：

贡献毛益总额 = 相关收入 − 相关变动成本

2. 剩余贡献毛益分析法

当各个备选方案涉及专属成本或机会成本时，就无法使用贡献毛益总额指标进行分析，而应使用剩余贡献毛益指标进行决策。某决策方案的剩余贡献毛益等于该方案的贡献毛益总额减去该方案的专属成本和机会成本后的差额，或该方案的相关收入减去相关成本后的差额。用公式可以表示为：

剩余贡献毛益 = 贡献毛益总额 −（专属成本 + 机会成本）
            = 相关收入 − 相关成本

3. 单位资源贡献毛益分析法

单位资源贡献毛益分析法是指以各个备选方案的单位资源贡献毛益作为决策评价指标的一种方法。在企业的某项资源（如原材料、人工工时、机器工时等）受到限制的情况下，应通过比较各个备选方案的单位资源贡献毛益，来进行择优决策。其公式可以表示为：

$$单位资源贡献毛益 = \frac{单位贡献毛益}{单位产品资源消耗定额}$$

单位资源创造的贡献毛益大的方案，实质上就是贡献毛益总额大的方案。所以，单位资源贡献毛益分析法是贡献毛益总额分析法的另一种表现形式。

需要指出的是，我们在运用贡献毛益分析法进行决策时，应该以各个备选方案的贡献毛益总额（或剩余贡献毛益）或单位资源贡献毛益的大小作为方案取舍的标准，不应以单位贡献毛益作为评价标准。这是因为，在生产能力一定的情况下，不同备选方案单位产品所耗费的生产能力可能有所不同，这样各备选方案生产的产品总量也可能不同，单位贡献毛益大的方案其贡献毛益总额（或剩余贡献毛益）不一定大。如果用单位贡献毛益作为评价各个备选方案优劣的指标，可能导致决策失误。

贡献毛益分析法是一种最基本的方法，可用于产品品种决策，亏损产品决策等。

(二) 差量分析法

1. 差量分析法的定义

差量分析法又称为差别损益法，它是指通过计算不同备选方案的差量收入和差量成本，进而计算出差量损益，以差量损益作为评价标准来选择最优方案的方法。

2. 差量分析法的有关概念

(1) 差量：两个互斥备选方案同类指标之间的数量差异。

(2) 差量收入：两个互斥备选方案预期收入之间的数量差异。

(3) 差量成本：两个互斥备选方案预期成本之间的数量差异。

(4) 差量损益：差量收入与差量成本之间的数量差异。实际上就是两个互斥备选方案预期收益之间的数量差异。当差量收入大于差量成本时，其数量差异为差量收益；当差量收入小于差量成本时，其数量差异为差量损失。

3. 差量分析法的基本原理

差量分析法是以差量损益作为方案取舍的标准。若差量损益为正（即为差量收益），说明比较方案可取；若差量损益为负（即为差量损失），说明被比较方案可取。其基本原理见表 3-4。

表 3-4　　　　　　　　　　　　差量分析法的基本原理

A 方案	B 方案	差　量
预期收入	预期收入	差量收入
预期成本	预期成本	差量成本
预期损益	预期损益	差量损益

当差量损益 >0 时，应选择 A 方案；

当差量损益 <0 时，应选择 B 方案。

4. 运用差量分析法应注意的问题

（1）必须保持备选方案比较顺序的一致性。两个备选方案并不严格要求哪个方案是比较方案，哪个方案是被比较方案，只要计算中遵循同一处理原则，决策结果是相同的。

（2）差量分析法所涉及的收入为相关收入，成本为相关成本。

（3）一般适用于两个备选方案之间的决策。如果是多方案决策，只能逐步的对两个方案进行决策，慢慢淘汰，最后确定最优方案，比较麻烦。

差量分析法广泛应用于多种经营决策，如产品品种决策、半成品是否深加工的决策、零部件自制或外购的决策等。

（三）成本平衡点分析法

1. 成本平衡点分析法的定义

成本平衡点分析法又叫成本无差别点分析法或本量利分析法，是指各备选方案的相关收入为零，相关业务量为不确定因素时，通过判断处于不同水平上的业务量与成本无差别点业务量之间的关系，做出互斥方案决策的一种方法。成本无差别点业务量是指能使两方案总成本相等的业务量。

2. 成本平衡点分析法的基本原理

根据成本性态分析的基本原理，任何方案的总成本都可以用 $y = a + bx$ 表示。运用成本平衡点分析法的关键在于确定成本平衡点。

假设 x 表示一定时期内业务量，a_1、a_2 表示方案Ⅰ、方案Ⅱ的固定成本总额；b_1、b_2 表示方案Ⅰ、方案Ⅱ的单位变动成本；y_1、y_2 表示方案Ⅰ、方案Ⅱ在一定时期的总成本，则：

$y_1 = a_1 + b_1 x$

$y_2 = a_2 + b_2 x$

令 $y_1 = y_2$

则成本平衡点为：$x_0 = \dfrac{a_1 - a_2}{b_2 - b_1}$（$a_1 > a_2$，$b_2 > b_1$）

成本平衡点的业务量如图3-1所示：

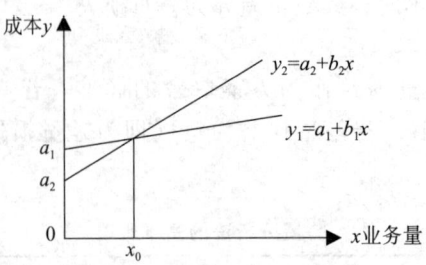

图3-1 成本平衡点业务量图

从图3-1可以看出：

当 $x > x_0$ 时，方案Ⅰ成本低于方案Ⅱ；

当 $x < x_0$ 时，方案Ⅰ成本高于方案Ⅱ；

当 $x = x_0$ 时，方案Ⅰ成本等于方案Ⅱ。

3. 运用成本平衡点分析法应注意的问题

（1）各个备选方案的业务量的单位必须相同。

（2）只考虑各个备选方案不同的单位变动成本和不同的固定成本，不需考虑各个备选方案相同的单位变动成本和固定成本。

（3）不同方案的相关变动成本和相关固定成本恰好互相矛盾，即第一个方案的相关固定成本大于第二个方案的相关固定成本，而第一个方案的相关变动成本小于第二个方案的相关变动成本，否则，此法不再适用。

成本平衡点分析法可以用于零部件自制或外购的决策、设备租赁方式的决策以及不同生产工艺的决策等。

（四）相关成本分析法

相关成本分析法是指在短期经营决策中，当各个备选方案的相关收入均相同，通过比较各个方案的相关成本指标，来选择最优方案的一种方法。

相关成本是个反指标，以此为标准，应选择相关成本最小的方案作为最优方案。该方法适用于两个或两个以上方案的决策，如业务量确定的零部件自制或外购的决策。

> ▶ 小思考
>
> 　　进行短期经营决策的基本方法一般有以下几种：贡献毛益分析法、差量分析法、成本平衡点分析法和相关成本分析法等。想一想，以上几种决策方法分别适用于什么类型的决策？
>
> 　　答：贡献毛益分析法和差量分析法适用于收入成本型决策；成本平衡点分析法和相关成本分析法适用于成本型决策。

> **小资料**
>
> ### 设立上海自由贸易区的意义
>
> 自由贸易区通常指两个以上的国家或地区，通过签订自由贸易协定，相互取消绝大部分货物的关税和非关税壁垒，取消绝大多数服务部门的市场准入限制，开放投资，从而促进商品、服务和资本、技术、人员等生产要素的自由流动，实现优势互补，促进共同发展；有时它也用来形容一国国内，指一个或多个消除了关税和贸易配额、并且对经济的行政干预较小的区域。设置自由贸易区的作用主要是：①利用其作为商品集散中心的地位，扩大出口贸易和转口贸易，提高设置国家和地区在国际贸易中的地位，增加外汇收入；②有利于吸引外资，引进国外先进技术与管理经验；③有利于扩大劳动就业机会；④在港口、交通枢纽和边境地区设区，可起到繁荣港口、刺激所在国交通运输业发展和促进边区经济发展的目的。自贸区的意义在于大宗商品、技术、服务无壁垒无关税自由交易。另外，美国企图通过控制TPP，建立新的世界经济游戏规则，同时压制中国进出口贸易及基础制造业，保持中国血汗工厂地位从而为西方打工；中国经济增长乏力，需要二次改革刺激新的增长点，内部改革压力大，于是就有了上海自贸区，国家希望自贸区所展示的红利能反促国内经济改革，所以设立上海自贸区更多的是战略意义。

自制还是外购？

A电子元器件公司今年要转产，但为了照顾原产品的客户还将要生产10 000个旧产品元器件。公司大部分设备是租的，设备可以随时偿还，不需要支付违约金，但有一台为自有专用设备。公司已经购买了足够生产5 000个电子元件的材料，这些材料别无其他用途。有一家公司愿意为A公司代加工，要价4.75元，A公司是自制还是外购？

分析：从财务会计的角度看，通过计算设备租金、自有设备折旧费、直接材料、直接人工、变动性制造成本、其他固定成本等费用，得知A公司自制10 000个电子元件的成本为8.2元/个，远高于外购的4.75元/个，公司应该选择外购。

但按管理会计的理念，应该从相关成本角度出发，分析外购或自制的两种方案中，哪些是相关成本？哪些是不相关成本？由于自有设备折旧费、其他固定成本、已购买的材料不会因为自制或者外购决策而发生变化，因此是沉没成本，与决策不相关；另一半生产所需材料与决策相关，设备租金、人工、变动性制造成本都与决策相关。外购总成本高于自制2 500元，所以A公司应该选择自制。

学习子情境一
生产决策

情境引例

2013年,法兰公司A产品年度发生亏损5 000元,该产品的完全成本为15 000元,变动成本率为80%。生产A产品的剩余生产能力可以转移生产B产品200件,B产品单位售价35元,单位变动成本15元;该剩余生产能力也可以对外出租,每年可获租金收入2 500元。财务部经理让小张测算一下,采用何种操作方式对企业有利?

垄断竞争:垄断企业之间的差异生存

20世纪80年代,可口可乐与百事可乐之间的竞争十分激烈。可口可乐为了赢得竞争,对20万名13~59岁的消费者进行调查,结果表明,55%的被调查者认为可口可乐不够甜。本来不够甜加点糖就可以了,但可口可乐公司花了两年时间耗资4 000万美元,研制出了一种更科学、更合理的配方。1985年5月1日,董事长戈苏塔发布消息说,可口可乐将中止使用99年历史的老配方,取而代之的是"新可口可乐";当时记者招待会上约有200家报纸、杂志和电视台的记者,大家对新的可口可乐并不看好。

24小时后,消费者的反应果然印证了记者们的猜测。很多电话打到可口可乐公司,也有很多信件寄到可口可乐公司,人们纷纷表示对这一改动的愤怒,认为它大大伤害了消费者。旧金山还成立了一个"全国可口可乐饮用者协会",举行了抗议新可口可乐活动,还有一些人倒卖老可口可乐以获利,更有人扬言要改喝茶水。

此时百事可乐火上浇油。百事可乐总裁斯蒂文在报上公开发表一封致可口可乐的信,声称可口可乐这一行动表明,可口可乐公司正从市场上撤回产品,并改变配方,使其更像百事可乐公司的产品。这是百事可乐的胜利,为庆祝这一胜利,百事可乐公司放假一天。

面对这种形势,1985年7月11日,可口可乐公司董事长戈苏塔不得不宣布:恢复可口可乐本来面目,更名"古典可口可乐",并在商标上注明"原配方"。与此同时,新配方的可口可乐继续生产。消息传开,可口可乐的股票一下子就飙升了。

这个案例老的可口可乐已在部分消费者中形成了垄断地位,哪怕可口可乐公司总裁也不能动摇这种地位。与此同时,案例也说明了在可口可乐、百事可乐、矿泉水以及茶水等饮品之间还是存在竞争的。这种市场就是垄断竞争市场。

垄断竞争是指这样一种市场结构，一个市场中有许多厂商生产和销售有差别的同种产品。垄断竞争在现实中是一种普遍存在的市场结构，日用品行业中尤为常见。

■ 职业判断与业务操作

生产决策是企业经营决策的重要内容。它是指在短期内，围绕着是否生产、生产什么、怎样生产以及生产多少等方面的问题进行的决策。通过生产决策，从若干个备选方案中选取一个最优方案，提高企业的经济效益。

生产决策常用的方法就是上一情境介绍的贡献毛益分析法、差量分析法、成本平衡点分析法和相关成本分析法等，决策的内容有新产品开发决策、半成品是否深加工的决策、亏损产品决策、是否接受追加特殊订货的决策、零部件自制还是外购的决策以及生产工艺决策等。

一、新产品开发决策

为维持和扩大市场占有率，企业必须不断地开发新产品。开发新产品不仅涉及开发新产品的品种决策，开发新产品与减少老产品的决策，以及新产品试制方案的决策，而且由于开发新产品可还可能涉及固定资产投资决策（属于长期投资决策，将在学习情境四中介绍）。在这里主要介绍企业利用现有剩余生产能力开发有市场销售前景的新产品的多品种方案决策。

[业务操作 3—1]

苏杭公司现有设备的生产能力是 40 000 个机器工时，现有生产能力的利用程度为 80%。现准备用剩余生产能力开发新产品甲、乙或丙。新产品甲、乙或丙的有关资料见表 3–5。

表 3–5　　　　　　　　　　新产品资料表

产品 项目	甲	乙	丙
单位产品定额工时（小时）	2	3	4
单位售价（元）	30	40	50
单位变动成本（元）	20	26	30

由于现有设备加工精度不够,在生产丙产品时,需要增加专属设备5 000元。在甲、乙、丙产品市场销售不受限制的情况下,进行方案选择可以采用贡献毛益分析法。

该企业现有剩余生产能力:40 000×20% = 8 000(小时)

根据以上资料编制分析表,见表3-6。

表3-6　　　　　　　　　相关数据分析表

方案 项目	生产甲产品	生产乙产品	生产丙产品
最大产量(件)	8 000÷2 = 4 000	8 000÷3 = 2 666	8 000÷4 = 2 000
单位售价(元)	30	40	50
单位变动成本(元)	20	26	30
单位贡献毛益(元)	10	14	20
专属成本(元)	—	—	5 000
贡献毛益总额(元)	40 000	37 324	40 000
剩余贡献毛益总额(元)	—	—	35 000
单位产品定额工时(小时)	2	3	4
单位工时贡献毛益(元)	5	4.67	4.375

从以上计算结果来看,开发新产品甲最为有利。首先,甲产品的贡献毛益总额为40 000元,比乙产品的贡献毛益总额多2 676元,比丙产品的剩余贡献毛益多5 000元;其次,甲产品的单位工时贡献毛益额为5元,比乙产品高0.33元,比丙产品高0.625元。可见,无论从贡献毛益总额(或剩余贡献毛益总额)来判断,还是从单位工时贡献毛益来判断,均为甲产品的生产方案最优。

此外,尽管甲产品的单位贡献毛益最低,但由于其产量的影响,其贡献毛益总额仍然最大。可见,单位贡献毛益的大小,不是方案择优的标准。

贡献毛益分析法适用于收入成本型(收益型)方案的择优决策,尤其是适用于多个方案的择优决策。

二、半成品(或联产品)是否深加工的决策

某些企业生产的产品可按不同的加工程度组织经营。如深加工前的半成品、联产品,既可以直接出售,也可以深加工后再出售,这需要企业做出决策。

在产品加工程度的决策分析中,半成品、联产品本身的成本,无论是其固定成本还是其变动成本,均属于沉没成本,与决策无关;相关成本只包括与深加工直接相关的可分成本。

[业务操作3—2]

苏杭公司每年生产甲半成品10 000件,销售单价为60元,单位变动成本30元,全

年固定成本总额 200 000 元。若把甲半成品进一步加工为乙产品，则每件需追加变动成本 20 元，乙产品的销售单价为 90 元。

要求：

（1）如果企业具备进一步加工 10 000 件甲半成品的能力，且该能力无法转移，并需追加 60 000 元的专属固定成本，做出甲半成品直接出售还是进一步加工为乙产品的决策。

（2）如果企业只具备进一步加工 7 000 件甲半成品的能力，且该能力可用于对外承揽加工业务，预计一年可获得贡献毛益 80 000 元，做出甲半成品直接出售还是进一步加工为乙产品的决策。

半成品既是公司连续生产的中间产品，也可以直接出售。一般来说，继续加工后的产品售价要比半成品售价高，但相应地也追加一部分变动成本，还可能追加一定量的专属成本。因此，如果进一步加工后所增加的收入大于进一步加工所追加的成本，则应进一步加工；否则，应直接出售半成品。

根据以上资料，用差量分析法进行分析。编制差量分析表见表 3-7。

表 3-7　　　　　　　　　　　差量分析表　　　　　　　　　　　单位：元

方案 项目	进一步加工	直接出售	差量
相关收入	90×10 000 = 900 000	60×10 000 = 600 000	+300 000
相关成本	260 000	0	+260 000
其中：变动成本	20×10 000 = 200 000	0	—
专属成本	60 000	0	—
差量损益			+40 000

可见，进一步加工甲半成品比直接出售多获利 40 000 元，因此，应进一步加工甲半成品。

由于企业只具备进一步加工 7 000 件甲半成品的能力，因此此时的相关产量为 7 000 件，而不是 10 000 件。对外加工的贡献毛益是一种机会成本，是相关成本，必须予以考虑。编制差量分析表见表 3-8。

表 3-8　　　　　　　　　　　差量分析表　　　　　　　　　　　单位：元

方案 项目	进一步加工	直接出售	差量
相关收入	90×7 000 = 630 000	60×7 000 = 420 000	+210 000
相关成本	220 000	0	+260 000
其中：变动成本	20×7 000 = 140 000	0	—
机会成本	80 000	0	—
差量损益			-10 000

可见，进一步加工甲半成品比直接出售少获利 10 000 元，因此，应直接出售甲半成品。

差量分析法也适用于收入成本型（收益型）方案的择优决策，尤其是适用于两个方案的择优决策。

三、亏损产品决策

企业生产多种产品时，如果某一部门的产品或生产线出现了亏损，就要做出是否停产的决策。对于亏损产品，不能简单地予以停产，必须综合考虑企业各种产品的经营状况、生产能力的利用以及有关因素的影响，采用变动成本法进行分析后，才能做出停产、继续生产转产或出租设备的选择。

亏损产品的决策是一个复杂的多因素权衡过程，应该针对不同的情况进行决策。

1. 亏损产品生产能力无法转移时

亏损产品生产能力无法转移是指当亏损产品停产后，闲置下来的生产能力既不能转产其他产品，也不能将有关设备对外出租。

在这种情况下，只要亏损产品的贡献毛益大于零，就不应停产。因为继续生产可以提供贡献毛益的亏损产品，至少可以补偿一部分固定成本。如果停产，只能减少变动成本，并不能减少固定成本亏损产品负担的固定成本只能由其他产品负担，最终导致企业利润总额减少，其利润减少金额相当于该亏损产品所能提供的贡献毛益。

2. 亏损产品生产能力可以转移时

亏损产品生产能力可以转移是指当亏损产品停产后，闲置下来的生产能力可以用于承揽零星加工业务，或将有关设备对外出租。

在这种情况下，承揽零星加工业务可能取得的贡献毛益或对外出租设备可能获得的租金收入，就是继续生产亏损产品的相关机会成本。只要亏损产品创造的贡献毛益大于与生产能力转移有关的机会成本，就不应停产；如果亏损产品创造的贡献毛益小于与生产能力转移有关的机会成本，就应该停产。

[业务操作3—3]

苏杭公司生产销售甲、乙、丙三种产品，其中，甲、乙两种产品盈利，丙产品亏损，有关资料见表3-9：

表3-9　　　　　　　　　　损益计算表　　　　　　　　　　单位：万元

品种 项目	甲产品	乙产品	丙产品	合　计
销售收入	1 320	1 680	800	3 800
生产成本				
直接材料	160	280	180	620
直接人工	140	160	160	460
变动制造费用	120	120	140	380
固定制造费用	200	320	220	740

续表

项目 \ 品种	甲产品	乙产品	丙产品	合计
非生产成本				
变动销售管理费用	180	240	120	540
固定销售管理费用	120	160	80	360
总成本	920	1 280	900	3 100
利润	400	400	−100	700

请就以下两种相互独立的情况分别评价丙产品应否停产或转产：

(1) 假定丙产品转产后生产能力无法转移。

(2) 假定生产丙产品的设备可以转产丁产品，也可以将此设备出租。如出租每年可获租金180万元，如转产丁产品具体资料见表3–10。

表3–10　　　　　　　　　预测丁产品资料　　　　　　　　　单位：万元

项目	金额
销售收入	1 040
变动生产成本	560
变动销售管理费用	180

根据以上资料，丙产品亏损100万元，但是能够创造200万元的贡献毛益，即：

丙产品贡献毛益总额 = 800 − (180 + 160 + 140 + 120) = 200（万元）

丙产品创造的贡献毛益总额是200万元，而其分摊的固定成本是300万元，所以亏损100万元。但是，如果丙产品停产，它就不能提供200万元的贡献毛益了，而它原来分摊的300万元固定成本照样发生，则只能由甲、乙两种产品负担了，这样将使企业减少200万元的利润。也就是说，不管丙产品是否生产，该企业1 100万元的固定成本都要发生，只不过是由三种产品分摊还是两种产品分摊。所以，在生产能力不能转移的情况下，丙产品不能停产，而应该继续生产。

丁产品的贡献毛益总额 = 1 040 − (560 + 180) = 300（万元）

继续生产丙产品的贡献毛益总额是200万元，转产丁产品的贡献毛益总额是300万元，设备出租的租金是180万元。很显然，转产丁产品的效益最好，所以，应停产丙产品而转产丁产品。

四、是否接受追加特殊订货的决策

特殊订货，是指购买单位要求以低于正常价格甚至低于计划产量的平均单位成本的特殊价格来追加订货量。对于特殊订货，应该针对不同情况进行决策。

(一) 简单条件下的特殊订货决策

简单条件是指追加订货时，本企业同时具备以下三个条件：

(1) 追加订货不冲击本期计划任务；

(2) 追加订货的生产不需要追加专属成本；

(3) 企业剩余生产能力无法转移。

在简单条件下，只要特殊订货的销售单价大于该产品的单位变动成本，即该特殊订货的单位贡献毛益大于零，企业就可以接受该批追加订货。

(二) 复杂条件下的特殊订货决策

(1) 企业剩余生产能力无法转移，追加订货也不冲击本期计划任务，但需追加专属成本。只要追加订货方案的贡献毛益大于专属成本，即可接受追加订货。否则，不接受追加订货。

(2) 企业剩余生产能力无法转移，但追加订货会冲击本期计划任务，不需追加专属成本。因为接受追加订货会冲击本期计划任务，即正常销售要减少，因减少正常销售量而丧失的贡献毛益就是接受追加订货的机会成本。只要追加订货方案的贡献毛益大于冲击本期计划任务的机会成本，即可接受追加订货。否则，不接受追加订货。

(3) 企业剩余生产能力可以转移，但追加订货不冲击本期计划任务，也不需要追加专属成本。只要追加订货方案的贡献毛益大于剩余生产能力转移的机会成本，即可接受追加订货。否则，不接受追加订货。

(4) 追加订货会冲击本期计划任务，剩余生产能力可以转移，需要追加专属成本。由于接受追加订货会冲击本期计划任务，所以应将减少正常销售量而丧失的贡献毛益作为接受追加订货的机会成本；同时，剩余生产能力转移带来的收益也是接受追加订货的机会成本。在这种情况下，只要追加订货方案的贡献毛益大于该方案的机会成本和专属成本之和，即可接受追加订货。否则，不接受追加订货。

[业务操作 3—4]

苏杭公司甲产品年生产能力为 20 000 件，目前的正常订货量为 16 000 件，销售单价为 30 元，单位产品成本 24 元，其组成如下：直接材料：10 元；直接人工：5 元；变动制造费用：3 元；固定制造费用：6 元。现有某客户向该公司追加订货，且客户只愿出价 22 元。

要求：就以下各不相关方案作出是否接受该项订货的决策分析。

(1) 订货 4 000 件，剩余能力无法转移，且追加订货不需追加专属成本。

(2) 订货 4 000 件，剩余能力无法转移，但追加订货需要一台专用设备，全年需支付专属成本 10 000 元。

(3) 订货 4 500 件，剩余能力无法转移，也不需要追加专属成本。

(4) 订货 4 500 件，剩余能力可以对外出租，可获年租金 5 000 元，追加订货需追加专属成本 10 000 元。

操作：

①追加订货不冲击本期计划任务，剩余生产能力无法转移，追加订货的生产不需要追加专属成本，因此，该项决策属于简单条件下的特殊订货决策。

甲产品的单位变动成本 = 10 + 5 + 3 = 18（元）

特殊订货单价为 22 元，大于甲产品的单位变动成本，所以接受特殊订货。企业因此可多获得利润：(22 - 18) × 4 000 = 16 000（元）。

②接受特殊订货可获得贡献毛益：(22 - 18) × 4 000 = 16 000（元）

需支付专属成本 10 000 元，小于接受特殊订货可获得的贡献毛益 16 000 元，应接受特殊订货。企业因此可多获得利润：16 000 - 10 000 = 6 000（元）。

③接受特殊订货会冲击本期计划任务，正常销售减少 500 件，因此减少贡献毛益：(30 - 18) × 500 = 6 000（元）。这是接受特殊追加订货的机会成本。

接受特殊订货可获得贡献毛益：(22 - 18) × 4 500 = 18 000（元）

可见，接受特殊订货增加的贡献毛益大于因减少正常销售而丧失的贡献毛益，所以，应接受特殊订货。企业因此可多获得利润：18 000 - 6 000 = 12 000（元）。

④如果接受特殊订货会冲击本期计划任务，正常销售减少 500 件，因此减少贡献毛益：(30 - 18) × 500 = 6 000（元）。这是接受特殊追加订货的机会成本。

剩余能力可以对外出租，可获年租金 5 000 元，也是接受特殊追加订货的机会成本。

此外还有专属成本 10 000 元。

因此，接受特殊订货的相关成本为：6 000 + 5 000 + 10 000 = 21 000（元）

接受特殊订货可获得贡献毛益：(22 - 18) × 4 500 = 18 000（元）

可见，接受特殊订货可获得的贡献毛益小于相关成本，所以不接受特殊订货。

五、零部件自制还是外购的决策

企业生产所需的有关零部件，既可以利用本企业的设备加工生产，也可以从市场上购进，两者只能选择其一，因此，属于互斥决策，通常涉及"自制零部件"和"外购零部件"两个备选方案。

（一）需要量确定时零部件自制或外购的决策

在零部件的需要量确定时，不涉及相关收入，只需要考虑相关成本。因此可以运用相关成本分析法。相关成本分析法一般适用于成本型决策。

1. 自制方案不需要增加专属成本，剩余生产能力无法转移

由于自制零部件的成本中包括一部分分摊的固定制造费用，无论自制还是外购，它都会发生，所以是决策的无关成本，决策时不予考虑。只有自制的变动成本和外购成本才是相关成本。如果自制方案的变动成本大于外购成本，选择外购；否则，选择自制。

2. 如果零部件不自制，剩余生产能力可以转移

如果零部件不自制，可以将剩余设备出租或者用来加工其他产品或零件。在这种情况下，剩余生产能力转移所获得的收益是自制方案的机会成本。如果自制方案的变动成本和机会成本之和大于外购成本，应选择外购；否则，应选择自制。

3. 自制方案需要增加专属成本

自制方案若需要增加专属成本，只要自制方案的变动成本与专属成本之和大于外购成本，应选择外购；否则，应选择自制。

[业务操作3—5]

苏杭公司每年需用A零件12 500个，如向市场购买，每个零件的进货价格（包括运杂费）为58元，若该企业辅助车间有剩余能力制造这种零件，预计每个零件的成本资料如下：

直接材料　　　　36元
直接人工　　　　13元
变动制造费用　　 7元
固定制造费用　　10元
单位零件成本　　66元

要求：就以下各不相关情况作出A零件是自制还是外购的决策分析。

（1）企业具备生产12 500个A零件的剩余能力，且剩余能力无法转移，也即当辅助车间不制造该零件时，闲置下来的生产能力无法被用于其他方面。

（2）企业具备生产12 500个A零件的能力，但剩余能力也可以转移用于加工B零件，可节约B零件的外购成本30 000元。

（3）企业目前只具备生产A零件10 000个的能力，且无法转移。若自制12 500个A零件，则需租入设备一台，月租金2 000元，这样使A零件的生产能力达到15 000个。

操作：

①由于有剩余能力可以利用，且无法转移，A零件自制成本内的固定制造费用属于无关成本，不予考虑。据此可计算如下：

自制单位变动成本 = 36 + 13 + 7 = 56（元）
自制相关成本 = 56 × 12 500 = 700 000（元）
外购相关成本 = 58 × 12 500 = 725 000（元）

可见采用自制方案，可比外购方案节约25 000元的成本开支，A零件应采用自制方案。

②若安排自制，则会放弃加工B零件带来的成本节约30 000元，这种由于放弃相对节约额的好处，应作为自制方案负担的机会成本。

自制相关成本 = 56 × 12 500 + 30 000 = 730 000（元）
外购相关成本 = 58 × 12 500 = 725 000（元）

此种情况应安排外购，因为这样可节约成本5 000元，并用剩余能力加工B零件。

③自制相关成本 = 56 × 12 500 + 2 000 × 12 = 724 000（元）
外购相关成本 = 58 × 12 500 = 725 000（元）

自制成本低于外购成本1 000元，应该自制A零件。

（二）需要量不确定时零部件自制或外购的决策

在需要量不确定时零部件自制或外购的决策中，一般采用成本平衡点分析法。在一般情况下，自制零部件的单位变动成本较低，相关固定成本较高；外购零部件的单位变动成本较高，相关固定成本较低，甚至不会发生。所以，可以采用成本平衡点分析法。当所需零部件业务量小于成本平衡点业务量时，应选择外购方案；当所需零部件业务量大于成本平衡点业务量时，应选择自制方案；当所需零部件业务量等于成本平衡点业务量时，自制或外购均可。

[业务操作 3—6]

苏杭公司生产甲产品的 B 零件既可自制，又可外购。若外购，进价为每件 500 元；若以剩余生产能力自行生产，则固定制造费用为 40 万元，其中分摊的固定制造费用为 24 万元，新增的专属固定制造费用为 16 万元，单位零件变动生产成本为 400 元。

要求：通过成本平衡点法确定该公司在什么情况下应自制 B 零件，什么情况下应外购 B 零件。

根据以上资料，可以得到外购和自制的成本方程：

外购总成本：$y = 500x$

自制总成本：$y = 160\,000 + 400x$

成本平衡点为：

$$x = \frac{160\,000}{500 - 400} = 1\,600 \text{（件）}$$

当 $x > 1\,600$ 件时，应自制；

当 $x < 1\,600$ 件时，应外购；

当 $x = 1\,600$ 件时，既可自制亦可外购。

六、生产工艺决策

生产工艺是指加工制造产品或零件所使用的机器、设备以及加工方法的总称。同一产品或零件，往往可以采用不同的生产工艺进行加工。一般而言，生产工艺越先进，其固定成本越高，单位变动成本越低；而生产工艺落后时，其固定成本较低，单位变动成本却较高。在固定成本和单位变动成本的消长变动组合中，产量成为最佳的判断标准。在这种情况下，可以采用成本平衡点分析法进行决策。

[业务操作 3—7]

苏杭公司生产 A 产品，现有两种设备可供选择：一种是采用传统设备，每年的专属固定成本 20 000 元，单位变动成本 12 元；另一种是采用自动化设备，每年的专属固定成本 30 000 元，单位变动成本 7 元。

请问：该公司在什么情况下应选择传统设备？在什么情况下应选择自动化设备？

根据以上资料，编制相关数据表见表 3-11：

表 3-11　　　　　　　　　　　相关数据表　　　　　　　　　　单位：元

设备类型＼成本	单位变动成本	专属固定成本	成本方程
传统设备	12	20 000	$Y = 20\,000 + 12x$
自动化设备	7	30 000	$Y = 30\,000 + 7x$

A 产品的成本平衡点为：

$$x = \frac{30\,000 - 20\,000}{12 - 7} = 2\,000 \text{（件）}$$

当 $x > 2\,000$ 件时，用自动化设备；

当 $x < 2\,000$ 件时，用传统设备；

当 $x = 2\,000$ 件时，用两种设备均可。

 小思考

"为了扭亏为盈，凡是亏损产品都应该停产"，通过以上内容的学习，你对这个问题的看法是什么？

答：亏损产品不一定停产。

 小资料

亚马逊——贝索斯的成功

1965 年，杰夫·贝索斯在美国的新墨西哥州出生。1986 年，21 岁的贝索斯在美国名校普林斯顿大学取得了电子工程学和计算机系双学士学位。毕业之后，贝索斯进入了华尔街。他在当时最火热的对冲基金公司中做得风生水起，拿到天文数字的报酬，成为大家羡慕的对象。然而，1994 年，出乎所有人的意料，29 岁的贝索斯却决定从公司辞职。

贝索斯辞职，是因为他瞄准了一个更新、更有潜力的行业，那就是互联网。贝索斯说："当我 80 岁的时候，我不会因为今天离开华尔街而后悔；但我一定会因为没有抓住互联网这个大好机遇而后悔。"其实，那个时候他甚至都还不知道自己该在互联网行业里干些什么。

最终，贝索斯选择了开办网上书店。他的想法得到了父母的坚定支持，他们把自己 30 万美元的养老金交给了贝索斯作为公司的启动资金。他们不了解互联网，更不懂电子商务，但是他们了解并且相信他们的儿子——杰夫·贝索斯。凭借着从父母那里借来的 30 万美元，贝索斯创办了现在世界上最成功的电子商务公司——亚马逊。亚马逊的成功得益于不断的创新。比如在亚马逊的社区网站上,有"读者书评"和"续写小说"的服务,仅仅这两个小创新,就至少为亚马逊增加了将近40万名顾客。

1998年,亚马逊开始向其他零售商品领域进军,两年之后,亚马逊完成了从一家纯粹的网上书店向网上零售商的转变。1995年亚马逊初创的时候还只是个小网站,5年之后,亚马逊的总市值已经达到210亿美元,股票价格上升了50多倍,亚马逊以惊人的成长速度创造了一个网络神话。

贝索斯是史上第一位成功的网上零售业者,当所有人都还不知道"电子商务"是什么东西,都还在讨论"电子商务"的时候,贝索斯已经用自己的行动证实了什么是电子商务。亚马逊也成为世界上第一家真正的电子商务公司。

由于贝索斯取得的杰出成就,美国《时代》周刊把他评为1999年度的风云人物。《时代》周刊总编辑沃尔特·艾萨克森说:"贝索斯不仅改变了我们做事情的方式,而且还为开拓未来铺平了道路。"创业以来,贝索斯多次获得荣誉,美国专业财经杂志《巴伦周刊》发布2011年度全球30位最佳CEO榜单,贝索斯名列榜首。

2004年,亚马逊收购了中国的卓越网,开始进入中国市场。

资料来源:http://tech.sina.com.cn/i/2012-01-25/09076661736.shtml

特殊订单该不该接?

某冰淇淋厂产能2 000万只,且只生产一种产品,目前只用80%产能,该产品单位变动成本1.5元,其中单位产品销售费用为0.05元,正常批发价2元一只。某批发商愿以每只1.48元的价格贴牌生产200万只,并自行承担相关销售费用。如果您是冰淇淋厂的经理人,请问接不接这个单子?

分析:从表面分析,1.48元低于变动成本1.5元,不仅不能弥补固定成本,连变动成本都弥补不了,而且远远低于原来2元的批发价。但是由于工厂的剩余产能还有400万,大于客户订单200万,且如果接受了批发商的订单,工厂不需要负担额外的销售费用,这样就节省了0.05元的销售费用,使该笔订单的单位变动成本变为1.45元,高于订单价格1.48元,进而产生0.03元的单位贡献毛利,显然工厂是可以接受这个订单的,在对工厂的销售、生产、营销策略没有任何影响的情况下,接受该笔订单可增加贡献毛利多赚6万元。

学习子情境二
定价决策

> **☞ 情境引例**
>
> 小张在法兰公司的业务能力得到了财务部经理和其他财务人员的认可。公司新推出一种产品,财务部经理让他参与该产品的定价决策。小张根据市场部的调研,进行了细致的分析,结合影响产品定价的因素,运用成本加成定价法,测算出了新产品的价格,作为公司对新产品定价的参考。

价格战是一场没有硝烟的战争

价格战是指生产者为了达到倾销商品、占领市场的目的,而采用降价销售的策略。

2009年格力主推的"凉之夏"变频空调进行了较大的价格调动,1匹机型售价2 999元,1.5匹机型售价3 599元,比年初价格下降1 000元以上。美的也猛推变频空调,其M180机型标价从原来的3 599元下降到不足3 000元。海尔空调1匹和1.5匹的挂机匹柜机的优惠幅度也高达30%~40%,其中一款海尔大1.5匹3级能效省电空调售价2 699元。

由于这次降价,2009年2月中旬,格力、海尔、美的、三菱四家大的空调厂商陆续同国美签订了采购单总金额将高达100亿元的采购合同。仅海尔一家便与国美签下了16亿元的采购订单,向后者提供50万台畅销特价机型。同时,四大厂商的产品也成功地挤垮了其他空调厂商,成为市场上极具销售规模的"四大金刚"。

■ 职业判断与业务操作

定价决策,就是在调查分析的基础上,选用合适的产品定价方法,为销售的产品制定最为恰当的售价,并根据具体情况运用不同的价格策略,以实现经济效益最大化的过程。

企业销售各种产品都必须确定合理的产品销售价格。产品价格的高低直接影响到销售量的大小,进而影响到企业的盈利水平。一般来说,在既定的销售量下,销售单价越高,销售收入和销售利润就越高;但是,销售单价的高低,直接影响到销售量。如果销售单价定得太高，就会减少销售量，进而使单位产品成本上升而导致销售利润的降低；反之，如果销售单价定得太低，可能难以补偿所发生的成本，无法保证目标利润的实现。因此，产品销售价格的高低，价格策略运用是否恰当，都会对企业的正常生产经营活动产生影响，甚至影响到企业的生存和发展。

一、影响产品价格的因素

1. 价值因素

价值是产品价格的基础，产品价格是其价值的货币表现。一般来说，产品价值包括产品的正常生产成本、合理利润以及税金和流通费用。价值的大小决定着价格的高低。

2. 成本因素

成本是影响定价的基本因素。从长期来看，产品价格应等于总成本加上合理的利润，否则企业将无利可图，难以长久生存；从短期来看，企业应根据成本结构确定产品价格，即产品价格必须高于平均变动成本，降低经营风险。

3. 市场供求因素

市场供求关系的变动直接影响产品价格。一般来说，产品的市场需求大于市场供应，可将其价格定得高一些；产品的市场供应大于市场需求，可将其价格定得低一些。同时，产品价格下降，将会引起产品需求量的增长；产品价格上升，将会引起该产品需求量的减少。不同产品的价格变动所引起的需求量变动幅度并不相同，这取决于产品的价格弹性。

4. 竞争因素

产品竞争的激烈程度不同，对定价的影响也不同。竞争越激烈，对价格的影响也越大。完全竞争的市场，企业几乎没有定价的主动权；在不完全的竞争市场，竞争的强度主要取决于产品制作的难度和供求形势。由于竞争影响定价，企业要做好定价工作，必须充分了解竞争者的情况。

5. 政策法规因素

各个国家对市场物价的高低和变动都有限制和法律规定，同时，国家还利用生产市场、货币金融等手段间接调节价格。在进行国际贸易时，各国政府对价格制定的限制更多更严。因此，企业应很好地了解本国以及所在国关于物价方面的政策和法规，将其作为企业制定定价策略的依据。

二、产品定价方法

产品定价方法主要有以成本为基础的定价方法和以市场需求为基础的定价方法两大类。

（一）以成本为基础的定价方法

成本是企业生产和销售产品所发生的各项费用的总和，是构成产品价格的基本因素，也是价格的最低经济界限。以成本为基础制定产品价格，不仅可以保证生产中的耗费得到补偿，而且能保证企业实现必要的利润。凡是新产品的价格制定，都可以采用以成本为基础的定价方法。

1. 成本加成定价法

即以单位预计完全成本（或目标完全成本）为基础，加上一定数额的利润和销售税金来确定产品价格。一般有以下三种计算方式：

（1）计划成本定价法。

$$单位产品价格 = \frac{单位预测成本 + 单位预测利润}{1 - 适用税率}$$

其中：$单位预测利润 = \frac{该产品预测利润总额}{该产品预测销售量}$

（2）成本利润率定价法。

$$单位产品价格 = \frac{单位预测成本 \times (1 + 成本利润率)}{1 - 适用税率}$$

其中：$成本利润率 = \frac{该产品预测利润总额}{该产品预测总成本} \times 100\%$

（3）销售利润率定价法。

$$单位产品价格 = \frac{单位预测成本}{1 - 销售利润率 - 适用税率}$$

其中：$销售利润率 = \frac{该产品预测利润总额}{该产品预测销售收入总额} \times 100\%$

[业务操作 3—8]

苏杭公司计划投资 300 万元生产新品种的葡萄酒。根据市场调查，这种新葡萄酒预计每年销售 50 万升，总成本预计 500 万元，该企业要求该项投资利润率为 25%。假设销售税率为 10%。请计算有关指标并进行单位产品价格定价。

有关计算指标：

$单位预测成本 = \frac{500}{50} = 10$（元/升）

$预测利润总额 = 300 \times 25\% = 75$（万元）

$单位预测利润 = \frac{75}{50} = 1.5$（元/升）

$成本利润率 = \frac{75}{500} \times 100\% = 15\%$

$销售利润率 = 75 \div \frac{500 + 75}{1 - 10\%} \times 100\% = 11.74\%$

单位产品价格定价如下：

（1）计划成本定价法。

$\frac{10 + 1.5}{1 - 10\%} = 12.78$（元/升）

（2）成本利润率定价法。

$$\frac{10\times(1+15\%)}{1-10\%}=12.78\ (元/升)$$

(3) 销售利润率定价法。

$$\frac{10}{1-10\%-11.74\%}=12.78\ (元/升)$$

大多数工业企业采用成本利润率定价法，商业企业一般采用销售利润率定价法。

成本加成定价法的优点在于：预测企业成本比预测市场需求更有把握，因而可以减少需求变动对价格的调整次数；可以保证生产耗费得到补偿。但是，这种方法存在着明显的缺点：一是很难适用市场需求的变化，往往导致定价过高或偏低；二是企业生产多种产品时，难以准确分摊间接费用，导致定价不准确。

2. 目标利润法

目标利润是指企业在预定时期内应达到的利润水平。目标利润定价法是根据目标利润和产品销售量、产品成本、适用税率等因素来确定产品销售价格的方法。其计算公式为：

$$单位产品价格=\frac{目标利润总额+完全成本总额}{产品销量\times(1-适用税率)}$$

$$=\frac{单位目标利润+单位完全成本}{1-适用税率}$$

[业务操作3—9]

苏杭公司生产某种葡萄酒，本期计划销售量50 000升，目标利润总额为60 000元，完全成本总额250 000元（其中固定成本40 000元，单位变动成本5元）。假设适用税率为10%，请计算该种葡萄酒单位价格。

$$单位产品价格=\frac{目标利润总额+完全成本总额}{产品销量\times(1-适用税率)}$$

$$=\frac{60\ 000+250\ 000}{50\ 000\times(1-10\%)}=7.78\ (元/升)$$

该方法简便易行，能够预测企业获得必要利润的最低价格。但是，由于销售量往往受价格影响，所以计算结果的准确性会受到一定的影响。

(二) 以市场需求为基础的定价方法

1. 需求价格弹性系数定价法

产品的价格会影响其市场需求，企业所制定的价格高低会影响产品的销售量。因此，我们有必要考虑需求的价格弹性。

所谓需求的价格弹性是指产品需求量对价格变动做出反应的程度。一般来说，价格下降，需求量增加；价格上升，需求量减少。需求的价格弹性通常用需求量变动率与价格变动率之比，即需求的价格弹性系数来衡量。其计算公式为：

某种产品的需求价格弹性系数 $(E) = \dfrac{需求量变动率}{价格变动率}$

上式表明，价格每增加（或减少）1%时，需求量所降低（或增加）的百分比。因此，需求的弹性价格系数恒为负值，其绝对值可以反映出需求与价格变动水平的关系：

当 $|E|>1$ 时，称为富有弹性或弹性大，表明价格以较小幅度变动时，可使需求量产生较大幅度的变动；

当 $|E|<1$ 时，称为缺乏弹性或弹性小，表明价格变动幅度即使很大，需求量的变化幅度也不会太大；

当 $|E|=1$ 时，称为单一弹性，表明需求量受价格变动影响完全与价格本身变动幅度一致。

需求的价格弹性系数的大小，说明了产品价格与需求之间反方向变动水平的大小。对于弹性大的产品，提高价格将导致销售量迅速下降，而降低价格却会使需求量大大提高，因此，应适当降低价格，刺激需求，薄利多销。对于弹性小的产品，当价格变动时，需求量的变化幅度很小，对这类产品不仅不应降低价格，相反，在条件允许的范围内应适当调高价格。对于单一弹性的产品，前两种策略都不适用，只能选择其他的价格策略。

2. 边际分析定价法

边际分析定价法，是指基于微分极值原理，通过分析不同价格与销售量组合下的产品边际收入、边际成本和边际利润之间的关系，进行定价决策的一种定量分析方法。

边际成本是指每增加一个单位产品销售所增加的成本；边际收入是指每增加一个单位产品销售所增加的收入；边际利润是边际收入与边际成本的差额。边际收入与边际成本之间存在着一个重要的关系，即当边际收入等于边际成本（或边际贡献等于零）时，企业的利润最大，这时的销售单价和销售量就是产品的最优售价和最优销售量。这是因为，当边际收入大于边际成本时，边际贡献是正数，企业的利润就会因销售量增加而增加。销售量每增加一个单位，所产生的利润增加额等于边际贡献的数额；当边际收入小于边际成本时，边际贡献是负数，说明增加一个单位销售量所增加的成本大于其增加的收入，企业的利润就会减少，销售量每增加一个单位所减少的利润等于边际贡献的数额（负数）。因此，当边际收入等于边际成本时，即边际贡献等于零时，企业的利润达到最大。

当收入函数和成本函数均可微时，直接对利润函数求一阶导数，即可得到最优售价；当收入函数或成本函数为离散型函数时，可以通过列表法，分别计算各种价格与销售量组合小的边际利润，那么，在边际利润大于或等于零的组合中，边际利润最小时的价格就是最优售价。

三、定价策略

定价策略是指企业在进行定价决策时，按照一定经验，最终做出特定价格定性选择分析所依据的原则或技巧。产品定价方法是依靠定价模型进行定量分析，而定价策略则是凭经验进行定性分析。

（一）新产品定价策略

1. 撇脂定价策略

所谓撇脂定价是指在产品生命周期的最初阶段，把产品的价格定得很高，以攫取最大利润。撇脂定价的条件：①市场有足够的购买者，他们的需求缺乏弹性，即使把价格定得很高，市场需求也不会大量减少。②高价使需求减少，但不致抵消高价所带来的利益。③在高价情况下，仍然独家经营，别无竞争者。高价使人们产生这种产品是高档产品的印象。

2. 渗透定价策略

所谓渗透定价是指企业把其创新产品的价格定得相对较低，以吸引大量顾客，提高市场占有率。渗透定价的条件：①市场需求对价格极为敏感，低价会刺激市场需求迅速增长。②企业的生产成本和经营费用会随着生产经营经验的增加而下降。③低价不会引起实际和潜在的竞争。

3. 满意定价策略

满意定价策略是一种介于撇脂定价策略和渗透定价策略之间的价格策略。其所定的价格比撇脂价格要低，比渗透价格要高，是一种中间价格。这种定价策略由于能使生产者和顾客都比较满意而得名。有时它又被称为"君子价格"或"温和价格"。

（二）折扣定价策略

折扣定价策略是指对基本价格做出一定的让步，直接或间接降低价格，以争取顾客，达到扩大销量的目的。其中，直接折扣的形式有数量折扣、现金折扣、功能折扣、季节折扣；间接折扣的形式有回扣和津贴。

1. 数量折扣

数量折扣是指按购买数量的多少，分别给予不同的折扣，购买数量越多，折扣越大。其目的是鼓励大量购买，或集中向本企业购买。数量折扣包括累计数量折扣和一次性数量折扣两种形式。累计数量折扣规定顾客在一定时间内，购买商品若达到一定数量或金额，则按其总量给予一定折扣，其目的是鼓励顾客经常向本企业购买，成为可信赖的长期客户。一次性数量折扣规定一次购买某种产品达到一定数量或购买多种产品达到一定金额，则给予折扣优惠，其目的是鼓励顾客大批量购买，促进产品多销、快销。

2. 现金折扣

现金折扣是对在规定的时间内提前付款或用现金付款者所给予的一种价格折扣，其目的是鼓励顾客尽早付款，加速资金周转，降低销售费用，减少财务风险。

3. 功能折扣

中间商在产品分销过程中所处的环节不同，其所承担的功能、责任和风险也不同，企业据此给予不同的折扣称为功能折扣。对生产性用户的价格折扣也属于一种功能折扣。功能折扣的比例，主要考虑中间商在分销渠道中的地位、对生产企业产品销售的重要性、购买批量、完成的促销功能、承担的风险、服务水平、履行的商业责任、以及产品在分销中所经历的层次和在市场上的最终售价等等。功能折扣的结果是形成购销差价和批零差价。

4. 季节折扣

有些商品的生产是连续的，而其消费却具有明显的季节性。为了调节供需矛盾，这些商品的生产企业便采用季节折扣的方式，对在淡季购买商品的顾客给予一定的优惠，使企业的生产和销售在一年四季能保持相对稳定。例如，啤酒生产厂家对在冬季进货的商业单位给予大幅度让利，羽绒服生产企业则为夏季购买其产品的客户提供折扣。

5. 回扣和津贴

回扣是间接折扣的一种形式，它是指购买者在按价格目录将货款全部付给销售者以后，销售者再按一定比例将货款的一部分返还给购买者。津贴是企业为非凡目的，对非凡顾客以特定形式所给予的价格补贴或其他补贴。比如，当中间商为企业产品提供了包括刊登地方性广告、设置样品陈列窗等在内的各种促销活动时，生产企业给予中间商一定数额的资助或补贴。又如，对于进入成熟期的消费者，开展以旧换新业务，将旧货折算成一定的价格，在新产品的价格中扣除，顾客只支付余额，以刺激消费需求，促进产品的更新换代，扩大新一代产品的销售，这也是一种津贴的形式。

（三）心理定价策略

心理定价策略是针对顾客心理特点而采用的一种定价策略，主要应用于零售商业。主要有尾数定价法、整数定价法、声望定价法、招徕定价法等。

1. 尾数定价策略

尾数定价，也称零头定价或缺额定价，即给产品定一个零头数结尾的非整数价格。大多数消费者在购买产品时，尤其是购买一般的日用消费品时，乐于接受尾数价格。如 0.99 元、9.98 元等。消费者会认为这种价格经过精确计算，购买不会吃亏，从而产生信任感。同时，价格虽离整数仅相差几分或几角钱，但给人一种低一位数的感觉，符合消费者求廉的心理愿望。这种策略通常适用于基本生活用品。

2. 整数定价策略

整数定价与尾数定价正好相反，企业有意将产品价格定为整数，以显示产品具有一定质量。整数定价多用于价格较贵的耐用品或礼品，以及消费者不太了解的产品，对于价格较贵的高档产品，顾客对质量较为重视，往往把价格高低作为衡量产品质量的标准之一，容易产生"一分价钱一分货"的感觉，从而有利于销售。

3. 声望定价策略

声望定价是指针对消费者"便宜无好货、价高质必优"的心理，对在消费者心目中享有一定声望，具有较高信誉的产品制定高价。不少高级名牌产品和稀缺产品，如豪华轿车、高档手表、名牌时装、名人字画、珠宝古董等，在消费者心目中享有极高的声望价值。购买这些产品的人，往往不在乎产品价格，而最关心的是产品能否显示其身份和地位，价格越高，心理满足的程度也就越大。

4. 招徕定价策略

招徕定价策略是指根据消费者"求廉"的心理，将产品价格定得低于一般市价，个别的甚至低于成本，以吸引顾客、扩大销售的一种定价策略。采用这种策略，虽然几种低价产品不赚钱，甚至亏本，但从总的经济效益看，由于低价产品带动了其他产品的销售，企业还是有利可图的。

（四）组合定价策略

组合定价策略是针对相关产品组合所采取的一种定价策略。对于一些既可单独购买，又可成套购买的商品，实行成套优惠价格，称为"组合定价"。消费者对购买次数较少的商品价格较为敏感，对价值高的商品价格也较为敏感，反之不大在意。利用这一心理，采取对相关商品中购买次数少、价值相对大的商品价格定低一些，而对购买次数多、价值相对小的商品价格定高一些，从而获得整体效益，也称为"组合定价"。

> ▶ 小思考
>
> "最佳售价就是边际收入等于边际成本时的价格"，你是怎么理解的？
>
> 答：边际收入等于边际成本时利润最大。

> ▶ 小资料
>
> ### 什么是 CPI
>
> 消费者物价指数（Consumer Price Index），英文缩写为 CPI，是反映与居民生活有关的产品及劳务价格统计出来的物价变动指标，通常作为观察通货膨胀水平的重要指标。如果消费者物价指数升幅过大，表明通胀已经成为经济不稳定因素，央行会有紧缩货币政策和财政政策的风险，从而造成经济前景不明朗。因此，该指数过高的升幅往往不被市场欢迎。例如，在过去 12 个月，消费者物价指数上升 2.3%，那表示，生活成本比 12 个月前平均上升 2.3%。当生活成本提高，你的金钱价值便随之下降。也就是说，一年前收到的一张 100 元纸币，今日只可以买到价值 97.70 元的货品及服务。一般来说当 CPI＞3% 的增幅时我们称为 Inflation，就是通货膨胀；而当 CPI＞5% 的增幅时我们称为 Serious Inflation，就是严重的通货膨胀。

对沉没成本的正确理解是：既然是已经无法收回的成本，那么它就不应该影响你对未来的决策。但在现实中，很多人因为心理作用，往往让沉没成本影响自己的决定。

例如，有人做过这样的实验：让一群人去购买某个剧院的门票，但是，他们的购买价格并不一样。有的人的价格是 1 000 元，有些人是 800 元，有些人是 500 元，还有些人是免费赠送。你预测一下，在一年内，去剧院看演出的次数最多的是哪些人？你是怎样看待这件事情的？

情境小结

经营决策是指决策结果只会影响或决定企业近期（一年或一个经营周期）经营实践的方向、方法和策略，侧重于从收入、成本、利润和产品生产等方面对如何充分利用企业现有资源和经营环境，取得尽可能大的经济效益而实施的决策。经营决策的内容主要包括生产决策、定价决策等。进行短期经营决策必须区分相关收入与无关收入、相关成本与无关成本的概念。经营决策的方法主要有贡献毛益分析法、差量分析法、成本平衡点分析法和相关成本分析法等。生产决策包括新产品开发决策、半成品是否深加工的决策、亏损产品决策、是否接受追加特殊订货的决策、零部件自制还是外购的决策以及生产工艺决策等，可以根据不同的条件运用以上方法进行决策。影响定价决策的因素有价值因素、成本因素、市场供求因素、竞争因素、政策法规因素等。产品定价的方法有成本加成定价法和目标利润法等。在进行产品定价时，还要运用一定的定价策略。

习题与实训

一、单项选择题

1. 下列属于无关成本的是（　　）。
   A. 沉没成本　　　　　　　　　B. 可延缓成本
   C. 机会成本　　　　　　　　　D. 可分成本
2. 在零部件自制还是外购的决策中，当零部件需要量不确定时，应采用的方法是（　　）。
   A. 贡献毛益分析法　　　　　　B. 差量分析法
   C. 成本平衡点分析法　　　　　D. 相关成本分析法
3. 下列情况中，亏损产品肯定停产的条件是（　　）。
   A. 亏损产品的贡献毛益大于零
   B. 亏损产品的贡献毛益小于零
   C. 亏损产品的销售收入大于变动成本
   D. 亏损产品的贡献毛益大于零，但小于固定成本
4. 采用贡献毛益分析法评价可行方案时，主要以（　　）作为选优的依据。
   A. 固定成本　　　　　　　　　B. 单位变动成本
   C. 单位贡献毛益　　　　　　　D. 贡献毛益总额
5. 某零件的外购单价是10元，自制的单位变动成本是6元，而自制增加的专属成本是2 000元，则该零件的成本平衡点为（　　）元。

A. 200　　　　　　　　　　　　B. 500
C. 400　　　　　　　　　　　　D. 800

6. 在新产品开发决策中，如果不追加专属成本，且生产经营能力不确定时，决策应采用的方法是（　　）。
   A. 单位贡献毛益　　　　　　　B. 单位资源贡献毛益
   C. 贡献毛益总额　　　　　　　D. 剩余贡献毛益

7. 在半成品是否深加工的决策中，深加工前的半产品成本属于（　　）。
   A. 机会成本　　　　　　　　　B. 可分成本
   C. 重置成本　　　　　　　　　D. 沉没成本

8. 某企业生产 C 产品，本期计划销售量为 5 000 件，目标利润总额为 100 000 元，完全成本总额为 256 250 元，适用的税率为 5%。根据上述资料，运用目标利润预测法测算单位 C 产品的价格应为（　　）元。
   A. 71.25　　　　　　　　　　　B. 75
   C. 80.25　　　　　　　　　　　D. 81.5

9. 按照边际分析定价法，当收入函数和成本函数均可微时（　　）。
   A. 边际利润为零时的价格就是最优售价
   B. 边际利润大于零时的价格就是最优售价
   C. 边际利润最大时的价格就是最优售价
   D. 边际利润为 1 时的价格就是最优售价

10. 企业按照其产品在市场上的知名度和消费者中的信任程度来制定产品价格的方法，属于（　　）。
    A. 渗透定价　　　　　　　　　B. 尾数定价
    C. 招徕定价　　　　　　　　　D. 声望定价

二、多项选择题

1. 下列成本中，属于相关成本的有（　　）。
   A. 差量成本　　　　　　　　　B. 可延缓成本
   C. 机会成本　　　　　　　　　D. 可分成本

2. 下列成本中，属于无关成本的有（　　）。
   A. 历史成本　　　　　　　　　B. 不可延缓成本
   C. 沉没成本　　　　　　　　　D. 不可避免成本

3. 短期经营决策的一般方法有（　　）。
   A. 贡献毛益分析法　　　　　　B. 差量分析法
   C. 成本平衡点分析法　　　　　D. 相关成本分析法

4. 下列对于亏损产品生产决策的说法中，正确的有（　　）。
   A. 在剩余生产能力无法转移时，只要亏损产品的贡献毛益大于零就应该继续生产
   B. 在剩余生产能力能够转移时，只要亏损产品的贡献毛益大于转产产品的贡献毛益，就应该转产
   C. 如果亏损产品停产后，生产亏损产品的设备可以出租，只要租金大于亏损产品的贡

献毛益，就应该停产而将设备出租

D. 在具备增产亏损产品的能力、而能力无法转移又不增加专属成本的情况下，如果亏损产品的贡献毛益为正数就应该增产

5. 在接受是否接受特殊订货的决策中，下列说法中正确的有（   ）。

A. 在追加订货冲击正常生产量时，当接受追加订货增加的贡献毛益大于由此减少的贡献毛益时，则应该接受订货

B. 在简单条件下，只要特殊订货单价大于单位变动成本，就应该接受订货

C. 当接受订货需要追加专属成本时，只要追加订货的贡献毛益大于专属成本，就应该接受订货

D. 如果不接受订货，可将设备出租，只要追加订货的贡献毛益大于租金，就应该接受订货

6. 某企业一分厂在决定是否将某亏损产品停产时，以下成本项目中属于相关成本的有（   ）。

A. 该产品的变动制造费用　　　　B. 分配给该产品的厂房折旧费
C. 企业总部分配的成本　　　　　D. 该产品的直接人工成本

7. 半成品是否深加工决策需要考虑的相关成本有（   ）。

A. 加工变动成本　　　　　　　　B. 机会成本
C. 专属成本　　　　　　　　　　D. 联合成本

8. 影响价格的基本因素有（   ）。

A. 成本因素　　　　　　　　　　B. 价值因素
C. 竞争因素　　　　　　　　　　D. 政策法规因素

9. 在下列条件中，具备机会成本特征的有（   ）。

A. 所放弃方案的潜在收益
B. 财务会计核算时，应将机会成本入账
C. 财务会计核算时，机会成本不能入账
D. 机会成本并不会导致企业实际成本支出

10. 采用贡献毛益分析法时，能够作为评价标准的有（   ）。

A. 单位贡献毛益　　　　　　　　B. 贡献毛益总额
C. 剩余贡献毛益总额　　　　　　D. 单位资源贡献毛益

三、判断题

1. 当边际收入等于边际成本时的销售价格是最优售价。（   ）

2. 产品需求的价格弹性系数比较大时，提高价格将使销售量迅速上升，对这类产品应提高价格。（   ）

3. 某产品表明"原价250元，现价100元"，这种标价法属于心理定价策略。（   ）

4. 在开发新产品的品种决策中，可用单位贡献毛益的大小作为方案取舍的标准。（   ）

5. 在亏损产品的生产能力无法转移时，只要亏损产品的贡献毛益大于零就不应该停产。（   ）

6. 当特殊订货不冲击正常生产量，如果不追加专属成本，而且剩余生产能力无法转移时，只要特殊订货单价大于单位变动成本，就应该接受订货。（ ）
7. 机会成本并非实际支出，不记入账簿，因此决策中不必考虑。（ ）
8. 专属成本是与共同成本相对立的成本。（ ）
9. 采用相关成本分析法的条件是各个备选方案的业务量是确定的。（ ）
10. 成本平衡点是指两个方案单位成本相等时的业务量。（ ）

四、简答题

1. 什么是相关成本？你能列举出哪些相关成本？
2. 什么是无关成本？你能列举出哪些无关成本？
3. 短期经营决策的方法有哪几种？分别适用于什么类型的决策？
4. 差量分析法应注意什么问题？
5. 生产决策包括哪些内容？
6. 什么是定价决策？定价决策包括哪些方法？

五、计算分析题

1. 某公司每年生产甲半成品30 000件，其单位变动成本为34元，固定成本为294 000元，销售单价48元。如果把甲半成品进一步加工为产成品，销售单价可提高到58元，但需追加单位变动成本6元，追加固定成本112 000元，若不进一步加工，可将追加固定成本的资金购买债券，每年可获债券利息16 800元。

要求：做出甲半成品直接出售或深加工的决策。

2. 某厂现有设备的生产能力为80 000台时，可用于生产A产品和B产品。生产A产品，每件需消耗20台时，生产B产品，每件需消耗32台时。两种产品有关资料见表3-12。该厂的其他条件要求只能生产其中一种产品。试分析该厂应该选择哪种产品进行生产？

表3-12　　　　　　　　　A、B产品资料表　　　　　　　　　单位：元

产品 项目	A产品	B产品
单价	30	50
单位变动成本	15	20
单位变动销售及管理费用	1	1.2
固定性制造费用总额	40 000	
固定销售及管理费用总额	12 000	

3. 某公司原来生产A产品，原设计生产能力为120 000机器小时，但实际开工率只有原生产能力的70%，现准备将剩余生产能力用来开发新产品甲或新产品乙。新产品甲、乙的有关资料，见表3-13。

表 3-13　　　　　　　　　　　　甲、乙产品有关资料

项目 \ 产品	甲产品	乙产品
每件定额工时（机器小时）	60	50
单位售价（元）	70	60
单位变动成本（元）	60	51
固定成本总额（元）	30 000	

要求：

（1）根据以上资料做出开发哪种新产品较为有利的决策分析。

（2）如果生产甲新产品需追加专属固定成本1 000元，生产乙新产品需追加专属固定成本1 600元，则决策分析的结论又如何？

4. 某公司需要A零件5 000件，可利用现有设备自制也可以外购，外购单价80元，每件运费5元，外购一次差旅费2 000元，每年采购5次。自制的单位产品成本88元，其中变动成本68元，固定性制造费用20元。另外，因自制每月需增加专属固定成本2 500元。如外购，用于生产A零件的现有设备可以出租，每年可获租金50 000元。

要求：做出A零件自制或外购的决策分析。

5. 某公司生产多种产品，2013年A产品亏损5 000元。已知该产品完全成本为15 000元，变动成本率为80%。要求：

（1）若2014年条件不变，剩余生产能力无法转移。请问2014年是否应安排A产品的生产。

（2）剩余生产能力可以对外出租，每年可获租金收入2 500元，试做出是否停产的决策。

（3）剩余生产能力可以转产D产品200件，D产品单位售价35元，单位变动成本15元，试做出是否转产的决策。

6. 某公司生产甲产品需用的A零件既可以自制，也可以从市场上购入。若从市场上直接采购，进价为每件500元；若安排剩余生产能力自行生产，则固定制造费用为40万元，其中分摊的固定制造费用为24万元，新增的专属固定制造费用为16万元，单位零件变动生产成本为400元。

要求：通过成本平衡点分析法确定该公司在什么情况下应自制A零件，什么情况下应外购A零件。

7. 某企业本年根据正常订货确定A产品产量为1 000件，正常销售价格为80元/件。A产品单位变动成本为40元，单位固定制造费用为10元。现有客户要求向该企业追加订货200件A产品，特殊价格为50元/件。

要求：就以下情况做出是否接受此项特殊订货的决策：

（1）企业最大生产能力为1 200件，剩余生产能力无法转移，追加订货不需追加专属成本。

（2）企业最大生产能力为1 160件，剩余生产能力无法转移，追加订货不需追加专属成本。

(3) 企业最大生产能力为 1 180 件，剩余生产能力可以对外出租，可获租金收入 200 元，追加专属成本 1 100 元。

8. 某公司准备加工丙产品。有两种加工工艺可供选择：一种是采用普通加工工艺，即使用普通车床加工，其年固定成本为 2 000 元，产品单位变动成本 180 元；另一种是采用先进的加工工艺，即使用数控机床，年固定成本 10 000 元，产品单位变动成本比普通机床降低 80 元。丙产品的单位售价为 350 元。

要求：

(1) 计算成本平衡点。

(2) 若丙产品的年生产量为 200 件，则公司应采用普通加工工艺还是先进加工工艺？

学习情境四 投资决策

 职业能力目标

投资一般是指经济主体为了获取经济效益而投入资金或资源用以转化为实物资产或金融资产的行为和过程。通过本学习情境的学习,应该掌握项目计算期的构成与资本投入方式,能够进行项目的现金流量分析,能够计算项目投资静态评价指标与动态评价指标,能运用项目投资决策评价指标进行决策。

 典型工作任务

法兰公司为了扩大生产能力,提高市场竞争能力和获利水平,决定新建投资一条生产装配线。现有 A、B 两个方案可供选择,A 方案需投资 20 000 元,使用寿命为 5 年,采用直线法计提折旧,5 年后设备无残值。5 年中每年销售收入为 9 000 元,每年的付现成本为 3 000 元。B 方案需投资 23 000 元,采用直线法计提折旧,使用寿命也为 5 年,5 年后有残值收入 3 000 元。5 年中每年的销售收入为 10 000 元,付现成本第一年为 3 000 元,以后随着设备陈旧,逐年将增加修理费 500 元,另需垫支营运资金 3 000 元,该公司所得税税率为 25%,资金成本率为 10%。

如果你是财务经理,以上两个投资方案是否可行?应选择哪个方案投资?

● **著名人物——托马斯·罗伯特·马尔萨斯**

基本资料:
托马斯·罗伯特·马尔萨斯,1766年2月13日出生于萨里,英格兰。

教育背景:
剑桥大学耶稣学院。

个人经历:
剑桥大学耶稣学院院士、东印度公司学院教师、英国第一位政治经济学教授。

学术研究:
主要领域:人口学、政治经济学;
著名思想:人口学原理、马尔萨斯的进化学说;
主要代表作:《人口学原理》。

> **《财务呈报：会计革命》**
>
> 　　《财务呈报：会计革命》是比弗的代表作，初版面世于 1981 年，先后再版两次。威廉·H. 比弗是美国当代著名的会计学家和教育家。比弗先后在重要会计期刊上发表了 60 余篇专业论文，并出版了一本有着重要影响的专著——《财务呈报：会计革命》。该书针对财务呈报的方式提出了一系列具有前瞻性的理论和建议，突出揭示了非财务数据、前瞻性数据和公允价值数据是财务呈报自然拓展的主题。该书由革命、信息、确定性、不确定性、证据、市场效率和规范七章所构成，因其论证严密、观点新颖和大量运用实证研究成果而被誉为"当代最有影响的会计学著作之一"。

知识准备

一、投资的概念

　　投资一般是指经济主体为了获取经济效益而投入资金或资源用以转化为实物资产或金融资产的行为和过程。从特定企业角度看，投资就是企业为获取收益而向一定对象投放资金的经济行为。

二、投资的分类

　　投资是一项很复杂的经济活动，为了加强管理和提高投资收益，有必要对投资进行科学的分类。

（一）直接投资和间接投资

　　按照投资行为的介入程度，分为直接投资和间接投资。直接投资是指不借助于金融工具，由投资人直接将资金转移交付给被投资对象使用的投资，包括企业内部直接投资和对外直接投资，前者形成企业内部直接用于生产经营的各项资产，如各种货币资金、实物资产、无形资产等，后者形成企业持有的各种股权性资产，如持有子公司或联营公司股份等。间接投资是指通过购买被投资对象发行的金融工具而将资金间接转移交付给被投资对象使用的投资，如企业购买特定投资对象发行的股票、债券、基金等。

（二）对内投资和对外投资

　　按照投资的方向不同，分为对内投资和对外投资。从企业的角度看，对内投资就是项目投资，是指企业将资金投放于为取得供本企业生产经营使用的固定资产、无形资产、其他资产和垫支流动资金而形成的一种投资。对外投资是指企业为购买国家及其他企业发行的有价证券或其他金融产品，或以货币资金、实物资产、无形资产向其他企业

（如联营公司、子公司等）注入资金而发生的投资。

项目投资以特定项目为对象，可分为新建项目和更新改造项目两大类型。新建项目投资以新增生产能力为目的，属于外延式扩大再生产；更新改造项目投资以恢复和改善生产能力为目的，属于内涵式扩大再生产。

三、项目投资程序

企业项目投资的程序主要包括以下几个步骤：

（1）提出项目投资的领域和对象。这是项目投资程序的起点，是以企业的长远发展战略、中长期投资计划和投资环境的变化为基础，同时把握良好投资机会的前提下，由企业管理当局或企业高层管理人员提出，或者由企业的各级管理部门和相关部门领导提出。

（2）评价投资方案的可行性。在评价投资项目的环境、市场、技术和生产可行性的基础上，通过计算项目的有关现金流量指标以及项目的有关评估指标（如净现值、内含报酬率等），对项目投资的财务可行性作出总体评价。

（3）投资方案的比较与选择。在财务可行性评价的基础上，对可供选择的多个投资方案进行比较和选择。

（4）投资方案的执行。即投资行为的具体实施。

（5）投资方案再评价。在投资项目的执行过程中，应注意评价原来做出的投资决策是否合理。一旦出现新的情况，就要随时根据变化的情况做出新的评价。如果情况发生重大变化，原来投资决策变得不合理，那么，就要进行是否终止投资或怎样终止投资的决策，以避免更大的损失。

四、项目计算期的构成与资本投入方式

项目计算期是指投资项目从投资建设开始到最终清理结束整个过程的全部时间，即该项目的有效持续期间。完整的项目计算期包括建设期和生产经营期。其中，建设期（记作 s，$s \geq 0$）的第一年年初（记作 0 年）称为建设起点，建设期的最后一年年末（记作 n 年）称为投产日，从投产日到终结点之间的时间间隔称为生产经营期（记作 p），生产经营期包括试产期和达产期（完全达到设计生产能力）。

项目计算期（n）= 建设期（s）+ 生产经营期（p）

生产经营期 = 试产期 + 达产期

反映项目投资金额的指标主要有原始投资和项目投资总额。原始投资（又称初始投资）等于企业为使该项目完全达到设计生产能力、开展正常经营而投入的全部现实资金，包括建设投资和流动资金投资两项内容。建设投资是在建设期内按一定生产经营规模和建设内容进行的投资。流动资金投资是指项目投产前后分次或一次投放于营运资金项目的投资增加额，又称垫支流动资金或营运资金投资。在财务可行性评价中，原始投资与建设期资本化利息之和为项目总投资，这是一个反映项目投资总体规模的指标。

从时间特征上看，投资主体将资金投入具体投资项目的方式有一次投入和分次投入两种。一次投入方式是指投资行为集中一次发生在项目计算期的第一个年度的某一时间

点；如果投资行为涉及两个或两个以上年度，或者虽只涉及一个年度，但同时在该年的不同时点发生，则属于分次投入方式。

 小思考

固定资产投资与固定资产原值有何不同？
答：固定资产原值＝固定资产投资＋建设期资本化利息。

 小资料

借款费用资本化的条件

我国《企业会计准则——借款费用》对借款费用资本化的条件、借款费用资本化的期间，即借款费用从开始资本化到停止资本化的期间做了规定。准则规定借款费用满足以下三个条件时，应当开始资本化：

（1）资产支出已经发生。资产支出包括为购建或者生产符合资本化条件而以支付现金、转移非现金资产或者承担带息债务形式发生的支出。

（2）借款费用已经发生。

（3）为使资产达到预定可使用或者可销售状态所必要的购建或者生产活动已经开始。

学习子情境一
现金流量分析

情境引例

根据法兰公司投资生产装配线 A、B 两个方案的资料，可以编制营业现金流量计算表见表 4-1。

表 4-1　　　　　　营业现金流量计算表　　　　　　　　单位：元

方案	项目	1	2	3	4	5
A 方案	销售收入	9 000	9 000	9 000	9 000	9 000
	付现成本	3 000	3 000	3 000	3 000	3 000
	折旧	4 000	4 000	4 000	4 000	4 000
	税前利润	2 000	2 000	2 000	2 000	2 000
	所得税	500	500	500	500	500
	税后净利	1 500	1 500	1 500	1 500	1 500
	营业现金流量	5 500	5 500	5 500	5 500	5 500
B 方案	销售收入	10 000	10 000	10 000	10 000	10 000
	付现成本	3 000	3 500	4 000	4 500	5 000
	折旧	4 000	4 000	4 000	4 000	4 000
	税前利润	3 000	2 500	2 000	1 500	1 000
	所得税	750	625	500	375	250
	税后净利	2 250	1 875	1 500	1 125	750
	营业现金流量	6 250	5 875	5 500	5 125	4 750

法兰公司要评判 A、B 两个方案的优劣，首先要编制营业现金流量计算表，然后再编制全部现金流量表，才能对方案进行评判。所以进行投资决策分析，首先从现金流量分析开始。

| 经典事件 |

萨班斯法案

为了应对安然财务丑闻及随后的一系列上市公司财务欺诈事件所造成的美国股市危机，重树投资者对股市的信心，2002 年 7 月 26 日，美国国会以绝对多数通过了关于会计和公司治理一揽子改革的《萨班斯——奥克斯利公司治理法案》（Sarbanes——Oxley Act of 2002），简称《萨班斯法案》。四天后，布什总统在白宫签署法案，使其正式生效。

《萨班斯法案》主要内容包括：
1. 成立独立的公众公司会计监察委员会，监管执行公众公司审计职业。
2. 要求加强注册会计师的独立性。
3. 要求加大公司的财务报告责任。
4. 要求强化财务披露义务。
5. 加重了违法行为的处罚措施。
6. 增加经费拨款，强化 SEC 的监管职能。
7. 要求美国审计总署加强调查研究。

▣ 职业判断与业务操作

一、现金流量的概念

项目投资决策的主要依据是项目的现金流量。现金流量是指一个项目投资引起的企业现金支出和现金收入增加的数量,实际上是在项目计算期内投资该项目与不投资该项目时企业现金流量的差。因此,投资项目的现金流量是增量现金流量。这时的"现金"是广义的现金,不仅包括各种货币资金,而且还包括项目投资所需要投入的企业现有的非货币资源的变现价值。

现金流量按现金流动方向分为:

1. 现金流出量(CO)

一个项目投资的现金流出量是指该项目投资引起企业的现金支出的增加量、主要包括固定资产投资、无形资产投资、长期待摊费用支出和流动资产投资四个部分。

2. 现金流入量(CI)

一个项目投资的现金流入量是指该项目投资引起企业的现金收入的增加量、主要包括营业现金流入、回收固定资产残值和回收流动资金。

3. 现金净流量(NCF)

项目投资的现金净流量是指在项目计算期内每年现金流入量与每年现金流出量之间的差额所形成的序列指标。计算公式为:

$$某年现金净流量 = 该年现金流入量 - 该年现金流出量$$
$$= CI_t - CO_t \quad (t = 0, 1, 2, \cdots, n)$$

现金净流量具有以下两个特征:第一,无论是在生产经营期内还是在建设期内都存在现金净流量的范畴;第二,由于项目计算期不同阶段上的现金流入量和现金流出量发生的可能性不同,使得各个阶段上的现金净流量在数值上表现出不同的特点,如建设期内的现金净流量一般小于或等于零;在生产经营期内的现金净流量则多为正值。

二、现金流量预测

投资项目的现金流量预测,可以按时间从以下三个方面进行:

1. 初始现金流量

初始现金流量是指开始投资时发生的现金流量,主要包括:

(1) 固定资产投资。即房屋和建筑物、机器设备等的购入或建造、运输、安装成本等。

(2) 无形资产投资。企业用于购买专利使用权、商标使用权、专有技术、土地使用权等的支出。

(3) 其他投资费用。与项目投资有关的筹建费用、咨询费、培训费等。

(4) 流动资产投资。包括投入的现金、材料等。

(5) 原有固定资产的变价收入。在更新改造项目投资中原有固定资产的变卖所取得的现金收入。

初始现金流量除原有固定资产的变价收入为现金流入量外,其他均为现金流出量。

2. 营业现金流量

营业现金流量是指投资项目投入使用后,在其寿命期内由于生产经营所带来的现金流入和流出的数量。

营业现金流入量主要是因项目投资使企业增加的营业收入。营业现金流出量主要包括因项目投资使企业增加的付现成本和所得税。所谓付现成本是指每年需要支付现金的成本。成本中不需要每年支付现金的部分称为非付现成本,其中主要是折旧。付现成本可以用成本减折旧来估计。年营业现金净流量可用下列公式计算:

营业现金净流量 = 营业收入 − 付现成本 − 所得税

付现成本 = 营业成本 − 非付现成本
　　　　 = 营业成本 − 折旧

营业现金净流量 = 营业收入 − (营业成本 − 折旧) − 所得税
　　　　　　　 = 净利润 + 折旧
　　　　　　　 = (营业收入 − 营业成本) × (1 − 所得税税率) + 折旧

3. 终结现金流量

终结现金流量是指项目经济寿命完结时发生的现金流量。主要包括:

(1) 回收固定资产的残值收入。项目终结时固定资产清理的变价收入扣除清理费用后的净额,应当作为项目投资的一项现金流入。

(2) 回收垫支的流动资金。项目终结后,原投入周转的流动资金可以转化为现金,应作为该项目的现金流入。

(3) 停止使用土地的变价收入。

[业务操作 4—1]

华海公司准备购入一项设备以扩充公司的生产能力。现有甲、乙两个方案可供选择,甲方案需投资 10 000 元,使用寿命为 5 年,采用直线法计提折旧,5 年后设备无残值。5 年中每年销售收入为 6 000 元,每年的付现成本为 2 000 元。乙方案需投资 12 000 元,采用直线法计提折旧,使用寿命也为 5 年,5 年后有残值收入 2 000 元。5 年中每年的销售收入为 8 000 元,付现成本第一年为 3 000 元,以后随着设备陈旧,逐年将增加修理费 400 元,另需垫支营运资金 3 000 元,该公司所得税税率为 25%,资金成本率为 10%。

你应选择哪个方案投资呢?

操作:

1. 计算各方案的年折旧额

甲方案年折旧额 = 10 000/5 = 2 000(元)

乙方案年折旧额 = (12 000 − 2 000)/5 = 2 000(元)

2. 计算营业现金流量

营业现金流量计算可采用列表方式,本案例中两方案的营业现金流量见表 4−2。

表4-2   现金流量计算表   单位:元

方案	项目	1	2	3	4	5
甲方案	销售收入	6 000	6 000	6 000	6 000	6 000
	付现成本	2 000	2 000	2 000	2 000	2 000
	折旧	2 000	2 000	2 000	2 000	2 000
	税前利润	2 000	2 000	2 000	2 000	2 000
	所得税	500	500	500	500	500
	税后净利	1 500	1 500	1 500	1 500	1 500
	营业现金流量	3 500	3 500	3 500	3 500	3 500
乙方案	销售收入	8 000	8 000	8 000	8 000	8 000
	付现成本	3 000	3 400	3 800	4 200	4 600
	折旧	2 000	2 000	2 000	2 000	2 000
	税前利润	3 000	2 600	2 200	1 800	1 400
	所得税	750	650	550	450	350
	税后净利	2 250	1 950	1 650	1 350	1 050
	营业现金流量	4 250	3 950	3 650	3 350	3 050

3. 结合初始现金流量和终结现金流量确定各备选方案的全部现金流量

本案例两个方案的全部现金流量见表4-3。

表4-3   全部现金流量表   单位:元

方案	项目	0	1	2	3	4	5
甲方案	固定资产投资	-10 000					
	营业现金流量		3 500	3 500	3 500	3 500	3 500
	现金流量合计	-10 000	3 500	3 500	3 500	3 500	3 500
乙方案	固定资产投资	-12 000					
	营运资金垫资	-3 000					
	营业现金流量		4 250	3 950	3 650	3 350	3 050
	固定资产残值						2 000
	营运资金回收						3 000
	现金流量合计	-15 000	4 250	3 950	3 650	3 350	8 050

小思考

通过学习,你能说出项目投资现金流量表与财务会计现金流量表的区别有哪些吗?见表4-4。

表4-4   项目投资现金流量表与财务会计现金流量表的区别

区别点	财务会计现金流量	项目投资现金流量
项目反映的对象	特定企业	特定投资项目
期间特征	只包括一个会计年度	包括整个项目计算期
信息属性	真实历史数据	预计未来数据

小资料

什么是风险投资

风险投资是指投资机构向高成长性新创企业提供的股权资本。投资方为其提供经营管理和资讯服务,以期在被投资企业发展成熟后,通过股权转让获取中长期资本增值收益的投资行为。

风险投资为风险企业投入的股权资本,一般占该企业资本总额的30%以上。风险投资家既是投资者又是经营者,他们既是金融家又是投资者。

风险投资最终会退出风险企业。风险投资虽然投入的是权益资本,但是他们的目的不是获得企业所有权,而是盈利,得到丰厚利润和显赫功绩后从风险企业退出。

学习子情境二
投资决策指标

情境引例

根据法兰公司投资生产装配线 A、B 两个方案的资料和营业现金流量计算表,见表 4-1,可以编制全部现金流量计算表,见表 4-5。

表 4-5　　　　　　　全部现金流量计算表　　　　　　　单位:元

方案	项目	0	1	2	3	4	5
A方案	固定资产投资	-20 000					
	营业现金流量		5 500	5 500	5 500	5 500	5 500
	现金流量合计	-20 000	5 500	5 500	5 500	5 500	5 500
B方案	固定资产投资	-23 000					
	营运资金垫资	-3 000					
	营业现金流量		6 250	5 875	5 500	5 125	4 750
	固定资产残值						3 000
	营运资金回收						3 000
	现金流量合计	-26 000	6 250	5 875	5 500	5 125	10 750

法兰公司运用投资回收期指标评判如下:A 方案的投资回收期为 3.64 年,B 方案的投资回收期为 4.30 年,A 方案优于 B 方案。法兰公司还可以运用会计收益率法、净现值法、净现值率法、现值指数法和内含报酬率法等进行评判。这些就是投资决策指标。

| 经典事件 |

美国"次贷危机"引发全球金融危机与公允价值争论

美国"次贷危机"是从 2006 年春季开始显现的。2007 年 8 月席卷美国、欧盟和日本等世界主要金融市场。

最初受影响的公司只限那些直接涉足建屋及次级贷款业务的公司,如北岩银行及美国国家金融服务公司。

根据美国一般公认会计准则(GAAP)的要求,金融机构必须每季度都用公允价值评估资产负债表上的资产,如果资产价值下降则必须在财务报告中进行披露。

面对金融危机,各国政府积极应对,纷纷出台一些减缓危机的办法,其中就包括修改"公允价值"的计价规则。公允价值成了次贷危机争论焦点。

经过近三个月的紧张调查、研究之后,SEC 于 2008 年 12 月 30 日向国会提交了关于公允价值会计的报告,正式提出反对废止公允价值会计准则,并提出改进现行惯例的建议。

职业判断与业务操作

按照是否考虑资金时间价值,评价投资项目财务可行性的指标可分为静态评价指标和动态评价指标。静态评价指标在计算时不需要考虑资金时间价值,主要包括静态投资回收期和会计收益率。动态评价指标在计算过程中充分考虑和利用资金时间价值,主要包括净现值、净现值率、现值指数和内含报酬率。

一、静态评价指标

(一)投资回收期

静态投资回收期是指在不考虑资金时间价值的情况下,以投资项目经营净现金流量抵偿原始总投资所需要的全部时间。它代表收回投资所需要的年限。回收年限越短,项目越有利。它有"包括建设期的投资回收期(记作 PP)"和"不包括建设期的投资回收期(记作 PP')"两种形式。

1. 计算方法

根据投资回收期的定义,投资回收期 T 满足以下关系:$\sum_{t=0}^{T} NCF_t = 0$,具体计算应视实际情况而定。

(1) 如果某一项目运营期内前若干年每年的营业净现金流量(NCF)相等,且其合计大于或等于建设期发生的原始投资合计,则投资回收期可按下列公式计算:

不包括建设期的投资回收期(PP')= $\dfrac{\text{建设期发生的原始投资合计}}{\text{运营期内前若干年每年相等的净现金流量}}$

包括建设期的投资回收期(PP)= 不包括建设期的投资回收期 + 建设期

[业务操作 4—2]

根据华海公司甲方案的资料，投资回收期可计算如下：

$$投资回收期 = \frac{10\,000}{3\,500} = 2.86（年）$$

> **学中做**
>
> 假设华海公司某投资项目的现金净流量如下：NCF_0 为 $-1\,000$ 万元，NCF_1 为 0 万元，$NCF_{2\sim10}$ 为 200 万元，NCF_{11} 为 300 万元。根据以上资料，计算静态投资回收期。
>
> 操作：
>
> 建设期为 1 年，投产后 2～10 年现金净流量相等，即运营期前 9 年现金净流量均为 200 万元。

不包括建设期的投资回收期 $(PP') = \dfrac{1\,000}{200} = 5$（年）

包括建设期的投资回收期 $(PP) = 5 + 1 = 6$（年）

（2）如果每年的营业净现金流量（NCF）不相等，计算投资回收期要逐年计算累计现金净流量和各年尚未回收的投资额，来确定包括建设期的投资回收期，再推算出不包括建设期的投资回收期。

包括建设期的投资回收期 $(PP) =$ 累计现金净流量最后一次出现负值的年数 $+ \dfrac{当年累计现金净流量绝对值}{下年现金净流量}$

不包括建设期的投资回收期 $(PP') =$ 包括建设期的投资回收期 $-$ 建设期

[业务操作 4—3]

华海公司乙方案的累计现金流量计算见表 4-6。

表 4-6　　　　　乙方案累计现金流量计算表　　　　　单位：元

年度	0	1	2	3	4	5
现金净流量	-15 000	4 250	3 950	3 650	3 350	8 050
累计现金净流量	-15 000	-10 750	-6 800	-3 150	200	8 250

华海公司乙方案的投资回收期为：

$$投资回收期 = 3 + \frac{|-3\,150|}{3\,350} = 3.94（年）$$

> **学中做**
>
> 假设华海公司某投资项目的累计现金流量,见表 4-7。
>
> 表 4-7　　　　　　　　某投资项目的累计现金流量
>
> | 年数 | 0 | 1 | 2 | 3 | 4 | 5 | 6 |
> |---|---|---|---|---|---|---|---|
> | 现金净流量 | -100 | -80 | 40 | 60 | 60 | 60 | 90 |
> | 累计现金净流量 | -100 | -180 | -140 | -80 | -20 | 40 | 130 |
>
> 请计算其投资回收期?
>
> 华海公司该投资项目的投资回收期如下:
>
> 包括建设期的投资期 $= 4 + \dfrac{|-20|}{60} = 4.33$（年）
>
> 不包括建设期的投资回收期 $= 4.33 - 1 = 3.33$（年）

2. 决策原则

在以投资回收期进行投资决策时,决策者通常会设定一个标准投资回收期。对于单项方案决策,如果该项目的投资回收期短于标准回收期,此方案可行,否则方案不可行。多个备选方案的互斥决策中,投资回收期短于标准回收期且最短的方案为优。

3. 指标评价

静态投资回收期指标的优点:计算简便;容易为决策人理解;可以直接利用回收期之前的净现金流量信息;可以大体上衡量项目的流动性和风险。

静态投资回收期指标的缺点:没有考虑货币的时间价值;没有考虑回收期满后的现金流量状况。通常情况下,有战略意义的投资早期的收益较低而中后期收益较高,运用投资回收期进行决策可能导致决策者优先考虑急功近利的项目,因此,仅作为投资项目财务可行性分析的次要指标。

> **学中做**
>
> 假设华海公司有两个投资方案的预计现金流量,见表 4-8。
>
> 表 4-8　　　　　　　　预计现金流量表　　　　　　　　单位:元
>
> | 项目 | 0 | 1 | 2 | 3 | 4 | 5 |
> |---|---|---|---|---|---|---|
> | A 方案现金流量 | -10 000 | 4 000 | 6 000 | 4 000 | 4 000 | 4 000 |
> | B 方案现金流量 | -10 000 | 4 000 | 6 000 | 6 000 | 6 000 | 6 000 |
>
> 请用回收期法评判 A、B 两个方案。
>
> 操作:
>
> A 方案回收期 = 2 年
>
> B 方案回收期 = 2 年
>
> 如果用回收期进行评价,似乎两者不相上下,但实际上 B 方案明显优于 A 方案。

> **小思考**
>
> 投资回收期法是一种比较直观的决策方法,但可能导致决策者优先考虑急功近利的项目。请问这是什么原因?
>
> 答:只看到回收期,未考虑中后期高收益。

(二) 会计收益率

1. 计算方法

会计收益率是投资项目年平均净利润占原始投资额的比率,其计算公式为:

$$会计收益率 = \frac{年平均净利润}{原始投资额} \times 100\%$$

[业务操作4—4]

根据华海公司甲、乙两个投资方案的资料分别计算会计收益率。

甲方案会计收益率:$\dfrac{1\ 500}{10\ 000} \times 100\% = 15\%$

乙方案会计收益率:$\dfrac{(2\ 250 + 1\ 950 + 1\ 650 + 1\ 350 + 1\ 050)\ /5}{15\ 000} \times 100\% = 11\%$

2. 决策原则

在以会计收益率进行投资决策时,决策者通常会设定一个必要投资收益率。单项方案决策,如果该项目的会计收益率高于必要投资收益率,此方案可行,否则方案不可行。多个备选方案的互斥决策中,选用会计收益率高于必要投资收益率且最高的方案。

3. 指标评价

会计收益率指标的优点:计算简便,易于理解;使用财务报告的数据,容易取得;考虑了整个项目寿命期的全部利润。

会计收益率指标的缺点:没有考虑资金的时间价值;没有利用现金流量信息。只能作为投资项目财务可行性分析的辅助指标。

> **小思考**
>
> 运用会计收益率进行单个项目投资决策时,会计收益率最低不应低于哪个指标?
>
> 答:资金成本。

二、动态评价指标

(一) 净现值

净现值是指在项目计算期内,按照预定的折现率计算的所有现金净流量的现值之和,记为 NPV(Net Present Value)。实际上,净现值就是投资方案未来现金流入量现值与现金流出量现值之间的差额。如果净现值大于零,说明该方案的投资收益率大于预定的折现率;如果净现值等于零,说明方案的投资收益率等于预定的折现率;如果净现值小于零,说明方案的投资收益率小于预定的折现率。

1. 计算方法

净现值计算公式为:

净现值(NPV) = $\sum_{t=0}^{x}$ (第 t 年的现金净流量 × 第 t 年的复利现值系数)

或:净现值(NPV) = 现金流入量现值 - 现金流出量现值

净现值的计算一般按以下步骤进行:

(1) 计算出各期的现金净流量;

(2) 按行业基准收益率或企业设定的折现率,将将投资项目各期所对应的复利现值系数通过查表确定下来;

(3) 将各期现金净流量与其对应的复利现值系数相乘计算出现值;

(4) 最后加总各期现金净流量的现值,即得到该投资项目的净现值。

[业务操作 4—5]

根据华海公司甲、乙两个投资方案的资料,见上文表 4-3,分别计算净现值。

甲方案:

NPV = -10 000 + 3 500 × (P/A,10%,5)
　　 = -10 000 + 3 500 × 3.791 = 3 268.50(元)

乙方案:

NPV = -15 000 + 4 250 × (P/F,10%,1) + 3 950 × (P/F,10%,2) + 3 650
　　　× (P/F,10%,3) + 3 350 × (P/F,10%,4) + 8 050 × (P/F,10%,5)
　　 = -15 000 + 4 250 × 0.9091 + 3 950 × 0.8264 + 3 650 × 0.7513
　　　+ 3 350 × 0.6830 + 8 050 × 0.6209 = 2 156.50(元)

2. 决策原则

净现值是一个金额的绝对值,在单项方案决策中,如果该方案的净现值大于等于零,此方案可行,否则方案不可行;在多个备选方案的互斥决策中(假设备选方案原始投资相同且项目计算期相等),在净现值大于零的投资项目中,选择净现值较大的投资项目。

3. 指标评价

(1) 净现值指标的优点:考虑了资金时间价值;利用了项目计算期内的全部现金

流量信息,是投资项目财务可行性分析的主要指标。

(2)净现值指标的缺点:净现值是一个绝对数指标,不能反映投资项目本身所能达到的收益率;当项目投资额不等时,仅用净现值无法确定投资项目的优劣;净现值的计算比较复杂;现金流量的预测和贴现率的选择比较困难。

小思考

净现值计算重点是现金流入量现值的计算,请问一个投资项目的现金流入量主要包括哪些内容?

答:营业现金流入、回收固定资产残值和回收流动资金。

(二)净现值率

净现值率(记作 NPVR),是指投资项目的净现值占原始投资额现值总和的比率,可以理解为单位原始投资的现值所创造的净现值。

1. 计算方法

净现值率的计算公式为:

$$净现值率(NPVR)= \frac{项目的净现值}{原始投资的现值合计}$$

[业务操作 4—6]

根据华海公司甲、乙两个投资方案的资料,分别计算净现值率。

华海公司甲、乙两个投资方案的净现值率分别为:

甲方案:$NPVR = \frac{3\ 268.50}{10\ 000} \times 100\% = 32.69\%$

乙方案:$NPVR = \frac{2\ 156.50}{15\ 000} \times 100\% = 14.38\%$

2. 决策原则

净现值率是一个相对数指标,只有该指标大于或等于零的投资项目才具有财务可行性。

3. 指标评价

净现值率指标的优点:可以从动态的角度反映投资项目的资金投入与净产出之间的关系;计算过程比较简单。

净现值率指标的缺点:无法直接反映投资项目的实际收益率。

> **小思考**
>
> 净现值和净现值率一个是绝对数,一个是相对数,都是项目投资评判的重要方法。请问净现值和净现值率哪个更优?
>
> 答:净现值率更优。

(三)现值指数

现值指数又称作获利指数,是指投资方案未来现金流入量现值与初始投资支出现值的比率,记为 PI(Profitability Index)。现值指数能够反映出每一元投资给企业增加的收益。

1. 计算方法

现值指数的计算公式为:

$$现值指数(PI) = \frac{现金流入量现值}{现金流出量现值}$$

$$现值指数(PI) = \frac{投产后各年 NCF 的现值合计}{原始投资的现值合计}$$

$$= 1 + 净现值率$$

[业务操作 4—7]

根据华海公司甲、乙两个投资方案的资料,分别计算现值指数。

华海公司甲、乙两个投资方案的现值指数分别为:

甲方案:$PI = \dfrac{3\,500 \times (P/A, 10\%, 5)}{10\,000} = 1.33$

乙方案:$PI = \dfrac{4\,250 \times (P/F,10\%,1) + 3\,950 \times (P/F,10\%,2) + 3\,650 \times (P/F,10\%,3) + 3\,350 \times (P/F,10\%,4) + 8\,050 \times (P/F,10\%,5)}{15\,000} = 1.14$

2. 决策原则

现值指数是一个相对数指标。在单项方案决策中,如果该方案的现值指数大于等于1,此方案可行,否则方案不可行。多个备选方案的互斥决策中,采用现值指数超过1最多的投资项目。

3. 指标评价

(1)现值指数指标的优点:考虑了资金的时间价值;由于现值指数是相对数指标,能够反映项目的投资效率,有利于在初始投资额不同的投资方案之间进行对比。

(2)现值指数指标的缺点:无法直接反映投资项目的实际收益率。

(四)内含报酬率

内含报酬率又称为内部收益率,是指使得投资方案净现值等于零的贴现率,记为

IRR（Internal Rate of Return）。内含报酬率是投资项目本身可达到的收益率。

1. 计算方法

令 $NPV = \sum_{t=0}^{n} \dfrac{NCF_t}{(1+i)^t} = 0$，得出的 i 即为内含报酬率。

内含报酬率的计算可以分为两种情况：

（1）如果建设期为零，全部投资于建设起点一次性投入，每年的 NCF 相等，可采用年金计算方法。由内含报酬率的定义可知：

$$NCF \times (P/A, IRR, n) - NCF_0 = 0$$

因此，$(P/A, IRR, n) = \dfrac{NCF_0}{NCF}$

然后查年金现值系数表，求出内含报酬率。具体计算过程如下：

第一步，计算年金现值系数。

$$(P/A, IRR, n) = \dfrac{NCF_0}{NCF}$$

第二步，查年金现值系数表。若恰好在年金现值系数表中找到对应的期数和系数，则该折现率为内含报酬率。通常会在相同的期数内，找到与计算的年金现值系数相邻近的较大和较小的两个系数及对应的折现率。

第三步，根据上述两个邻近的折现率和已求得的年金现值系数，采用插值法计算出该投资方案的内含报酬率。

[业务操作 4—8]

根据华海公司甲方案的资料，据以计算内含报酬率。

计算年金现值系数：

$$(P/A, IRR, 5) = \dfrac{10\,000}{3\,500} = 2.8571$$

查年金现值系数表：

$(P/A, 20\%, 5) = 2.9906$；$(P/A, 24\%, 5) = 2.7454$

内插法计算内含报酬率：

$$\dfrac{IRR - 20\%}{24\% - 20\%} = \dfrac{2.8571 - 2.9906}{2.7454 - 2.9906}$$

得出甲方案内含报酬率：$IRR = 22.18\%$

（2）如果每年 NCF 不相等，采用试误法逐次测试。步骤如下：

第一步，先预估一个折现率，并按此折现率计算净现值。如果计算出的净现值为正数，则表明内含报酬率大于预估的折现率，应提高折现率再次测算；如果计算出的净现值为负数，则表明内含报酬率小于预估的折现率，应降低折现率再次测算。经过如此反复的测算，找到使净现值由正到负且比较接近于 0 的两个折现率。

小思考

内含报酬率是最好的项目投资评价方法,如果每年 NCF 不相等,需要采用试误法逐次测试。请问测试区间一般多少为宜?

答:2%~4%为宜。

第二步,根据上述两个邻近的折现率再用插值法,计算出方案的实际内部报酬率。

[业务操作 4—9]

根据华海公司乙方案的资料,据以计算内含报酬率。

第一,编制华海公司乙方案的内含报酬率见表 4—9。

表 4—9　　　　　　　　　乙方案内含报酬率计算表　　　　　　　　单位:元

年度	每年 NCF	测试 13%		测试 14%		测试 16%	
		复利现值系数	现值	复利现值系数	现值	复利现值系数	现值
0	-15 000	1.000	-15 000	1.000	-15 000	1.000	-15 000
1	4 250	0.8850	3 761.25	0.8772	3 728.10	0.8621	3 663.93
2	3 950	0.7831	3 093.25	0.7695	3 039.53	0.7432	2 935.64
3	3 650	0.6931	2 529.82	0.6750	2 463.75	0.6407	2 338.56
4	3 350	0.6133	2 054.55	0.5921	1 983.54	0.5523	1 850.21
5	8 050	0.5428	4 369.54	0.5194	4 181.17	0.4761	3 832.61
NPV	—	—	808.41	—	396.09	—	-379.05

第二,用内插法计算内含报酬率:

$$\frac{IRR - 14\%}{16\% - 14\%} = \frac{0 - 396.09}{-379.05 - 396.09}$$

得出乙方案内含报酬率:$IRR = 15.05\%$

2. 决策原则

单项方案决策,如果计算出的内含报酬率大于或等于企业的资金成本或必要报酬率就采纳;反之,则拒绝。多个备选方案的互斥决策中,应选用内含报酬率超过资金成本或必要报酬率最多的投资项目。华海股份公司甲乙两个方案的内含报酬率皆大于资金成本 10%,但甲方案的内含报酬率更高,则甲方案更优。

3. 指标评价

(1) 内含报酬率指标的优点:考虑了资金时间价值;可以反映出投资项目的真实报酬率,且不受行业基准收益率的影响,有利于对投资额不同的项目的决策。

(2) 内含报酬率指标的缺点:计算过程比较复杂,尤其是每年 NCF 不等的投资项目,一般要经过多次测试才能算出;当经营期大量追加投资时,有可能导致多个内含报酬率出现，或偏高或偏低，缺乏实际意义。

三、动态评价指标之间的关系

NPV、NPVR、PI、IRR 指标之间存在以下数量关系：

当 $NPV>0$ 时，$NPVR>0$，$PI>1$，$IRR>i$（i 为投资项目的行业基准收益率，下同）；

当 $NPV=0$ 时，$NPVR=0$，$PI=1$，$IRR=i$；

当 $NPV<0$ 时，$NPVR<0$，$PI<1$，$IRR<i$。

进行项目投资决策时，净现值、净现值率、现值指数、内含报酬率是主要评价指标，静态投资回收期是次要评价指标，会计收益率是辅助评价指标。在进行单项方案决策时，使用动态评价指标得出的结论基本是一致的；但是在进行多个备选方案的互斥决策时，它们得出的结论却可能不一致，应充分考虑项目的投资额、项目计算期等因素选择适当的评价指标，采用正确的方法进行决策。一般情况下，净现值是一种可取的方法。通过调查，大多数公司将净现值和内含报酬率作为首选指标，将静态投资回收期作为第二选择的决策方法。

 小思考

净现值的经济意义是什么？

答：净现值实际上就是计算现金净流量，是一种经过折现后现金流入量与现金流出量的差额。之所以折现，是要扣除按设定折现率所期望的基本投资报酬。如果净现值大于零，说明该项目在扣减了基本报酬后尚有余额。因此，净现值的经济意义是：投资方案超过基本报酬后的超额报酬。

 小资料

你了解典当行业吗？

"长期贷款找银行，短期筹资找典当"。初创企业融资难，其资信不高导致担保抵押难。典当贷款无需信用调查、他人担保，只要有值钱的东西，很快就能拿到钱。

典当行是一种特殊的金融机构，需要有严格的部门审批。正规的典当行要拥有商务部核准的典当经营许可证、公安部门核发的特种行业许可证及工商部门的营业执照。

目前典当行的收费比较高，分为综合收费和典当利息两部分。典当综合费用包括各种服务及管理费用。

我国规范典当行业的法律规范是商务部、公安部 2005 年第 8 号令发布的《典当管理办法》。

学习子情境三 投资决策评价

> **情境引例**
>
> 根据前述的典型工作任务,法兰公司决定新建投资一条生产装配线,对 A、B 两个方案进行评判。财务经理将依据 A、B 两个方案计算的全部现金流量表,见表 4-5 数据,若资金成本率为 10%,运用内含报酬率法进行新建项目评价。
>
> 首先计算内含报酬率:
> A 方案内含报酬率 = 11.65%
> B 方案内含报酬率 = 8.38%
> 其次进行方案评价:
> 由于该方案的资金成本率为 10%,A 方案内含报酬率为 11.65%,所以 A 方案可行。B 方案内含报酬率为 8.38%,所以 B 方案不可行。
> 最后进行方案选择:
> 由于 A、B 两个方案,只有 A 方案可行,所以只有选择 A 方案。

经典事件

"雷曼兄弟"破产

2008年9月,拥有158年历史的美国第四大投行雷曼兄弟控股公司宣告破产。在连续两个季度报告巨额亏损后,雷曼的股价从2008年1月的65.73美元/股,下降到2008年9月12日的3.65美元/股,市值蒸发近95%。至此,美国次贷危机升级为全球金融风暴。仅仅9月和10月,全球股市市值蒸发近10万亿美元。

面对雷曼兄弟的管理层利用回购105交易进行资产负债表管理的会计责任,以及审计师可能存在的审计失败,其中暴露出来的风险管理、公司治理、会计政策选择等问题受到了会计审计界的广泛关注。

安永会计师事务所在知道回购105交易以及高杠杆的巨大风险的前提下,并没有对该类业务的操作提出质疑或将其向公众披露,表明其在审计工作中存在责任,并且缺少应有的职业谨慎。经查,安永会计师事务所也没有严格遵守审计准则公告(AU)380、336、9336的要求,对金融资产的转移和出售没有进行充分的披露,一定程度上纵容了雷曼的会计舞弊行为。

此次危机中暴露的会计准则问题是多方面的,如公允价值会计问题、金融工具分类及其会计处理问题、财务报告透明度问题等,美国会计师协会为此修改了公认会计准则,进一步规范了金融工具的列报和处理等事项。

职业判断与业务操作

一、新建项目投资决策

投资项目是投资的客体，即资金投入的对象。例如，建设一条汽车生产线或购置一辆生产用汽车，就属于不同的投资项目，前者属于新建项目，后者属于单纯固定资产投资项目。

同一个投资项目完全可以采取不同的技术路线和运作手段来实现。如新建一个投资项目，其投资规模可大可小，建设期有长有短，建设方式可分别采取自营方式和出包方式。这些具体的选择最终要通过规划不同的投资方案来实现。投资方案就是基于投资项目要达到的目标而形成的有关具体方案的设想和时间安排，或者说是未来投资行动的预案。一个投资项目可以只安排一个投资方案，也可以设计多个可供选择的方案。

[业务操作 4—10]

假设华海公司准备新建一条服装生产线，投资额 110 万元，分两年投入。第一年初投入 70 万元。第二年初投入 40 万元，建设期为 2 年，净残值 10 万元，折旧采用直线法。在投产初期投入流动资金 20 万元，项目使用期满仍可全部回收。该项目可使用 10 年，每年销售收入为 60 万元，总成本 45 万元。假定企业期望的投资报酬率为 10%。用净现值法和内含报酬率法判断该新建项目投资是否可行。

操作：
第 1 年的现金流量为 −70 万元
第 2 年的现金流量为 −40 万元
第 3 年的现金流量为 −20 万元
年折旧额 = (110 − 10)/10 = 10（万元）
第 4 年至第 12 年的现金流量为 60 − 45 + 10 = 25（万元）
第 13 年的现金流量为 25 + 10 + 20 = 55（万元）

$NPV = 25 \times [(P/A,10\%,11) - (P/A,10\%,2)] + 55 \times (P/F,10\%,12)$
$\quad - [70 + 40 \times (P/F,10\%,1) + 20 \times (P/F,10\%,2)]$
$\quad = 25 \times (6.4951 - 1.7355) + 55 \times 0.3186 - (70 + 40 \times 0.9091 + 20 \times 0.8264)$
$\quad = 13.621（万元）$

用 $i = 12\%$ 测算 NPV，
$NPV = 25 \times (5.9377 - 1.6901) + 55 \times 0.2567 - (70 + 40 \times 0.8929 + 20 \times 0.7972)$
$\quad = -1.3515（万元）$

用插入法计算 IRR：

$$\frac{IRR-10\%}{12\%-10\%} = \frac{0-13.621}{-1.3515-13.621}$$

即：$IRR = 10\% + \dfrac{13.621}{13.621-(-1.3515)} \times (12\%-10\%) = 11.82\% > 10\%$

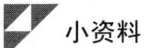

10%	IRR	12%
NPV=13.621	NPV=0	NPV=-1.3515

由以上计算结果表明，净现值为 13.621 万元，大于零，内含报酬率 11.82%，企业期望的投资报酬率为 10%，所以该项目投资方案可行。

> **小资料**
>
> ### "72 法则"
>
> Bill Veeck 曾用 1 000 万美元购买了一幢别墅，并且在五年后把它卖出，得到 2 000 万美元。简而言之，他在五年内使他的钱倍增了。那么，Veeck 这项投资的投资报酬率是多少呢？
>
> 处理复利问题，包括使自己的财富倍增的问题，一个快捷的方法是利用"72 法则"。该"72 法则"表明：用投资年限 72 去除投资年限 n，就得到了近似地利息率 i。该利息率将保证使投资的资金在年内增加一倍。在 Veeck 的例子中，有：72/n = i 或 72/5 = 14.4%。
>
> 如果 Veeck 取消这笔投资而把资金用于储蓄，利率为 6%，那么他必须等上约 12 年才能使他的资金倍增。即：72/i = n 或 72/6 = 12 年。
>
> 实际上，"72 法则"都给出了使资金倍增所要求的利率或投资期数。但按该法则计算的结果并不够精确。例如，在每年复利一次的利率下，要使资金在五年内倍增，必须要求利率达到 14.87%，而根据"72 法则"计算的结果是 14.4%。同样，若准确地计算，把资金按 6% 的利率存入银行，只要过 11.9 年就能使资金倍增；而按"72 法则"计算得出的结果是 12 年。尽管它不够准确，但是对于那些近似地用口算的资金倍增问题，"72 法则"是相当方便的。

二、更新改造项目投资决策

与新建项目相比，固定资产更新改造决策最大的难点是不容易估算项目的净现金流量。

在估算固定资产项目的净现金流量时，要注意以下几点：

（1）项目计算期不取决于新设备的使用年限，而是由旧设备可继续使用的年限决定。

(2) 需要考虑在建设起点旧设备还能发生的变价净收入,并以此作为估计继续使用旧设备至期满时的净残值的依据。

(3) 由于以旧换新决策相当于在使用新设备投资和继续使用旧设备两个原始投资不同的备选方案中作出比较与选择,因此,所估算出来的是增量净现金流量$\triangle NCF$。

[业务操作 4—11]

假设华海公司考虑用一台新的、效率更高的缝纫设备来代替旧设备,以减少成本增加收益。旧设备原购置成本为 40 000 元,已使用 5 年,估计还可以使用 5 年,已提折旧 20 000 元,假定使用期满后无残值,如果现在销售可得价款 20 000 元,使用该设备每年可获收入 50 000 元,每年付现成本为 30 000 元。该公司现准备用一台新设备来代替旧设备,新设备的购置成本为 60 000 元,估计可使用 5 年,期满有残值 10 000 元,使用新设备后,每年收入可达 80 000 元,每年付现成本为 40 000 元。该公司的资金成本为 10%,所得税税率为 25%,新、旧设备均采用直线法计提折旧。做出该公司是继续使用旧设备还是对其进行更新的决策。

操作:

在本例中,一个方案是使用旧设备,另一个方案是购置新设备。新设备和旧设备都可以使用 5 年,即项目计算期都是 5 年,可以采用差量分析法来计算一个方案比另一个方案增减的现金流量、净现值。

下面,我们计算两个方案的差量现金流量。

(1) 分别计算两个方案的折旧:

旧设备:年折旧额 $= \dfrac{20\ 000}{5} = 4\ 000$(元)

新设备:年折旧额 $= \dfrac{60\ 000 - 10\ 000}{5} = 10\ 000$(元)

(2) 计算各年营业现金净流量的差量见表 4-10:

表 4-10　　　　　　　各年营业现金净流量差量　　　　　　　单位:元

项目	差量额
△营业收入(1)	30 000
△付现成本(2)	10 000
△折旧额(3)	6 000
△税前利润(4) =(1) -(2) -(3)	14 000
△所得税(5) =(4) ×25%	3 500
△税后利润(6) =(4) -(5)	10 500
△营业现金净流量(7) =(6) +(3) =(1) -(2) -(5)	16 500

(3) 计算两个方案现金流量的差量见表 4-11:

表 4-11 两个方案现金流量的差量 单位：元

项目	0	1	2	3	4	5
初始现金流量	-40 000					
营业现金净流量		16 500	16 500	16 500	16 500	16 500
终结现金流量						10 000
现金流量	-40 000	16 500	16 500	16 500	16 500	26 500

（4）计算差量净现值：

$\Delta NPV = 16\,500 \times (P/A, 10\%, 4) + 26\,500 \times (P/F, 10\%, 5) - 40\,000$

$= 16\,500 \times 3.1699 + 26\,500 \times 0.6209 - 40\,000 = 28\,757.20$（元）

设备更新后，可多获得净现值 28 757.20 元，故应出售旧设备购置新设备。

当然，也可分别计算两个方案的净现值来进行对比，其结果一致。

三、固定资产购置还是经营租赁的决策

在进行固定资产租赁或购买的决策时，由于所用设备相同，即设备的生产能力与产品的销售价格相同，同时设备的运行费用也相同，因此只需比较两种方案的成本差异及成本对企业所得税所产生的影响差异即可。

固定资产租赁指的是固定资产的经营租赁。与购买设备相比，每年将多支付一定的租赁费用。另外，由于租赁费用是在成本中列支的，因此，企业还可以减少缴纳的所得税，即得到纳税利益；购买固定资产是一种投资行为，企业将支出一笔较大的设备款，但同时每年可计提折旧进行补偿，折旧作为一项成本，也能使企业得到纳税利益，并且企业在项目结束或设备使用寿命到期时，还能够得到设备的残值变现收入。

[业务操作 4—12]

华海公司在生产中需要一种设备，若企业自己购买，需支付该设备买价 200 000 元，该设备使用寿命 10 年，预计残值率 5%；若企业采用经营租赁的方式租入该设备，每年将支付 40 000 元的租赁费用，租赁期为 10 年，假设折现率为 10%，所得税税率为 25%。试分析该公司是购买还是租赁该设备。

操作：

（1）若购买该设备：

设备残值 = 200 000 × 5% = 10 000（元）

年折旧额 = (200 000 - 10 000) ÷ 10 = 19 000（元）

因折旧抵减税负现值 = 19 000 × 25% × (P/A, 10%, 10) = 29 184（元）

设备残值变现收入现值 = 10 000 × (P/F, 10%, 10) = 3 860（元）

购买设备净支出 = 200 000 - 29 184 - 3 860 = 166 956（元）

（2）若租赁该设备：

租赁费支出 = 40 000 × (P/A, 10%, 10) = 245 760（元）

因租赁抵减税负现值 = 40 000 × 25% × (P/A,10%,10) = 61 440（元）

租赁设备净支出 = 245 760 − 61 440 = 184 320（元）

上述计算结果表明，购买设备的支出小于租赁设备的支出，因此，应选择购买该设备。

 小思考

若新旧设备使用寿命不同，能不能对它们的净现值或内含报酬率进行直接对比？

答：不能。要采用其他方法来决策，如最小公倍寿命法和年均净现值法。

 小资料

什么是社保基金

社保基金由社会保障基金和社会保险基金组成。社保基金是一个被简化的统称，共有五种概念：一是社会保险基金；二是社会统筹基金；三是基本养老保险体系中个人账户上的基金，被称为个人账户基金；四是包括企业补充养老保险基金（也称企业年金）、企业补充医疗保险在内的企业补充保障基金；五是全国社会保障基金。

社保基金投资运作的基本原则是：在保证基金资产安全性、流动性的前提下，实现基金资产的增值。

国家规定社保基金可以进入股市，当然不是全部，有比例的限制。主要目的是为了让社保基金实现增值，保证人民的利益。

社保基金资产是独立于理事会、社保基金投资管理人、社保基金托管人的资产。

财政部会同劳动和社会保障部拟订社保基金管理运作的有关政策，对社保基金的投资运作和托管情况进行监督。

中国证券监督管理委员会（简称中国证监会）和中国人民银行按照各自的职权对社保基金投资管理人和托管人的经营活动进行监督。

汉方公司是生产微波炉的中型企业，该公司生产的微波炉质量优良，价格合理，近几年来一直供不应求。为了扩大生产能力，该公司准备新建一条生产线。段海是该公司的投资部的工作人员，主要负责投资的具体工作。该公司财务总监要求段海收集建设新生产线的相关资料，写出投资项目的财务评价报告，以供公司领导决策参考。

段海经过半个月的调研,得出以下有关资料:该生产线的初始投资为57.5万元,分两年投入。第一年初投入40万元,第二年初投入17.5万元。第二年可完成建设并正式投产。投产后每年可生产微波炉1 000台,每台销售价格为800元,每年可获得销售收入80万元。投资项目预计可使用5年,5年后的残值可忽略不计。在投资项目经营期内需垫支流动资金15万元,这笔资金在项目结束时可如数收回。该项目生产的产品年总成本的构成情况如下:

原材料　　　　　　　　40万元
工资费用　　　　　　　8万元
管理费(不含折旧)　　 7万元
折旧费　　　　　　　　10.5万元

段海又对本公司的各种资金来源进行了分析研究,得出该公司加权平均资金成本为8%。该公司所得税率为25%。

段海根据以上资料,计算出该投资项目的营业现金净流量、现金净流量及净现值(见表4-12、表4-13、表4-14),并把这些数据资料提供给公司高层领导参加的投资决策会议。

表4-12　　　　　　　投资项目的营业现金净流量计算表　　　　　　单位:元

项目	第1年	第2年	第3年	第4年	第5年
销售收入	800 000	800 000	800 000	800 000	800 000
付现成本	550 000	550 000	550 000	550 000	550 000
其中:原材料	400 000	400 000	400 000	400 000	400 000
工资	80 000	80 000	80 000	80 000	80 000
管理费	70 000	70 000	70 000	70 000	70 000
折旧费	105 000	105 000	105 000	105 000	105 000
税前利润	145 000	145 000	145 000	145 000	145 000
所得税	58 000	58 000	58 000	58 000	58 000
税后利润	87 000	87 000	87 000	87 000	87 000
现金净流量	192 000	192 000	192 000	192 000	192 000

表4-13　　　　　　　投资项目的现金净流量计算表　　　　　　单位:元

项目	第0年	第1年	第2年	第3年	第4年	第5年	第6年
初始投资	-400 000	-175 000					
流动资金垫支		-150 000					
营业现金净流量			192 000	192 000	192 000	192 000	192 000
流动资金回收							150 000
现金净流量合计	-400 000	-325 000	192 000	192 000	192 000	192 000	342 000

表 4-14　　　　　　　　投资项目净现值计算表　　　　　　　　单位：元

年份	现金净流量	10%的现值系数	现值
0	-400 000	1.000	-400 000
1	-325 000	0.909	-295 425
2	192 000	0.826	158 892
3	192 000	0.751	144 192
4	192 000	0.683	131 136
5	192 000	0.621	119 232
6	342 000	0.564	192 888
合计			50 915

段海认为，建设新生产线有 50 915 元净现值，因此这个项目是可行的。

公司领导会议对段海提供的资料进行了研究分析，认为段海在收集资料方面做了很大的努力，计算方法正确，但却忽略了物价变动问题，这使得段海提供的信息失去了客观性和准确性。

公司财务总监认为，在项目投资和使用期间内，通货膨胀率大约为 6% 左右。他要求有关负责人认真研究通货膨胀对投资项目各有关方面的影响。

生产部经理认为，由于物价变动的影响，原材料费用每年将增加 10%，工资费用也将每年增加 8%。财务部经理认为，扣除折旧后的管理费每年将增加 4%，折旧费每年仍为 10.5 万元。销售部经理认为，产品销售价格预计每年可增加 8%。公司总经理指出，除了考虑通货膨胀对现金流量的影响以外，还要考虑通货膨胀对货币购买力的影响。

公司领导会议决定，要求段海根据以上各部门的意见，重新计算投资项目的现金流量和净现值，提交下次会议讨论。

要求：

根据该公司领导会议的决定，请你帮助段海重新计算各投资项目的现金净流量和净现值，并判断该投资项目是否可行。

情境小结

长期投资管理主要是指对特定项目所进行的一种长期投资行为，即项目投资。项目计算期由建设期和运营期构成，资金投入方式有一次投入方式和分次投入方式。现金流量是指与项目投资有关的现金流出和现金流入的数量。要进行项目投资的财务可行性分析，首先要预测现金流量，包括初始现金流量预测、经营现金流量预测和终结点现金流量预测。对项目投资进行评价的指标有静态评价指标和动态评价指标。静态评价指标有静态投资回收期、会计收益率等；动态评价指标有净现值、净现值率、现值指数和内含报酬率等。以上评价指标可用于新建项目决策、更新改造项目决策和固定资产租赁还是购买的决策等。

习题与实训

一、单项选择题

1. 项目投资决策中,完整的项目计算期是指( )。
   A. 建设期   B. 生产经营期
   C. 建设期+达产期   D. 建设期+生产经营期

2. 某投资项目原始投资额为100万元,使用寿命10年,已知该项目第10年的经营净现金流量为25万元,期满处置固定资产残值收入及回收流动资金共8万元,则该投资项目第10年的净现金流量为( )万元。
   A. 8   B. 25
   C. 33   D. 43

3. 某投资方案的年营业收入为100 000元,年营业成本为60 000元,年折旧额10 000元,所得税税率为25%,该方案的每年营业现金流量为( )。
   A. 26 800元   B. 30 000元
   C. 50 000元   D. 40 000元

4. 计算一个投资项目的回收期,应该考虑下列( )因素。
   A. 折现率   B. 使用寿命
   C. 年现金净流入量   D. 资金成本

5. 某企业计划投资10万元建一生产线,预计投资后每年可获净利1.5万元,年折旧率为10%,则投资回收期为( )。
   A. 3年   B. 5年
   C. 4年   D. 6年

6. 项目投资方案可行的必要条件是( )。
   A. 净现值大于或等于零   B. 净现值大于零
   C. 净现值小于零   D. 净现值等于零

7. 某投资方案贴现率为16%时,净现值为6.12,贴现率为18%时,净现值为-3.17,则该方案的内含报酬率为( )。
   A. 14.68%   B. 17.32%
   C. 18.32%   D. 16.68%

8. 用内含报酬率评价项目可行的必要条件是( )。
   A. 内含报酬率>贴现率   B. 内含报酬率<贴现率
   C. 内含报酬率≥贴现率   D. 内含报酬率=贴现率

9. 在评价单一方案的财务可行性时,如果不同评价指标之间的评价结论发生了矛盾,就应当以主要评价指标的结论为准,如下列项目中的( )。
   A. 净现值   B. 投资回收期
   C. 现金流量   D. 会计收益率

10. 下列表述不正确的是（　　）。
A. 净现值大于零时，说明该投资方案可行
B. 净现值为零时的贴现率即为内含报酬率
C. 净现值是特定方案未来现金流入现值与未来现金流出现值之间的差额
D. 净现值大于零时，现值指数小于1

11. 如果某一投资方案的净现值为正数，则必然存在的结论是（　　）。
A. 投资回收期在一年以内　　　　B. 现值指数大于1
C. 投资报酬率高于100%　　　　D. 年均现金净流量大于原始投资额

12. 备选方案项目计算期不等时，通过比较所有投资方案的年均净现值指标的大小来选择最优方案的决策方法。在此法下，年均净现值（　　）的方案为优。
A. 最小　　　　　　　　　　　　B. 最大
C. 大于零　　　　　　　　　　　D. 等于零

二、多项选择题

1. 若建设期不为零，则建设期内各年的净现金流量可能会（　　）。
A. 等于1　　　　　　　　　　　B. 大于1
C. 小于0　　　　　　　　　　　D. 等于0

2. 下列指标中，考虑到资金时间价值的有（　　）。
A. 净现值　　　　　　　　　　　B. 现值指数
C. 内部报酬率　　　　　　　　　D. 投资回收期

3. 若NPV<0，则下列关系式中正确的有（　　）。
A. NPVR>0　　　　　　　　　　B. NPVR<0
C. PI<1　　　　　　　　　　　　D. IRR<i

4. 在一般投资项目中，当一项投资方案的净现值等于零时，即表明（　　）。
A. 该方案的获利指数等于1
B. 该方案不具备财务可行性
C. 该方案的净现值率大于零
D. 该方案的内部收益率等于设定折现率或行业基准收益率

5. 净现值法的优点有（　　）。
A. 考虑了资金时间价值　　　　　B. 考虑了项目计算期的全部净现金流量
C. 考虑了投资风险　　　　　　　D. 可从动态上反映项目的实际投资收益率

6. 下列（　　）指标不能直接反映投资项目的实际收益水平。
A. 净现值　　　　　　　　　　　B. 现值指数
C. 内部收益率　　　　　　　　　D. 净现值率

7. 在单一方案决策过程中，与净现值评价结论可能发生矛盾的评价指标有（　　）。
A. 净现值率　　　　　　　　　　B. 投资利润率
C. 投资回收期　　　　　　　　　D. 内部收益率

8. 当内含报酬率大于企业的资金成本时，下列关系式中正确的有（　　）。
A. 现值指数大于1　　　　　　　B. 现值指数小于1

C. 净现值大于 0　　　　　　　　　D. 净现值小于 0

9. 下列说法中正确的有（　　）。
A. 内含报酬率是能够使未来现金流入量现值等于未来现金流出量现值的折现率
B. 内含报酬率是方案本身的投资报酬率
C. 内含报酬率是使方案净现值等于零的折现率
D. 内含报酬率是使方案现值指数等于零的折现率

10. 在投资决策中使用的动态评价指标有（　　）。
A. 净现值　　　　　　　　　　　　B. 内含报酬率
C. 会计报酬率　　　　　　　　　　D. 获利指数

三、判断题

1. 现金净流量是指一定期间现金流入量和现金流出量的差额。（　　）
2. 会计收益率和投资回收期这两个静态指标其优点是计算简单，容易掌握，且均考虑了现金流量。（　　）
3. 在整个项目计算期内，任何一年的现金净流量，都可以通过"净利润＋折旧"的简化公式来确定。（　　）
4. 投资项目评价所运用的内含报酬率指标的计算结果与项目预定的折现率高低有直接关系。（　　）
5. 某一投资方案按 10% 的贴现率计算的净现值大于零，那么，该方案的内含报酬率大于 10%。（　　）
6. 多个互斥方案比较，应选择净现值大的方案。（　　）
7. 不论在什么情况下，都可以通过逐次测试的方法计算内含报酬率。（　　）
8. 某折现率可以使某投资方案的净现值等于零，则该折现率可以成为该方案的内含报酬率。（　　）
9. 净现值大于零，则现值指数大于 1。（　　）
10. 净现值以绝对数表示，不利于在不同投资规模的方案之间进行对比。（　　）

四、简答题

1. 什么是现金流量？
2. 现金流量的预测包括哪几个方面？
3. 项目投资的静态评价指标有哪些？如何计算？各有什么优缺点？
4. 项目投资的动态评价指标有哪些？如何计算？各有什么优缺点？

五、计算分析题

1. 某企业购买机器设备价款 40 万元，可为企业每年增加净利润 4 万元，该设备可使用 5 年，无残值，采用直线法计提折旧，该企业的折现率为 10%。
要求：计算该投资方案的会计收益率、投资回收期，并对此投资作出评价。
2. 某企业拟建造一项生产设备。预计建设期为 1 年，所需原始投资 200 万元于建设起点一次投入。该设备预计使用寿命为 5 年，使用期满报废清理时无残值。该设备折旧方法采用直线法。该设备投产后每年增加净利润60万元。假定适用的行业基准折现率为10%。

要求：

（1）计算项目计算期内各年现金净流量；

（2）计算项目净现值；

（3）计算该项目的现值指数；

（4）计算该项目的内含报酬率；

（5）评价项目的财务可行性。

3. 某企业拟建造一项生产设备。预计建设期为1年，所需原始投资200万元于建设起点一次投入。该设备预计使用寿命为5年，试用期满报废清理时无残值。该设备折旧方法使用直线法。该设备投产后每年增加息税前利润为100万元，所得税税率为25%，项目的基准收益率为20%。

要求：

（1）计算项目计算期内各年净现金流量；

（2）计算该设备的静态投资回收期；

（3）计算该投资项目的会计收益率；

（4）假定适用的行业基准折现率为10%，计算项目净现值；

（5）计算项目净现值率；

（6）评价其财务可行性。

学习情境五 全面预算

 **职业能力目标**

预算在管理会计中处于决策会计与控制会计的结合处,起着承上启下的作用。对决策会计来说,它是决策的具体化,是实现决策的计划;对于控制与评价来说,它又是控制与评价的标准,是控制与评价实施的必要条件。因此,预算所处的地位十分重要。学习全面预算首先应明确全面预算的概念;了解全面预算的作用与分类;掌握各种全面预算的编制方法;掌握业务预算与财务预算的区别和联系。

 典型工作任务

福建圣农发展股份有限公司在《2013年度财务决算和2014年度财务预算报告》中提到:

2013年度,预算执行情况良好,实现营业收入311 134.75万元,完成年初预算331 424.00万元的93.88%,实现归属于上市公司股东的净利润46 845.48万元,完成年初预算40 000.00万元的117.11%。总体而言,在董事会的领导下,在管理层以及全体员工的共同努力下,公司保持了良好的经营业绩和健康的发展态势,为未来的进一步发展奠定了坚实的基础。

2014年度财务预算方案:2014年,公司将持续扩大生产规模,按计划完成非公开发行股票募集资金投资项目和子公司福建欧圣农牧发展有限公司自有肉鸡场的建设,积极开展福建圣农发展(浦城)有限公司的投资建设,同时,不断加强企业内部管理,进一步提高经济效益。根据公司2014年生产经营发展计划确定的经营目标,编制公司2014年度财务预算方案如下:

一、主要财务预算指标

1. 实现营业收入:499 593.00万元。

2. 实现净利润:60 900.00万元。

3. 全年拟投资16.18亿元继续扩大生产规模,计划全年肉鸡出栏量达到 20 000 万元。公司的现金流量全年保持总体平衡。

二、2014 年度预算编制说明

1. 主营业务收入按公司生产能力、销售目标编制,产品销售价格和主要原材料采购成本按照市场价格测定编制,各主要材料消耗指标以 2013 年实际并结合公司考核指标要求测定编制。销售费用、管理费用结合公司 2013 年实际水平考虑到薪资费用、差旅费用、拟成立的福建圣农发展(浦城)有限公司开办费用等预计将增加的费用测定编制,财务费用结合公司经营和投资计划测定编制。

2014 年度,公司计划实现年屠宰加工肉鸡 20 000 万元的生产目标,使产业链中现有各生产环节完整配套。同时,公司将不断加强内部挖潜,提高生产效率,进一步提高公司的综合竞争力。

2. 现金收支按照统筹安排、量入为出、确保年内现金流量基本平衡的原则确定。2014 年,公司将进一步强化成本控制和预算管理,加大市场销售渠道的多元化建设,努力扩大经营活动现金流入量。同时,公司将积极拓展融资渠道,保障资金需求。

公司年度财务预算报告的这一描述为我们财务会计工作者学习全面预算提出了明确的目标和要求。

● 著名人物——约翰·梅纳德·凯恩斯

基本资料:
约翰·梅纳德·凯恩斯,1883 年 6 月 5 日出生于英国剑桥。

教育背景:
伊顿公学、剑桥大学。

个人经历:
印度事务部文官、剑桥大学经济学讲师、院士、英国财政部首席代表。

学术研究:
主要领域:宏观经济学、现代归纳逻辑;
著名思想:自由放任经济学说(传统经济学);
主要代表作:《就业、利息与货币通论》、《印度通货与金融》、《论概率》。

《会计发展史》

《会计发展史》是索科洛夫完成于 1985 年的一部重要著作。索科洛夫是前苏联会计界最活跃、最富有成果的理论专家之一。该书从社会经济发展的不同阶段出发,以会计科学思想的发展为主线,详细地介绍了会计观念、技术和方法的演进过程以及有关会计学派的特点。

知识准备

一、全面预算的概念及内容

全面预算是根据企业目标所编制的经营、资本、财务等年度收支计划,即以货币及其他数量形式反映的有关企业未来一段期间内全部经营活动各项目标的行动计划与相应措施的数量说明。

全面预算要求企业对所有资源力争进行最合理的配置,并分析、协调、控制预算的执行,即围绕企业的战略目标,对销售、收入、生产、成本、费用及资金等各方面进行分析、预测和决策,从而有机、高效、协调地展开企业的所有经营活动。所以说,全面预算管理涵盖了企业经营活动的各个方面,包括经营预算(销售、生产、成本、费用以及采购等)、投资预算(包括固定资产购置、改扩建及资本运作可行性研究等)、财务预算(现金流量、损益及资产负债等)以及专项事务预算(如项目停止、撤并、资产处理以及人员安排等)。它们之间的关系,如图5-1所示。

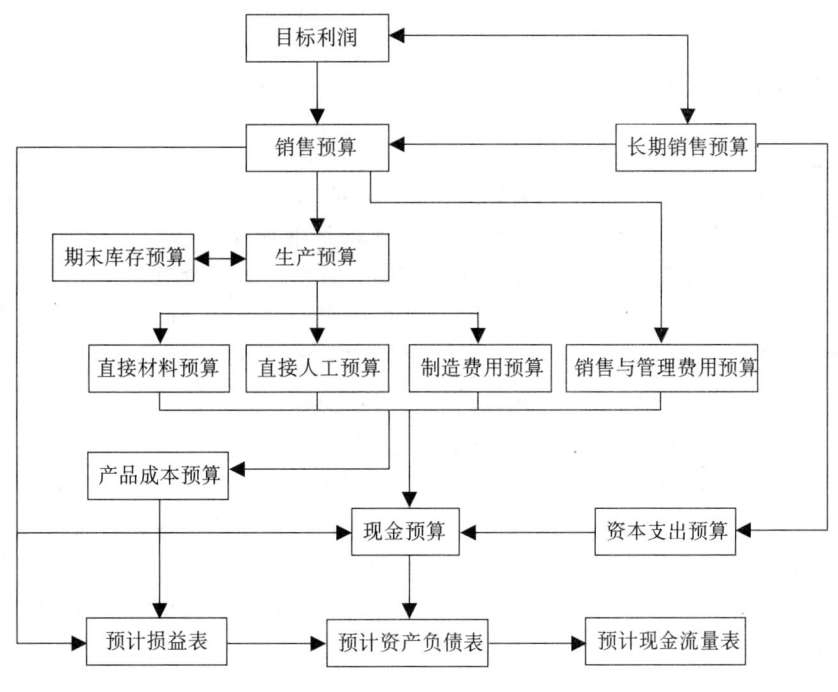

图5-1 全面预算构成图

小思考

当企业发展到一定规模,尤其是成为多业务单元的公司或集团公司时,作为投资人、最高管理者,你会发现下面都嚷嚷要花钱,伸着无数双手等着你批钱,而且都说是为了企业发展,可是公司没有足够的资金。请问此时,投资人、最高管理者为了对资金进行监控,需要一个什么管理工具呢?

答:全面预算。

 小资料

安达信发布的预算定义(2005年)

预算是一种系统的方法,用来分配企业的财务、实物及人力等资源,以实现企业既定的战略目标。企业可以通过预算来监控战略目标的实施进度,有助于控制开支,并预测企业的现金流量与利润。

资料来源:安达信"全球最佳实务数据库(Global Best Practice)"。

二、全面预算的作用

预算管理作为对现代企业成熟与发展起到过重大推动作用的管理系统,是企业内部管理控制的主要方法之一。这一方法自20世纪20年代在美国的通用电气、杜邦、通用汽车公司产生之后,很快就成了大型工商企业的标准作业程序。从最初的计划、协调,发展到现在的兼具控制、激励、评价等功能为一体的一种综合贯彻企业经营战略的管理机制,预算管理已处于企业内部管理控制制度的核心地位。全面预算管理是为数不多的几个能把组织的所有关键问题融合于一个体系之中的管理控制方法之一。

在企业的生产经营活动中,预算的作用可以概括如下:

1. 预算是将企业战略计划落实到操作层面的有效途径

预算是一种与企业发展战略相配合的战略保障体系。企业的发展战略往往是抽象的,需要以可操作的方式加以落实。预算作为一种为公司战略与经营业绩之间联系的工具,可以将既定战略通过预算的形式加以固化与量化,以确保公司战略目标的最终实现。企业将制定、执行预算同公司的战略结合起来,有助于调整公司策略,得到有关机遇和挑战的反馈,最终提高公司战略管理的水平。战略计划是由企业高级管理层确定的;预算是由基层部门广泛参与制定的。因此,相对于战略计划来说,预算所包含的信息更为广泛,作用的空间更为广阔,它是将企业战略计划落到实处的必经之路。

2. 预算促使企业计划工作的开展与完善,有助于企业风险控制

预算的基础是计划,因此,预算能促使企业的各级经理提前制定计划。根据所反映的预算结果,预测其中的风险所在点,并预先采取某些风险控制的防范措施,从而达到规避与化解风险的目的。事实上,制定和执行预算的过程,就是企业不断用量化的工具

使自身的经营环境、自己拥有的经济资源和企业的发展目标保持动态平衡的过程。

3. 预算有助于明确企业各级各部门工作的目标

企业总目标需要各级各部门的共同努力才能实现。各级各部门在实现企业总目标过程中所要做的工作需要通过总预算的编制才能实现。所以，预算是具体化的经营目标。总预算的编制过程就是企业的总目标具体分解、落实到各级各部门的过程。只有明确了各级各部门的工作目标，才能促使他们想方设法地去完成各自的责任目标，从而最终实现企业总目标。

4. 预算是企业内部各部门间工作的协调工具

从系统论的观点来看，局部计划的最优化，对全局来说不一定是最合理的。为了使各个职能部门向着共同的战略目标前进，它们的经济活动必须密切配合、相互协调、统筹兼顾、全面安排以及搞好综合平衡。换句话说，企业内部各级各部门之间是相互依存的，只有它们协调一致地工作，才能最大限度地实现企业的总目标。各级各部门因其职责不同，从本部门的角度提出的设想与需求往往会与其他部门的工作互相冲突。例如，销售部门根据市场需求变化提出生产销售某新产品的设想，可能会因生产部门的能力限制而无法实现；生产部门提出新设备的购置计划，可能会因财务部门资金周转上的困难而不能满足其要求。全面预算经过综合平衡后可以提供解决各级各部门冲突的最佳方案，可以使各级各部门的工作在此基础上协调地进行。企业预算运用货币量度来表达，具有高度的综合能力，经过综合平衡以后可以使各级部门的目标与企业的整体目标一致。另外，预算是与日常经营管理过程相渗透的行为规范与标准体系，并且是否采用预算管理及其实施效果如何是评价一个企业管理水平的重要标志。

5. 预算有助于收入提高与成本节约

从总体上说，企业管理层担负着计划和控制两方面的职能，它们都离不开预算。计划是确定目标以及到达目标的途径。控制是按照预定计划执行方案以及评价经营业绩和员工业绩的保证。而预算是行动计划的量化，它帮助管理层协调计划、贯彻计划和完成计划。企业在执行预算过程中，通过计量、对比、分析，找到实际工作与预算之间的偏差，并予以纠正，保证整体目标的实现，从而使预算起到控制和管理日常生活经营活动的作用。预算使各责任单位的权力得以用表格化的形式体现，这种分权式以不失去控制为最低限度的。预算是权力控制者采用的合理方式，即在为实现整体利益的目标下，明确各单位的权力范围。在此范围内，各预算单位既有权力又有义务做自己该做的事。预算的决定性作用是权力控制，这种权力控制是通过机械化程序形成的激励与约束并存的制度控制。

全面预算体系中包括有关企业收入、成本、费用的部分。通过对于这些因素的预测，并配合以管理报告、绩效评价及奖惩措施，可以对下一年度的实际经验水平进行日常监控与决策。当公司的收入、成本费用水平偏离预算时，企业决策者就可以根据管理报告中所反映的问题采取必要的管理措施并加以改进。考虑到收入与成本费用间的配比关系，全面预算体系可以为收入水平增长情况下的成本节约提供较为准确的估计。

6. 预算为企业进行工作业绩评价提供了标准

预算是业绩评估的基础，科学的预算目标值可以成为公司与部门业绩评价指标的比较标杆。预算管理在为业绩评价提供参照值的同时，管理者也可以根据预算的实际执行结果进行不断修改，优化业绩评价体系，确保评价结果更加符合实际，真正发挥评价与激励的作用。作为判断实际结果的标准，预算可以克服以过去业绩作为标准所带来的局限性。

 小思考

预算从产生、发展到今天已经有 100 多年了，在 1922 年，一本名叫《预算控制论》的书中从控制的角度详细介绍了预算管理的理论及方法，标志着企业预算管理理论的形成，请问该书的作者是谁？

答：詹姆斯·麦肯锡（James O. McKinsey, 1889~1937, 芝加哥大学教授）

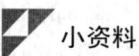 小资料

外部环境不确定性加剧，企业更应做好全面预算

近几年外部环境剧变，美国次贷危机引发的金融市场动荡，石油价格的高位运行和快速波动，主要原材料价格持续上涨等诸多不确定性因素出现，让人们不禁更加怀疑全面预算管理的作用，企业开展预算时，会听到更多的抱怨。

这是一个变化的时代。不确定性的持续增长，也已经成为当代商业世界的基本特征。正如美国前财长鲁宾所说："关于市场，唯一确定的就是不确定。"这句名言说出了大多数商界人士的切身感受。

三、预算的分类与预算体系

（一）预算的分类

企业预算可以按不同标准进行多种分类：

1. 根据预算内容不同，可以分为业务预算（即经营预算）、专门决策预算和财务预算

（1）业务预算是指与企业日常经营活动直接相关的经营业务的各种预算。它主要包括销售预算、生产预算、材料采购预算、直接材料消耗预算、直接人工预算、制造费用预算、产品生产成本预算、销售费用和管理费用预算等。

（2）专门决策预算是指企业不经常发生的、一次性的重要决策预算。专门决策预算直接反映相关决策的结果，是实际中选方案的进一步规划。如资本支出预算，其编制依据可以追溯到决策之前搜集到的有关资料，只不过预算比决算估算更加细致、更加精确一些。例如，企业对一切固定资产购置都必须在事先做好可行性分析的基础上来编制预算，具体反映投资额需要多少，何时进行投资，资金从何筹得，投资期限多长，何时

可以投产，未来每年的现金流量多少。

（3）财务预算是指企业在计划期内反映有关预计现金收支、财务状况和经营成果的预算。财务预算作为全面预算体系的最后环节，它是从价值方面总括的反映企业业务预算与专门决策预算的结果，也就是说，业务预算和专门决策预算中的资料都可以用货币金额反映在财务预算内，这样一来，财务预算就成为了各项业务预算和专门决策预算的整体计划，故亦称总预算，其他预算则相应称为辅助预算或分预算。总之，财务预算在全面预算中占有举足轻重的地位。

2. 从预算指标覆盖的实际长短划分，企业预算可分为长期预算和短期预算

通常将预算期在1年以内（包括1年）的预算称为短期预算，预算期在1年以上的预算则称为长期预算。预算的编制实际可视预算的内容和实际需要而定，可以是1周、1月、1季度、1年或若干年等。在预算编制过程中，往往应结合各项预算的特点，将长期预算和短期预算结合使用。一般情况下，企业的业务预算和财务预算多为1年为期的短期预算，年内再按季或月细分，而且预算期间往往与会计期间保持一致。

（二）预算体系

各种预算是一个有机联系的整体。一般讲有业务预算、专门决策预算和财务预算组成的预算体系，成为全面预算体系。其结构如图5-2所示。

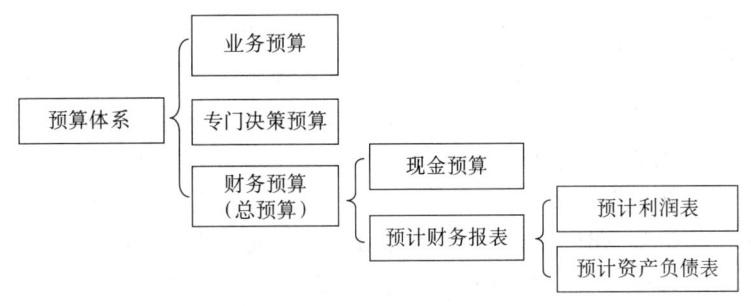

图5-2 全面预算构成图

（三）预算工作的组织

1. 预算管理决策层

企业董事会或类似机构应当对企业预算的管理工作负总责，担负预算管理决策层的角色。企业董事会或经理办公室可以根据情况设立预算委员会或指定财务管理部门负责预算管理事宜，并对企业法定代表人负责。其主要负责审定、签发预算管理制度；审批公示年度预算；提出公司预算管理发展方向以及改进要求；确定年度预算编制的重大前提条件和年度生产经营目标；听取预算执行情况和预算管理工作进展的汇报，做出预算管理改进和完善等决定。

2. 预算管理职能部门

预算委员会或财务管理部门主要对预算负有专业管理职责，担负预算管理职能部门的角色。预算委员会主要职责包括拟定预算的目标、政策，制定预算管理的具体措施和办法，审议、平衡预算方案，组织下达预算，协调解决预算编制和执行中的问题，组织

审计、考核预算的执行情况，督促企业完成预算目标。财务管理部门具体负责企业预算的跟踪管理，监督预算的执行情况，分析预算与实际执行的差异及原因，提出改进管理的意见与建议。

3. 预算管理责任部门

企业内部生产、投资、物资、人力资源、市场营销等职能部门是预算管理责任部门，其具体负责本部门业务涉及的预算编制、执行、分析等工作，并配合预算委员会或财务管理部门做好企业总预算的综合平衡、协调、分析、控制与考核等工作。其主要负责人参与企业预算委员会的工作，并对本部门预算执行结果承担责任。企业所属基层单位是企业预算的基本单位，在企业财务管理部门的指导下，负责本单位现金流量、经营成果和各项成本费用预算的编制、控制、分析工作，接受企业的检查、考核，其主要负责人对本单位财务预算的执行结果承担责任。

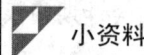 小资料

联想公司

"不上 ERP 是等死，上 ERP 是找死"。柳传志的这句名言很能反映联想当时上信息化的决策之难，不过这也正给联想信息化定下了基调——一定要上。

10 多年前，联想集团步入高速增长期，内部管理压力增大，外部不可避免地面临日益激烈的竞争。联想一方面要扩大企业规模，降低成本，使管理上一个新台阶，另一方面又要实现多元化发展，提高企业竞争能力。在这种背景下，联想考虑到在 20 世纪 90 年代末备受争议的 ERP 系统，决心整合企业内部资源管理的解决方案，引进国外的经营管理理念和方法，提升联想的管理水平，塑造一个新联想。

信息化备受争议，是因为当时 ERP 的概念、作用在企业界和学术界都引起了广泛争论。经过一系列的选型调研活动，联想集团于 1998 年正式与 SAP 签约，由 SAP 提供 ERP 软件（即 SAPR/3 系统），联合咨询公司德勤，共同实施 ERP 项目。经过各方的通力合作，联想 ERP 项目于 2000 年正式上线运行。

新项目的规模全面，包括 SAP 软件的财务会计、全面预算与管理会计、销售与分销、物料管理、生产计划五大模块以及人力资源管理等部分。五大模块贯穿整个业务流程，而人力资源模块则为所有模块提供基础的人员数据，协助管理层进行管理决策，实现了业务流程的重组、集成化、一体化管理。

通过实施 SAP ERP，联想提升了整体管理能力，规范了业务流程，降低了运行成本，提高了整体的运营效率，为企业在新经济时代全面开展电子商务提供了支持系统。

> **小思考**
>
> 企业推行本单位内部管理规范化和科学化的基础是什么?
> 答:全面预算。

> **小资料**
>
> **所有的企业都需要全面预算**
>
> 预算起源于西方政府管理,作为政府财政管理的主要手段,其后不仅政府管理离不开预算,更在企业界发扬光大了。美国企业的调查数据显示,大型企业中,制造业100%开展全面预算管理,其他行业也达到95%~98%。
>
> 资料来源:《全面预算管理是企业管理的需求》扶群英、彭小平著,《中国管理信息化》,2010.2

学习子情境一 全面预算方法

> **情境引例**
>
> 20世纪20年代,全面预算管理被美国的通用电气、杜邦、通用汽车等公司采用后,很快就成了大型工商企业的标准作业程序。法兰公司领导层计划在公司实施全面预算管理,对公司的经营起到一个指导的作用。财务部李部长找到财务人员说:"市场风云变幻莫测,能否及时把握信息,抓住机遇是企业驾驭市场的关键,而预算管理是信息社会对财务管理的客观要求。这是我们会计工作者为企业生存发展,在激烈的市场竞争中取胜的关键工作。各位在学校学习过全面预算吧?请你们谈谈什么是全面预算,作用是什么,其分类和流程是什么?"
>
> 财务人员在法兰公司财务部李部长的主持下,认真讨论后较为详细地阐述了全面预算的概念、全面预算的作用与分类。李部长听后面带微笑说:"大家都回答的不错,在这想请问大家对全面预算的编制方法和编制流程了解多少呢?"

《国富论》中的小故事

远古时期没有商品，也没有市场。人类的祖先以狩猎为生。由于狩猎工具非常原始，捕获的猎物常常不够吃，所以猎物都是由部落统一分配的。后来，部落里有一个聪明的小伙子发明了弓箭，捕获的猎物就多了起来。但是这个做弓箭的人自己亲自参加捕猎所获得的食物却没有他制作一张弓与别人交换得到的食物多，于是他索性不参加狩猎了，一心制作弓箭，然后与别人交换食物。于是，部落里出现了分工与交换。后来，随着分工的扩大，又出现了一些制作别的物品的人，他们也像这位聪明的小伙子一样拿自己制作的物品去交换自己所需要的东西。

这是亚当·斯密《国富论》中讲到的一个故事。我们可以看出随着分工和交换的发展，市场渐渐出现了。

亚当·斯密在《国富论》中较为详细地描绘了"看不见的手"作用的过程：

每种商品的上市量自然会使自己适合于有效需求。因为商品量不超过有效需求，对所有使用土地、劳动和资本而以商品供应市场者有利；商品量少于有效需求对其他一切人有利，如果市场上商品量一旦超过对它的有效需求，那么它的价格某些组成部分必然会降到自然率以下。如果下降部分为地租，地主的利害关系立刻会促使他们撤回一部分土地；如果下降部分为工资或利润，劳动者或雇主的利害关系也会促使他们把劳动或资本由原用途撤回一部分。于是，市场上商品量不久就会恰好足够供应它的有效需求，价格中一切组成部分不久就升到它们自然水平，而全部价格又与自然价格一致。

反之，如果市场上商品量不够上升部分供应它的有效需求，那么它的价格的某些组成部分必定会上升到自然率以上。如果上升部分为地租，则一切其他地主的利害关系自然会促使他们准备更多土地来生产这种商品；如果上升部分是工资和利润，则一切其他劳动者或商人的利害关系也会马上促使他们使用更多的劳动或资本，来制造这种商品送往市场。于是，市场上商品量不久就能充分供应它的有效需求。价格中一切组成部分不久后都下降到它们的自然水平，全部价格又与自然价格一致。

■ 职业判断与业务操作

一、全面预算的编制方法

企业可以根据不同的预算项目，分别采用固定预算、弹性预算、增量预算、零基预算、定期预算和滚动预算等方法编制各种预算。

（一）固定预算与弹性预算

按照其业务量基础的数量特征不同，预算编制方法可以分为固定预算和弹性预算两大类。

1. 固定预算（Fixed Budget）

固定预算又称为静态预算（Static Budget）是指根据预算期内正常的、可实现的某一业务量（如生产量、销售量）水平作为唯一基础，不考虑预算期内生产活动可能发生的变动而编制预算的方法。一般使用于固定费用或者数额比较稳定的预算项目。比如，生产预算和销售预算，是按预计的某一业务量水平来编制的，属于固定预算。这是一种较为传统的预算编制方法。

[业务操作 5—1]

A 公司甲产品的固定预算，见表 5-1。

表 5-1　　　　　　　　　　　　固定预算

A 公司甲产品产量 1 000 件　　　　　　2013 年　　　　　　　　　　　单位：元

成本项目	总成本	单位成本
直接材料	5 000	5
直接人工	3 000	3
制造费用	2 000	2
合计	10 000	10

如果该产品实际完成 1 100 件，实际成本为 10 260 元，其中直接材料为 5 200 元，直接人工为 3 500 元，制造费用为 1 560 元，单位成本为 9.33 元。实际费用与预算相比较，总费用大于预算费用，超支较大；如果按照实际产量调整后的固定预算相比，实际费用小于预算费用，节约很多。两种方法比较结果，见表 5-2。

表 5-2　　　　　实际费用与按实际产量调整的固定预算对比表　　　　　单位：元

成本项目	固定预算	实际费用	差异	按实际产量调整的固定预算	实际费用	差异
直接材料	5 000	5 200	200	5 500	5 200	-300
直接人工	3 000	3 500	500	3 300	3 500	200
制造费用	2 000	1 560	-440	2 200	1 560	-640
合计	10 000	10 260	260	11 000	10 260	-740

上述两种比较方法都不太合理，前者产量增加了，费用没有按产量增加，差异说明不了什么问题；后者全部按实际产量调整，而实际上其中一部分费用是固定不变的，如制造费用中的固定制造费用，该方法也欠妥当。

随着产量的变动重新编制固定预算的做法，虽然便于比较考核，但是由于产量变动比较频繁，这样造成工作量往往很大。因此，固定预算方法的优点是编制较为简单。它的缺点主要有以下几个方面：

（1）过于机械呆板。因为编制预算的业务量基础是事先假设的某个业务量。在此法下，不论预算期内业务量水平是否可能发生一些变化，都只按事先确定的某一个业务量水平作为编制预算的基础，因而不能实时反映市场状况变化对预算执行的影响。当实际业务量偏离预算编制所依据的业务量时，预算便失去了其作为控制和评价标准的意义。尤其是成本项目预算涉及的项目较多，各成本费用项目对于业务量的变动又有不同的反映，按固定预算方法编制预算，会使预算变得呆板僵硬，不能适应企业管理的需求。

（2）可比性差，是其致命缺点。当实际业务水平与预算业务水平相差较大时，有关预算指标的实际数与预算数就会因业务量不同而失去可比性，难以发挥预算应有的作用，难以进行控制、考核和评价等。因此，按照固定预算方法编制的预算不利于正确地控制、考核和评价企业预算的执行情况。

（3）容易导致预算执行中的突击行为。即在临近预算期末时，将尚未消化的预算额度，无论需要与否，尽可能的耗尽，以防下期预算被缩减，同时也为下期预算留有余地。其结果可能是资源的无谓浪费。

基于上述原因，固定预算只适合于业务量水平较为稳定的企业或者非营利组织编制预算。如果用来衡量业务水平经常变动的企业，往往就不适合了。

2. 弹性预算（Flexible Budget）

弹性预算又称变动预算或滑动预算。顾名思义它是一种具有伸缩性的预算，是为克服固定预算的缺点而设计的，它是企业在不能准确预测预期业务量的情况下，根据成本性态及业务量、成本与利润之间的依存关系，按预算期内可能发生的业务量编制的一系列预算，以便分别反映在不同业务量下所应指出的成本费用水平。只要这些数量关系不变，弹性预算可以持续使用较长的时期，不必每月重复编制。弹性预算主要用于各种间接费用预算，有些企业也用于利润预算。

与固定预算相比，弹性预算具有如下两个显著的优点：

（1）预算范围宽。弹性预算是按一系列业务量水平编制的，从而扩大了预算的使用范围。弹性预算能够反映预算期内与一定相关范围内的可预见的多种业务量水平相对应的不同预算额。弹性预算便于预算指标的调整。因为弹性预算不再是只适应业务量水平的一个预算，而是能够随业务量水平的变动作机动调整的一组预算，从而更好地执行其在控制依据和评价标准两方面的职能。

（2）可比性强。弹性预算是按成本的不同性态分类列示的，便于在计划期终了时计算"实际业务量的预算成本"，可以实际指标与实际业务量相应的预算量进行对比，从而使预算执行情况的评价与考核建立在客观和可比的基础上，便于更好地发挥预算的控制作用。

编制弹性预算所依据的业务量可能是生产量、销售量、机器工时、材料消耗量和直接人工工时等。但要选用一个最能代表本部门生产经营活动水平的业务量计量单位。例如，以手工操作为主车间，就应选用人工工时；制造单一产品或零件的部门，可以选用实物数量;制造多种产品或零件的部门,可以选用人工工时或机器工时;修理部门可以选用直接修理工时等。弹性预算的业务量范围,视企业或部门的业务量变化情况而定,务必使实际业务量不致于超出确定的范围。一般来说,可定在正常生产力的 70% ~ 110% 之间,或以历史上最高业务量和最低业务量为其上下限。

弹性预算的编制,可以采用公式法,也可以采用列表法。

(1) 公式法。公式法是假设成本和业务量之间存在线性关系,成本总额、固定成本总额、业务量和单位变动成本之间的变动关系可以表示为:

$$y = a + bx$$

其中,y 是成本总额,a 表示不随业务量变动而变动的那部分固定成本,b 是单位变动成本,x 是业务量,某项目成本总额 y 是该项目固定成本总额和变动成本总额之和。这种方法要求按上述成本与业务量之间的线性假定,将企业各项目成本总额分解为变动成本和固定成本两部分。

[业务操作 5—2]

M 企业的制造费用项目单位变动费用和固定费用见表 5 – 3。

表 5 – 3　　　　M 企业制造费用项目单位变动费用和固定费用表

项目明细	单位变动费用(元/工时)	项目明细	固定费用(元)
变动费用		固定费用	
间接人工	1.0	维护费用	24 000
间接材料	1.2	折旧费用	60 000
维护费用	0.8	管理费用	40 000
水电费用	0.6	保险费用	20 000
机物料	0.4	印花税	10 000
合计	4.0	合计	154 000

假设该企业预售期可能的预算工时变动范围为 49 000 ~ 51 000 工时,制造费用预算见表 5 – 4。

表 5 – 4　　　　M 企业制造费用弹性预算表

工时变动范围:49 000 ~ 51 000 小时　　　　　　　　　　单位:元

项目	a	b
固定部分		
维护费用	24 000	—
折旧费用	60 000	—
管理费用	40 000	—
保险费用	20 000	—
印花税	10 000	—

续表

项目	a	b
小计	154 000	—
变动费用		
间接人工	—	1.0
间接材料	—	1.2
维护费用	—	0.8
水电费用	—	0.6
机物料	—	0.4
小计	—	4.0
合计	154 000	4.0

若该公司预算工时为 50 000 小时，制造费用 = 154 000 + 4.0 × 50 000 = 354 000（元）。

公式法的优点是在一定范围内预算可以随企业业务量变动而变动，可比性和适应性强，编制预算的工作量相对较小。缺点是按公式进行成本分解比较麻烦，对每个费用子项目甚至细目逐一进行成本分解，工作量很大；且并非所有的成本都能分解并用"$y = a + bx$"公式来表示，如阶梯成本和曲线成本只能用数学方法进行修正，因此会有一定误差。

（2）列表法。列表法又称多水平法，是指通过列表的方式，在确定的业务量范围内，划分出若干个不同水平，计算相关数值预算，来编制弹性预算的方法。此法在一定程度上能弥补公式法无法直接计算不同业务量下总成本预算数据的弱点。

表 5 – 5 表示的是一个用列表法（水平级别）表达的弹性预算。在这个预算中，业务量的间隔为 10%，这个间隔可以大些，也可以小些。间隔较大，水平级别就少一些，可简化编制工作，但太大了就会失去弹性预算的优点；间隔较小，用以控制成本较为准确，但会增加编制预算的工作量。

[业务操作 5—3]

M 企业 2013 年制造费用项目弹性预算按列表法编制，见表 5 – 5。

表 5 – 5　　　　M 企业制造费用弹性预算表（列表法）　　　　单位：元

生产情况	1	2	3	4	5
生产能力	80%	90%	100%	110%	120%
业务量（直接人工工时）	4 000	4 500	5 000	5 500	6 000
变动成本（4.00 元/小时）	16 000	18 000	20 000	22 000	24 000
固定成本	15 400	15 400	15 400	15 400	15 400
合计	31 400	33 400	35 400	37 400	39 400

列表法的主要优点是可以直接从表中查得各种业务量下的成本费用预算，不用再另行计算，因此直接、简便；缺点是编制工作量较大，而且由于预算表不能随业务量变动而任意变动，弹性仍然不足。

与固定预算相比，弹性预算运用范围更广泛，使预算与实际具有可比性，使预算控制和差异分析更具有意义和说服力。一经编制，只要各项消耗标准和价格等依据不变，就可连续使用，从而大大减少工作量。当然，运用弹性预算而不运用固定预算的最主要的原因在于运用弹性预算能够在控制了数量变化后，更好地对某个职能部门或管理人员的经营业绩进行评价。美国对一项上市公司弹性预算应用情况的调查研究发现，有48%的公司在对生产成本进行预算时采用了弹性预算方法，但仅有27%的公司在市场分销、市场营销、研究与开发费用、管理费用进行预算时采用弹性预算方法。这些数据表明，在生产部门中，弹性预算得到广泛的应用。在我国企业运用弹性预算方法并不常见，大部分实施预算管理的企业仅编制固定预算，这说明我国企业预算编制水平是相对落后的，需要大力发展弹性预算。

（二）增量预算与零基预算

编制成本费用预算的方法按其出发点的特征不同，分为增量预算和零基预算两大类。

1. 增量预算（Incremental Budget）

增量预算是指以基期成本费用为基础，结合预算期业务量水平及有关降低成本的措施，通过调整有关费用项目而编制预算的方法。增量预算以过去的费用发生水平为基础，主张不需在预算内容上作较大的调整，它的编制遵循三个假定：第一，企业现有业务活动是合理的，不需要进行调整；第二，企业现有各项业务的开支水平是合理的，在预算期予以保持；第三，以现有业务活动和各项活动的开支水平，确定预算期各项活动的预算数。增量预算具有两个显著特征：第一，预算被分配给部门或组织的单位，然后这些单位的管理者再将预算分配；第二，增量预算是从前期的预算中推演出来的，每一个预算期间开始时，都采用上一期的预算作为参考点，只有对那些要求增加预算的申请才会进行审查。

[业务操作5—4]

T企业2013年制造费用为10 000元，考虑到本年生产任务增加20%，按增量预算编制2014年度的制造费用。

2014年制造费用预算 = 10 000 × (1 + 20%) = 12 000（元）

增量预算编制方法的缺陷是可能导致无效费用开支项目无法得到有效控制，因为不加分析地保留或接受原有的成本费用项目，可能使原来不合理的费用继续开支而得不到控制，形成不必要开支的合理化，造成预算上的浪费，不利于企业未来的发展。

2. 零基预算（Zero-base Budgeting，ZBB）

零基预算又称零底预算，全称为"以零为基础的编制计划和预算的方法"，它是指在编制成本费用预算时，以所有的预算支出均为零为出发点，不考虑以往会计期间所发生的费用项目或费用数额,从实际需要逐项审议预算期间内各项费用的内容及开支标准是否合理,在综合平衡的基础上编制费用预算的方法。

(1) 零基预算的编制程序如下:①企业内部各级部门的员工,根据企业的生产经营目标,详细讨论计划期内应该发生的费用项目,并对每一费用项目编写一套方案,提出费用开支的目的以及需要开支的费用数额。②划分不可避免费用项目和可避免费用项目。在编制预算时,对不可避免费用项目必须保证资金供应;对可避免费用项目,则需要逐项进行成本与效益分析,尽量控制不可避免费用项目纳入预算当中。③划分不可延缓费用项目和可延缓费用项目。在编制预算时,应根据预算期内可供支配的资金数额在各费用之间进行分配。应优先安排不可延缓费用项目的支出,然后在根据实际需要,按照费用项目的轻重缓急确定可延缓费用项目的开支。

(2) 零基预算的优点表现在:①可以促使企业合理有序地进行资源分配,不仅可以压缩经费开支,而且能切实做到把有限的经费用在关键处。②可以调动各部门、各单位和人员降低费用的积极性。零基预算能够充分发挥各级管理人员的积极性、主动性和创造性,不受过去框架的制约,促进各预算部门精打细算,量力而行,合理使用资金,提高资金的利用效率。③有利于把企业的长远目标和当前目标以及实现的效益三者有机结合起来。由于这种方法以零点出发,对一切费用一视同仁,有利于企业面向未来考虑预算问题。

(3) 零基预算的缺点表现在:①零基预算需要大量的人力、时间和物力。由于一切支出均以零为起点进行分析、研究,导致编制预算的工作量较大,所花费的时间和代价远远比一般的预算高得多,所以有时会得不偿失。有的企业每隔若干年进行一次零基预算,以后几年略作适当调整,这样既简化预算编制工作量,又适当控制费用。②零基预算在安排项目的先后顺序上难免存在一定程度的主观性。③零基预算仅适用于行政部门和辅助性部门,对于有着明显投入产出关系的制造部门则不大适合。

(三) 定期预算与滚动预算

编制成本费用预算的方法按其时间特征不同,分为定期预算和滚动预算两大类。

1. 定期预算(Regular Budget)

定期预算是指在编制预算时,以不变的会计期间(如日历年度)作为预算期的一个编制预算的方法。这种方法的优点是能够使预算期间与会计期间相对应,便于将实际数与预算数进行对比,也有利于对预算的执行情况进行分析和评价。按照定期预算方法编制的预算主要有以下缺点:

(1) 盲目性。由于定期预算往往是在年初甚至提前两三个月编制的,对于整个预算年度的生产经营活动很难做出准确的预算,尤其是对预算后期的预算只能进行大概地估算,数据笼统含糊,缺乏远期指导性,给预算的执行带来很多困难,不利于生产经营活动的考核与评价。

(2) 滞后性。由于定期预算不能随情况的变化及时调整,当预算中所规划的各种经营活动在预算期内发生重大变化时(如预算期内转让资产),就会造成预算滞后过时,使之成为虚假预算。

(3) 间断性。由于受预算期间的限制,致使经营管理者们的决策视野局限于本期规划的经营活动，通常不考虑下期以及以后年度。例如，一些企业提前完成本期预算后，以为可以不考虑下期，形成人为的预算间断。因此，按定期预算的方法编制的预算不能适应连续不断地经营过程，从而不利于企业的长远发展。

2. 滚动预算（Rolling Budget）

滚动预算又称连续预算或永续预算，是指在编制预算时，将预算期与会计年度脱离开，随着预算的执行不断连续补充预算，逐期向后滚动，使预算期永远保持为固定长度（一般12个月）的一种预算方法。每过一个月，都要根据新的情况进行调整，在原来预算期末再加一个月的预算，从而使总预算经常保持12个月的预算期。

滚动预算的基本做法是使预算期始终保持12个月，每过1个月或一个季度，立即在期末增列1个月或一个季度的预算，逐期往后滚动，因而任何一个时期都使预算保持为12个月的时间长度。这种预算使企业各级管理人员对未来始终保持整整12个月时间的考虑和规划，从而保证企业的经营管理工作能够稳定而有序地进行。

按月滚动的预算编制方式如图5-3所示。

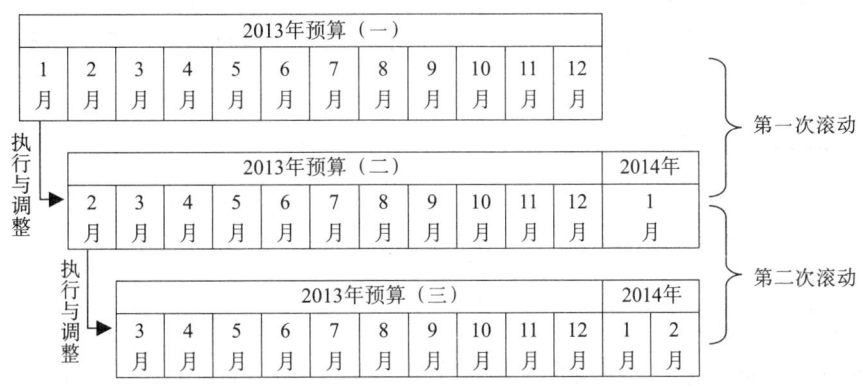

图5-3 滚动预算编制图

滚动预算的编制还可以采用长期计划、短期安排的方法进行，就是在基期编制预算时，先按照年度分季，并将其中第一季度按月划分，建立各月的明细预算数字，以便监督预算的执行；至于其他三个季度的预算可以略粗一些，只列各季总数。到第一个季度结束后，再将第二季度的预算按月细分，第三、四季度以及增列的下一个年度的第一季度的预算值列出各季度的总数，如此类推。采用这种方法编制的预算有利于管理人员对预算资料作经常性的分析研究，并根据当时预算的执行情况及时加以调整。

与传统的定期预算相比，按滚动预算方法编制的预算具有以下优点：

（1）滚动预算符合人们的认识规律。企业的生产经营活动是复杂多变的，在编制预算时，虽然人们对预算期内影响企业生产经营活动的各方面因素进行了预测和分析，形成了一定的共识。但是，随着时间的推移，它将会产生各种难以预料的变化，这无疑会影响预算的正确性，甚至会导致某些预算不合时宜。再说人们对未来客观事物的认识也有一个由粗到细、由简单到详细的过程，而滚动预算能帮助我们克服预算的盲目性，避免预算与实际有较大的出入。

（2）滚动预算有助于提高预算的准确性。滚动预算的预算期间具有动态固定特性。

具有固定特性是因为滚动预算始终要保持一个固定的预算期间，通常为 1 年或者长于 1 年的一个经营周期。具有动态特征是因为每经过 1 个月，根据数据已经掌握的新情况对后几个月的预算进行调整和修正，并在原来的预算期末随即补充下 1 个月的预算。由此可见，滚动预算是在预算实施过程中，不断地修正、调整和延续预算。随着时间的推移，原来的预算就逐渐变具体，同时，又补充新的预算，如此反复，不断滚动。预算的准确性因此不断地提高。

（3）遵循了生产经营活动的变动规律，保持预算的完整性和持续性，从动态预算中把握企业的未来。首先，能使各级管理人始终保持对未来 12 个月甚至更长远的生产经营活动进行详细的考虑和全盘的规划，保证企业的各项工作有条不紊地进行；其次，便于外界（如银行信贷部门、税务机关和投资者等）对企业经营状况的了解；最后，由于不断调整与修正预算，使预算与实际情况更相适应，有利于充分发挥预算的指导和控制作用。在实际中，采用滚动预算，必须有与之相适应的外部条件，如材料供应时间等。其不足之处有预算期自动延伸，工作耗时多，工作量较大，代价太大，所以可以采用按季度滚动来编制预算。在实际执行预算的那个季度里，再按月度分旬具体地编制预算，这样可以适当简化预算的编制工作。总之，预算的编制无论是按月份滚动还是按季度滚动，应视实际需要而定。

二、全面预算的编制程序

企业编制预算，一般应按照"上下结合、分级编制、逐级汇总"的程序进行。

（一）下达目标

企业董事会或经理办公室会根据企业发展战略和预算期经济形势的初步预测，在决策的基础上，提出下一个年度企业预算目标，包括销售或营业目标、成本费用目标、利益目标和现金流量目标，并确定预算编制的政策，由预算委员会下达各项预算执行单位。

（二）编制上报

各预算执行单位按照企业预算委员会下达的预算目标和政策，结合自身特点以及预测的执行条件，提出详细的本单位预算方案，上报企业财务管理部门。

（三）审查平衡

企业财务管理部门对各预算执行单位上报的财务预算方案进行审查、汇总，提出综合平衡的建议。在审查、平衡过程中，预算委员会应当进行充分协调，对发现的问题提出初步调整意见，并反馈给有关预算执行单位予以修正。

（四）审议批准

企业财务管理部门在有关预算执行单位修正调整的基础上，编制出企业预算方案，报财务预算委员会讨论。对于不符合企业发展战略或者预算目标的事项，企业预算委员会应当责成有关预算执行单位进一步修订、调整。在讨论、调整的基础上，企业财务管理部门正式编制企业年度预算草案，提交董事会或经理办公室审议批准。

（五）下达执行

企业财务管理部门对董事会或经理办公室审议批准的年度总预算，一般在次年3月底以前，分解成一系列的指标体系，由预算委员会逐级下达各预算执行单位执行。

年度预算编制流程如图5-4所示。

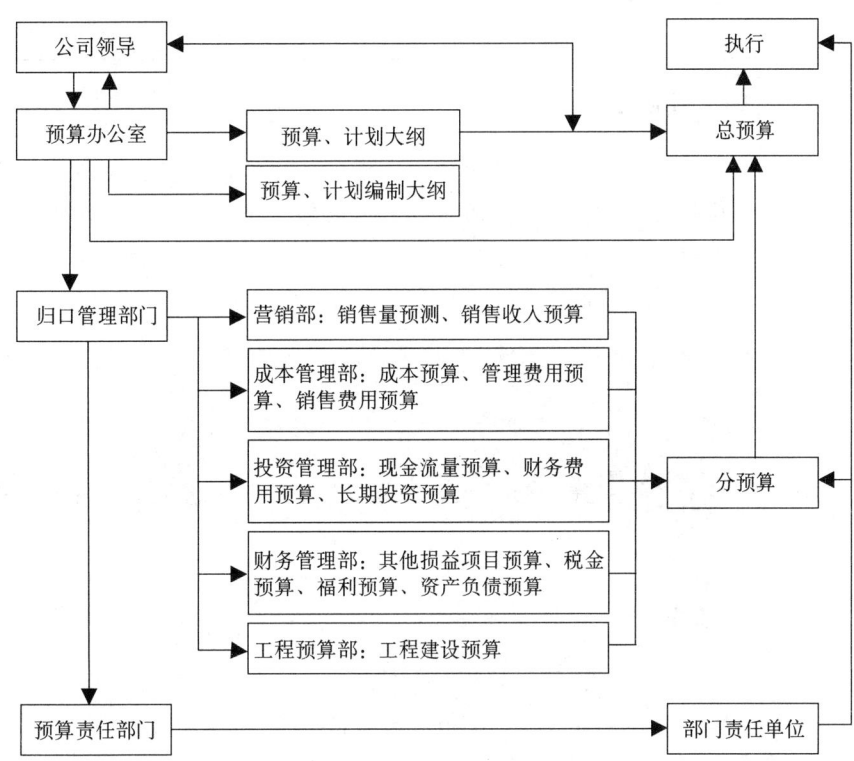

图5-4　年度预算编制流程图

> **学中做**
>
> 通常情况下，不同行业采用的预算编制各有不同。制造业通常采用生产及成本预算编制，商业企业采用进销存预算编制，餐饮业企业采用原材料成本和营业收入预算，建筑房地产企业采用项目成本预算，高科技企业采用研发预算，软件、咨询业企业采用项目预算，集团公司采用战略预算。请问：全面预算一旦确定下来能否调整？预算调整时在已有预算项目之间调整吗？
>
> 答：可以，当预算前提发生重大变化，使得某些预算指标需要重新分配、归并或修正，从而对预算支出进行修正调整的过程即预算调整，是在已有预算项目之间调整。

> **小资料**
>
> 部门间的矛盾，有些是在对什么是企业最大利益的问题上持有不同意见而引起的，有的是对部门利益与公司利益间权衡后抉择所引起的，还有一些矛盾是由于部门间的老框框和偏见所造成的。
>
> ——菲利普·科特勒（美）

> **小思考**
>
> 在预算编制众多方法中，请问：能够适应多种业务量水平并能克服固定预算方法缺点的是什么？能够克服增量预算方法中资源浪费的是什么？
>
> 答：弹性预算方法；零基预算方法。

学习子情境二
编制业务预算

情境引例

财务人员在法兰公司财务部李部长办公室，回答了李部长提出的第二个问题，李部长听了大家介绍的全面预算编制方法和流程后，满意地微笑着说："大家说的很不错，我公司如果实施全面预算，财务部的工作，一方面要从事财务会计的核算工作，另一方面要配合我开展全面预算管理方面的内容，各位有什么想法？首先，根据全面预算的内容，我们需要从什么着手开展业务预算，请大家再说一说。"大家听完李部长的表扬后很受鼓舞，接着就问题讨论后说："李部长，我们对全面预算只是学习了一些书本知识，我们今后将在李部长的指导下认真学习与实践，争取成为一个出色的会计工作者，至于全面预算的内容、业务预算具体内容的关系我们也只能按书本知识向您介绍了。若有什么不对的地方，请您指正。全面预算的内容包括了业务预算和财务预算等，其中业务预算包括销售预算、生产预算、材料采购预算、直接人工预算、制造费用预算、产品成本预算和销售及管理费用预算……"

| 经典事件 |

麦克森·罗宾斯事件

1938年初，长期贷款给罗宾斯药材公司的朱利安·汤普森公司，在审核罗宾斯药材公司财务报表时发现两个疑问：①罗宾斯药材公司中的制药原料部门，原是个盈利较高的部门，但该部门却一反常态地没有现金积累。②公司董事会曾开会决议，要求公司减少存货金额，但到1938年年底，公司存货反而增加100万美元。汤普森公司立即表示，在没有查明这两个问题之前，不再予以贷款，并请求官方协调控制证券市场的权威机构——纽约证券交易委员会调查此事。

调查发现：1937年12月31日的合并资产负债表有总资产8 700万美元，但其中有1 907.5万美元的资产是虚构的。在1937年的年度合并损益表中，虚假的销售收入和毛利分别达到1 820万美元和180万美元。而对公司经理的背景调查显示，该公司经理菲利普·科斯特及其同伙穆西卡等人，都是犯有前科的诈骗犯。

罗宾斯药材公司案件对审计工作产生了两个方面的影响：

第一，究竟谁应对财务报表的真实性负责？对此，美国注册会计师协会下属的审计程序委员会早在1936年就指出："对财务报表负责的主要应是企业管理当局，而不是审计人员。"

第二，对现行审计程序进行了全面检讨。1939年10月，针对该案件中暴露出的存货和应收账款审计程序不足，美国注册会计师协会发布了《审计程序公告第1号——审计程序的拓展》，并于1947年发布了《审计准则暂行公告》。

罗宾斯药材公司的案件，不但加速了美国公认审计准则的发展，同时，还为建立起现代美国审计的基本模式、在评价内部控制制度基础上的抽样审计奠定了基础。

职业判断与业务操作

一、销售预算

销售预算是在销售预测的基础上，根据企业年度目标利润确定的预计销售量、销售单价和销售收入等参数编制的，用于规划预算期内销售活动的一种业务预算。在编制过程中，应根据年度内各季度市场预测的销售量和单价，确定预计销售收入，并根据各季度现收入与收回前期的应收账款反映现金收入额，以便为编制现金收支预算提供资料。根据销售预测确定的销售量和销售单价确定各期销售收入，并根据各期销售收入和企业信用政策，确定每期的销售现金流量，是销售预算的两个核心问题。

由于企业其他预算的编制都必须以销售预算为基础，因此，销售预算是编制全面预算的起点，也是业务预算的起点。

销售预算通常分品种、分月份、分销售区域以及分推销员来编制。为了简化，本书中只划分了季度销售数据。

[业务操作 5—5]

M 企业 2014 年（计划年度）只生产和销售一种产品，每季的产品销售货款有 60% 于当期收到现金，有 40% 属于赊销，下一个季度收到现金。上一年（基期）年末的应收账款为 17 500 元。该公司计划年度的销售预算见表 5-6。

表 5-6　　　　　　　　　　　M 企业 2014 年销售预算表　　　　　　　　　　　单位：元

项目	一季度	二季度	三季度	四季度	全年
预计销售量（件）	2 000	2 500	3 000	2 500	10 000
单价（元）	220	220	220	220	220
预计销售收入	440 000	550 000	660 000	550 000	2 200 000
应收账款期初	17 500				17 500
一季度销售收现	264 000	176 000			440 000
二季度销售收现		330 000	220 000		550 000
三季度销售收现			396 000	264 000	660 000
四季度销售收现				330 000	330 000
现金收入合计	281 500	506 000	616 000	594 000	1 997 500

二、生产预算

生产预算是规划预算期内生产数量而编制的一种业务预算，它是在销售预算的基础上编制的，并可以作为编制材料采购预算和生产成本预算的依据。编制生产预算的主要依据是预算期各种产品的预计销售量及存量期初期末资料。通常情况下，企业的生产和销售不能做到"同步同量"，生产数量除了满足销售数量外，还需要设置一定的存货，以保证能在发生意外需求时按时供货，并可均衡生产，节省赶工的额外支出。存货数量通常按下期销售量的一定百分比确定。年初存货是编制预算时预计的，年末存货根据长期销售趋势来确定。存货预算也可单独编制。具体计算公式为：

预计生产量 = 预计销售量 + 预计期末结存量 – 预计期初结存量

生产预算的要点是确定预算期的产品生产量和期末结存产品数量，前者为编制材料预算、人工预算、制造费用预算等提供基础，后者是编制期末存货预算和预计资产负债表的基础。

[业务操作 5—6]

假设 M 企业 2014 年年初结存产品 300 件，本年各季末结存产成品分别为：一季度末 500 件，二季度末 550 件，三季度末 500 件，四季度末 400 件，其生产预算见表 5-7。

表 5-7　　　　　　　　　　　M 企业 2014 年生产预算表　　　　　　　　　　单位：元

项目	一季度	二季度	三季度	四季度	全年
预计销量	2 000	2 500	3 000	2 500	10 000
加：预计期末存货	500	550	500	400	400
预计需要量	2 500	3 050	3 500	2 900	10 400
减：期初结存量	300	500	550	500	300
预计生产量	2 200	2 550	2 950	2 400	10 100

三、材料采购预算

材料采购预算是为了规划预算期内材料消耗情况及采购活动而编制的，用于反映预算期各种材料消耗量、采购量、材料消耗成本和材料采购成本等计划信息的一种企业预算。依据预计产品生产量和材料单位耗用量，确定生产需要耗用量，再根据材料的期初期末结存情况，确定材料采购量，最后根据采购材料的付款，确定现金支出情况。具体计算公式为：

某种材料耗用量 = 产品预计生产量 × 单位产品定额耗用量

某种材料采购量 = 某种材料耗用量 + 该种材料期末结存量 - 该种材料期初结存量

材料采购预算的要点是反映预算期内材料消耗量、采购量和期末结存数量，并确定各预算期内材料采购现金支出。材料期末结存量的确定可以为编制期末存货预算提供依据，现金支出的确定可以为编制现金预算提供依据。

[业务操作 5—7]

假设 M 企业 2014 年（计划年度）年初材料结存量 500 千克，本年各季末结存材料分别为：一季度末 720 千克，二季度末 950 千克，三季度末 780 千克，四季度末 860 千克，每季度的采购款与当季支付 40%，剩余 60% 于下一季度支付，应付账款年初余额为 60 000 元。其他资料见表 5-6 和表 5-7。其计划年度材料采购预算见表 5-8。

表 5-8　　　　　　　　　　M 企业 2014 年材料采购预算表　　　　　　　　　　单位：元

项目	一季度	二季度	三季度	四季度	全年
预计生产量（件）	2 200	2 550	2 950	2 400	10 100
预计定额单耗（Kg）	10	10	10	10	10
预计生产需要量（Kg）	22 000	25 500	29 500	24 000	101 000
加：期末结存量（Kg）	720	950	780	860	860
预计需要量合计（Kg）	22 720	26 450	30 280	24 860	101 860
减：期初结存量（Kg）	500	720	950	780	500
预计材料采购量（Kg）	22 220	25 730	29 330	24 080	101 360
材料计划单价	10	10	10	10	10

续表

项目	一季度	二季度	三季度	四季度	全年
预计材料金额	222 200	257 300	293 300	240 800	1 013 600
应付账款年初余额	60 000				60 000
一季度销售付现	88 880	133 320			222 200
二季度销售付现		102 920	154 380		257 300
三季度销售付现			117 320	175 980	293 300
四季度销售付现				96 320	96 320
现金支出合计	148 880	236 240	271 700	272 300	929 120

四、直接人工预算

直接人工预算是一种既反映预算期内人工工时的消耗水平，又规划人工成本开支的业务预算。这项预算是根据生产预算中的预计生产量以及单位产品所需的直接人工小时和单位小时工资率进行编制的。在通常情况下，企业往往要雇用不同工种的人工，必须按工种类别分别计算不同工种的直接人工小时总数；然后将算得的直接人工小时总数分别乘以各该种工种的工资率，再予以合计，即可求得预计直接人工成本的总数。

某种产品直接人工工时总额 = 单位产品定额工时 × 该单位预计生产量

某种产品直接人工总成本 = 单位工时工资率 × 该种产品直接人工工时总额

产品定额工时是由产品生产工艺和技术水平决定的，由产品技术和生产部门提供定额标准；产品预计生产量来自生产预算；单位工时工资率来自企业人事部门工资标准和工资总额。

[业务操作5—8]

假设 M 企业单位产品耗用工时为 5 小时，单位工时的工资率为 5 元，该工时计划年度人工工资预算见表 5-9。

通常工资都要全部支付现金，因此，直接人工预算表中预计直接人工成本总额就是现金预算中的直接人工工资支付额。

表5-9　　　　　　　　M 企业2014年直接人工预算表　　　　　　　　单位：元

项目	一季度	二季度	三季度	四季度	全年
预计生产量（件）	2 200	2 550	2 950	2 400	10 100
单耗工时（小时）	5	5	5	5	5
直接人工小时数	11 000	12 750	14 750	12 000	50 500
单位工时工资率	5	5	5	5	5
预计直接人工成本	55 000	63 750	73 750	60 000	252 500

五、制造费用预算

制造费用预算是反映生产成本中除直接材料、直接人工以外的一切不能直接计入产品制造成本的间接制造费用的预算。这些费用必须按成本习性划分为固定费用和变动费用，分别编制变动制造费用预算和固定制造费用预算。编制制造费用预算时，应以计划期的一定业务量为基础来规划各个费用项目的具体预算数字。另外，在制造费用预算表下还要附有预计现金支出表，以方便编制现金预算。

变动制造费用预算部分，应区分不同费用项目，逐一项目根据单位变动制造费用分配率和业务量（一般是直接人工总工时或机器工时等）确定各项目的变动制造费用预算数。其中：

$$某项目变动制造费用分配率 = \frac{该项目变动制造费用预算总额}{业务量预算总数}$$

固定制造费用预算部分，也应区分不同费用项目，逐一项目确定预算期的固定费用预算。

在编制制造费用预算时，为方便现金预算编制，还需要确定预算期内制造费用预算的现金支出部分。为方便，一般将制造费用中扣除折旧费后的余额，作为预算期内制造费用的现金支出。

[业务操作5—9]

根据前面所编各预算表的资料，编制该公司制造费用预算表见表5-10。

表5-10　　　　　　　M企业2014年制造费用预算表　　　　　　　单位：元

变动费用项目	金　额	固定费用项目	金　额
间接人工	50 500	维护费用	24 000
间接材料	60 600	折旧费用	60 000
维护费用	40 400	管理费用	40 000
水电费用	30 300	保险费用	20 000
机物料	20 200	印花税	10 000
小计	202 000	小计	154 000
变动费用现金支出			202 000
固定费用合计		154 000	
减：折旧费用		60 000	
固定费用现金支出			94 000
制造费用全年现金支出			296 000
制造费用第1季度现金支出			67 500
制造费用第2季度现金支出			74 500
制造费用第3季度现金支出			82 500
制造费用第4季度现金支出			71 500

六、成品成本预算

为了计算产品的销售成本,还必须确定产品的生产总成本和单位成本。产品成本预算是生产预算、直接材料预算、直接人工预算和制造费用预算的汇总。单位产品成本的有关数据,来自前述三个预算(直接材料预算、直接人工预算和制造费用预算)。生产量、期末存货量来自生产预算,销售量来自销售预算。生产成本、存货成本和销售成本等数据,根据单位成本和有关数据计算得出。

单位产品预计生产成本 = 单位产品直接材料成本 + 单位产品直接人工成本
        + 单位产品制造费用

期末结转产品成本 = 期初结存产品成本 + 本期产品生产成本 − 本期销售产品成本

公式中的期初结转产品成本和本期销售成本,应该根据具体的存货计价方法确定。确定期末结存产品成本后,可以与预计直接材料期末结存成本一起,一并在期末存货预算中予以反映。在此对期末存货预算略去不作介绍,期末结存产品的预计成本合并在单位产品生产成本中列示。

[业务操作5—10]

假设 M 公司采用制造成本法计算成本,生产成本包括变动生产成本和固定生产成本。根据前面已编制的各种业务预算表的资料,编制该公司单位产品生产成本预算表见表 5-11。

表 5-11　　　　　　　　M 企业 2014 年单位生产成本预算表　　　　　　　　单位:元

成本项目		单位用量	单位价格	单位成本
直接材料		10 千克	10 元/千克	100
直接人工		5 小时	5 元/小时	25
变动制造费用		5 小时	4 元/小时	20
单位变动生产成本				145
单位固定成本		$15\,400 \div 50\,500 \times 5 = 1.52$		1.52
单位生产成本				146.52
期末存货预算	期末存货数量(件)			400
	单位生产成本			146.52
	期末存货成本			58 608

备注:单位固定成本 =1.524752,表中取小数点后两位。

七、销售及管理费用预算

销售及管理费用预算是以价值形式反映整个预算期内为销售产品和维持一般行政管理工作而发生的各项目费用支出预算。销售费用预算是指为了实现销售预算所需支付的费用预算。它以销售预算为基础,分析销售收入、销售利润和销售费用之间的关系,力求实现销售费用的有效使用。销售费用预算应和销售预算相配合，应包括按品种、地区、用途的具体预算数额。管理费用预算是维持一般管理业务所必需的费用预算。随着企业规模的扩大，一般管理职能日益重要，其费用也相应增加。在编制管理费用预算时，要分析企业的业务成绩和一般经济状况，做到费用合理化。管理费用多属于固定成本，所以一般以过去的实际开支为基础，按预算期的可预见变化来调整。关键的是，必须充分考察每种费用是否必要，以便提高费用效率。

[业务操作5—11]

假设M公司2014年包括销售人员工资、广告费、包装、运输费、租赁费、管理人员工资、福利费、水电费和办公费等的销售及管理费用预算见表5-12。

表5-12　　　　　　M企业2014年销售及管理费用预算表　　　　　　单位：元

项目	一季度	二季度	三季度	四季度	全年
销售费用：					
销售人员工资	30 000	40 000	30 000	40 000	140 000
广告费	5 000	4 000	4 000	7 000	20 000
包装、运输费	3 000	4 000	4 000	2 000	13 000
租赁费	1 000	1 000	1 000	1 000	4 000
小计	39 000	49 000	39 000	50 000	177 000
管理费用：					
管理人员工资	40 000	40 000	45 000	40 000	165 000
福利费	6 000	6 000	6 500	6 000	24 500
水电费	600	600	600	600	2 400
办公费	1 500	1 600	1 550	1 500	6 150
小计	48 100	48 200	53 650	48 100	198 050
合计	87 100	97 200	92 650	98 100	375 050

小思考

生产预算包括了实物量指标，成品成本预算包括价值量指标，现金预算包括价值量指标。请问：能够同时以实物量指标和价格量指标分别反映企业经营收入和相关现金收支的预算是什么？

答：销售预算。

小资料

著名管理学家戴维·奥利（David Otley）说："全面预算管理是为数不多的几个能把组织的所有关键问题融合于一个体系之中的管理控制方法之一。"预算管理是企业管理的基本手段之一，以财富500强为代表的国外大公司，无一例外把预算作为管理控制的工具和业绩评价的依据。国家商务部早在1999年以前已把"推行全面预算管理"写进了《关于国有大中型企业建立现代企业制度、加强企业管理的规范意见》中，财务部《关于企业实行财务预算管理的指导意见》也已于2002年颁布实施，温家宝总理在2004年政府工作报告中把"建立国有资本经营预算制度和企业经营业绩考核体系"作为深化经济体制改革的重要手段。

小思考

日常业务预算包括了销售预算、生产预算、材料预算、销售费用和管理费用预算等。请问：各种日常业务预算都包括实物量指标和价值量指标吗？

答：不是。生产预算的主要内容有销售量、生产量、期初期末存货量，它是不含价值量指标的预算。

学习子情境三
编制财务预算

情境引例

财务人员在法兰公司财务部李部长办公室，回答了李部长提出的第三个问题，李部长听了大家介绍的业务预算内容后，非常满意地微笑着说："很好，大家说得不错，公司如果实施全面预算，各位对具体内容还有什么想法？根据全面预算的内容，大家谈到了业务预算，那么财务预算是什么呢？请大家再说一说。"大家接着就新问题讨论后说："李部长，我们认为财务预算的内容是这样的……"李部长听完大家的介绍后很高兴，决定以后带来大家建立全面预算管理流程并提供各部门、各单位基础数据。

经典事件

厄特马斯事件与厄特马斯主义

1923 年年底,弗雷德·斯特公司处于资不抵债的无望状态,却虚构 70.6 万美元的销售收入和应收账款,对外报告拥有 100 万美元的净资产。道奇(Touche)会计师事务所自 1920 年起就一直为弗雷德·斯特公司查账,为弗雷德·斯特公司 1923 年 12 月 31 日的资产负债表签发了无保留意见。

厄特马斯公司是弗雷德·斯特公司的贷款商,以弗雷德·斯特公司 1923 年的资产负债表及其审计报告为基础,1924 年向弗雷德·斯特公司提供了 10 万美元的贷款,随后又向其发放了两笔总计 6.5 万美元的贷款。1925 年 1 月,弗雷德·斯特公司宣告破产。

这一事件暴露出来的道奇会计师的审计缺陷:对 12 月份临时虚构的 70 万美元的销售收入不加询问与函证,而所附的 17 张销售发票既缺少货运号码,也没有客户订货单号及其他有关资料。弗雷德·斯特公司破产后,纽约地方法院陪审团判厄特马斯公司合谋欺骗指控成立。纽约最高法院的法官麦克阿维认为,"事务所不能在出具了无保留意见后又声称对此不负任何责任。正因为被告的专业知识,银行和商业机构才要求独立的会计师出具审验合格的资产负债表,并据此发放贷款。他们有权要求事务所在表示审计意见时,应合理地保持谨慎小心的专业精神"。厄特马斯公司案开创了对非审计当事人承担责任的先例,即厄特马斯主义,并促进了审计报告由"证明式"向"意见式"的转变。

职业判断与业务操作

一、现金预算

现金预算是以业务预算和专门决策预算为依据编制的、专门反映预算期内预计现金收入与现金支出,以及为满足理想现金余额而进行现金投资融资的预算。其目的在于资金不足时筹措资金,资金多余时及时处理现金余额,并且提供现金收支的控制限额,发挥现金管理的作用。现金预算由四部分组成:现金收入、现金支出、现金多余或不足、资金的筹集和运用。其中:

期初现金余额 + 现金收入 − 现金支出 = 现金余缺

财务管理部门应根据现金余缺与期末现金余额的比较,来确定预算期内现金投放或筹措。当现金余缺大于期末现金余额时,应将超过期末余额以上的多余现金进行投资;当现金余缺小于期末现金余额时,应筹措现金,直到现金总额达到要求的期末现金余额。

现金余缺 + 现金筹措(现金不足时) = 期末现金余额

或:现金余缺 − 现金投放(现金多余时) = 期末现金余额

[业务操作 5—12]

根据前面编制的各业务预算表,编制现金预算。假设 M 公司 2014 年年初现金余额为 100 000 元,每季度支付各种流转税 10 000 元,前三季度每季度预交所得税 20 000 元,年度汇缴 46 550 元,年末支付股利 50 000 元。计划各季度资本性支出分别为 50 000 元、40 000 元、70 000 元和 50 000 元。最低现金持有量为 50 000 元,现金不足时通过 1 年期长期借款筹措。假设银行借款的金额要求是 10 万元的倍数,不考虑利息。该公司现金预算见表 5 - 13。

表 5 - 13　　　　　　　　　M 企业 2014 年现金预算表　　　　　　　　　单位:元

项目	一季度	二季度	三季度	四季度	全年
期初现金余额	100 000	143 020	107 330	102 730	100 000
经营现金收入	281 500	506 000	616 000	594 000	1 997 500
可供支配的现金合计	381 500	649 020	723 330	696 730	2 450 580
直接材料采购	148 880	236 240	271 700	272 300	929 120
直接人工支出	55 000	63 750	73 750	60 000	252 500
制造费用	67 500	74 500	82 500	71 500	296 000
销售及管理费用	87 100	97 200	92 650	98 100	375 050
支付流转税	10 000	10 000	10 000	10 000	40 000
预交所得税	20 000	20 000	20 000	46 550	106 550
分配股利				50 000	50 000
资本性支出	50 000	40 000	70 000	50 000	210 000
现金支出合计	438 480	541 690	620 600	658 450	2 259 220
现金多余或不足	-56 980	107 330	102 730	38 280	191 360
向银行借款	200 000			100 000	300 000
期末现金余额	143 020	107 330	102 730	138 280	138 280

二、编制预计财务报表

预计的财务报表是财务管理的重要工具,包括预计的利润表和预计资产负债表。预计财务报表的作用与历史实际的财务报表不同。所有企业都要在年终编制历史实际的财务报表,这是有关法规的强制性规定,其主要目的是向外部报表使用人提供财务信息。当然,这并不表明常规财务报表对企业经理人没有价值。而预计财务报表主要为企业财务管理服务,是控制企业资金、成本和利润总量的重要手段,因其可以从总体上反映一定期间企业经营的全局情况,所以通常称为企业的总预算。

(一) 预计利润表的编制

预计利润表与实际的利润表内容和格式相同,区别在数字是面向预算期的。该表又称损益表预算，它是在汇总销售、成本、销售及管理费用、营业外收支和资本支出等预算的基础上加以编制的。通过编制预计的损益表，可以了解企业预期的盈利水平。如果预算利润与最初编制方针中的目标利润有较大的不一致，就需要调整部门预算，设法达到目标，或者经领导同意后修改目标利润。

预计利润表中的销售收入项目的数据来自销售收入预算；销售成本项目的数据来自销售成本预算；毛利项目的数据是前两项的差额；销售及管理费用项目的数据来自销售费用和管理费用预算。

[业务操作 5—13]

根据前面编制的各业务预算表、现金预算表，假设每季度预提的财务费用为 5 000 元。编制 M 公司预计利润表见表 5-14。

表 5-14   M 企业 2014 年预计利润表   单位：元

项目	一季度	二季度	三季度	四季度	全年
销售收入	440 000	550 000	660 000	550 000	2 200 000
减：销售成本	293 040	366 300	439 560	366 300	1 465 200
销售毛利	146 960	183 700	220 440	183 700	734 800
减：销售及管理费用	87 100	97 200	92 650	98 100	375 050
财务费用	5 000	5 000	5 000	5 000	20 000
营业利润	54 860	81 500	122 790	80 600	339 750
减：所得税	20 000	20 000	20 000	46 550	106 550
净利润	34 860	61 500	102 790	34 050	233 200

（二）预计资产负债表的编制

预计资产负债表用来反映企业在计划期末预计的财务状况。它的编制需以计划期开始日的资产负债表为基础，结合计划期间各项业务预算、专门决算预算、现金预算以及利润表进行编制。它是编制全面预算的终点。

编制预计资产负债表的目的在于判断预算反映的财务状况的稳定性和流动性。如果通过预计资产负债表的分析，发现某些财务比率不佳，必要时可修改有关预算，以改善财务状况。

[业务操作 5—14]

根据前面编制的各业务预算表、现金预算表和利润预算表，编制 M 公司预计资产负债表见表 5-15。

表 5-15　　　　　　　　　　M 企业 2014 年预计资产负债表　　　　　　　　　　单位：元

资产	年初	年末	负债和所有者权益	年初	年末
流动资产：			流动负债：		
现金	100 000	138 280	应付账款	60 000	144 480
应收账款	17 500	220 000	长期负债		300 000
材料存货	5 000	8 600	负债合计	60 000	444 480
产成品存货	43 956	58 608			
流动资产合计	166 456	425 488			
长期资产：					
在建工程		210 000	所有者权益：		
固定资产	600 000	600 000	股本	686 456	527 808
减：累计折旧	20 000	80 000	留存收益		183 200
长期资产合计	580 000	730 000	所有者权益合计	686 456	711 008
资产总计	746 456	1 155 488	负债和所有者权益总计	746 456	1 155 488

小思考

根据全面预算管理的特点，你认为要实施全面预算管理的前提条件是什么？

答：全面预算管理制度的实施需要如下条件：

第一，公司技术条件要满足编制全面预算的需要。要具备基本的会计电算化信息处理系统，ERP 管理软件或 DCS 现场控制软件，理想的情况是企业已经实现会计电算化系统与 ERP 软件完美结合，各种预算管理信息保存在共享的数据库中，公司各级人员能根据工作需要调用权限范围内的信息。

第二，企业文化和理念建设方面要形成重视全面预算管理的文化和理念。特别是企业的高级管理人员、公司总经理应当重视并引导公司员工重视全面预算的文化和理念，全体员工积极支持全面预算管理，是保证全面预算管理有效运行的前提。

第三，要建立健全的预算组织体系。公司要建立健全与全面预算管理相适应的组织体系，要成立全面预算管理委员会、设立日常全面预算管理机构、设立全面预算的考核机构、合理设置预算的责任中心，合理设置各预算组织的职能，完善的组织体系和职能建设是顺利实施全面预算管理的保障。

第四，完善企业管理制度以适应全面预算管理的要求。全面预算管理是企业内部控制制度的一部分，全面预算管理离不开企业业务活动的内部控制，建立健全业务工作规范，完善业务管理程序，对技术改造、物资采购、发电生产、销售建立完善的管理制度是全面预算管理顺利实施的基础。

第五，制定全面预算编制的流程和方法。制定全面预算编制的流程和方法，根据火电企业的自身特点，要充分了解生产过程、深入实际、实事求是，加强预算编制的可操作性，对客观增支因素要有有效的调节机制。要明确考核制度，建立长效管理体系，制定切实可行的评价与激励机制；要确立全面预算的权威性，要坚持预算审批程序，严格执行考核制度，确保预算管理的公平、公正、科学、合理。

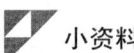 小资料

三一集团成功搭建全面预算管理系统

三一集团作为目前国内机械设备制造企业的领头羊，这两年企业取得了快速的发展，伴随着集团下属公司——三一重工于2003年的上市，集团业务覆盖达130多个国家，产品批量出口到60个国家和地区。

三一集团全面预算管理系统主要包括MPC全面预算项目、BW分析项目和Portal门户集成项目，无论从全面预算产品应用的深度和广度上，还是从MPC系统、BW系统、Portal系统在集团用户中同时应用来看，此应用模式在国内集团同类型信息化应用上也都是比较少见的，为MPC与SAP系列产品深层次的结合应用树立了标杆。

通过三一集团预算管理平台、决策支持平台和统一的访问入口平台的搭建，实现集团的管理从事后记录转变到将企业事前、事中、事后的管理有机的融合，实现三一集团的应用集成和应用提升，有效降低集团企业的运营风险，提升企业执行力。

 学中做

全面预算与计划管理的区别

在天士力CFO看来，天士力是一个高度追求计划性的公司，如何推进集团化的资金管理同样需要足够的耐心和超前的眼光。好的资金管理体系要能够通过事前做出全面预算，然后做出资金使用计划。最后通过合理的负债结构调整，降低企业财务风险，既使得资金能够发挥高效率的作用，而且能够保持现金流的充沛，获得较低的融资成本，为企业创造利润。

全面预算和计划管理有哪些区别？

计划管理是企业在一定时期内确定和组织全部生产经营活动的综

合规划。它根据市场需求和企业内外环境和条件变化并结合长远和当前的发展需要，合理地利用人力、物力和财力资源，组织筹谋企业全部经营活动，以达到预期的目标和提高经济效益。

全面预算是关于企业在一定的时期内（一般为一年或一个既定期间内）各项业务活动、财务表现等方面的总体预测。它包括业务预算、专门决策预算和财务预算。

计划管理是对所有资源的管理。全面预算是对资金的预测。

天钢集团全面预算管理的内容

天钢集团全面预算管理的内容，是结合集团企业管理实际，在通常预算划分基础上制定的。其中考虑集团企业内部主体较多的情况，将筹资预算单列管理，以突出其重要性。为了将员工长期受计划经济时代的观念与新的全面预算管理结合起来，将价值链管理的业务流、资金流、信息流及人力资源管理等综合管理基础与全面预算编制内容对应起来。最终确定全面预算管理的内容为业务预算、投资预算、筹资预算、财务预算，并强调财务预算是建立在前三项预算基础上综合体现企业目标的预算。具体内容如图5-5所示：

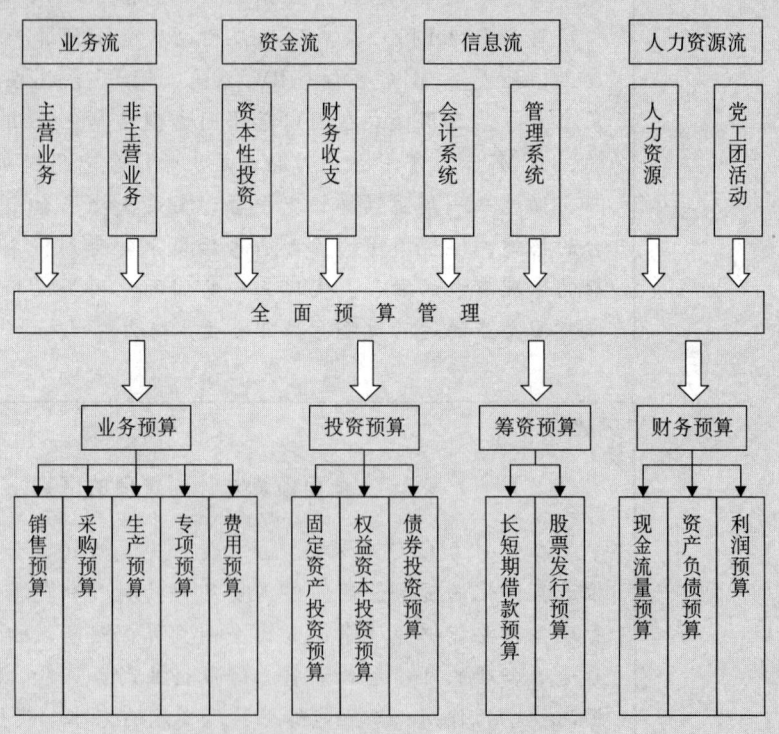

图5-5 全面预算管理的具体内容

> **情境小结**

　　随着现代信息技术的发展，越来越多的企业已经意识到拥有一个有效的信息化管理系统将对提升企业的管理水平起到极大的促进作用。信息化管理系统可以使企业系统的、高效的利用各种信息，使企业内部的信息使用效率达到最高。从信息化管理系统中可以了解到企业过去发生了什么、现在正在做什么、将来可能会发生什么。通过推进全面预算管理，可以加快企业全面信息化管理。全面预算管理的推行，能使高层管理者的职能逐渐集中于对资源的长远规划与对下级的绩效考核上，使企业内部的层级制从"形式"转变为"实质"。通过实施全面预算管理，可以明确并量化公司的经营目标、规范企业的管理控制、落实各责任中心的责任、明确各级责权、明确考核依据，为企业的成功提供了保证。可以说全面预算管理的过程，就是战略目标分解、实施、控制和实现的过程。全面预算管理导入还意味着企业管理控制的信息化、网络化，它是企业管理信息网络化的切入点。

习题与实训

一、单项选择题

1. 现金预算的内容不包括（　　）。
   A. 经营现金收入　　　　　　　　　　B. 预计实现的利润
   C. 经营现金支出　　　　　　　　　　D. 现金余缺
2. 可能导致无效费用开支项目不能得到有效控制的预算方法是（　　）。
   A. 增量预算　　　　　　　　　　　　B. 静态预算
   C. 固定预算　　　　　　　　　　　　D. 定期预算
3. 预算的作用不包括（　　）。
   A. 预算通过引导和控制经济活动、使企业经营达到预期目标
   B. 可以实现企业内部各个部门之间的协调
   C. 可以作为业绩考核的标准
   D. 可以将资源分配给获利能力相对较高的相关部门
4. 资本支出预算属于（　　）。
   A. 专门决策预算　　　　　　　　　　B. 财务预算
   C. 业务预算　　　　　　　　　　　　D. 总预算
5. 编制生产预算中的"预计需求量"项目时，不需要考虑的因素是（　　）。
   A. 预计销量　　　　　　　　　　　　B. 预计产成品期初结存量
   C. 预计产成品期末结存量　　　　　　D. 前期实际销售量

二、多项选择题

1. 关于编制预算的方法，下列对应关系正确的有（　　）。
   A. 固定预算方法和弹性预算方法
   B. 定期预算方法和滚动预算方法
   C. 定期预算方法和零基预算方法
   D. 零基预算方法和增量预算方法
   E. 零基预算方法和滚动预算方法

2. 静态预算的缺点包括（　　）。
   A. 过于呆板
   B. 可比性差
   C. 编制比较麻烦
   D. 透明性差
   E. 便于考核

3. 预计利润表的编制基础包括（　　）。
   A. 销售预算
   B. 销售费用预算
   C. 单位生产成本预算
   D. 管理费用预算
   E. 预计资产负债表

4. 企业在调整预算时，应遵循的原则包括（　　）。
   A. 调整的全面性，只要出现不符合常规的地方，都需要进行调整
   B. 调整方案应当在经济上能够实现的
   C. 调整重点应该放在预算执行中出现的重要的、非正常的、不符合常规的关键性差异方面
   D. 调整事项不能偏离企业发展战略
   E. 经营管理者所需要的全部信息

5. 在编制生产预算时，计算某种产品预计生产量应考虑的因素包括（　　）。
   A. 预计材料采购量
   B. 预计产品销售量
   C. 预计期初产品存货量
   D. 预计期末产品存货量
   E. 预计期初材料存货量

6. 预算工作的组织包括（　　）。
   A. 决策层
   B. 管理层
   C. 考核层
   D. 执行层
   E. 个人

7. 某企业预算年度股本的20%向投资者分配利润，并新增留存收益1 100万元，企业股本500万元，所得税税率25%，则下列各项中正确的有（　　）。
   A. 目标利润分红额为100万元
   B. 目标净利润为1 200万元
   C. 目标净利润为1 000万元
   D. 目标利润为1 500万元
   E. 目标利润为1 600万元

三、判断题

1. 预算是一种可据以执行和控制经济活动的，最为具体的计划。（　　）
2. 编制预计财务报表的正确程序是：先编制预计资产负债表，然后再编制预计利润表。（　　）

3. 从系统的观点来看，局部计划的最优化，对全局来说是最合理的。（　）
4. 编制现金预算时，制造费用产生的现金流出就是发生的制造费用数额。（　）
5. 预算目标是预算管理工作的起点，是预算机制发挥作用的关键。（　）
6. 财务预算是指企业在计划期内反映有关预计现金收支、财务状况的预算。（　）
7. 弹性预算的编制方法包括公式法和列表法，其中列表法的优点是可比性和实用性强。（　）
8. 预计资产负债表中现金余额项目的期末数不一定等于现金预算中的期末现金余额。（　）
9. 直接人工预算中的预计直接人工成本总额就是现金预算中的直接工资支付额。（　）
10. 预计资产负债表是编制全面预算的终点。（　）

四、简答题

1. 简述预算的概念和作用。
2. 简述按照预算内容划分，将预算分为哪几类？
3. 简述预算编制的方法。
4. 简述业务预算和财务预算的区别。

五、计算分析题

1. 某公司 2014 年的预计含税销售收入为 5 850 万元，销售利润率为 20%，应交增值税估算率为 6.5%，适用的消费税税率为 5%，增值税税率为 17%，城市维护建设税税率为 7%，教育费附加的征收率为 3%。材料成本占总成本的百分比为 75%，预计交纳所得税 100 万元。假定该企业生产所使用的材料都是在当期内采购的。

要求：根据上述资料测算该企业 2014 年预计的下列指标：
（1）应交消费税；
（2）应交增值税（按照简捷法计算）；
（3）应交城市维护建设税；
（4）应交教育费附加；
（5）应交销售税金及附加。

2. 某企业生产和销售 A 种产品，计划期 2014 年四个季度预计销售数量分别为 1 000 件、1 500 件、2 000 件和 1 800 件；A 种产品预计单位售价为 100 元。假设每季度销售收入中，本季度收到现金 60%，另外 40% 要到下季度才能收回，上年末应收账款余额为 62 000 元。

要求：（1）编制 2014 年销售预算。
（2）确定 2014 年年末应收账款余额。

3. 某公司 2013 年 12 月份销售额和 2014 年 1～2 月份的预计销售额分别为 150 万元、100 万元、200 万元。其他有关资料如下：①当月销售收入中当月收现 60%，其余部分下月收回；②材料采购成本为下月销售额的 80%。当月采购金额中当月付现 70%，下月支付其余的 30%；③假设每月末现金余额越低越好，但不得低于 3 万元，现金余缺通过银行借款来调整；④借款年利率为 12%，借款或还款的本金必须是 5 000 元的整倍数，利随本清，借款在期初，还款在期末。

要求：

（1）计算确定2014年1月份销售现金流入量和购买材料的现金流出量。

（2）计算确定2014年1月31日资产负债表中"应收账款"和"应付账款"项目金额。

（3）假设2014年1月份预计的现金收支差额为-12.32万元，计算确定1月末的现金余额。

（4）假设2014年2月份预计的现金收支差额为7.598万元，计算确定2月末的现金余额。

4. 某企业预计下月初现金余额8 000万元，下月初应收账款4 000万元，预计下月可收回80%；下月销货50 000万元，当期收到现金50%；采购商品8 000万元，购货金额当期付款70%；月初应付账款余额5 000万元，需在月内全部付清，下月工资支付现金8 400万元；间接费用5 000万元，其中折旧费4 000万元；预交所得税900万元；支付流转税为7 850万元，购买设备支付现金20 000万元。现金不足时，向银行借款，借款金额为100万元的倍数。现金余额最低为300万元。

要求：

（1）计算下月末预算现金余额。

（2）假设公司没有其他收益，销售毛利率为40%，销售税金及附加预计为2 800万元，所得税率25%，预计该商业企业下月的税后净利润。

（3）预计公司下月末的应收账款和应付账款。

学习情境六
存货控制

 职业能力目标

了解存货控制的意义；明确存货决策需要考虑的成本因素；掌握存货经济订货批量基本模型的原理及基本应用；掌握存货经济订货批量基本模型的扩展应用；掌握存货的 ABC 分类控制法；了解存货的其他控制方法。

 典型工作任务

评价供应链绩效最常用的参量是存货周转率和存货周转天数。西秦公司所处行业的同行厂家的平均存货周转率在 3 以上。存货周转率越大，说明资金使用效率越高，存货管理工作越有成效。

西秦公司计算了近三年主要存货的周转率，见表 6-1。

表 6-1　　　　　　　　　　　　　　主要库存经济指标

经济指标＼时间（年份）	2011	2012	2013
出库成本（万元）	20 061.5314	29 112.4613	29 383.2581
期初结余（万元）	10 860.0405	11 541.1961	14 662.4846
期末结余（万元）	11 541.1961	14 662.4846	11 687.4638
库存周转率（次/年）	1.79	2.22	2.23

从表 6-1 可见，西秦公司近三年的平均存货周转率在 1.79~2.23 之间，虽然因改制加强了存货管理，存货周转率有所提高但仍低于国内企业设置的标准值 3 以及同行业的水平。为此，西秦公司积极采取措施通过加强供应链管理来提高存货的周转率。

第一，改善目前的采购流程。要有计划的进行材料采购，企业根据上个年度末或本年初工程建设计划、生产维修计划等，结合企业现有存货情况，合理制定出本年度的存货采购计划，并得到相关部门核实及企业领导审批。根据工程进度进行切实的执行，把计划分解落实到具体的季度和月份，甚至落实到人员，在采购活动中还要采取必要的措施来降低采购成本。

第二，做好供应商管理。长期和短期准确的客户用料预算是供应链有效运作的基础，企业需要有实力且可靠的能与公司建立长期合作关系的供货商的参与，所以当前必须积极改善目前客户提供的用料预算的准确度，挑选出合适的可长远策略性合作的伙伴是工作的重点，并且加强与供应商的合作和培育工作。

第三，可以与其他公司进行联合采购。

● 著名人物——亚当·斯密

基本资料：

亚当·斯密，1723年6月5日出生于苏格兰。

教育背景：

格拉斯哥大学、牛津学院。

个人经历：

格拉斯哥大学逻辑、道德哲学教授，荣誉校长。

学术研究：

主要领域：政治哲学、伦理学、经济学；

著名思想：分工理论、货币理论、价值论、分配理论、资本积累理论；

主要代表作：《道德情操论》、《国富论》。

《实证会计理论》

1986年，瓦茨和齐默尔曼合著并公开出版的《实证会计理论》一书，是第一部汇集实证研究成果的会计理论专著，不仅全面、系统、深入地回顾、总结和评价了实证会计研究的经典文献，而且提出了实证会计理论的初步研究框架，为实证会计理论的发展和普及奠定了坚实的基础。因其杰出的学术成就，两人合著的论文于1978年和1979年连续两次获美国注册会计师协会会计文献杰出贡献奖，《实证会计理论》一书获会计领域 Alpha Kappa Psi 基金奖。

■ 知识准备

一、企业持有存货的动机

存货是指企业在日常活动中持有以备出售的产成品或商品、处在生产过程中的在产品、在生产过程或提供劳务过程中耗用的材料、物资等。企业的存货通常包括原材料、在产品、半成品、产成品、商品、周转材料等。

存货在流动资产中占较大比重，对于很多企业来说是非常重要的。企业持有存货的动机主要有以下几个方面：

（一）保证企业生产经营过程的正常进行

由于市场供应、企业资金状况、交通运输等方面存在不确定性，企业无法保证随时购入生产经营所需的存货。因此，保持一定量的存货，可以应对市场需求、市场供应的波动，避免停工待料、坐失推销良机等事故，保证企业生产经营过程持续不断地进行。

（二）维持企业均衡生产，降低生产成本

企业通常不希望生产能力利用率忽高忽低，而是希望生产具有均衡性。持有一定量的存货，可以维持企业均衡生产，并降低生产成本。

（三）降低存货取得成本

一般情况下，当企业进行采购时，进货总成本与采购物资的单价和采购次数有密切关系。很多供货商为了鼓励客户多购买其产品，往往在客户采购量达到一定数量时，给予价格折扣，所以企业通过大批量集中进货，既可以享受价格折扣，降低存货的购置成本；也因减少订货次数，降低存货的订货成本，进而降低总的进货成本。

二、存货控制的意义

存货控制是指企业在日常生产经营过程中，按照存货管理制度和存货运动规律，对存货的购入、存放及消耗进行组织、协调和监督。

存货控制是企业管理控制的重要组成部分，能否对存货实施有效控制关系到企业预算目标能否顺利实现。做好存货控制工作是降低产品成本的重要手段，对于企业保持长期竞争优势具有重要意义。存货储存量过高或过低，对企业来说都是不利的。存货储存量过高，必然占用更多的资金，使企业付出更大的持有成本；相反，存货储存量过低，可能会造成生产和销售等环节发生中断，进而影响企业经济效益。因此存货控制的关键点是恰当地控制存货水平，在保证销售和耗用正常进行的前提下，尽可能节约资金、降低存货成本。

存货控制的目标就是在各种存货成本和存货收益之间进行权衡，达到两者的最佳组合，实现企业经济效益最优化。

三、存货成本

存货在企业生产经营过程中发挥重要作用，但是持有存货必然会使企业发生一定的成本。在存货控制中，通常需要考虑进货成本、储存成本和缺货成本。

（一）进货成本（取得成本）

进货成本即存货的取得成本，是指为取得某种存货而支出的成本，通常用 TC_a 来表示，主要由存货进价和进货费用构成。

1. 存货进价（购置成本）

存货进价又称购置成本，是指为购买存货本身所支出的成本，即存货本身的价值，等于采购单价与采购数量的乘积。如果采购单价不随采购数量的变动而变动，则存货进价属于存货决策的无关成本；但是当供应商为扩大销售而采用数量折扣等优惠政策时，则存货进价属于存货决策的相关成本。

年需要量用 D 表示，单价用 U 表示，则购置成本为 $D \cdot U$。

2. 进货费用（订货成本）

进货费用又称订货成本，是指企业为组织进货而发生的各种费用，包括采购人员的工资、采购部门的一般经费（如办公费、水电费、折旧费等）和采购业务费（如差旅费、邮电费、检验费等）。进货费用可以分为两部分，一部分是为了维持一定的采购能力而发生的各期金额比较稳定的费用（如办公费、水电费、折旧费等），与订货次数无关，称为订货固定成本，属于存货决策的无关成本；另一部分是与订货次数成正比例变动的费用（如差旅费、邮电费等），称为订货变动成本，属于存货决策的相关成本。

订货固定成本用 F_1 表示；每次订货的变动成本用 K 表示；订货次数等于存货年需要量 D 与每次订货量 Q 之商。订货成本的计算公式为：

$$\text{订货成本} = F_1 + \frac{D}{Q}K$$

订货成本加上购置成本，就等于存货的取得成本。计算公式为：

取得成本 = 订货成本 + 购置成本
　　　　 = 订货固定成本 + 订货变动成本 + 购置成本

$$TC_a = F_1 + \frac{D}{Q}K + DU$$

（二）储存成本

储存成本是指企业为持有存货而发生的各种费用，通常用 TC_c 来表示。储存成本按照与储存数额的关系可区分为储存固定成本和储存变动成本两部分。其中，储存固定成本（如仓库的折旧费、维修费、通风照明费以及仓库职工的固定工资等）与存货储存数额的多少没有直接联系，属于存货决策的无关成本；储存变动成本（如存货资金的应计利息、存货的破损和变质损失、存货的保险费用等）与存货储存数额成正比例变动关系，属于存货决策的相关成本。

储存固定成本用 F_2 表示；单位储存变动成本用 K_c 表示。则储存成本的计算公式为：
储存成本 = 储存固定成本 + 储存变动成本

$$TC_c = F_2 + \frac{Q}{2}K_c$$

（三）缺货成本

缺货成本是指由于存货供应中断而造成的损失，包括材料供应中断造成的停工损失、产成品库存缺货造成的拖欠发货损失和丧失销售机会的损失及造成的信誉损失等；

如果生产企业以紧急采购代用材料解决库存材料中断之急，则缺货成本表现为紧急额外购入成本。缺货成本是否作为存货决策的相关成本，应视企业是否允许出现存货短缺而定。如果允许缺货，则缺货成本与存货数量反向相关，即属于存货决策的相关成本；但如果不允许缺货，则缺货成本为零，即属于存货决策的无关成本。但实际工作中，缺货成本因其计量十分困难常常不予考虑，但如果缺货成本能够准确计量的话，也可以在存货决策中考虑缺货成本。缺货成本用 TC_S 表示。

如果以 TC 来表示存货的总成本，则存货总成本的计算公式为：

$$TC = TC_a + TC_C + TC_S$$
$$= F_1 + \frac{D}{Q}K + DU + F_2 + \frac{Q}{2}K_C + TC_S$$

企业存货的最优化，就是使企业存货总成本即上式 TC 值最小。

> **小思考**
>
> 商业折扣与现金折扣有什么区别？
>
> 答：商业折扣又称数量折扣，是指在商品交易时，为了鼓励客户多购买商品而从商品价目单中所列售价的基础上扣减一定的数额，实际上是对商品报价进行的折扣。而现金折扣是为了鼓励客户在一定期限内及早付款而给予对方的一种折扣优惠。

> **小思考**
>
> 当供应商提供数量折扣时，材料的购置成本属于材料决策的相关成本还是无关成本？
>
> 答：属于材料决策的相关成本。

学习子情境一
存货经济批量

> **情境引例**
>
> 小王是某商学院财务管理专业的学生，毕业前到法兰公司财务部进行专业实习，该公司为生产甲产品需用 D 材料，相关会计资料如下：年需求总量为 9 000 千克，购买价格为每千克 12 元，运费为每千克 0.9 元，装卸费为每千克 45.4 元；每次发出订单的电话订货费为 15 元，材料运到

公司的成本为360元；存货税为每千克材料每年0.6元，库存保险费为每千克每年0.15元，平均损失每千克每年1.8元；接货人员的月工资为1 200元，仓库租金每月1 800元，资本成本为每年16%。财务经理孙经理问小王："如果请你做出该材料的采购决策，请问上述资料中哪些是与决策相关的成本？哪些是与决策无关的成本？"

小王认真回答了孙经理提出的问题，认真分析了材料采购决策的相关成本与无关成本，孙经理较为满意。然后，孙经理继续问小王："那么你认为每次订货批量多少时能使该公司D材料的年成本最低？"

经典事件

巴克雷斯公司事件

1946年，克里斯蒂·威特罗和里伯瑞·普格里兹合伙出资在纽约成立了一家小的建筑公司。随着公司规模的不断扩大，聘用卢索当会计，还任命他为执行副总裁。几年后，他们又雇了曾在毕马威事务所工作过的两个人担任会计和财务主任。1955年威特罗和普格里兹将他们所有的生意合并，成立了巴克雷斯建筑公司。4年后，公司以每股3美元的价格，公开上市发行了56万股普通股，不久，股票就列入美国证券交易所上市的名单之中。

巴克雷斯公司的主要业务是承建保龄球道。20世纪60年代初，人们对新型保龄球道发生了兴趣，导致旧型球道市场一落千丈，使巴克雷斯公司在1962年陷入了财务危机。1961年5月，为了解决迫切需要的营运资金，公司向证券交易委员会递交了S—1有价证券申请上市登记表，要求发行总金额为174万美元，期限为15年，利率为5.5%的长期债券。1962年年末，由于还不起外部债券的利息，巴克雷斯公司只好按照联邦破产法的规定宣告破产。破产后，购买该公司1961年公开发行债券的人们集体上诉，巴克雷斯公司、证券经纪商以及毕马威会计师事务所均成为被告。

这个案件之所以著名，首先，因为该案件是自1933年证券法颁布以来第一个大案，它牵涉到在证券法首次对新证券发行作了法律规定以后，该如何处理与此有关的法律纠纷问题。其次，对审计职业界来说，这个案例也很重要，因为它是1933年证券法颁布以来，第一个强调审计人员法律责任范围和性质的案件。尤为重要的是，该案例将成为联邦法院依据1933年证券法进行判决的试金石。即到底是由于审计人员的责任导致了S—1表上的财务披露错误，还是审计人员根据1933年证券法履行了应尽的职责。

职业判断与业务操作

一、存货经济批量的概念

存货经济批量是指使相关决策总成本最小时的订货批量和生产批量，分为经济订货批量和经济生产批量。本教材仅介绍存货的经济订货批量。

经济订货批量是指在保持企业正常生产经营活动的前提下，能使一定时期存货的相关总成本达到最低的每次订货数量。决定存货总成本的因素很多，不同的成本项目与订货批量呈现着不同的变动关系。在某种存货全年需求量一定的情况下，降低订货批量，必然增加订货次数，可以降低储存成本（变动储存成本），但会增加订货成本（变动订货成本）和缺货成本；相反，增加订货批量，减少订货次数，可以降低订货成本和缺货成本，但同时会增加储存成本。因此，如何协调各项成本之间的关系，使其总成本达到最低点，是企业组织订货时需要解决的主要问题。

二、存货经济订货批量基本模型

（一）存货经济订货批量基本模型的假设条件

存货经济订货批量基本模型的建立需要一定的假设条件，具体包括：

(1) 存货的年需求总量稳定并可以较为准确地予以预测；
(2) 存货的耗用或者销售比较均衡；
(3) 企业能及时补充存货，即需要存货时就能立即取得存货；
(4) 不允许缺货；
(5) 存货单价不变，且不考虑数量折扣；
(6) 仓储条件及所需现金不受限制；
(7) 所需存货市场供应充足，不会因买不到所需存货而影响其他方面。

（二）存货经济订货批量基本模型的建立

在上述假设条件下，存货的购置成本、订货固定成本和储存固定成本均为决策的无关成本；因为不允许缺货，缺货成本也是决策的无关成本。此时，与存货订购批量决策相关的成本只有两项，即订货变动成本（可简称订货成本）和储存变动成本（可简称储存成本）。经济订货批量下的存货相关总成本的计算公式可表示为：

存货相关总成本 = 订货变动成本 + 储存变动成本

$$= \frac{存货全年需要量}{每次订货批量} \times 每次订货费用 + \frac{每次订货批量}{2} \times 单位存货年储存成本$$

存货相关总成本与订货成本、储存成本的关系如图 6-1 所示。

从图 6-1 可以看出，当订货成本与储存成本相等时，存货相关总成本最低，此时的订货批量就是经济订货批量。

假设：Q 为每次订货批量；D 为某种存货的全年需要量；K 为平均每次订货费用；K_c 为单位存货年储存成本；TIC 表示存货的相关总成本；U 为进货单价；I 表示经济订货批量平均占用资金；N 表示年度最佳订货批次，T 表示最佳订货周期。则存货相关总成本的基本模型表示如下：

$$TIC = \frac{D}{Q}K + \frac{Q}{2}K_c$$

上述中能满足 TIC 最小的 Q 值就是经济订货批量（Economic Order Quantity，简称 EOQ，以下简化表示为 Q^*）。一般是利用微分极值原理，令 TIC 的一阶导数为零，求出

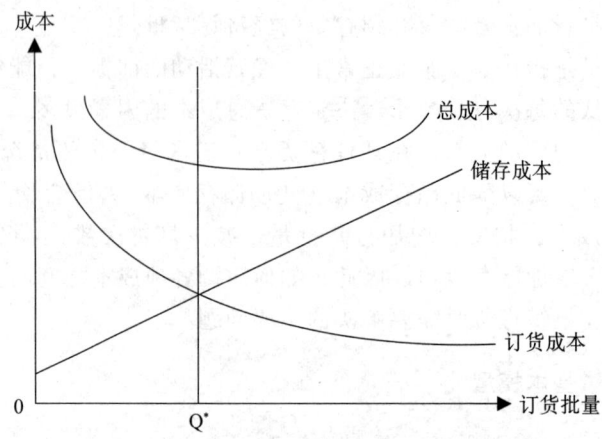

图 6-1 存货经济订货批量基本模型图

Q^* 值的数学公式。

经济订货批量：$Q^* = \sqrt{\dfrac{2DK}{K_c}}$

经济订货批量的存货相关总成本：$TIC = \sqrt{2DKK_c}$

经济订货批量平均占用资金：$I = \dfrac{Q^*}{2} \times U$

年度最佳订货批次：$N = \dfrac{D}{Q^*}$

最佳订货周期：$T = \dfrac{360}{N}$

> ◆ 小思考
>
> 在存货经济订货批量基本模型中，导致经济订货批量增加的因素有哪些？
>
> 答：在存货经济订货批量基本模型中，导致经济订货批量增加的因素有：存货全年需要量的增加、每次订货费用的增加、单位存货年储存成本的降低。

> ◆ 小资料
>
> 存货经济订货批量模型最早是由威尔逊·哈利斯（Wilson Harris）于1915年提出，后来 Wilson 把其结果纳入存储管理系统方面做了积极的工作，故人们常将存货经济订货批量模型称为威尔逊·哈利斯模型。

[业务操作 6—1]

法兰公司全年需耗用 B 材料 30 000 千克，材料单价为 15 元/千克，单位年储存成本为 5 元，每次订货成本为 150 元，计算 B 材料的经济订货批量 Q^*，经济订货批量总成本 TIC，经济订货批量占用资金 I，最佳进货次数 N，进货间隔周期 T。

$$Q^* = \sqrt{\frac{2DK}{K_C}} = \sqrt{\frac{2 \times 30\,000 \times 150}{5}} \approx 1\,342 \text{（千克）}$$

$$TIC = \sqrt{2DKK_C} = \sqrt{2 \times 30\,000 \times 150 \times 5} = 6\,708 \text{（元）}$$

$$I = \frac{Q^*}{2} \times U = \frac{1\,342}{2} \times 15 = 10\,065 \text{（元）}$$

$$N = \frac{D}{Q^*} = \frac{30\,000}{1\,342} \approx 22 \text{（次）}$$

$$T = \frac{360}{N} = \frac{360}{22} \approx 16 \text{（天）}$$

> **学中做**
>
> 某公司全年需耗用甲材料 3 600 千克，材料单位采购成本 10 元，单位年储存成本为 2 元，每次订货成本 25 元，计算甲材料的经济订货批量 Q^*，经济订货批量总成本 TIC，经济订货批量占用资金 I，最佳进货次数 N，进货间隔周期 T。
>
> 操作：
>
> $$Q^* = \sqrt{\frac{2DK}{K_C}} = \sqrt{\frac{2 \times 3\,600 \times 25}{2}} = 300 \text{（千克）}$$
>
> $$TIC = \sqrt{2DKK_C} = \sqrt{2 \times 3\,600 \times 25 \times 2} = 600 \text{（元）}$$
>
> $$I = \frac{Q^*}{2} \times U = \frac{300}{2} \times 10 = 1\,500 \text{（元）}$$
>
> $N = 3\,600 \div 300 = 12$（次）
>
> $T = 12 \div 12 = 1$（月）

三、存货经济订货批量基本模型的扩展

存货经济订货批量基本模型是在前述假设条件下建立的，而在实际工作中，因各种因素的影响，这些假设条件常常很难满足，所以需要放宽模型的一些假设条件，增强模型的实用性。

（一）实行数量折扣条件下的经济订货批量

在存货经济订货批量基本模型中，假设存货单价不变，而在实际工作中，为了鼓励客户购买更多的商品，供应商往往会实行数量折扣，给客户提供不同程度的价格优惠。购买越多，客户可获得的价格优惠就越大。因此，实行数量折扣的情况下，进货企业在计算经济订货批量时，除了考虑存货的订货成本和储存成本外，还要考虑存货的进价成本。因为此时的存货进价成本已经与进货数量的大小有了直接的联系，属于决策的相关成本。即在存货经济订货批量基本模型其他各种假设条件均具备的前提下，存在数量折扣时的存货相关总成本计算公式如下：

存货相关总成本 ＝ 购置成本 ＋ 订货变动成本 ＋ 储存变动成本

$$TIC = DU + \frac{D}{Q}K + \frac{Q}{2}K_c$$

实行数量折扣条件下经济订货批量模型计算的基本步骤是：

第一步：按照基本订货批量模型计算没有数量折扣时的经济订货批量及其相关总成本；

第二步：计算考虑数量折扣时的存货相关总成本；

第三步：比较不同订货批量的存货相关总成本，最低存货相关总成本对应的订货批量，即为实行数量折扣时的最佳经济订货批量。

> **小思考**
>
> 当储存成本与订货成本的关系如何时，存货的订货量为经济订货批量？
>
> 答：当储存成本与订货成本相等时的订货量为经济订货批量。

[业务操作 6—2]

法兰公司 A 材料的年需要量为 5 000 千克，每千克标准单价为 30 元。供应商规定：客户每批购买量不足 1 000 千克的，按照标准单价计算；客户每批购买量 1 000 千克以上、2 000 千克以下的，价格可优惠 2%；客户每批购买量 2 000 千克以上的，价格可优惠 3%。已知每批订货成本为 100 元，单位材料的年储存成本为 4 元，计算最佳经济订货批量。

（1）在没有数量折扣时（订货批量 1 000 千克以下）：

$$Q = \sqrt{\frac{2 \times 5\,000 \times 100}{4}} = 500\ （千克）$$

$$TIC = 5\,000 \times 30 + \frac{5\,000}{500} \times 100 + \frac{500}{2} \times 4 = 152\,000\ （元）$$

或 $= 5\,000 \times 30 + \sqrt{2 \times 5\,000 \times 100 \times 4} = 152\,000$（元）

（2）订货批量为 1 000 千克时，可享受 2% 的价格优惠：

$TIC = 5\,000 \times 30 \times (1 - 2\%) + \dfrac{5\,000}{1\,000} \times 100 + \dfrac{1\,000}{2} \times 4 = 149\,500$（元）

（3）订货批量为 2 000 千克时，可享受 3% 的价格优惠：

$TIC = 5\,000 \times 30 \times (1 - 3\%) + \dfrac{5\,000}{2\,000} \times 100 + \dfrac{2\,000}{2} \times 4 = 149\,750$（元）

通过以上结果比较发现，每次订货 1 000 千克时的存货相关总成本最低，所以此时最佳经济订货批量为 1 000 千克。

学中做

某企业年需耗用 B 材料 3 600 件，材料单价 16 元，每次订货成本 75 元，单位材料的年储存成本为材料单价的 25%。材料供应商对一次性购买量大的客户给予折扣优惠，具体优惠折扣率见表 6 - 2：

表 6 - 2　　　　　　　　　　优惠折扣率表

折扣级别	一次供货量（件）	折扣率	每件单价（元）
1	$0 \leqslant Q < 900$	0	16
2	$900 \leqslant Q < 1\,800$	2%	15.68
3	$1\,800 \leqslant Q$	3%	15.52

那么在考虑了数量折扣后的经济订货批量是多少？

（1）折扣率为 0 时：

$Q = \sqrt{\dfrac{2 \times 3\,600 \times 75}{16 \times 25\%}} \approx 367$（件）

$TIC = 3\,600 \times 16 + \dfrac{3\,600}{367} \times 75 + \dfrac{367}{2} \times 16 \times 25\% = 59\,069.69$（元）

（2）折扣率为 2% 时（Q 为 900 件时）：

$TIC = 3\,600 \times 15.68 + \dfrac{3\,600}{900} \times 75 + \dfrac{900}{2} \times 15.68 \times 25\% = 58\,512$（元）

（3）折扣率为 3% 时（Q 为 1 800 件时）：

$TIC = 3\,600 \times 15.52 + \dfrac{3\,600}{1\,800} \times 75 + \dfrac{1\,800}{2} \times 15.52 \times 25\% = 59\,514$（元）

因为当 Q 为 900 件时，TIC 最低，所以，考虑了数量折扣后的经济订货批量是 900 件。

（二）允许缺货时的经济订货批量

在允许缺货的情况下，企业对经济订货批量的确定，就不仅要考虑订货成本与储存成本，而且必须对可能发生的缺货成本加以考虑，即能够使三项成本总和最低的批量就是经济订货批量。但在实际中，缺货成本的计量往往比较困难。企业应根据缺货后造成的对企业的损失来进行估计，例如材料供应中断造成的停工损失、成品供应中断导致延误发货的信誉损失以及丧失销售机会的损失等。

设 S 为缺货量，R 为单位缺货年均成本，其他符号同前。则有：

$$Q^* = \sqrt{\frac{2DK}{K_C} \times \frac{K_C + R}{R}}$$

$$S = \frac{Q^* \cdot K_C}{K_C + R}$$

即允许缺货时的经济订货批量

$$= \sqrt{\frac{2 \times 存货年需求总量 \times 平均每次订货费用}{单位存货年储存成本} \times \frac{单位存货年储存成本 + 单位缺货年均成本}{单位缺货年均成本}}$$

$$平均缺货量 = \frac{允许缺货时的}{经济订货批量} \times \frac{单位存货年储存成本}{单位存货年储存成本 + 单位缺货年均成本}$$

此时存货经济订货批量的存货相关总成本为：

$$TIC = \sqrt{2DKK_C \times \frac{R}{K_C + R}}$$

式中，缺货成本可以根据存货中断的概率和相应的存货中断造成的损失进行计算。

[业务操作6—3]

法兰公司 C 材料年需要量为 50 000 千克，每次订货费用为 80 元，单位储存成本为 5 元，单位缺货成本为 10 元。问允许缺货时的经济订货批量和平均缺货量为多少？

$$允许缺货时的经济订货批量 = \sqrt{\frac{2 \times 50\,000 \times 80}{5} \times \frac{5+10}{10}} \approx 1\,549 \text{（千克）}$$

$$平均缺货量 = 1\,549 \times \frac{5}{5+10} \approx 516 \text{（千克）}$$

> **学中做**
>
> 某企业 D 材料年需要量为 32 000 千克，每次订货费用为 60 元，单位储存成本为 4 元，单位缺货成本为 8 元。问允许缺货时的经济订货批量和平均缺货量为多少？
>
> $$允许缺货时的经济订货批量 = \sqrt{\frac{2 \times 32\,000 \times 60}{4} \times \frac{4+8}{8}}$$
> $$= 1\,200 \text{（千克）}$$
>
> $$平均缺货量 = 1\,200 \times \frac{4}{4+8} = 400 \text{（千克）}$$

（三）订货提前期和再订货点

在存货经济订货批量基本模型中，假设企业能及时补充存货，但实际情况并非完全如此。为了保证生产和销售活动的持续进行，企业必须在存货用完或售完之前提前订货，这就是订货提前期的确定和再订货点的控制问题。

订货提前期是指从发出订单到货物验收完毕所用的时间。

再订货点是指企业再次发出订单时尚存的存货量。

如果用 RP 表示存货的再订货点，用 L 表示存货的订货提前期，用 d 表示存货的平均每日耗用量，则再订货点的计算公式为：

再订货点 = 订货提前期 × 平均每日耗用量

$RP = L \cdot d$

如果企业的存货量降至再订货点时订货，则当原有存货全部用完时，所订存货刚好到货。此时存货的经济订货批量、与批量有关的总成本、全年订货次数、经济订货批量占用的资金与存货瞬时供应时无变化，即再订货点与经济订货批量无关，只是当达到再订货点时，提前发出订单。

再订货点的确定，可以保证生产不至于出现停工待料，进而避免因生产中断而给企业造成的损失。但是，再订货点的存在必然会增加相应的资金占用成本，因此应加速资金周转，不断提高管理水平，尽可能降低再订货点。

［业务操作6—4］

法兰公司某种原材料的年需要量为 36 000 千克，订货提前期为 6 天。问：当该种原材料为多少时企业就应发出订单？

$RP = L \cdot d = (36\ 000 \div 360) \times 6 = 600$（千克）

即当该种原材料尚存 600 千克时就应发出订单。

（四）保险储备量

存货经济订货批量基本模型中是以供需稳定为前提条件的，但在实际工作中，这种稳定不变的情况并不多见，企业对存货的需要量经常会发生变化，供货商也可能会交货延误等。在交货期内，如果发生存货需要量临时增加或供货商交货延误，就会发生缺货，造成生产中断。为防止由此造成的损失，企业应有一定的保险储备量。

保险储备量是指为了防止生产对存货临时需要增加或供货延误等意外情况而进行的储备量。

保险储备量的存在会影响存货再订货点的确定。在考虑保险储备量的情况下，再订货点的计算公式为：

再订货点 = 预计交货期内的需求 + 保险储备量

= 订货提前期 × 平均每日耗用量 + 保险储备量

保险储备量的确定要适当,这取决于存货中断的概率和存货中断的损失。较高的保险储备量虽然可以降低缺货成本,但同时也增加了存货的储存成本。所以,最佳的保险储备量就是使缺货成本和储存成本之和达到最低。

确定保险储备量的步骤:

第一步:假设不同的保险储备量,计算各种保险储备量的总成本;

第二步:比较各种保险储备量的总成本,选择最低者为合理的保险储备量。

假设与保险储备量有关的总成本为 $TC(S, B)$,缺货成本为 C_S,保险储备成本为 C_B,则保险储备总成本的计算公式为:

保险储备总成本 = 缺货成本 + 保险储备成本

$TC(S, B) = C_S + C_B$

其中:缺货成本 = 单位缺货成本 × 一次订货的缺货量 × 年订货次数

可用公式表示为:$C_S = K_U \cdot S \cdot N$

保险储备成本 = 保险储备量 × 单位存货年储存成本

可用公式表示为:$C_B = B \cdot K_C$

则:$TC(S, B) = K_U \cdot S \cdot N + B \cdot K_C$

式中:K_U——单位缺货成本;

S——一次订货的缺货量;

N——年订货次数;

K_C——单位存货年储存成本;

B——保险储备量。

实际工作中,缺货量 S 具有概率性,其概率可以根据历史经验估计得出;保险储备量 B 可以选择几种不同的情况。

> **小思考**
>
> 如果因延误供货引起缺货,企业应如何计算增加的保险储备量?
>
> 答:因延误供货引起缺货,可以通过估计延误的天数和平均每日耗用量来计算增加的保险储备量。

[业务操作 6—5]

法兰公司 A 零件年需要量为 7 200 件,单位年储存成本为 6 元,单位缺货成本为 8 元,订货提前期为 10 天,经济订货批量为 400 件,每年订货次数为 18 次,订货点为 200 件。预计订货提前期内的零件需要量及概率分布见表 6-3:

表 6-3　　　　　　　　　　　　　零件需要量的概率分布表

需要量（件）	概率
140	0.01
160	0.04
180	0.20
200	0.50
220	0.20
240	0.04
260	0.01

要求：该公司保险储备量为多少比较适合？

保险储备量的计算见表 6-4：

表 6-4　　　　　　　　　　　　　保险储备量计算表

保险储备量（件）	缺货量（件）	缺货概率	一次订货的缺货量（件）	缺货成本（元）	保险储备成本（元）	总成本（元）
(1)	(2)	(3)	(4)=(2)×(3)	(5)=8×(4)×18	(6)=(1)×6	(7)=(5)+(6)
0	0	0.01	0			
	0	0.04	0			
	0	0.20	0			
	0	0.50	0			
	20	0.20	4	8×6.2×18	0×6=0	892.8
	40	0.04	1.6	=892.8		
	60	0.01	0.6			
			合计 6.2			
20	0	0.01				
	0	0.04				
	0	0.20				
	0	0.50				
	0	0.20				
	20	0.04	0.8	8×1.2×18	20×6=120	292.8
	40	0.01	0.4	=172.8		
			合计 1.2			
40	0	0.01				
	0	0.04				
	0	0.20				
	0	0.50				
	0	0.20				
	0	0.04		8×0.2×18	40×6=240	268.8
	20	0.01	0.2	=28.8		
60	0	0.01				
	0	0.04				
	0	0.20				
	0	0.50				
	0	0.20				
	0	0.04				
	0	0.01	0	8×0×18=0	60×6=360	360

从表 6-4 可以看出,当保险储备量为 40 件时,总成本最低。因此,该公司保险储备量为 40 件比较合适,即应确定该公司 A 零件的最佳再订货点为 240 件。

学习子情境二 存货控制方法

👉 情境引例

欣欣百货商场生意比较红火,经营的品种主要包括各类家电、自行车、照相器材、服装、文具及各类小百货等。从前由于库存商品管理不善,商品不是脱销就是长期积压,因此商场效益不佳。后来,经理采纳了一位员工的建议,将所有库存商品大致分为三类。第一类是年销售额比较大的商品,如彩电、空调、录像机等"大件"商品;第二类是小家电,如电风扇、电暖气以及自行车等商品;将其余那些种类繁多、每年销售额比较小的商品归为第三类。然后对第一类为数不多的商品库存严格管理;对第二类商品库存次重点管理;而对于第三类商品库存采取非重点管理。结果商场取得了良好的经济效益。该商场采用的方法就是本子情境将要介绍的存货控制方法之一。

国民经济的活力细胞

如果把整个国民经济比作一个有机体的话,那么生产要素就是它的活力细胞,是组成国民经济体的基本单位。我们先通过下列一则小故事看一看生产要素主要包括哪些方面,它们之间是如何互相作用的。

在一次珠宝拍卖会上,有一颗叫作"月光爱人"的钻石吸引了顾客的眼球。它晶莹剔透、光彩夺目,最后卖出了 8 000 万元的最高价。这颗钻石是由梦幻珠宝公司在位于南非的一座矿山中挖掘出来的。梦幻公司的老板托尼很得意地说:"我当初决定购买这座矿山开采权的时候,就觉得这里面一定有宝藏,现在应验了。"挖掘队队长鲍勃不服气了,说:"为了挖到这颗钻石,我和我的同事付出了艰辛劳动。我们夜以继日地工作,几乎找遍了矿山的每一个角落,好不容易才发现了它。"而向公司提供挖掘设备的厂商却说:"我们公司的机器设备是世界一流的,如果没有我们提供挖掘机,他们不可能在 50 米深的矿井中挖到这颗钻石。"

最后,南非政府的官员说:"在我们国家的土地上才能找到如此珍贵的钻石。在我们的国土下面还埋藏着数不尽的资源,欢迎各国企业家来投资开采。"

> 在这个故事里,大家都认为自己对生产钻石的功劳最大,其实离开了哪一方都不能成功,他们都是生产要素的提供者,理所当然地获得相应的报酬:提供劳动力的获得工资,提供资本的获得利息,提供土地的获得地租,提供企业家才能获得利润。工资、利息、地租和企业利润就分别是生产要素劳动力、资本、土地和企业家才能的价格。

■ 职业判断与业务操作

本子情境将介绍两个典型的存货控制方法,即存货 ABC 分类控制法和适时制存货控制。

一、存货 ABC 分类控制法

企业存货种类繁多,不同的存货对企业财务目标的实现具有不同的作用。有的存货品种数量很少,但金额很大,如果管理不善,将给企业造成极大的损失;有的存货品种数量繁多,但金额很低,即使管理中出现问题,也不至于对企业产生极大的影响。因此,无论从能力还是经济角度,企业都不可能也没有必要对每种存货事无巨细地严加管理。在存货控制中,企业应分清主次,突出重点,提高存货控制的整体效果。

存货 ABC 分类控制法就是按照一定的标准,将企业的存货划分为 A、B、C 三类,分别实行分品种重点控制严格管理、分类别一般控制和按总额灵活掌握的存货控制方法。

1. 存货 ABC 分类的标准

存货分类的标准主要是两个:一是金额标准;二是品种数量标准。其中最基本的是金额标准,品种数量标准仅作为参考。其中:A 类存货的特点是:存货金额很大,但品种数量较少;B 类存货的特点是:存货金额一般,品种数量相对较多;C 类存货的特点是:存货金额很小,但品种数量繁多。

一般来说,三类存货的金额比重大致为:$A:B:C = 0.7:0.2:0.1$,而品种数量比重大致为:$A:B:C = 0.1:0.2:0.7$。

将存货划分为 A、B、C 三类后,应采取不同的管理方法。由于 A 类存货占用企业绝大多数的资金,对 A 类存货应进行重点管理。同时,由于 A 类存货品种数量较少,企业完全有能力按照每一个品种进行管理。B 类存货金额相对较小,企业没有必要像对待 A 类存货重点管理;同时由于 B 类存货品种数量较多,企业往往没有能力对每一品种进行管理,所以可以通过划分类别的方式进行管理。C 类存货尽管品种数量繁多,但其所占金额却很小,品种数量又很多,因此企业可以只对其进行总额控制和管理。

2. 存货 ABC 分类控制法的应用步骤

存货 ABC 分类控制法的具体过程可以分三个步骤进行:

(1) 列示企业全部存货的明细表,并计算出每种存货的价值总额及占全部存货金额的百分比;

(2) 按照金额标准由大到小进行排序并累加金额百分比;

（3）当金额百分比累加到70%左右时，以上存货视为A类存货；百分比介于70%～90%之间的存货视为B类存货；其余则视为C类存货。

 小思考

在存货ABC分类控制法中，上述划分标准是否绝对的、是否制定后就一成不变了？

答：在存货ABC分类控制法中，对存货的分类是按照一定时期金额比重大小来划分的，但应该看到，不是所有金额较小的存货都不重要，上述划分标准不是绝对的，企业对存货重要性的划分还应结合自身情况考虑其他一些因素，对存货的分类进行适当调整。

 小资料

存货的控制系统

随着业务流程重组的兴起、信息技术的迅速发展及其在财务领域的应用，库存控制方法也得到很大的发展。从MRP（物料资源规划）发展到MRP-Ⅱ（制造资源规划）、再到ERP（企业资源规划）、以及后来的柔性制造和供应链管理，甚至是外包等管理方法的快速发展，都极大地促进了企业库存控制方法的发展。这些新的生产方式将信息技术革命和管理进一步融为一体，提高了企业整体运作效率。ABC控制系统和适时制存货控制系统是两个典型的库存控制系统。

资料来源：财务管理：中级会计资格．财政部会计资格评价中心编．北京：中国财政经济出版社，2009.12

[业务操作6—6]

法兰公司共有20种材料，总金额为1 050 000元，按金额多少的顺序排列后，根据上述原则划分成A、B、C三类，具体情况见表6-5。

通过对存货进行ABC分类，可以使企业分清主次，采取相应对策进行有效的管理、控制。企业在组织经济订货批量、储存期分析时，对A、B两类存货可以分别按品种、类别进行。对C类存货只需加以灵活掌握即可，一般不必进行上述各方面的测算与分析。此外，企业还可以运用存货ABC分类控制法区分为A、B、C三类，通过研究各类消费者的消费倾向、档次等，对各档次存货的需要量（额）加以估算，并购进相应数量的存货。这样，能够使存货的购进与销售工作有效地建立在市场调查的基础上，进而达到良好的控制效果。

表 6–5　　　　　　　　　　　　　　　存货 ABC 分类表

材料品种编号	金额（元）	类别	各类存货所占的品种	比重（%）	各类存货占用资金的金额（元）	比重（%）
1	420 000					
2	315 000	A	2	10	735 000	70
3	78 750					
4	63 000					
5	42 000					
6	26 250	B	4	20	210 000	20
7	15 750					
8	13 125					
9	11 550					
10	11 025					
11	10 500					
12	9 450					
13	7 088					
14	6 825					
15	5 512					
16	3 675					
17	3 150					
18	2 888					
19	2 362					
20	2 100	C	14	70	105 000	10
合计	1 050 000		20	100	1 050 000	100

二、适时制存货控制

（一）适时制存货控制的概念

适时制存货控制，又称零库存管理、看板管理系统，是指制造企业事先与供应商和客户协调好，只有当制造企业在生产过程中需要原料或零件时，供应商才会将原料或零件送来；而每当产品生产出来就被客户拉走。

（二）适时制存货控制与传统存货控制方法的比较

1. 理念不同

传统存货控制认为持有一定水平的存货有其合理性，要求企业按照各种模型制定的计划引入存货，以达到相关总成本最低。

适时制存货控制要求企业按需要引入存货，最终目的是消灭存货，以达到总成本最低。采用适时制存货控制，可以消除大量的存货，节约企业在存货上占用的资金及相应的储存成本，提高企业生产效率和资金使用效益。

2. 生产系统不同

传统存货控制采用的是传统的推动式生产系统。推动式生产系统：首先由计划部门按零件计算出需要量和各个生产阶段的生产提前期，确定每个零件的投入产出计划，按计划发出生产和订货的指令。每一生产车间和每一工作都按计划制造零件，将实际完成情况反馈到计划部门，并将加工完的零件送到后续生产车间和后一道工序，不管后续车间和工序当时是否需要。但在推动式生产系统下，实际上难以保证按生产作业计划的要求按时完成任务。在传统的推动式生产系统中，各个工序之间相互独立，在产品的存货量较大，必然导致生产费用的占用和浪费。推动式生产系统一般适用于供小于求的卖方市场状况。

适时制存货控制采用的是拉动式生产系统。拉动式生产系统：首先从产品装配出发，每道工序和每个车间按照当时的需要向前一道工序和车间提出要求，发出工作指令，前面的工序和车间完全按照这些指令进行生产。该方法还可以进一步扩展到销售和订货领域。在拉动式生产系统下，要求企业的供应、生产、销售各个环节紧密配合，可以使存货水平较低，进而降低存货成本。拉动式生产系统一般适用于供大于求的买方市场状况。

3. 采购策略不同

传统存货控制一般是根据经济订货批量模型确定企业外购原材料或零件的最佳批量，与较多供应商保持联系，比较各供应商提出的价格和结算条件等，选择较为理想的供应商签订合同。在这种方式下，企业一般持有一定水平的存货，占用较多资金；而且企业没有固定的、长期合作关系的供应商。

适时制存货控制要求企业尽可能降低存货的数量，只有在生产需要时采购所需要的原材料或零件，并且不允许因原材料或零件供应中断影响生产的正常进行。在这种方式下，不仅要求原材料或零件供应及时，而且采购的原材料或零件必须有质量保证。所以，要求企业与供应商建立良好的、长期合作的关系。

（三）实施适时制存货控制的前提条件

既能降低存货水平，同时又能保证生产的连续性，这是实施适时制存货控制的前提条件。如果在生产需要时不能保证供应充足的原材料、在产品，或者不能按照销售合同规定的时间交付合格的产品，将会使企业置于很危险的境地，企业实施适时制存货控制也就毫无意义。

（四）实施适时制存货控制的基本步骤

1. 做好准备工作

准备工作具体包括：进行管理培训，加强高级管理层对实施适时制存货控制的支持，各级管理人员明确各自的职责，企业制定实施的目标和周密的计划，培训和激励员工，激发每一员工积极地参与适时制存货控制的建设。

2. 根据市场供求状况，采用合适的生产系统

当前市场竞争非常激烈，往往产品供应大于需求，所以应采用拉动式生产系统，企业的供应、生产、销售各个环节紧密配合，提升经济效益。

3. 与供应商建立良好的、长期合作的关系

在选择供应商时，只与有限数量的比较了解的供应商发展长期合作关系；既要考虑材料的价格，又要考虑服务质量与材料质量；将材料及时并直接运送到生产场地；企业和供应商都须有团队合作精神。

4. 缩短生产周期

缩短生产周期，可以有效地减少在产品存货，降低生产成本。生产周期由生产准备时间、加工时间、搬运时间、等候时间和检验时间构成。缩短生产准备时间能够直接缩短生产周期，降低生产准备成本，并且在降低生产准备成本的范围内还会降低经济批量的规模。而缩短生产准备时间的关键就是要求企业的生产系统具有很强的柔性。一些高

科技企业成功地将适时制与柔性生产系统相结合，大大地减少了生产准备时间。

5. 实行全面质量管理

实行全面质量管理是顺利实施适时制存货控制的基本保证。适时制存货控制的各个环节，需要在全面质量管理的条件下才能协调一致；也只有在全面质量管理的作用下，才能抓好每一环节的质量关，使之尽可能实现"零缺陷"，才能实现"零存货"。

6. 不断完善

市场瞬息万变，适时制存货控制需要企业根据企业外部经营环境的变化结合自身实际情况，不断改进、调整和完善。

小思考

实施适时制存货控制应注意哪些问题？

答：我们应该注意的是，零存货在本质上是一种思想，而不是一种数量模型。我们应学习的是适时制下努力降低存货、提高质量、不断改进的精髓，将这种先进的管理思想与企业的实际情况结合起来，达到提高经济效益的目的。不顾企业管理水平和企业外部环境，生搬硬套零存货是很危险的。在实务中究竟应保持多少存货量最佳，需要结合企业外部经营环境以及内部管理水平。我们还应注意的是，对于实施适时制存货控制的企业，并不是总能获得收益的。如对于适时制的缔造企业——丰田公司，在20世纪70年代，实施适时制获得极大成功，将库存压得很低。但在20世纪80年代初，当市场需求突然增大时，因不能及时供货而蒙受了损失。之后，丰田公司适度增加了库存。

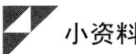

小资料

适时制存货控制

早在20世纪50年代，适时制存货控制是由美国的工程人员提出，当时产业界只注重生产线的效率而忽略与制造相关的其他部门的绩效，因此适时制存货控制并未受到学术界与实务界的重视。然而日本丰田汽车公司在20世纪50年代中期，将适时制的概念引入日本，并不断加以改良，至70年代，适时制在丰田集团已广泛实施，并最终在经济发达国家逐步得到广泛的运用。近年来，随着国际市场竞争日趋激烈，越来越多的公司（如沃尔玛、丰田、海尔等）为增加盈利和提高公司竞争能力，逐渐放弃了传统的存货经济订货批量控制，而转为采用适时制存货控制（Just in Time Inventory System，简称JIT）。适时制存货控制进一步的发展被应用于企业整个生产管理过程中——集开发、生产、库存和分销于一体，大大提高了企业运营管理效率。

资料来源：《管理会计学》第2版．周宝源主编．天津：南开大学出版社，2010.5

一、计算最佳订货点

某企业存货的经济批量订货次数为每年12次,平均年日耗用量5件,平均交货时间20天,每件年储存成本25元,每件缺货一次的成本为18元。交货期内不同耗用量的概率见表6-6:

表6-6

耗用量	25	50	75	100	125	150	175
概率	0.05	0.10	0.15	0.25	0.20	0.15	0.10

若想建立保险储备,可选择保险储备量为0、25、50、75四种方案。请计算该项存货的最佳再订货点。

计算方式见表6-7:

表6-7　　　　　　　保险储备量计算表

保险储备量（件）	缺货量（件）	缺货概率	一次订货的缺货量（件）	缺货成本（元）	保险储备成本（元）	总成本（元）
(1)	(2)	(3)	(4)=(2)×(3)	(5)=18×(4)×12	(6)=(1)×25	(7)=(5)+(6)
0	0	0.05	0			
	0	0.10	0			
	0	0.15	0			
	0	0.25	0			
	25	0.20	5	18×20×12 =4 320	0×25=0	4 320
	50	0.15	7.5			
	75	0.10	7.5			
			合计20			
25	0	0.05	0			
	0	0.10	0			
	0	0.15	0			
	0	0.25	0			
	0	0.20	0	18×8.75×12 =1 890	25×25 =625	2 515
	25	0.15	3.75			
	50	0.10	5			
			合计8.75			
50	0	0.05	0			
	0	0.10	0			
	0	0.15	0			
	0	0.25	0			
	0	0.20	0	18×2.5×12 =540	50×25 =1 250	1 790
	0	0.15	0			
	25	0.10	2.5			
75	0	0.05	0			
	0	0.10	0			
	0	0.15	0			
	0	0.25	0			
	0	0.20	0	18×0×12=0	75×25 =1 875	1 875
	0	0.15	0			
	0	0.10	0			

根据表6-7计算结果，当保险储备量为50件时，再订货点为150件时总成本最低。所以，该存货的最佳再订货点为150件。

二、海尔的"三个零"

创立于1984年的海尔集团，20年来持续稳定发展，已成为在海内外享有较高美誉的大型国际化企业集团。海尔集团坚持全面实施国际化战略，已建立起具有国际竞争力的全球设计网络、制造网络、营销与服务网络。

为应对网络经济和加入WTO的挑战，海尔从1998年开始实施以市场链为纽带的业务流程再造，以订单信息流为中心带动物流、资金流的运动，加快了与用户零距离、产品零库存和零营运成本"三个零"目标的实现。

零库存，就是三个JIT（适时生产），即JIT采购、JIT送料、JIT配送。这使得海尔能实现零库存。这里，海尔的仓库已经不叫仓库了，它只是一个配送中心。它是为了下道工序配送而暂存的一个地方。零库存不仅意味着没有大量的物资积压，不会因这些物资积压形成呆滞物资，最重要的在于可以为零缺陷铺平道路。就是说，这些物资都是采购最好的，采购最新鲜的。它可以使质量保证有非常牢靠的基础。

所谓零距离，就是拿到用户的订单后，以最快的速度满足用户的需求。包括生产过程，也是柔性的生产线，都是根据订单来进行生产的。海尔在全国有42个配送中心，这些配送中心可以及时地将产品送到用户手中去。通过这种做法，可以实现零距离。零距离对企业来讲，不仅仅是意味着产品不需要积压，赶快送到用户手中，它还有更深的一层意思，就是说，企业可以在市场当中不断地获取新的市场，创造新的市场。就像美国的管理大师德鲁克所说的："好的公司是满足需求，伟大的公司是创造市场。"

零营运资本，就是零流动资金占用。海尔因为有了前面的两个零，即零库存和零距离，因此也可以做到零营运资本。也就是说，在给供方的付款期到期前，可以先把用户欠的货款收回来。为什么呢？因为海尔可以做到现款现货。因为它是根据用户的订单来生产的，所以这个产品一到用户手里，用户就可以付给企业。这就使得海尔顺利进入良性运作的过程。

物流带给海尔的就是这三个零。但最重要的是它可以使海尔寻求和获得竞争力。海尔的CEO张瑞敏认为，一只手抓住了用户的需求，另一只手抓住可以满足用户需求的全球的供应链，把这两种能力结合在一起，这就是企业的竞争力。到目前为止，海尔通过业务流程的再造，建立现代物流，最后获得的就是在全世界都有能力进行竞争的核心竞争力，最终成为世界名牌，成为一个真正的世界500强的国际化企业。

> **情境小结**
>
> 存货在很多企业的流动资产中占有较大比重。做好存货控制对于企业降低成本、提高经济效益具有非常重要的意义。企业常用的存货控制方法主要有存货经济订货批量、存货 ABC 分类控制法和适时制存货控制。存货经济订货批量是传统的存货控制方法之一，通过控制采购批量、再订货点，达到相关总成本最低，实现存货控制的目的。存货 ABC 分类控制法是另一种传统的存货控制方法，将存货按照一定的标准进行分类，针对不同类别的存货分别采取不同的管理策略。适时制存货控制是一种先进的存货控制方法，将"零库存"作为存货控制的理想目标。

习题与实训

一、单项选择题

1. 以下各项与存货有关的成本费用中，不影响经济订货批量的有（　　）。
   A. 专设采购机构的基本开支　　B. 采购员的差旅费
   C. 存货资金占用费　　D. 存货的保险费

2. 存货成本不包括（　　）。
   A. 取得成本　　B. 储存成本
   C. 缺货成本　　D. 转换成本

3. 在存货经济订货批量基本模型中，经济订货批量所满足的条件是（　　）。
   A. 使各项存货成本同时达到最低
   B. 使储存成本与缺货成本之和最低
   C. 使储存成本与购置成本之和最低
   D. 使储存成本与订货成本之和最低

4. 在存货经济订货批量基本模型中，没有包含的假设条件是（　　）。
   A. 存货的年需求总量稳定并可以较为准确地予以预测
   B. 允许缺货
   C. 存货的耗用或者销售比较均衡
   D. 企业能及时补充存货，即需要存货时就能立即取得存货

5. 设企业年耗用某种材料 3 600 件，材料单价 4 元，一次订货的订货成本 10 元，单位存货的年储存成本 0.80 元。从企业发出订货单到收到材料需要 10 天，在经济订货批量模型下，当企业的库存达到（　　）时，应发出订货单。
   A. 100 件　　B. 200 件
   C. 300 件　　D. 400 件

6. 设企业年耗用某种材料 3 600 件，材料单价 4 元，一次订货的订货成本 10 元，单位存

货的年储存成本 0.80 元，那么该企业一年订货（　　）次最合算。

A. 6   B. 12
C. 24   D. 36

7. 在对存货实行 ABC 分类管理的情况下，ABC 三类存货的品种数量比重大致为（　　）。

A. 0.7:0.2:0.1   B. 0.1:0.2:0.7
C. 0.5:0.3:0.2   D. 0.2:0.3:0.5

8. 最佳的保险储备量就是使储存成本和（　　）之和达到最低。

A. 缺货成本   B. 订货成本
C. 购置成本   D. 生产成本

9. 假设某企业 A 材料平均每日耗用量为 10 件，订货提前期为 10 天，保险储备量为 5 件，则 A 材料的再订货点为（　　）件。

A. 100   B. 110
C. 105   D. 120

10. 下列关于适时制存货控制的论述不正确的是（　　）。

A. 适时制存货控制适用于由前向后的推动式生产系统
B. 适时制存货控制要求企业采用拉动式生产系统
C. 适时制存货控制要求企业的供、产、销各环节紧密配合
D. 适时制存货控制极大地降低存货成本

二、多项选择题

1. 存货成本包括（　　）。

A. 订购成本   B. 购置成本
C. 储存成本   D. 缺货成本

2. 存货经济订货批量基本模型考虑的成本有（　　）。

A. 缺货成本   B. 订货成本
C. 储存成本   D. 进价成本

3. 在存货经济订货批量基本模型中，下述表述正确的有（　　）。

A. 相关储存成本与每次订货批量成正比
B. 随每次订货批量的变动，相关订货费用和相关储存成本成反方向变化
C. 相关订货费用与每次订货批量成反比
D. 相关储存成本与相关订货费用相等时的采购批量，即为经济订货批量

4. 在存货经济订货批量的基本模型中，导致经济订货批量减少的因素有（　　）。

A. 每期对存货的总需求减少   B. 单位缺货成本降低
C. 每期单位储存成本增加   D. 每次订货费用的增加

5. 下列各项中属于存货变动储存成本的有（　　）。

A. 存货的变质损失   B. 储存存货仓库的折旧费
C. 存货的保险费用   D. 存货占用资金的应计利息

6. 在保险储备的情况下，确定再订货点需要考虑（　　）。

A. 保险储备量 B. 平均库存量
C. 平均日需要量 D. 订货批量
E. 提前订货期

7. 下列各项中属于订货变动储存成本的有（　　）。
A. 采购部门的办公费 B. 采购人员的差旅费
C. 采购部门的折旧费 D. 采购材料发生的邮电费

8. 在实行数量折扣条件下的经济订货批量，存货相关总成本包括（　　）。
A. 存货进价 B. 订货变动成本
C. 储存变动成本 D. 缺货成本

9. 在存在保险储备量时，保险储备总成本中的缺货成本受（　　）的影响。
A. 存货单价 B. 单位缺货成本
C. 一次订货的缺货量 D. 年订货次数

10. 以下各种存货控制方法，（　　）是传统的存货控制方法。
A. 存货经济订货批量 B. 存货 ABC 分类控制法
C. 适时制存货控制 D. 利用定额控制

三、判断题

1. 存货的储存成本是指为持有存货而发生的成本，其中也包括存货占用的资金的资本成本，储存成本中既有一部分变动性成本，又存在一部分固定性成本，例如仓库折旧、人员工资等。（　　）
2. 存货的缺货成本不包括紧急采购时的紧急额外购入成本。（　　）
3. 订货成本的高低直接取决于订货的数量。（　　）
4. 在存货控制中，与建立保险储备量无关的因素是订货提前期。（　　）
5. 在存货经济订货批量的扩展模型中，不需考虑存货的订货提前期。（　　）
6. 再订货点是在提前订货的前提下，企业再次发出订单时，尚有存货的库存量。（　　）
7. 建立保险储备量的目的，是为了寻求缺货成本的最小化。（　　）
8. 存货的取得成本包括订货成本和购置成本。（　　）
9. 存货总成本包括存货取得成本和存货储存成本。（　　）
10. 在存货经济进货批量的基本模型中，存货的进价成本、订货固定成本和储存固定成本均为常量，但短缺成本是决策相关成本。（　　）

四、简答题

1. 存货经济订货批量基本模型的假设条件有哪些？
2. 在有数量折扣的条件下，相关成本包括哪些？如何进行最优化决策？
3. 适时制存货控制应用的前提条件是什么？

五、计算分析题

1. 某企业每年需耗用 A 材料 45 000 件，单位材料年存储成本 20 元，平均每次进货费用为180元，A材料全年平均单价为240元。假定不存在数量折扣，不会出现陆续到货和缺货的现象。

要求：(1) 计算A材料的经济进货批量。
(2) 计算A材料年度最佳进货批数。
(3) 计算A材料的经济进货批量的总成本。
(4) 计算A材料的经济进货批量占用资金。

2. 某企业B材料的年需要量为16 000千克，每千克标准单价为20元。供应商规定：客户每批购买量不足1 000千克的，按照标准单价计算；客户每批购买量1 000千克以上、2 000千克以下的，价格可优惠2%；客户每批购买量2 000千克以上的，价格可优惠3%。已知每批订货成本为600元，单位材料的年储存成本为30元，计算最佳经济订货批量。

3. 某企业C材料年需要量为36 000千克，每次进货费用为50元，单位储存成本为5元，单位缺货成本为10元。则允许缺货时的经济订货批量和平均缺货量为多少？

4. 某公司D材料年需要量为150 000千克，材料单价75元，经济订货批量为37 500千克，全年订货4次，订货点为1 800千克。单位材料年储存成本为18元，单位材料缺货成本为36元。预计订货提前期内的材料需要量及概率分布见表6-8：

表6-8　　　　　　　　　　材料需要量的概率分布表

需要量（千克）	概率
1 500	0.1
1 650	0.2
1 800	0.4
1 950	0.2
2 100	0.1

要求：该公司保险储备量为多少比较适合？

学习情境七
成 本 控 制

 **职业能力目标**

成本控制是企业控制经济过程、提高经济效益的重要手段,是企业决策目标能否顺利实现的重要保证。通过本情景学习,在了解成本控制概念、分类、原则、程序的基础上,掌握标准成本的控制系统的构成内容、标准成本及其制定,重点分析差异的构成和计算,熟悉在制定标准成本后,如何在实际工作中控制目标成本。

 **典型工作任务**

开发一个新产品,理当投入500万元人民币,而老板只投入200万元,这就是过度控制。最后也许产品勉强开发出来了,可是上市以后却无人问津,因为200万元的预算开发出来的产品,可能功能不足,性能度不够,这就叫欲速则不达。

所以在成本方面当用则用,当省则省,可以省的钱,一毛不拔,应该用的钱,毫不吝惜。

另有三家著名企业,一个是日本 A 企业,一个是美国 B 企业,另外一个是欧洲 C 企业。它们对成本的控制有不同的对策。

A 企业有一套专门的控制机制,如果超过预算,电脑会自动删减。如前一个月的费用超过预算 10%,那么下个月的费用预算就自动删减 10%。

B 企业如果前一个月的收入实际低于预算,或费用实际超过预算,则冻结未来月份的支出预算,一直到找到原因及有了解决的方法为止。

C 企业是根据前一季实际营业收入的目标达成率(低于 100%),或是以后一季修正后的营业目标达成率(低于 100%),修正后一季变动费用。

上述三个国家的企业分别代表企业成本与控制的三种不同的典型做法。

《会计与控制理论》

1997年出版的《会计与控制理论》一书是桑德教授的代表作之一，该书在很多方面突破了传统会计理论的框架，是近十年来美国会计学界享誉甚高的少数几本会计理论著作之一。夏恩·桑德是著名的美籍印裔会计学家，其在学术研究上硕果累累，涉及范围非常广泛。该书共分为三篇十三章。第一篇为企业的契约理论，包括会计与控制理论导论、会计与企业的契约模型两章；第二篇为会计与控制的微观理论，包括为管理技能而缔约、经理与会计决策、收益及其操纵、投资者与会计、会计和股票市场、审计人员与企业六章；第三篇为会计与控制的宏观理论，包括惯例与分类，决策标准与机制，会计的标准化，政府、法律与会计及公共物品组织会计五章。

● 著名人物——阿尔弗雷德·马歇尔

基本资料：
阿尔弗雷德·马歇尔，1842年7月26日出生于英国伦敦。

教育背景：
剑桥大学圣约翰学院。

个人经历：
布里斯托大学校长，牛津大学、剑桥大学讲师和教授。

学术研究：
主要领域：经济学、数学；
著名思想：分工理论、货币理论、价值论、分配理论、资本积累理论；
主要代表作：《经济学原理》、《工业与贸易》。

知识准备

一、成本控制的意义

成本控制是成本管理者对成本的发生和形成过程及影响成本的各种因素和条件施加主动地影响，在保证产品或服务充分满足顾客需要的情况下，剔除不必要不合理的支出项目，或压缩必要项目的支出额度，以实现成本最小化的管理行为。

成本控制有广义和狭义之分。狭义的成本控制主要是指对生产阶段产品成本的控制，即使用一定的方法对生产过程中构成产品成本的一切耗费，进行科学严格的计算、限制和监督；将各项实际耗费中预先确定在预算、计划或标准的范围内，分析造成实际脱离计划、标准的原因，积极采取对策。以实现全面降低成本目标的一种会计管理行为和工作。

广义成本控制则强调对企业生产经营的各个方面、各个环节及各阶段的所有成本控制。它不仅要控制产品生产阶段的成本，而且要控制产品设计试制阶段、销售及售后服务阶段的成本；不仅要控制产品制造成本，还要控制质量成本和使用寿命周期成本；不仅要加强日常的反馈性成本控制，而且要做好事前的前馈性成本控制。显然广义成本控制与成本预测、成本决策、成本规划、成本考核共同构成现代成本管理的完整系统。

成本控制对现代企业经营管理作用突出，表现为：

第一，成本作为内部因素，在价格、成本、利润、资金等因素中，企业主动性更大一些。

第二，企业成本控制优劣的效果立竿见影。由于成本控制最直接的结果就是降低成本，而降低成本意味利润相对增加，提高了经济效益；降低成本，可以降低保本点，扩大安全边际，增强抗风险和竞争能力。降低成本，可以减少资金占用，降低社会消耗。成本控制的好坏直接关系到企业生存发展，意义重大。

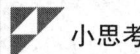
小思考

日常成本控制是狭义还是广义？你个人的生活、学习成本如何控制？

答：属于狭义成本控制。制订计划，按计划控制。

二、成本控制的分类

（一）按控制时间分

广义的成本控制可以分为事前、事中、事后成本控制三大类。

事前成本控制是指在新产品投产前的设计、试制阶段，对影响成本的各有关因素所进行的事前规划、审核与监督。同时建立健全各项成本管理制度，到达防患于未然的目的；事中成本控制是指在产品的生产过程中，对产品成本的形成和偏离成本目标的差异进行日常控制；事后成本控制是指对形成的产品成本进行综合分析与考核。

狭义的成本控制则只包括事前成本控制和事中成本控制。

（二）按控制手段分

可以分为绝对成本控制和相对成本控制两类。

绝对成本控制侧重节流，主要着眼节约各项开支，杜绝浪费。

相对成本控制是开源与节流并重，除采取节约措施外，还要根据本量利分析的原理，充分利用生产能量，以达到降低成本的目的。

（三）按控制原理分

可以分为前馈性、防护性、反馈性成本控制三类。

前馈性成本控制是指对产品设计、试制阶段进行的成本控制，属于事前成本控制。

防护性成本控制是一种辅助控制形式，也称制度控制，它是通过企业内部规定的制度来约束成本支出，预防偏差和浪费的发生，也属于事前成本控制。

反馈性成本控制是指利用反馈原理进行事后的成本控制。

（四）按控制对象分

可以分为产品成本控制和质量成本控制两类。

产品成本控制是指产品生产全过程的控制。

质量成本控制是指质量管理与成本控制有机结合，通过确定最优质量成本而到达控制成本的目的。

（五）按控制时期分

可以分为经营期成本控制和使用寿命期成本控制。

经营期成本控制侧重控制本企业经营期内的成本。

使用寿命期成本控制主要从用户角度出发，力求实现对取得成本和使用成本的双重控制。

三、成本控制的原则

（一）全面控制原则

（1）全员控制：企业充分调动每个部门和每个职工控制成本、关心成本的积极性和主动性，做到上下结合；专业控制与群众控制相结合。做到人人承担成本控制任务，人人有控制指标，建立成本否决制。这是成本全面控制的关键。

（2）全过程控制：以产品寿命周期成本形成的全过程为控制领域，从产品投产前的设计阶段开始，到试制阶段、生产阶段、销售阶段、售后服务阶段都进行成本控制。

（3）全方位控制：在实施成本控制的过程中，正确处理好降低产品成本与增加花色品种、产品质量的关系，必须以市场需求为向导，坚决杜绝花色单调、品种单一的现象，更不允许以次充好、以假乱真、欺骗消费者等手段来达到压缩成本的目的。

（二）效益原则

总体来讲，要求成本控制最终应获得最大的经济效益。

（三）目标管理与责任落实原则

进行成本控制必须与目标管理经济责任制的建立与健全配套，事先将目标成本层层分解，明确规定有关方面或个人应承担的成本控制责任义务，并赋予其相应的权力，使成本控制目标和相应管理措施落到实处，成为考核依据。

（四）物质利益原则

简单讲就是为了有效控制成本进行奖优罚劣，成本控制好的部门或个人进行物资或精神奖励，措施不得力的部门或个人，在查明原因的情况下，进行相应的经济处罚。

（五）例外管理原则

是指在日常实施全面控制的同时，有选择地分配人力、物力和财力，抓那些主要的、不正常的、不符合常规的成本差异，即例外人采取例外管理原则。

在实务中，确定"例外"的标准通常考虑以下标志：

（1）重要性。例外的标准首先体现重要性原则的要求，它是根据成本金额差异大小来决定。一般来说，只有金额较大的差异才应给与足够的重视。具体由企业自己确定，如有企业以差异率在10%以上的差异作为例外来处理。

（2）一贯性。有些成本差异未达重要性标准，但却一贯在控制线的上下限附近徘徊，也应引起管理人员足够重视，因为这种情况可能是由于原标准已过时失效或成本控制不严造成的。

（3）可控性。凡是管理人员无法控制的成本项目，即使差异到达重要性标准，也不视为例外，否则会挫伤责任人的积极性。

（4）特殊性。凡是企业的长期获利能力有重要影响的成本项目，即使差异没有到达重要性标准，也应视为例外，查明原因。

（六）领导推动原则

成本控制涉及全体员工，并且不是一件令人欢迎的事情，必须由最高当局来推动。

四、成本控制的程序

（1）确定成本控制目标或标准。

（2）分解落实成本控制目标。

（3）计算成本差异并分析成本差异。

（4）针对影响成本的因素采取积极措施，并对相关责任人进行奖惩。

五、成本控制和成本降低的区别

成本降低，是指为不断降低成本而做出的努力。竞争对手的不断改进和提高，促使每个企业要为提高业绩而不断降低成本，进行不断地努力。

成本降低与成本控制的区别：

（1）目标不同。成本降低以成本最小化为目标；成本控制以完成预定成本限额为目标。

（2）范围不同。成本降低不仅仅局限于有成本限额的项目，而是涉及企业的全部活动。成本控制仅限于有成本限额的项目。

（3）方式不同。成本降低应包括正确选择经营方案，涉及制定决策的过程，包括成本预测和决策分析。成本控制是在执行决策过程中努力实现成本限额。

（4）含义不同。成本降低还包括统筹安排成本、数量和收入的相互关系，以求收入的增长超过成本的增长，实现成本的相对节约，因此又称为相对成本控制。成本控制是指降低成本支出的绝对额，故又称为绝对成本控制。

学习子情境一 标准成本制定

情境引例

丽华机械厂 2009~2012 年经济效益欠佳，债台高筑。经行业专家诊断，发现主要原因是其生产成本远远高于同行业平均成本水平导致亏损。因此，为了适应当前市场竞争环境，扭亏为盈，该厂 2013 年决定采用标准成本控制制度，将采购成本降低 10%，部门可控费用将在 2012 年基础上降低 25%。该厂在供应过程中，严把进货关，降低了采购成本；在生产过程中，严格控制消耗，使材料损失降低到最低程度。通过科学合理地组织生产，使生产效率大大提高，进而节约了生产工时，降低了人工成本。

丽华机械厂实施上述措施后，实际成本大幅度下降，2013 年成本达到了同行业的平均水平，实现了盈利。由此可见，这就是标准成本制度给企业带来的经济效益。

经典事件

COSO 报告：内部控制框架

20 世纪 70 年代的水门事件和许多公司破产倒闭促使美国联邦政府开始关注内部控制问题。1977 年，美国国会通过《反国外贿赂法案》，明确规定企业应当建立内部会计控制。

1985 年，美国注册会计师协会、美国会计学会、财务经理协会、内部审计协会和全美会计师协会等会计职业团体发起成立全美反对舞弊财务报告委员会，并于 1987 年发表研究报告，呼吁所有公众公司的董事会和最高管理层、独立公共会计师及其职业团体、学术界、SEC 和其他监管机构以及相关立法机构共同致力于重塑财务报告过程。在全美反对舞弊财务报告委员会的倡议下，又成立了研究内部控制问题的发起组织委员会（简称 COSO）。

1992 年，COSO 委员会发表题为《内部控制——整体框架》的研究报告（简称 COSO 报告）。经过两年的修改，COSO 委员会于 1994 年提出对外报告的修改篇，扩大了内部控制的涵盖范围，增加了与保障资产安全有关的控制，得到了美国审计署的认可。与此同时，美国注册会计师协会全面接受 COSO 报告的内容，于 1995 年据此发布了《审计准则公告第 78 号：在财务报告审计中对内部控制的考虑》（SAS NO.78），取代了 SAS NO.55。

职业判断与业务操作

一、标准成本控制的概念

（一）标准成本的概念

标准成本控制是管理会计的成本控制主要方法。它的基本思路首先确定一定的资源消耗标准，即建立标准成本，再将实际发生的成本与标准成本进行比较，分析差异产生原因，寻找发扬有利差异、克服不利差异的措施，以达到降低产品成本，提高企业竞争力和经济效益的目的。

标准成本，是指在标准工作条件下，生产产品应当发生的成本。即以在产品设计阶段所选的最优设计方案和工艺方案为基础，根据料、工、费等合理耗费，在企业现有的生产工艺技术水平条件下，进行有效经营应该发生的单位产品成本。

作为与历史成本或实际成本相对立，标准成本与预算成本都属于未来成本，不过标准成本属于单位成本范畴，它与单位产品相联系；预算成本属于总成本范畴。

标准成本是在标准工艺条件下，生产产品应当发生的成本。

标准成本不是理想标准成本，是正常标准成本。是通过精确的调查、分析与技术测定而制定的，用来评价实际成本、衡量工作效率的一种预计成本。

（二）标准成本控制概念

标准成本控制是以预先制定的标准成本为基础，通过比较实际成本与标准成本，随时揭示和分析各种成本差异及其原因，借以加强成本控制、评价经济业绩的一种成本控制制度。

标准成本控制与一般成本计算方法的不同，主要表现在：以目标成本（标准成本）为基础，把实际发生的成本进行比较，揭示出成本差异，使差异成为向人们发出的一种"信号"；以此为线索，企业可进一步查明形成差异的原因和责任，并据以采取相应措施，奖优罚劣，以实现有效的激励，促使企业员工巩固成绩，克服缺点，从而实现对成本的有效控制。标准成本控制以标准成本为核心，将一系列成本管理环节有机联系在一起，不仅实现了成本事前、事中控制和事后分析；而且还将日常核算与差异分析相结合、成本管理与成本核算有机结合，大大提高了成本核算速度，最大限度地发挥成本核算功能，还提高成本管理效率，确为一种科学、完善的成本控制制度。

1. 标准成本控制的内容

标准成本的制定——前馈控制；

成本差异的计算分析——反馈控制；

成本差异的账务处理——日常核算。

2. 实施标准成本控制一般有以下几个步骤

（1）制定单位产品标准成本；

成本标准 = 单位产品标准成本 = 单位产品标准消耗量 × 标准单价

（2）根据实际产量和成本标准计算产品的标准成本（总成本）；

标准成本＝实际产量×单位产品标准成本

（3）汇总计算实际成本；

（4）计算标准成本与实际成本的差异；

（5）分析成本差异的发生原因，如果标准成本纳入账簿体系的，还要进行标准成本及其成本差异的账务处理；

（6）向成本负责人提供成本控制报告。

小资料

标准成本历史

19世纪末至20世纪初，世界各主要发达国家的经济开始由自由竞争向垄断竞争发展，企业规模不断扩大，大公司、大财团迅速发展。这一客观情况是许多企业家意识到：预计成本比根据历史资料汇总的实际成本更为有用。1904年，标准成本的先行者，H·埃默生首次在美国铁路公司中应用了类似标准成本的一些做法，之后，美国会计学家丁·惠特曼于1908年在美国纽约大学所做的"制鞋工厂的成本计算"讲学中，明确提出"标准成本"（Standard Cost）这一概念。时隔不久，被誉为"现代标准成本会计之父"的美国会计学家G·C·哈里逊于1911～1920年设计出世界上第一套完整的标准成本系统。经过以后几十年的实践，标准成本不断得到丰富完善，成为当今世界发达国家企业广泛采用的成本控制方法。标准成本之所以得到广泛使用，也同当时盛行的泰罗制科学管理紧密相关。泰罗制强调提高效率，运用时间动作研究，制定工作标准，作为对实际工作评价和考核依据，这对标准成本内容体系建立影响巨大。

二、标准成本分类

（一）按其制定所根据的生产技术和经营管理水平分

1. 理想标准成本

理想标准成本是指在最优的生产条件下，利用现有的规模和设备能够达到的最低成本。制定的理想标准成本是理论上的业绩标准、生产要素的理想价格和可能实现的最高生产经营能力利用水平。这种标准很难成为现实，即使暂时出现也不可能持久。它的主要用途是提供一个完美无缺的目标，揭示实际成本下降的潜力。因其提出的要求太高，不能作为考核的依据。

2. 正常标准成本

正常标准成本是指在效率良好的条件下，根据下期一般应该发生的生产要素消耗量、预计价格和预计生产经营能力利用程度制定出来的标准成本。在标准成本系统中，广泛使用正常的标准成本。它具有以下特点：

（1）它是用科学方法根据客观实验和过去实践经充分研究后制定出来的，具有客观性和科学性；

（2）它排除了各种偶然性和意外情况又保留了目前条件下难以避免的损失，代表正常情况下的消耗水平，具有现实性；

（3）它是应该发生的成本，可以作为评价业绩的尺度，成为督促职工去努力争取的目标，具有激励性；

（4）它可以在工艺技术水平和管理有效性水平变化不大时持续使用，不需要经常修订，具有稳定性。

（二）按其适用期分为现行标准成本和基本标准成本

1. 现行标准成本

现行标准成本是指根据其适用期间应该发生的价格、效率和生产经营能力利用程度等预计的标准成本。这种标准成本可以成为评价实际成本的依据，也可以用来对存货和销货成本计价。

2. 基本标准成本

基本标准成本是指一经制定，只要生产的基本条件无重大变化，就不予变动的一种标准成本。所谓生产的基本条件的重大变化是指产品的物理结构变化，重要原材料和劳动力价格的重要变化，生产技术和工艺的根本变化。只有这些条件发生变化，基本标准成本才需要修订。由于市场供求变化导致的售价变化和生产经营能力利用程度变化，由于工作方法改变而引起的效率变化等，不属于生产的基本条件变化，对此不需要修订基本标准成本。由于基本标准成本不按各期实际修订，不宜用来直接评价工作效率和成本控制的有效性。

三、标准成本制订

制定标准成本，通常先确定直接材料和直接人工的标准成本，其次确定制造费用的标准成本，最后确定单位产品的标准成本。

单位产品标准成本 = 直接材料标准成本 + 直接人工标准成本 + 制造费用标准成本

其中：某一项标准成本 = 该成本项目的用量标准 × 该成本项目的价格标准

用量标准包括：单位产品材料消耗量、单位产品直接人工工时等。

价格标准包括：原材料单价、小时工资率、小时制造费用分配率等。

本教材介绍正常标准成本的制定，标准成本卡见表7-1。

表7-1　　　　　　　　　　　标准成本卡

成本项目	价格标准	用量标准	标准成本
直接材料	7元/千克	5千克	35元
直接人工	3元/小时	4小时	12元
变动制造费用	2元/小时	3小时	6元
固定制造费用	1元/小时	2小时	2元
合　计			55元

1. 直接材料标准成本

（1）用量标准——标准消耗量，是现有技术条件生产单位产品所需要的材料数量，其中包括必不可少的消耗，以及各种难以避免的损失

（2）价格标准——是预计下一年度实际需要支付的进料单位成本，包括发票价格、运费、检验和正常损耗等成本，是取得材料的完全成本

［业务操作 7—1］

产品直接材料标准成本的制定。已知：法兰公司预计 2014 年甲产品消耗的直接材料资料见表 7-2。

表 7-2　　　　　　　　　　甲产品消耗的直接材料资料

标　准	品　种	
	A 材料	B 材料
预计发票单价	30	40
装卸检验等成本	2	3
直接材料价格标准（元/千克）	32	43
材料设计用量	500	700
允许损耗量	1	2
直接材料用量标准（千克/件）	501	702

要求：制定甲产品消耗直接材料的标准成本。

操作：

单位产品消耗 A 材料的标准成本 = 32 × 501 = 16 032（元/件）

单位产品消耗 B 材料的标准成本 = 43 × 702 = 30 186（元/件）

甲产品直接材料的标准成本 = 16 032 + 30 186 = 46 218（元/件）

2. 直接人工标准成本

（1）用量标准：是单位产品的标准工时。标准工时是指在现有生产技术条件下，生产单位产品所需要的时间，包括直接加工操作必不可少的时间以及必要的间歇和停工，如：工间休息、调整设备时间、不可避免的废品耗用工时等。

（2）价格标准：是指标准工资率。可能是预定的工资率，也可能是正常的工资率。

［业务操作 7—2］

产品直接人工标准成本制定。已知：法兰公司预计 2014 年甲产品消耗的直接人工资料见表 7-3。

要求：确定单位甲产品消耗直接人工的标准成本。

操作：

第一道工序直接人工标准成本 = 91.2 × 50 = 4 560（元/件）

表 7-3 甲产品消耗的直接人工资料

标准	工序	
	第一道工序	第二道工序
每人月工时（8 小时 × 22 天）	176	176
生产工人人数	100	80
每月总工时	17 600	14 080
每月工资总额	1 408 000	1 408 000
工资率标准（元/小时）	80	100
福利费提取率	14%	14%
直接人工价格标准（元/小时）	91.2	114
加工时间（人工小时/件）	45	35
休息时间（人工小时/件）	4	3
其他时间（人工小时/件）	1	2
直接人工用量标准（人工小时/件）	50	40

第二道工序直接人工标准成本 = 114 × 40 = 4 560（元/件）

单位甲产品消耗的直接人工标准成本 = 4 560 + 4 560 = 9 120（元/件）

 小资料

了解餐馆行业成本的重要性

"你必须非常清楚定价，绝对不能要高价或者低价，这两种后果都非常严重。这就意味着你要清楚地知道每一道菜的成本，然后收取相当于成本 2.5 倍的价格。"这是餐馆老板里昂·戈尔茨坦（Leon Goldstein）对著名厨师和餐馆咨询师戴维·阿德杰（David Adjey）说的话。

资料来源：《管理会计》第 6 版．（美）阿特金森（Atkinson, A. A.）等著；刘曙光、陈静等译．北京：清华大学出版社，2011.11

3. 制造费用标准成本

制造费用的标准成本需要按部门分别编制。如果某种产品需要经过几个部门生产加工时，应将各部门加工的该产品的单位产品制造费用加以汇总，计算出该产品制造费用的标准成本。

制造费用的标准成本是由制造费用的价格标准和制造费用的用量标准两个因素决定的各部门的制造费用标准成本分为变动制造费用标准成本和固定制造费用标准成本两部分。

（1）变动制造费用标准成本。

用量标准：采用单位产品直接人工工时标准，在直接人工标准成本制定时已经确定。

价格标准：是每一工时变动制造费用的标准分配率。

变动制造费用标准分配率＝变动制造费用预算总数／直接人工标准总工时。

（2）固定制造费用标准成本。

用量标准：与变动制造费用的用量标准相同，并且两者要保持一致，以便差异分析。

价格标准：是每小时的标准分配率。

固定制造费用标准分配率＝固定制造费用预算总数／直接人工标准总工时。

[业务操作 7—3]

产品制造费用标准成本的制定。已知：法兰公司预计 2014 年甲产品消耗的制造费用资料见表 7—4。

表 7—4　　　　　　　　　　制造费用标准成本

制造费用预算 （元）	部门	
	第一车间	第二车间
变动性制造费用预算	316 800	394 240
其中：		
间接材料费用	200 000	260 000
间接人工费用	80 000	70 000
水电费用	36 800	64 240
固定性制造费用预算	422 400	619 520
其中：		
管理人员工资	60 000	180 000
折旧费	28 000	31 200
其他费用	334 400	408 320
预算的标准工时（机器小时）	21 120	28 160
用量标准（机器小时／件）	60	80

要求：确定单位甲产品制造费用的标准成本。

操作：

第一车间：

变动制造费用分配率＝316 800／21 120＝15（元／小时）

固定制造费用分配率＝422 400／21 120＝20（元／小时）

制造费用分配率＝15＋20＝35（元／小时）

制造费用标准成本＝35×60＝2 100（元／件）

第二车间：

变动制造费用分配率 = 394 240/28 160 = 14（元/小时）

固定制造费用分配率 = 619 520/28 160 = 22（元/小时）

制造费用分配率 = 14 + 22 = 36（元/小时）

制造费用标准成本 = 36 × 80 = 2 880（元/件）

单位甲产品制造费用标准成本 = 2 100 + 2 880 = 4 980（元/件）

[业务操作 7—4]

编制法兰公司甲产品标准成本单。依据业务操作 7—1、7—2、7—3 有关甲产品各个成本项目的标准成本资料，编制该企业 2014 年甲产品的标准成本单。

法兰公司 2014 年甲产品的标准成本单见表 7 – 5。

表 7 – 5　　　　　　　　　　2014 年甲产品标准成本单

项目	价格标准	用量标准	标准成本
直接材料			
A 材料	32 元/千克	501 千克/件	16 032 元/件
B 材料	43 元/千克	702 千克/件	30 186 元/件
小计	—	—	46 218 元/件
直接人工			
第一工序	91.2 元/小时	50 小时/件	4 560 元/件
第二工序	114 元/小时	40 小时/件	4 560 元/件
小计	—	—	9 120 元/件
变动性制造费用			
第一车间	15 元/小时	60 台时/件	900 元/件
第二车间	14 元/小时	80 台时/件	1 120 元/件
小计	—	—	2 020 元/件
固定性制造费用			
第一车间	20 元/小时	60 台时/件	1 200 元/件
第二车间	22 元/小时	80 台时/件	1 760 元/件
小计	—	—	2 960 元/件
制造费用合计	—	—	4 980 元/件
单位甲产品标准成本			60 318 元/件

小资料

为什么成本计算很重要

美国国防部表示，他们已经暂停为洛克希德·马丁公司的一个系统出具证明。该系统用于分析航空项目（其中包括 F-35）的成本。暂停的原因是该系统未能有效解决其内在的缺陷。政府确定，要收回对洛克希德位于得克萨斯沃斯堡的"挣值管理系统"的使用，从而保证公司及时采取纠正措施。

公司一般使用挣值管理系统（又称为 EVMS）来计划、控制和分析项目成本并确定可能的超支现象。

资料来源：Adapted from Reuters, Update 1 – Lockheed Cost – Tracking System Loses Certification, retrieved October 6, 2010, from http://www.reuters.com/article/idUSN0523484020101005

学习子情境二
成本差异分析与处理

情境引例

某企业人工成本差异见表 7-6：

表 7-6　　　　　　　　人工成本差异表

实际工时 × 实际工资率	实际工时 × 标准工资率	实际产量 × 标准工时 × 标准工资率
24 000h × 10 = 240 000（元）	24 000h × 9.5 = 228 000（元）	12 500 × 2h × 9.5 = 237 500（元）
人工价格差异 12 000（不利）	人工成本总差异 2 500（不利）	人工数量差异 9 500（有利）

从表 7-6 可知，实际的工时乘上实际的工资率，总工资是 24 万元，而实际的工时乘上标准工资率，工资为 22.8 万元。差异发生在哪里？是实际的工资率，人工价格的差异是 1.2 万元，这是不利的差异。而把标准工时乘上标准的工资率来比的话，它的差别是在工时部分，那么它的标准工时应该是 1.25 万元，算下来的结果再乘上 2 个小时，是 2.4 万元，再乘上工资率 9.5，实际的工时应该是 2.5 万元，此时实际的工资率只有 2.4 万元，所以比标准工时还节省了 0.1 万元，产生了有利的差异。这到底是在量方面还是在价方面产生差异？

经典事件

特恩布尔报告

1997年英国银行监管当局鉴于1995年2月巴林银行倒闭的教训，提出了强化内部控制、风险管理、内部审计功能的建议。1999年，Turnbull委员会将伦敦证券交易所指定的卡德伯利、格林伯利以及哈姆佩尔委员会有关的公司治理的报告要求并在一起，形成了一系列原则性的要求，即"特恩布尔报告"（Turnbull Report）——《内部控制：董事会执行法案指南》。该报告要求企业的管理者承担起建立合理的内部控制系统、审核内部控制有效性、向股东报告有关发现的职责；对控制系统的审核应覆盖所有的控制，包括经营性、合规性控制以及风险管理；同时，执行风险控制政策是管理层的职责，并进一步确认内部控制在风险管理管理方面是有效的。

职业判断与业务操作

一、成本差异的种类

成本差异是指实际成本与标准成本之间的差额，也称标准差异。

1. 按成本构成划分

（1）直接材料成本差异：是一定产品产量的直接材料实际成本与标准成本之间的差额。

（2）直接人工成本差异：是一定产量的直接人工实际成本与标准成本之间的差额。

（3）制造费用成本差异：是一定产量的制造费用实际成本与标准成本之间的差额。

2. 按成本性态划分

（1）变动成本差异：与产量有关，即随产量变动而变动的成本，如：直接材料、直接人工、变动性制造费用。

（2）固定成本差异：与产量无关，即产量变动而成本不变，如：固定性制造费用。

3. 按差异的形成原因

（1）价格差异：材料价格、人工价格、变动制造费用率差异造成的。

（2）数量差异：由于材料数量、工时数量差异造成。

4. 按差异的性质

（1）有利差异：成本降低是对企业有利的差异。

（2）不利差异：成本升高是对企业不利的差异。

二、成本项目差异的计算分析

标准成本是一种目标成本，当实际成本与标准成本不符时就会产生差异。

成本差异＝实际产量实际成本－实际产量标准成本＝价格差异＋数量差异

直接材料、直接人工和变动制造费用都属于变动成本，其实际成本高低取决于实际用量和实际价格，标准成本的高低取决于标准用量和标准价格，所以其成本差异可归结为价格脱离标准造成的价格差异与用量脱离标准造成的数量差异两类，见表7-7。

表 7-7

项目	用量差异名称	价格差异名称
直接材料	用量差异	价格差异
直接人工	效率差异	工效率差异
变动制造费用	效率差异	耗费差异

（一）直接材料成本差异

直接材料差异是指一定产量产品的直接材料的实际成本与直接材料的标准成本之间的差异。

直接材料成本差异＝实际成本－标准成本＝价格差异＋用量差异

1. 材料价格差异＝（实际价格－标准价格）×实际产量

材料价格差异是在采购过程中形成的，不应由耗用材料的生产部门负责，而应由采购部门对其做出说明，但只对其可控部分负责。差异原因：

（1）供应厂商价格变动；

（2）未按经济采购批量进货；

（3）未能及时订货造成紧急订货；

（4）采购时舍近求远使运费和途中损耗增加、不必要的快速运输方式、违反合同被罚款等；

（5）承接紧急订货造成额外采购等。

2. 材料数量差异＝（材料单位实际用量－材料单位标准用量）×标准价格

材料数量差异是在材料耗用过程中形成的，它反映生产部门的成本控制业绩。材料数量差异要分具体情况而定，主要由生产部门负责，但采购部门、管理部门也有一定的责任。差异原因：

（1）操作疏忽造成废品和废料增加；

（2）工人用料不精心；

（3）操作技术改进而节省材料；

（4）新工人上岗造成多用料；

（5）机器或工具不适用造成用料增加等。

[业务操作 7—5]

法兰公司的甲产品标准成本资料见表 7-5，2014 年 1 月份实际生产 400 件甲产品，实际耗用 A 材料 200 800 千克，其实际单价为 30 元/千克；实际耗用 B 材料 280 000 千克，其实际单价为 45 元/千克。

要求：计算甲产品的直接材料成本差异。

A 材料成本差异 = 30 × 200 800 − 32 × 501 × 400 = − 388 800（元）
其中：价格差异 = (30 − 32) × 200 800 = − 401 600（元）
用量差异 = 32 × (200 800 − 501 × 400) = 12 800（元）
B 材料成本差异 = 45 × 280 000 − 43 × 702 × 400 = 525 600（元）
其中：价格差异 = (45 − 43) × 280 000 = 560 000（元）
用量差异 = 43 × (280 000 − 702 × 400) = − 34 400（元）
甲产品的直接材料成本差异 = − 388 800 + 525 600 = 136 800（元）

以上计算结果表明，甲产品直接材料成本形成了 136 800 元不利差异。其中，A 材料发生了 388 800 元的有利差异，B 材料形成了 525 600 元的不利差异。前者是因为 A 材料实际价格降低而节约了 401 600 元成本和因耗用量增加而导致 12 800 元的成本超支额共同作用的结果；后者是因为 B 材料实际价格提高而增加了 560 000 元的成本开支和因耗用量的减少而节约 34 400 元的成本共同造成的。

可见，该企业在对 A、B 两种材料耗用方面的控制效果是不同的，应进一步进行分析评价，以明确各部门的责任。

（二）直接人工成本差异

直接人工成本差异是指一定产量产品的直接人工实际成本与直接人工标准成本之间的差额。

直接人工成本差异 = 实际成本 − 标准成本 = 价格差异 + 效率差异

1. 直接人工工资率差异(价格差异) = (实际工资率 − 标准工资率) × 实际工时

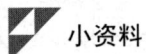小资料

人工工资率差异原因

每个国家都有最低工资率的规定，所以不能故意把工资率一直往下压。造成人工工资率差异的原因主要有以下几个方面：

①由于加班工资，或临时工工资等原因，发生差异。很多企业，同岗却不同酬，有时是因为人力缺乏或不足。一个很简单的工作，找一个工资比较高的人来做，自然会造成人工的差异。

另外，因为加班的因素，整体的工资会突然变化。或者为了完成工作，找些临时工来帮忙，这都会引起工资率变动。

②工资变动，标准未改。工资会随着物价或者业绩等原因有相应的调整，可是有的企业多年的工资标准却一直未变，这肯定会引起差异。

③工资计算方法变更（例如计件改为计时制）。企业的工资一般有两种，一种是计件，一种是计时。如果计算方法变更，工资率一般也会变动。

④工人类别或工资率与所任工作不配合。

⑤季节性或紧急性生产工资调整。紧急性或季节性生产不仅会加大原料的使用量，同时还会引起整体工资率的上升。

2. 直接人工工时耗用差异(数量差异) = (实际工时 – 标准工时) × 标准工资率

影响人工效率的因素是多方面的，包括生产工人的技术水平、生活工艺过程、原材料的质量以及设备状况等，应分清不同部门的责任。

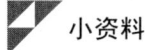
小资料

人工工作时间差异原因

①工人工作调动频繁。俗语说，熟能生巧。假设某个工人经常调动生产线，本来他做这个产品很熟练，现在要从事一个新的产品，等于说他过去的经验派不上用场。这样一来，会造成整个工时比原来多。

②制造方法变更。有时工厂的制造方法或程序也会做一些变更。结果有的变更对工人来讲相当生疏，所以要达到重新熟练的地步，则需要一段时间进行调整。

③机器故障。在上班过程中，如果电脑发生故障，是一件很恼人的事情，尤其是正在赶制文件或处理事情的时候。不仅思路被打断，心情被破坏，还延误工作，被上司批评。所以机器故障是一个很大的问题。

④送料迟误。另外，延迟送料，导致工人被动等待，也是造成工作时间差异的一个因素。

⑤材料质量低劣，返工频繁。流水线上的工人，一般宁愿做新的产品，也不愿意返工。特别是IT产业，电脑、手机卖出去以后，客户不满意，退回来修理，是很麻烦的事情，要浪费很多时间，所以时间差异也是主要因素。

⑥工人对公司政策或领班措施不满。出于对公司或上司的不满，有的工人会故意消极怠工，本该赶着能做完的工作迟迟不能完成，延误交货时间，浪费人力物力，甚至给公司造成巨大经济损失。

[业务操作 7—6]

法兰公司的甲产品标准成本资料见表 7-5，2014 年 1 月份为生产甲产品，第一工序和第二工序实际耗用人工小时分别为 19 980 小时和 16 200 小时，两个工序实际发生的直接人工成本（包括直接工资和计提的应付福利费）分别为 1 838 160 元和 1 782 000 元。

要求：计算甲产品的直接人工成本差异。

第一工序实际人工价格 = 1 838 160/19 980 = 92（元/小时）

第二工序实际人工价格 = 1 782 000/16 200 = 110（元/小时）

第一工序直接人工成本差异 = 1 838 160 − 91.2 × 50 × 400 = 14 160（元）

其中：人工价格差异 = (92 − 91.2) × 19 980 = 15 984（元）

效率差异 = 91.2 × (19 980 − 50 × 400) = −1 824（元）

第二工序直接人工成本差异 = 1 782 000 − 114 × 40 × 400 = −42 000（元）

其中：人工价格差异 = (110 − 114) × 16 200 = −64 800（元）

效率差异 = 114 × (16 200 − 40 × 400) = 22 800（元）

甲产品直接人工成本差异 = 14 160 − 42 000 = −27 840（元）

以上计算表明，甲产品直接人工成本的有利差异为 27 840 元，是由于第一工序的 14 160 元的不利差异和第二工序的 42 000 元有利差异构成的。前者是因为该工序实际人工价格的提高而超支的成本 15 984 元和因实际耗用工时减少而节约的成本 1 824 元共同作用的结果；后者是由于该工序实际人工价格的降低而节约的成本 64 800 元和因耗用工时的增加而超支的成本 22 800 元所造成的。

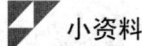
小资料

直接人工成本控制方法

有效地控制直接人工成本，主要有以下几种方法：

①建立标准工时：首先，应有一个标准的工时。也就是说要生产产品，应该用流水线上多少作业员，每个人的标准工时如何，总体标准工时如何，都要有一定的指标。

②建立计算标准人工数：每个月的标准人工数 =（每个月的生产量 × 标准工时）÷ 每天的作业时数 × 每个月的工作日数。

③灵活运用调班、加班：要达到产量，人数不够怎么办？有的企业采取调班、加班以及其他方式。

④控制工资率，避免工资变化过大。

⑤提高工作效率：提高工作效率是降低人工成本的最有效的手段。

⑥加强教育训练：人力是企业最重要的资本。一个企业要不断地加强员工的培训，才能鼓舞员工的士气，跟上技术潮流，提高工作效率。

⑦加强出勤管理：员工的出勤率是保证企业能否顺利完成生产任务的重要保证，如果一个企业员工的出勤率差或者离职率高，会严重地影响企业的效益。

⑧善用外包：采用外包不仅可以迅速完成生产计划，同时还可以节省企业的人工和办公成本，这是很多企业乐于接受的一种方式。

（三）变动制造费用成本差异

变动制造费用成本差异是指在实际产量下产品的实际变动制造费用与标准变动制造

费用之间的差额。

变动制造费用成本差异 = 实际费用 - 标准费用 = 耗费差异 + 效率差异 = 价格差异 + 数量差异

变动制造费用分配率差异（价格差异）=（实际分配率 - 标准分配率）× 实际工时

1. 制造费用差异的价格原因

（1）能源价格波动：制造费用之所以产生价格的差异，有时是因为能源价格的波动。例如最近几年，石油涨价涨得厉害，有些工厂用油料和电，遇到涨价，单价就节节上升。

（2）运费价格波动：对企业来说，运费是一个比较大的制造成本，运费价格波动，对企业有直接的影响。

（3）费率变更：原来编预算的费率已经有一些大的落差，从而造成制造费用差异。

（4）间接人工工资调整：有些企业运营情况不错，员工也希望调薪。而调薪后和原来的预期有一些差距，造成价格差异。例如厂长的薪水，假设去年表现得很好，老板加薪的幅度特别大，就会造成间接人工增。

（5）固定费用的调整：例如新的年度，本来要补充一些机器设备，也许这些机器设备安装试车都很顺利，所以它提早加入运营的行列，造成折旧提早发生，也会让整个制造费用产生差异。

（6）间接材料价格波动：间接材料的品质非常差，损耗量就高。

变动制造费用效率差异（数量差异）=（实际工时 - 标准工时）× 标准分配率

实际工作中通常根据变动制造费用各明细项目的预算与实际发生数进行对比分析，并进行必要的相应控制措施。

2. 制造费用差异的数量原因

（1）间接材料滥用；

（2）间接材料质量低劣；

（3）间接人工过多（效率太差）；

（4）机器临时整修；

（5）停工待料或产能过剩。

[业务操作7—7]

法兰公司的甲产品标准成本资料见表7-5，2014年1月份为生产甲产品，第一车间和第二车间的实际耗用的机器小时分别为25 000和31 000小时，两个车间的实际工时变动性制造费用分配率均为14.5元/小时。要求：计算甲产品的变动制造费用成本差异。

一车间变动制造费用成本差异 = 14.5 × 25 000 - 15 × 60 × 400 = 2 500（元）

其中：耗费差异 =（14.5 - 15）× 25 000 = -12 500（元）

效率差异 = 15 ×（25 000 - 60 × 400）= 15 000（元）

二车间变动制造费用成本差异 = 14.5 × 31 000 – 14 × 80 × 400 = 1 500（元）
其中：耗费差异 = (14.5 – 14) × 31 000 = 15 500（元）
效率差异 = 14 × (31 000 – 80 × 400) = –14 000（元）
甲产品变动制造费用成本差异 = 2 500 + 1 500 = 4 000（元）

以上计算表明，甲产品变动制造费用形成了 4 000 元不利差异。其中，一车间发生了 2 500 元的不利差异，二车间发生了 1 500 元的不利差异。前者是因为费用分配率降低而形成的 12 500 元的有利差异和因为效率降低而增加了 15 000 元的不利差异；后者是因为费用分配率提高而形成的 15 500 元的不利差异和由于效率提高而形成的 14 000 元的有利差异共同作用的结果。可见，这两个车间对变动制造费用的控制效果是不同的。

（四）固定制造费用成本差异

固定制造费用成本差异不能简单地分为价格差异和数量差异两种类型。根据固定制造费用不随业务量的变动而变动的特点，为了计算固定制造费用标准分配率，必须设定一个预算工时，实际工时与预算工时之间的差异造成的固定制造费用的差异叫固定制造费用生产能力利用程度差异。

固定制造费用成本差异 = 实际固定制造费用 – 标准固定制造费用
　　　　　　　　　　　= 耗费差异 + 能量差异
　　　　　　　　　　　= 耗费差异 + 闲置能量差异 + 效率差异

标准固定制造费用 = 固定制造费用标准分配率 × 标准工时
固定制造费用标准分配率 = 预算固定制造费用/预算工时

1. 二因素分析法

二因素分析法，是将固定制造费用差异分为耗费差异和能量差异。

耗费差异是指固定制造费用的实际金额与固定制造费用预算金额之间的差额。

能量差异是指固定制造费用预算与固定制造费用标准成本的差额，反映实际产量标准工时未能达到生产能量造成的损失。

其计算公式为：
固定制造费用耗费差异 = 固定制造费用实际数 – 固定制造费用预算数
固定制造费用能量差异 = 固定制造费用预算数 – 固定制造费用标准成本
　　　　　　　　　　= 固定制造费用标准分配率 × 生产能量 – 固定制造费用标准分配率 × 实际产量标准工时
　　　　　　　　　　= (生产能量 – 实际产量标准工时) × 固定制造费用标准分配率

分解过程：
引入"预算数"，即"生产能量 × 固定制造费用标准分配率"
　= 固定制造费用实际数 – 固定制造费用预算数 + 固定制造费用预算数 – 固定制造费用标准成本
　= (固定制造费用实际数 – 固定制造费用预算数) + (固定制造费用预算数 – 固定制造费用标准成本)
　= 耗费差异 + 能量差异

2. 三因素分析法

三因素分析法，是将固定制造费用成本差异分为耗费差异、效率差异和闲置能量差异三部分。

耗费差异的计算与二因素分析法相同。

不同的是要将二因素分析法中的"能量差异"进一步分为两部分：

（1）闲置能量差异：实际工时未达到生产能量而形成的。

（2）效率差异：实际工时脱离标准工时而形成的。

其计算公式如下：

固定制造费用闲置能量差异
= 固定制造费用预算 – 实际工时 × 固定制造费用标准分配率
= （生产能量 – 实际工时）× 固定制造费用标准分配率

固定制造费用效率差异
= 实际工时 × 固定制造费用标准分配率 – 实际产量标准工时 × 固定制造费用标准分配率
= （实际工时 – 实际产量标准工时）× 固定制造费用标准分配率

分解过程：

固定制造费用能量差异
= 固定制造费用预算数 – 固定制造费用标准成本
= 固定制造费用标准分配率 × 生产能量 – 固定制造费用标准分配率 × 实际产量工时

引入"实际工时 × 固定制造费用标准分配率"
= 固定制造费用标准分配率 × 生产能量 – 实际工时 × 固定制造费用标准分配率 + 实际工时 × 固定制造费用标准分配率 – 固定制造费用标准分配率 × 实际产量工时
= （固定制造费用标准分配率 × 生产能量 – 实际工时 × 固定制造费用标准分配率）+ （实际工时 × 固定制造费用标准分配率 – 固定制造费用标准分配率 × 实际产量标准工时）
= （生产能量 – 实际工时）× 固定制造费用标准分配率 + （实际工时 – 实际产量标准工时）× 固定制造费用标准分配率
= 固定制造费用闲置能量差异 + 固定制造费用效率差异

[业务操作7—8]

法兰公司的甲产品标准成本资料见表7-5，2014年1月份甲产品的预计生产能力为352件。为生产甲产品，两个车间实际发生的固定性制造费用总额分别为423 000元和619 000元。为生产甲产品，第一车间和第二车间的实际耗用的机器小时分别为25 000和31 000小时。

要求：用三差异法计算甲产品固定制造费用的成本差异。

一车间固定制造费用成本差异 = 423 000 – 20 × 60 × 400 = –57 000（元）

其中：耗费差异 = 423 000 − 20 × 60 × 352 = 600（元）

闲置能量差异 = 20 × (60 × 352 − 25 000) = − 77 600（元）

效率差异 = 20 × (25 000 − 60 × 400) = 20 000（元）

二车间固定制造费用成本差异 = 619 000 − 22 × 80 × 400 = − 85 000（元）

其中：耗费差异 = 619 000 − 22 × 80 × 352 = − 520（元）

闲置能量差异 = 22 × (80 × 352 − 31 000) = − 62 480（元）

效率差异 = 22 × (31 000 − 80 × 400) = − 22 000（元）

甲产品固定制造费用成本差异 = − 57 000 − 85 000 = − 142 000（元）

以上计算结果表明，采用三差异成本分析法能将成本差异的原因划分的更加具体，如在两差异法中只能看出两车间由于固定制造费用预算产量脱离实际产量形成的有利的能量差异分别为 57 600 元和 84 480 元，在三差异法中又将该差异分为由于实际工时未能达到生产能量所形成的生产能力利用差异（一车间和二车间均为有利差异，分别为 77 600 元和 62 480 元）和由于实际工时脱离标准工时所形成的效率差异（一车间为不利差异 20 000 元，二车间为有利差异 22 000 元），这样便于分清责任，有利于进行成本控制。

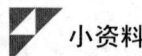 小资料

制造费用控制方法

（1）做好机器设备的保养，降低修理费用；

（2）避免制造费用（折旧、技术权利金等）的归属、分摊方式与比率的错误；

（3）定水、电、蒸汽、油料等能源的使用标准，并设法回收使用；

（4）应对产量的减少，随时调降变动制造费用预算；

（5）限制厂房、机器设备等的过度增置；

（6）严格审查间接材料的领用。

三、标准成本的账务处理

（一）标准成本账务处理的特点

为了同时提供标准成本、成本差异和实际成本三项成本资料。标准成本控制的账务处理具有以下特点：

1. "原材料"、"生产成本"和"库存商品"账户登记标准成本

无论是借方和贷方均登记实际数量的标准成本，其余额亦反映这些资产的标准成本。

2. 设置成本差异账户分别记录各种成本差异

在需要登记"原材料"、"生产成本"和"库存商品"账户时，应将实际成本分离为标准成本和有关的成本差异，标准成本数据记入"原材料"、"生产成本"和"库存商品"账户，而有关的差异分别记入各成本差异账户。各差异账户借方登记超支差异，贷方登记节约差异。

3. 各会计期末对成本差异进行处理

各成本差异账户的累计发生额，反映了本期成本控制的业绩。在月末（或年末）对成本差异的处理方法有两种：

（1）结转本期损益法。按照这种方法，在会计期末将所有差异转入"本年利润"账户，或者先将差异转入"主营业务成本"账户，再随同已销产品的标准成本一起转至"本年利润"账户。采用这种方法的依据是确信标准成本是真正的正常成本，成本差异是不正常的低效率和浪费造成的，应当直接体现在本期损益之中，使利润能体现本期工作成绩的好坏。此外，这种方法的账务处理比较简便。

缺点：如果差异数额较大或者标准成本制订得不符合实际的正常水平，则不仅使存货成本严重脱离实际成本，而且会歪曲本期经营成果。

适用在成本差异数额不大时采用此种方法为宜。

（2）调整销货成本与存货法。按照这种方法，在会计期末将成本差异按比例分配至已销产品成本和存货成本。采用这种方法的依据是税法和会计制度均要求以实际成本反映存货成本和销货成本。本期发生的成本差异，应由存货和销货成本共同负担。

缺点：这种做法会增加一些计算分配的工作量。此外，有些费用计入存货成本不一定合理，例如闲置能量差异是一种损失，并不能在未来换取收益，作为资产计入存货成本明显不合理，不如作为期间费用在当期参加损益汇总。

（二）标准成本账务处理的方法

以具体业务处理进行介绍，假定以法兰公司标准成本账务的实际方法为例。

1. 有关资料

（1）单位产品标准成本：

直接材料（100千克×0.3元/千克）	30元
直接人工（8小时×4元/小时）	32元
变动制造费用（8小时×1.5元/小时）	12元
固定制造费用（8小时×1元/小时）	8元
单位产品标准成本	82元

（2）费用预算：

生产能量	4 000小时
变动制造费用	6 000元
固定制造费用	4 000元
变动制造费用标准分配率1.5元/小时	（6 000/4 000）
固定制造费用标准分配率1元/小时	（4 000/4 000）
变动销售费用	2元/件
固定销售费用	24 000元
管理费用	3 000元

（3）生产及销售情况：

本月初在产品存货50件，其标准成本为2 800元。

由于原材料一次投入，在产品存货中含原材料成本1 500元（50件×30元/件）。

其他成本项目采用约当产量法计算，在产品约当完工产品的系数为 0.5；50 件在产品的其他成本项目共 1 300 元 [50 件×0.5×（32 元/件＋12 元/件＋8 元/件）]。

本月投产 450 件，领用材料 45 500 千克。

完工入库 430 件，月末在产品 70 件。

本月初产成品存货 30 件，其标准成本为 2 460 元（30 件×82 元/件）。

本月完工入库 430 件，本月销售 440 件，销售单价 125 元/件，计 55 000 元（购销不考虑增值税）。月末产成品存货 20 件。

2. 业务情况

（1）本月购入第一批原材料 30 000 千克，实际成本每千克 0.27 元，共计 8 100 元。本月购入第二批原材料 20 000 千克，实际成本每千克 0.32 元，共计 6 400 元。

（2）直接人工工资。本月实际使用直接人工 3 500 小时，支付工资 14 350 元，平均每小时 4.10 元。

（3）变动制造费用。本月实际发生变动制造费用 5 600 元。

（4）固定制造费用。本月实际发生固定制造费用 3 675 元。

（5）发生销售费用与管理费用。本月实际发生变动销售费用 968 元，固定销售费用 2 200 元，管理费用 3 200 元。

3. 处理要求

（1）对上述业务进行账务处理。

（2）假设本企业采用"结转本期损益法"处理成本差异，结转成本差异。

4. 具体操作

（1）原材料的购入与领用。本月购入第一批原材料 30 000 千克，实际成本每千克 0.27 元，共计 8 100 元。

标准成本：30 000×0.3＝9 000（元）

实际成本：30 000×0.27＝8 100（元）

价格差异：30 000×(0.27－0.3)＝－900（元）

①借：原材料　　　　　　　　　　　　　　　　　　　　　　　　　9 000
　　贷：材料价格差异　　　　　　　　　　　　　　　　　　　　　　900
　　　　应付账款　　　　　　　　　　　　　　　　　　　　　　　8 100

本月购入第二批原材料 20 000 千克，实际成本每千克 0.32 元，共计 6 400 元。

标准成本：20 000×0.3＝6 000（元）

实际成本：20 000×0.32＝6 400（元）

价格差异：20 000×(0.32－0.3)＝400（元）

②借：原材料　　　　　　　　　　　　　　　　　　　　　　　　　6 000
　　　材料价格差异　　　　　　　　　　　　　　　　　　　　　　　400
　　贷：应付账款　　　　　　　　　　　　　　　　　　　　　　　6 400

（2）本月投产 450 件，领用材料 45 500 千克。

应耗材料标准成本：450×100×0.30＝13 500（元）

实际领料标准成本：45 500×0.3＝13 650（元）

材料数量差异：(45 500－450×100)×0.3＝150（元）

③借：生产成本 13 500
　　　材料数量差异 150
　　贷：原材料 13 650

（3）本月实际使用直接人工 3 500 小时，支付工资 14 350 元，平均每小时 4.10 元。

④借：应付职工薪酬 14 350
　　贷：银行存款 14 350

为了确定应记入"生产成本"账户的标准成本数额，需计算本月实际完成的约当产量，在产品约当完工产品的系数为 0.5，月初在产品 50 件，本月完工入库 430 件，月末在产品 70 件。

本月完成的约当产品为：$70 \times 0.5 + 430 - 50 \times 0.5 = 440$（件）

标准成本：$440 \times 8 \times 4 = 14\ 080$（元）

实际成本：$3\ 500 \times 4.10 = 143\ 50$（元）

人工效率差异：$(3\ 500 - 440 \times 8) \times 4 = -80$（元）

人工工资率差异：$3\ 500 \times (4.10 - 4) = 350$（元）

⑤借：生产成本 14 080
　　　直接人工工资率差异 350
　　贷：直接人工效率差异 80
　　　　应付职工薪酬 14 350

（4）本月实际发生变动制造费用 5 600 元，实际费用分配率为 1.6 元/小时（5 600/3 500）。

⑥借：变动制造费用 5 600
　　贷：各有关账户 5 600

将其计入产品成本：

标准成本：$440 \times 8 \times 1.5 = 5\ 280$（元）

实际成本：$3\ 500 \times 1.6 = 5\ 600$（元）

变动制造费用效率差异：$(3\ 500 - 440 \times 8) \times 1.5 = -30$（元）

变动制造费用耗费差异：$3\ 500 \times (1.6 - 1.5) = 350$（元）

⑦借：生产成本 5 280
　　　变动制造费用耗费差异 350
　　贷：变动制造费用效率差异 30
　　　　变动制造费用 5 600

（5）本月实际发生固定制造费用 3 675 元，实际费用分配率为 1.05 元/小时（3 675/3 500）。

⑧借：固定制造费用 3 675
　　贷：各有关账户 3 675

实际数 3 675　　　　　ⅰ

预算数 4 000　　　　　ⅱ

实际工时×标准分配率　$3\ 500 \times 1$　　ⅲ

标准工时×标准分配率　$440 \times 8 \times 1$　　ⅳ

ⅰ—ⅱ=耗费差异　　ⅱ—ⅲ=闲置能量差异　　ⅲ—ⅳ=效率差异

将其计入产品成本：

标准成本：440×8×1=3 520（元）

实际成本：3 500×1.05=3 675（元）

固定制造费用耗费差异：3 675-4 000=-325（元）

闲置能量差异：(4 000-3 500)×1=500（元）

固定制造费用效率差异：(3 500-440×8)×1=-20（元）

⑨借：生产成本　　　　　　　　　　　　　　　　　　3 520
　　　固定制造费用闲置能量差异　　　　　　　　　　500
　　　贷：固定制造费用耗费差异　　　　　　　　　　　　325
　　　　　固定制造费用效率差异　　　　　　　　　　　　 20
　　　　　固定制造费用　　　　　　　　　　　　　　　3 675

(6) 本月完工产成品430件，完工产品标准成本：430×82=35 260（元）。

⑩借：库存商品　　　　　　　　　　　　　　　　　　35 260
　　　贷：生产成本　　　　　　　　　　　　　　　　　　35 260

(7) 本月销售440件，单位价格125元，计55 000元（不考虑增值税）。

⑪借：应收账款　　　　　　　　　　　　　　　　　　55 000
　　　贷：主营业务收入　　　　　　　　　　　　　　　　55 000

结转已销产品成本：440×82=36 080（元）

⑫借：主营业务成本　　　　　　　　　　　　　　　　36 080
　　　贷：库存商品　　　　　　　　　　　　　　　　　　36 080

(8) 本月实际发生变动销售费用968元，固定销售费用2 200元，管理费用3 200元。

⑬借：变动销售费用　　　　　　　　　　　　　　　　　968
　　　固定销售费用　　　　　　　　　　　　　　　　2 200
　　　管理费用　　　　　　　　　　　　　　　　　　3 200
　　　贷：各有关账户　　　　　　　　　　　　　　　　　6 368

(9) 结转成本差异。假设本企业采用"结转本期损益法"处理成本差异。

⑭借：主营业务成本　　　　　　　　　　　　　　　　　395
　　　材料价格差异　　　　　　　　　　　　　　　　　500
　　　直接人工效率差异　　　　　　　　　　　　　　　 80
　　　变动制造费用效率差异　　　　　　　　　　　　　 30
　　　固定制造费用耗费差异　　　　　　　　　　　　　325
　　　固定制造费用效率差异　　　　　　　　　　　　　 20
　　　贷：材料数量差异　　　　　　　　　　　　　　　　 150
　　　　　直接人工工资率差异　　　　　　　　　　　　　 350
　　　　　变动制造费用耗费差异　　　　　　　　　　　　 350
　　　　　固定制造费用闲置能量差异　　　　　　　　　　 500

外 包

据安大略省垃圾管理委员会2007年所进行的一项研究估计,多伦多市通过外包居民生活垃圾和再生分类,每年可节省至少1 000万美元。报告同时指出,该地区的私人垃圾处理公司提供相同的服务,收费却比公共部门大约低20%,同时,私人垃圾回收工人的平均生产力是多伦多市所有工人平均生产力的两倍以上。

资料来源:Adam Summers, San Diego Can Benefit from Private Trash Collection, retrieved November 22, 2010, from http://reason.org/news/show/1003131.html.

2013年台湾的个人计算机电源供应器和半导体传感器单位制造成本分析见表7-8。

表7-8　　　　　　　　成本对比分析表

制造成本项目	电源供应器	半导体传感器	差异
直接材料	72%	11.2%	60.8%
直接人工	13%	2.2%	10.8%
制造费用	12%	86.6%	74.6%
委托加工	3%	—	3%
制造成本	100%	100%	—

请问两种产品的成本如何控制?

行业不同,成本的差异非常大。例如电源供应器,它的原料占72%,直接人工占13%,制造费用占12%,委托加工占3%,所以哪一个项目支出的比例最高,就必须投入更多的人力,来进行分析和控制。

相反,半导体传感器它的制造费用占86.6%,人工只占2.2%,原料11.2%。因为半导体传感器是高新科技,它的仪器设备非常精密,价格昂贵,而且使用寿命都非常短,而新技术、新产品不断更新,老的机器、设备淘汰率高,这个行业对机器设备的投资非常大,折旧年限又太短,造成整个成本结构主要还是在制造费用上。所以分析这样的公司,重点在制造费用,也就是它的固定资产投资是否合理。

> **情境小结**
>
> 成本控制是企业生存发展的基础，良好的成本控制与管理，能在保证产品质量的前提下，增强企业产品竞争力，提高企业效益。成本控制有不同的环节，不同的方法。企业应该根据自身实际情况，建立一套适合自己的成本控制系统。传统的成本计算有其传统优势，在新技术发展的今天，标准成本系统被广大企业家所认识，标准成本控制系统的关键是建立合理的标准成本，在标准成本基础上进行控制和考核，同时账务处理上也较传统复杂，需要管理者和员工共同参与。同时在形势发生变化的时候，需要及时修订标准成本。在产生差异后，不要以抓罪犯的方式追究责任，要深刻分析原因，然后采取措施。除了标准成本之外还有其他成本控制系统，本书不再介绍，有兴趣请查阅相关书籍。

习题与实训

一、单项选择题

1. 由于特定成本项目的实际价格水平与标准价格不一致而导致的成本差异称为（　　）。
   A. 价格差异　　　　　　　　　B. 价格差
   C. 数量差异　　　　　　　　　D. 用量差

2. 在进行标准成本差异分析时，不能区分为价差和量差的成本是（　　）。
   A. 直接材料成本　　　　　　　B. 直接人工成本
   C. 固定制造成本　　　　　　　D. 变动制造成本

3. 标准成本制度的重点是（　　）。
   A. 标准成本的制定　　　　　　B. 成本差异的计算分析
   C. 成本差异的账务处理　　　　D. 成本控制

4. 按实际机器小时确定的固定性制造费用分配数和按标准机器小时确定的固定性制造费用分配数之差为（　　）。
   A. 预算差异　　　　　　　　　B. 生产能力利用差异
   C. 效率差异　　　　　　　　　D. 能量差异

5. 在标准成本控制系统中，成本差异是指在一定时期内生产一定数量的产品所发生的（　　）。
   A. 实际成本与标准成本之差　　B. 实际成本与计划成本之差
   C. 预算成本与标准成本之差　　D. 预算成本与实际成本之差

6. 将广义的成本控制区分为事前成本控制、事中成本控制和事后成本控制所依据的分类标志（　　）。
   A. 成本控制的时间　　　　　　B. 成本控制的原理
   C. 成本控制的手段　　　　　　D. 成本控制的对象

7. 固定性制造费用差异是指（　　）。
A. 实际发生数与预算数之差
B. 预算数与按实际应完成机器小时分配数之差
C. 实际发生数与按实际应完成机器小时分配数之差
D. 实际数与按标准机器小时分配数之差

8. 在标准成本制度下，分析计算各成本项目价格差异的用量基础是（　　）。
A. 标准产量下的标准用量　　　　B. 实际产量下的标准用量
C. 标准产量下的实际用量　　　　D. 实际产量下的实际用量

9. 下列属于用量标准的是（　　）。
A. 材料消耗量　　　　　　　　　B. 小时工资率
C. 原材料价格　　　　　　　　　D. 小时制造费用

10. 通常应对不利的材料价格差异负责的部门是（　　）。
A. 质量控制部门　　　　　　　　B. 采购部门
C. 工程设计部门　　　　　　　　D. 生产部门

11. 材料成本差异的基本构成包括消耗数量差异和（　　）。
A. 效率差异　　　　　　　　　　B. 耗费差异
C. 价格差异　　　　　　　　　　D. 闲置能量差异

12. 工资成本人工效率差异是由于存在（　　）。
A. 实际工时与标准工时之差　　　B. 实际工时与定额工时之差
C. 预算工时与标准工时之差　　　D. 实际工资率与标准工资率之差

13. 变动制造费用的价格差异是指（　　）。
A. 预算差异　　　　　　　　　　B. 效率差异
C. 闲置差异　　　　　　　　　　D. 能量差异

14. 计算价格差异的公式是：（　　）。
A. 价格差×实际产量下的实际用量
B. 价格差×实际产量下的标准用量
C. 标准价格×实际产量下的用量差
D. 实际价格×实际产量下的用量差

15. 在下列选项中，属于标准成本控制系统前提和关键的是（　　）。
A. 标准成本的制定　　　　　　　B. 成本差异的分析
C. 成本差异的计算　　　　　　　D. 成本差异账务处理

16. 固定制造费用的实际金额与预算金额之间的差额称为（　　）。
A. 预算差异　　　　　　　　　　B. 能量差异
C. 效率差异　　　　　　　　　　D. 闲置能量差异

二、多项选择题

1. 标准成本控制系统的内容包括（　　）。
A. 标准成本的制定　　　　　　　B. 成本差异的计算分析
C. 成本差异的账务处理　　　　　D. 成本差异的分配

E. 成本预算的编制
2. 影响直接材料耗用量差异的因素有（　　）。
   A. 工人的技术熟练程度　　　　B. 设备的完好程度
   C. 用料的责任心　　　　　　　D. 废品率的高低
   E. 材料质量
3. 固定性制造费用成本差异可分解为（　　）。
   A. 开支差异　　　　　　　　　B. 生产能力差异
   C. 效率差异　　　　　　　　　D. 预算差异
   E. 能量差异
4. 在实务中，贯彻成本控制的例外管理原则时，确定"例外"的标志有（　　）。
   A. 重要性　　　　　　　　　　B. 一贯性
   C. 可控性　　　　　　　　　　D. 特殊性
   E. 变动性
5. 造成变动制造费用耗费差异的原因有（　　）。
   A. 直接材料质量次、废料多　　B. 间接材料价格变化
   C. 间接人工工资调整　　　　　D. 间接人工的人数过多
6. 可以套用"用量差异"和"价格差异"模式的成本项目有（　　）。
   A. 直接材料　　　　　　　　　B. 直接人工
   C. 变动性制造费用　　　　　　D. 固定性制造费用
7. 固定性制造费用的三种成本差异指的有（　　）。
   A. 效率差异　　　　　　　　　B. 耗费差异
   C. 价格差异　　　　　　　　　D. 生产能力利用差异
8. 影响人工效率差异的因素主要包括（　　）。
   A. 加工设备的完好程度　　　　B. 工人的劳动生产率
   C. 产品质量控制制度　　　　　D. 动力供应情况
   E. 材料的质量和价格
9. 由（　　）造成的人工工资率差异，是企业可以预防的。
   A. 工人的调度和工作安排不够得当
   B. 工人不熟悉工作环境
   C. 工资变动后未及时修改工资标准
   D. 生产准备时间过长
10. 产生材料价格脱离标准的原因，可能会有（　　）。
    A. 进料数量未按经济订货量办理
    B. 折扣期内延期付款，未获优惠
    C. 购入低价材料
    D. 增加运输途中损耗
11. 造成材料数量差异的主要原因有（　　）。
    A. 操作疏忽造成废品废料增加　　B. 工人用料不精心
    C. 未按经济采购量订货　　　　　D. 新工人上岗造成多用料

三、判断题

1. 材料价格差异是指材料外购的实际价格与标准价格之间的差异。（ ）
2. 大金额的有利差异对企业来说并非总是有利的。（ ）
3. 标准成本，是指按照成本项目事后制定的，在已达到的生产技术水平和有效经营管理条件下应当达到的单位产品成本目标。（ ）
4. 固定制造费用差异通常分为用量差异与价格差异两部分。（ ）
5. 有关人工完成一定的生产任务所耗实际工时同其预定需用工时之间发生差异的性质和程度，决定了直接人工效率差异的方向和大小。（ ）
6. 直接人工工资率差异的方向和大小是由有关人工的实际工资率同其标准工资率之间发生差异的性质的程度决定的。（ ）
7. 狭义的成本控制比较看重对原材料的价格的控制。（ ）
8. 在实行标准成本制度时，一般都是采用正常的标准成本。（ ）
9. 反馈性成本控制，是指利用反馈原理进行的事前或事后的成本控制。（ ）
10. 防护性成本控制，是通过企业内部制定的规章制度来约束成本的支出，以预防偏差和浪费的发生。（ ）
11. 标准成本，是指按照成本项目事先制定的，在已达到的生产技术水平和有效经营管理条件下应当达到的单位产品成本目标。（ ）
12. 直接材料数量标准，是指在现有的生产技术条件下，生产单位产品所需要的单位材料的数量。（ ）
13. 直接材料价格标准，是指为取得某种材料所应支付的单位材料的价格。（ ）
14. 标准工资率可以是预定的工资率，也可以是现行的正常的工资率。（ ）
15. 在工资制度中，将工资总额除以工资总额所涵盖期间生产产品的工时总额，得出标准工资率。（ ）
16. 制造费用标准成本由用量标准和分配率标准构成。（ ）
17. 直接人工数量标准，是指在现有生产技术条件下，生产某单位产品所需用的实际工作时间。（ ）
18. 制造费用分配率的大小，取决于生产量标准和制造费用预算额两个因素。（ ）

四、简答题

1. 简述标准成本控制系统的内容及相互关系。
2. 正常标准成本和理想标准成本的区别。
3. 固定制造费用的二因素和三因素分别是什么？
4. 成本控制的原则包括哪些方面？
5. 简述责任成本与可控成本之间的关系。
6. 为什么说可控成本和不可控成本可以实现相互转化？
7. 确认可控成本必须同时具备什么条件？
8. 简述责任成本与产品成本之间的区别。
9. 如何评价利润中心的业绩？

10. 简述投资中心与利润中心的区别。
11. 简述投资报酬率指标的含义及使用时应注意的问题。

五、计算分析题

1. 根据下列资料，计算确定直接材料与直接人工成本项目的各成本差异数额。

成本项目	标准成本	实际成本
直接材料	2.5 千克×0.6 元/千克	2.8 千克×0.5 元/千克
直接人工	0.5 小时×4 元/小时	0.45 小时×4.2 元/小时
产量	预计 1 000 件	实际 800 件

2. 北方公司生产 A 产品，有关直接材料和直接人工的标准成本资料如下：

成本项目	价格标准	用量标准
直接材料	1.5 元/千克	6 千克
直接人工	8 元/工时	0.5 工时

本月份实际发生的业务如下：
①购进直接材料 21 000 千克，实际支付 34 650 元。
②所购材料全部用于生产，共生产 A 产品 3 400 件。
③本期共耗用人工 1 600 工时，支付工资成本 13 000 元。
请计算：（1）本月份材料价格差异与用量差异。
（2）本月份人工工资率差异与人工效率差异。

3. 某企业月固定制造费用预算总额为 100 000 元，固定制造费用标准分配率为 10 元/小时，本月制造费用实际开支额为 88 000 元，生产 A 产品 4 000 个，其单位产品标准工时为 2 小时/个，实际用工 7 400 小时。
要求：用两差异分析法和三差异分析法进行固定制造费用差异分析。

4. 某企业生产甲产品，单位产品耗用的直接材料标准成本资料如下：

成本项目	价格标准	用量标准	标准成本
直接材料	0.5 元/公斤	6 公斤/件	3 元/公斤

直接材料实际购进量是 4 000 公斤，单价 0.55 元/公斤，本月生产产品 400 件，使用材料 2 500 公斤。
要求：（1）计算该企业生产甲产品所耗用直接材料的实际成本与标准成本的差异。
（2）将差异总额进行分解。

5. 某企业生产 A 产品有关资料如下：
（1）产品 A 的标准成本卡：

直接材料	20公斤	单价30元
直接人工	5工时	工资率4元
变动制造费用	5工时	分配率10元
固定制造费用	5工时	分配率8元
预算产量1 000件		

(2) 实际资料如下：

①实际产量1 200件；

②实际领用材料25 000公斤，单价29元；

③直接人工工时5 800工时，每小时平均工资率为4.5元；

④制造费用发生101 000元，其中：变动制造费用59 000元，固定制造费用42 000元。

根据上述资料，请计算有关成本差异，并作账务处理，期末一次结转损益。

学习情境八
作业成本

 职业能力目标

本情境的内容是近几十年来管理会计所取得的新进展,对管理会计的发展产生重大影响。学习本情境,要求理解使用单一成本分配率的传统成本系统是如何扭曲产品和客户成本的;对比作业成本和传统成本计算的差异;识别资源、作业、资源成本动因和作业成本动因的概念;掌握作业成本计算的原理;了解作业成本管理的方法;了解作业成本管理系统在服务性企业中的应用,能在今后的实际工作中运用。

 典型工作任务

作业成本法是西方国家于 20 世纪 90 年代以来率先在先进制造企业应用的一种全新的企业管理理论和方法。作业成本计算法以作业为间接费用的归集对象,通过资源动因的确认、计量,归集资源费用到作业上,再通过作业动因的确认、计量,归集作业成本到产品或顾客上去的间接费用分配方法。在理解作业、资源、成本动因等概念之后,理解传统成本计算和作业成本的差异,能够对企业的实际工作进行作业描述、统计,分析作业动因进而对产品进行作业成本计算。

著名人物——琼·罗宾逊

基本资料:
琼·罗宾逊,1903年10月31日出生于英格兰萨里郡。
教育背景:
剑桥大学格顿学院。
个人经历:
英国国家学术院院士。
学术研究:
主要领域:经济学;
著名思想:独占性竞争理论、不完全竞争理论;
主要代表作:《资本的累积》。

《财务会计理论》

1999年,加拿大滑铁卢大学著名的会计学教授William. R. Scott撰写的《财务会计理论》出版,到2003年为止,该书共出版了三版。全书以信息经济学为框架,共分四部分。第一部分包括第1、2两章,第1章概括和阐述了全书整体框架,第2章描述了理想环境中的会计问题。信息不对称有两种主要类型,即逆向选择和道德风险,本书的第二部分是对逆向选择问题的讨论。道德风险来源于公司管理人员在经营中努力程度的不可观察性,本书的第三部分是对道德风险的讨论。投资者同时面临逆向选择和道德风险,然而控制这两种风险所需要的信息是不同的,这样准则制定者就充当了投资者与管理者之间利益冲突的协调者,本书第四部分主要讨论了准则的制定问题。

■ 知识准备

一、作业成本方法的基本原理

传统的成本计算方法中,制造费用必须按照一定的标准将其分配计入有关产品的成本,普遍采用与产量相关联的分摊基础,例如以直接人工成本、直接人工工时、机器工时等作为制造费用的分配标准。这就是所谓的"以数量为基础"的成本计算方法。这种传统的分配方法在传统的生产环境中是比较合适的。然而在高科技广泛应用于生产过程、市场需求多样化的环境下,企业如果继续使用传统的成本会计技术与方法,就可能对成本的计算结果造成极大歪曲。

经济的发展和人们生活水平的提高,使得市场需求呈现出多样化、个性化、时尚化的特点,从而导致制造业产品生产的多样化、个性化和不断追求新款式的竞争态势,使企业倡导弹性制造。产品生产的多样化和个性化,不同产品要求的工艺过程不同、操作程序不同、在作业链中生产的路径不一样,产品生产对不同作业的需用量不同,采用同一的成本分配基础,不能客观反映不同作业成本与不同产品的关系。机器和电脑辅助生产系统,在某些工作上已经取代了人工,人工成本比重从传统制造环境下的20%~40%降到了现在的不足5%。同时制造费用剧增并呈多样化,其分摊标准如果只用人工小时已难于正确反映各种产品的成本。传统成本会计中将预算与实际业绩编成差异报告,即将实际发生的成本与标准成本相比较,但在新制造环境下,这一控制系统将产生负功能的行为,例如为获得有利的效率差异,可能导致企业片面追求大量生产,造成存货的增加;另外,为获得有利价格差异,采购部门可能购买低质量的原材料,或进行大宗采购,造成质量问题或材料库存积压等等。

由于这些原因,传统的成本分配方法已不能满足经营管理对成本信息的要求,作业成本法应时而生。

作业成本法：Activity-Based Costing，简称ABC，是指将产品生产或提供服务所消耗的资源的成本按作业归集，再按受益原则，依据成本动因追溯至产品或服务，即指以作业为制造费用的归集对象，通过资源动因的确认、计量，归集资源费用到作业上，再通过作业动因的确认计量，归集作业成本到产品上去的制造费用分配方法。

作业成本法的目的不是将共同成本分配到产品，而是对于各种作业的资源进行计量和定价，通过对所有与产品相关联作业活动的追踪分析，为尽可能消除"不增值作业"，改进"增值作业"，增加"顾客价值"，提高决策、计划、控制的科学性和有效性，最终达到提高企业的市场竞争能力和盈利能力的目的。

（一）资源

资源是成本的源泉，是指支持作业的成本和费用的来源，是企业生产耗费的最原始状态。一个企业的资源包括人、财、物等，包括直接材料、直接人工、制造费用等。

（二）作业

作业概念也是建立在一定的假设基础之上的。第一，作业具有明确的"边界"，以明确作业消耗的资源与作业产出，能够明确成本责任；第二，作业必须是可量化的基准，对于一般的生产作业，作业比较容易量化，对于知识性的作业，如研究工作，则难以量化，如果要把作业纳入作业成本核算体系，则必须对作业进行计量，为作业制订量化的标准；第三，作业具有单一的分配动因，作业的分配目标，对于作业的消耗只能按照单一的成本动因线性分配，而作业中的某些成本项目可能与该成本动因并不线性相关；第四，作业必须与一定的组织机构对应，必须具有唯一对作业整体负责的一个组织单位。

作业成本法的首要工作就是作业的认定。作业是指为了达到某种目的而耗费资源的各种活动或行为。作业又可称为活动，是企业生产产品的各种活动，比如：加工零件，检验零件、生产准备、运输物料、编写数控代码、更改工艺等。作业构成了沟通企业资源与企业产出（最终产品）的桥梁，贯穿于企业生产经营的全过程。与作业相关联的概念是作业链和价值链。

企业为最终满足顾客需要而设计的一系列作业的集合体，叫作作业链。在这条作业链上存在着这样一种关系：资源——作业——产品，即：产品消耗作业，作业消耗资源。

价值链是从开发、生产、营销和向顾客支付产品或劳务所必需的一系列作业价值的集合，伴随着作业的转移而价值也转移，在转移过程中全部价值的集合。

作业链的形成过程实际上也就是价值链的形成过程。

（三）成本动因

成本动因是引起成本发生的因素。即资源和作业耗用的推动力，成本动因支配着成本行为，决定着成本的产生，是成本分配的标准。成本动因分为资源动因和作业动因。

（1）资源动因：决定作业消耗资源的因素，反映作业量与资源消耗的因果关系。

（2）作业动因：将作业的成本分配到产品的成本对象的标准。就是各项作业被最终产品或劳务消耗的方式和原因。它反映产品消耗作业的情况，是作业中心（作业成本库)的成本分配到产品中去的标准。例如,如果在各种产品或劳务的每份订单上所耗用的费用基本相当,那么就可以按照订单份数来向各种产品或劳务分配订单作业成本。在这里,订单的份数就是一项作业动因。

作业成本法最主要的创新就是引入了"成本动因"。成本动因不只是传统成本计算方法下的数量动因(如直接人工小时等)。利用这些成本动因,分配的产品成本都是清晰且可归属的,因为这些成本动因将产品同其所消耗的资源之间建立起了一种因果关系,而在传统成本计算方法下,因为选用单一的数量分配标准,是没有这种因果关系的。

比如机器钻孔作业:人工按工时分配到钻孔作业,电力按实际计量计入钻孔作业。折旧按实际折旧金额分配计入。分配到产品是按各产品需要钻孔的数量,小时是资源动因,钻孔数量是作业动因,如图8-1所示。

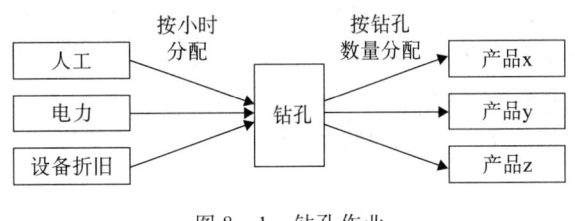

图8-1 钻孔作业

再比如:工资是企业的一种资源,把工资分配到作业"质量检验"的依据是质检部门的员工数(资源动因);把作业"质量检验"的全部成本按产品检验的次数(作业动因)分配到产品,如图8-2所示。

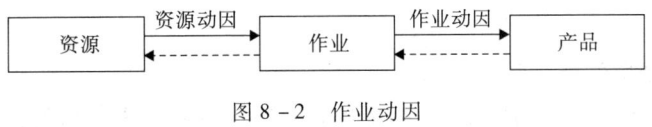

图8-2 作业动因

作业成本动因是指一项作业产出的计量单位,如直接人工小时、产品种类、机器准备次数等。作业成本动因充当着作业和产品之间的纽带。根据作业成本动因可以对一项作业产出进行定量计量。以作业为基础的成本制度除保留了传统成本制度的单位水平作业动因如人工小时、机器小时之外,还需要使用能把批量水平、产品水平、能力水平作业的成本分配到产品和顾客中的作业成本动因。对每一项作业,都有与其相对应的作业成本动因。

把作业成本分配到个别产品中去需要知道每一产品的作业成本动因数量。也就是除了要知道每一产品成本中心所需的材料、直接人工和机器小时外,作业成本制度还必须知道每一产品的各个成本动因数量。例如,对于每一类产品,必须掌握的关于成本动因的信息有:生产产品的数量、购买材料的数量、材料搬动的数量和设计变更通知的数量。这将引起所要收集信息的数量大幅度增长。幸而不断改进的综合信息系统,尤其是建立在整个企业范围内的信息系统,使得关于作业成本动因的信息比原来容易获得,其成本也更低。

> **小资料**
>
> **第一部作业成本法专著**
>
> 　　自20世纪初管理会计诞生以来，先后出现标准成本、差异分析、成本性态分析、变动成本法、本量利分析、责任会计等成本管理方法，它们的出现对提高会计与管理的相关性起到重要作用。但是，近几十年来，电子技术的飞速发展，产生高度自动化的制造企业，带来管理观念和管理技术的巨大变化。在先进制造环境下，许多工人已被机器设备取代，成本中的人工比例大大降低，固定制造费用大幅度上升。20世纪40年代美国会计学家埃里克·科勒教授想正确计算水力发电行业的成本。水力发电主要成本是发电设施等固定资产折旧和维护费用等间接费用，原材料——水不花钱，人工主要用于对设备进行监控和维护。传统以人工小时来分配间接费用，显然不能正确计算成本。因此科勒提出作用为基础的成本计算，但是这一思想当时未受到重视。20世纪80年代后期，随着MRP、CAD、CAM、FMS、CIMS的广泛应用，使美国实业界普遍感觉成本信息与现实脱节，成本扭曲令人吃惊。1971年，乔治·斯托布斯教授在《作业成本计算和投入产出会计》中对作业、成本动因等概念做出了全面系统的讨论，这是第一部作业成本法专著。作业成本法之所以风靡全球，是因为作业基础的成本信息能满足企业生产经营决策多方面的需求。

二、作业分析

（一）划分增值作业和非增值作业

增值作业是指企业生产经营所必需的，且能为顾客带来价值的作业。例如，采购订单的获取、在产品的加工以及完工产品的包装均属于增值作业。对于增值作业，企业要做的是努力提高其执行效率。

非增值作业是指对增加顾客价值没有贡献，或者凡经消除而不会降低产品价值的作业，比如储存、移动、等待、检测等作业。非增值作业是企业作业成本管理的重点。实际上，在一个企业所从事的作业中，非增值作业占有相当大的比重，存在巨大的改进潜力。企业应合理安排作业及各作业之间的联系，竭力减少非增值作业的执行。一般来说，一个企业的非增值作业主要有：

（1）计划作业：该作业要耗费时间和资源来决定如何生产、生产多少、何时生产。

（2）移动作业：该作业要耗费时间和资源将原材料、在产品和产成品从一个部门转移到下一个部门。

（3）等待作业：原材料或在产品未被下一道工序及时加工而存在等待作业，这一作业也要耗费时间和资源。

（4）检查作业：该作业要耗费时间和资源来确保产品符合标准。

（5）储存作业：该作业要消耗时间和资源保存原材料或产品。

(二) 分析重要性作业

企业的作业通常多达几十种，甚至上百种、上千种，对这些作业一一进行分析是不必要的，因为这样做不符合成本效益原则。根据重要性原则，只能对那些相对于顾客价值和企业价值而言比较重要的作业进行分析。

(三) 把企业的作业同其他企业类似的作业进行对比

因为增值的作业并不意味着有效和最佳，通过与其他企业先进水平的作业进行比较，可以判断某项作业或企业整个价值链是否有效，寻求改进的机会。例如，产品设计作业，应是一种增值作业，但是，如果某企业采用能快速提供服务的电脑辅助设计，在采用多品种、少批量生产方式和要求快捷供货的情况下，用计算机辅助设计替代人工设计应是必要的。

(四) 分析作业之间的联系

作业成本法下的各种作业相互联系，形成作业链，理想的作业链应该是使作业完成的时间最短和重复次数最少。由此，作业管理不仅仅是一项管理工作，更为重要的它还是不断改进企业作业活动的动态过程。

作业可以有不同的分类标准，分类方法主要有：按作业所完成的职能分、按作业的执行方式分、按作业的性质分、按作业的受益对象分、按作业的时间长短分等。

作业层次分类法把作业分为以下四类：

(1) 单位作业：使单位产品受益的作业，作业的成本与产品的数量成正比，常见的作业如加工零件、每件产品进行的检验等；

(2) 批别作业：使一批产品受益的作业。作业的成本与产品的批次数量成正比。常见的如设备调试、生产准备等；

(3) 产品作业：使某种产品的每个单位都受益的作业。例如零件数控代码编制、产品工艺设计作业等；

(4) 支持作业：为维持企业正常生产，而使所有产品都受益的作业，作业的成本与产品数量无相关关系，例如厂房维修、管理作业等。通常认为前三个类别以外的所有作业均是支持作业。

三、作业成本法的优点和缺点

(一) 优点

(1) 提供相对准确的成本信息；
(2) 使产品定价及策略建立在科学基础上；
(3) 帮助企业做出正确的决策，提高企业的效益；
(4) 有助于提高预算制定的科学性；
(5) 有助于降低成本、加强成本控制。

(二) 缺点

(1) 作业成本法的成本资料仍然是历史成本，仅间接与管理决策相关；

（2）作业成本法的设计、实施成本较高；

（3）按作业中心进行成本归集时，仍不能完全避免成本分配；

（4）每个作业中心的成本动因，可能不能完全解释该成本归集组的成本性态。

作业成本法虽然能为产品成本提供更多有关产品的信息，但实施初期却需要更多的费用。采用 ABC 需要会计人员、生产人员、销售人员、管理人员和其他人员非会计人员的通力合作。

小思考

相对于传统成本计算方法而言，作业成本法的主要特点有哪些？

答：相对于传统成本计算方法而言，作业成本法的主要特点：

（1）成本计算分为两个阶段（基本指导思想是"产品消耗作业、作业消耗资源"）；

（2）成本分配强调可追溯性（其中的"追溯"包括直接追溯和动因追溯两种形式）；

（3）成本追溯使用众多不同层面的作业动因。

小资料

资源动因与作业动因的区别和联系

作业动因是分配作业成本到产品或劳务的标准。它们计量了每类产品消耗作业的频率，反映了产品对作业消耗的逻辑关系。例如，当"检验外购材料"被定义为一个作业时，则"检验小时"或"检验次数"就可成为一个作业动因。如果检验外购材料 A 所花的时间占总数的 30%，则作业"检验外购材料"成本的 30% 就应归集到外购材料 A。

作业动因与作业分类有关。如单位水平作业，则作业动因是产量；如批别水平作业，则作业动因是产品的批量。当作业动因计量的耗费等于或接近于产品对作业的实际耗费时，则产品成本就能得到准确的核算。作业动因是产品和作业的联系，代表了产品或工艺的设计的改善机会。

资源动因连接着资源和作业，而作业动因连接着作业和产品。把资源分配到作业使用的动因是资源动因；把作业成本分配到产品使用的动因是作业动因。比如说，工资是企业的一种资源，把工资分配到作业"质量检验"的依据是质量检验部门的员工数，这个员工数就是资源动因；把作业"质量检验"的全部成本按产品检验的次数分配到产品，则检验的次数就是作业动因。

作业动因和资源动因也有混同的情况。当作业和产品一致，这时的资源动因和作业动因就是一样的。

小思考

作业成本法的作业和我们学习作业一样吗?

答：不一样。作业成本法的作业是指为了达到某种目的而耗费资源的各种活动或行为。而我们学习的作业是为巩固所学知识和技能而进行的训练。

学习子情境一
作业成本法的计算程序

☞ **情境引例**

传统成本法制造费用分配计算如图 8-3 所示：

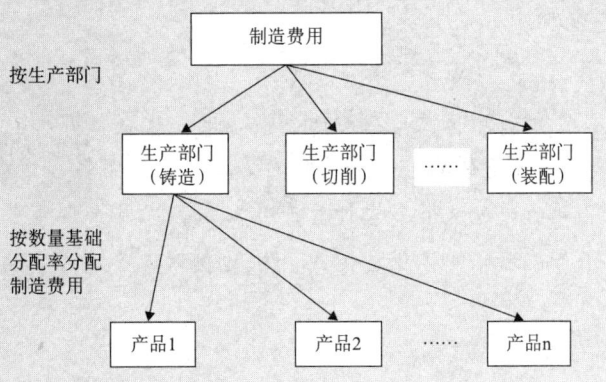

图 8-3 传统成本法制造费用分配程序

作业成本计算法下分配间接费用遵循的原则是"作业消耗源，产品消耗作业"。其分配的程序如图 8-4 所示：

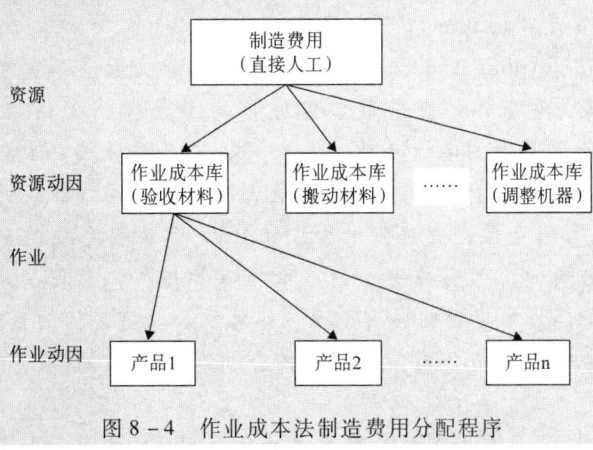

图 8-4 作业成本法制造费用分配程序

根据作业成本和作业成本动因数量可以计算作业成本动因分配率，作业成本动因分配率是作业成本与作业成本动因数量的比率，其计算公式为：

$$作业成本动因分配率（R）= \frac{作业成本（C）}{作业成本动因数量（X）}$$

如果一个公司生产多种产品，所以其要求的作业数量较多，需要分别计算每项作业的作业成本动因分配率（R）。假设一个企业的生产过程由五项作业组成，可分别计算五项作业的作业成本动因分配率，即

$$R_1 = \frac{C_1}{X_1},\ R_2 = \frac{C_2}{X_2},\ R_3 = \frac{C_3}{X_3},\ R_4 = \frac{C_4}{X_4},\ R_5 = \frac{C_5}{X_5}$$

则某种产品的制造费用（C）计算如下：

$$C = C_1 + C_2 + C_3 + C_4 + C_5 = R_1X_1 + R_2X_2 + R_3X_3 + R_4X_4 + R_5X_5$$

传统的制造费用分配只使用一个分配标准，计算一个统一的制造费用分配率。假设企业以第一项作业动因（X_1）作为分配标准，计算制造费用分配率（R'），其计算过程如下：

$$R' = \frac{C}{X_1} = \frac{C_1 + C_2 + C_3 + C_4 + C_5}{X_1}$$

则某种产品分配的制造费用计算公式为：

$$C = R'X_1$$

通过这个公式计算产品成本，当其余四项作业动因X_2、X_3、X_4和X_5与被选择的作业动因X_1不成比例时，产品成本将被严重扭曲。

经典事件

"安然事件"与安达信的毁灭

安然公司成立于1930年，最初名为北部天然气公司，于1979年在纽约证券所挂牌，1985年更名"安然"（Enron）。

安达信公司（Arthur Andersen）成立于1913年，由美国芝加哥大学教授阿瑟·安达信先生创建，自成立以来，一直以其稳健诚信的形象被公众认为同行业中的"最佳精英"。1979年，成为全球最大的会计专业服务公司，与普华永道（PWC）、毕马威（KPMG）、安永（E.Y）、德勤（D.T）一道成为全球最大的五家会计师事务所。

"安然事件"发生后，安然公司承认自1997年以来通过非法手段虚报利润达5.86亿美元，在与关联公司的内部交易中不断隐藏债务和损失，管理层从中非法获益。这一消息传出，立刻引起美国资本市场的巨大动荡，媒体和公众将讨伐的目光对准负责对安然公司提供审计和咨询服务的安达信公司。人们纷纷指责其没有尽到应有的职责，并对其独立性表示怀疑。

2002年1月17日，美国证券交易委员会（SEC）主席彼特郑重向新闻界宣布，拟设立

一个独立于注册会计师行业的监管机构（PCAOB），以防止安然悲剧的重演。SEC的这一决定，终结了美国注册会计师行业自律的历史，标志着"后安然时代监管模式"的到来。

职业判断与业务操作

作业成本法的计算按下列程序进行：

一、确认和计量各类资源耗费，将资源耗费价值归集到各资源库

这一步骤是按资源类别对资源耗费价值进行归集的过程。将能够直观地确定为某特定产品或服务的资源成本划为直接成本，直接计入该特定产品或服务成本，其余部分则列为作业成本。在资源被耗费后，一般来说，都应该按照一定的价值归集范围，对其进行分类归集。这样既可以从总体上反映各类资源的耗用情况，同时也为各类资源的耗费价值向作业成本库的分配创造了条件。至于价值归集范围，一般应视企业的规模和作业组合状况而定。对于小规模企业，若不分设制造中心，则直接在整个企业范围内按类别归集资源耗费价值；对于大规模企业，一般可设若干制造中心，并将各制造中心视为小规模企业来归集各类资源耗费价值。

二、确认作业、主要作业和作业中心，建立作业成本库，将各个资源库汇集的价值分配到各个作业成本库中

这一步骤的实施，是建立在对企业生产经营过程进行全面分析的基础上的。因为只有通过对企业生产经营过程的全面详尽的分析，才能将其描述成为一个由此及彼、由内向外的作业链，才能发现各项作业的成本动因，从而在此基础上，按照作业成本动因来建立作业成本库。在实际工作，一个企业的作业可能成百上千，按照重要性原则，我们选择主要作业作为资源分配的基础。主要作业如订单处理、产品设计、员工培训、材料处理、机器调试、质量检查、包装、销售、一般管理等。

在作业成本库建立之后，如何将各类资源的价值耗费向各作业成本库进行分配，就成为本步骤的重要内容。按照作业成本计算的规则，作业量的多少决定着资源的耗用量，资源耗用量的高低与最终产品的产出量没有直接关系。所以这一步骤分配资源的价值耗费的基础是反映资源消耗量与作业量之间关系的资源动因，即如何正确地确定资源动因，是正确地将各类资源耗费分配计入各作业成本库的关键。

确立资源动因的原则：

（1）某一项资源耗费能直观地确定其是为某一特定产品所消耗，则直接计入该特定产品成本，此时资源动因也是作业动因，该动因可以认为是"终结耗费"，材料费往往适用于该原则。

（2）如果某项资源耗费可以从发生领域上区分为各作业所耗，则可以直接计入各作业成本库，此时资源动因可以是"作业专属耗费"，如作业各自发生的办公费一般适用这种原则，各作业按实付工资额核定应负担的工资费时，也适用这一原则。

（3）如果某项资源耗费从最初消耗上呈混合耗费形态，则需要选择合适的量化依

据,将资源分解后,再分配到各作业,这个量化依据就是资源动因。

在成本计算过程中,各资源库价值应根据资源动因逐项分配到特定范围内的各作业成本库中去,将每个作业成本库中转入的各项资源价值相加就形成了作业成本库价值。

按作业设立同成本动因相关的同质成本库,归集同质成本。

同质成本:指由相同成本动因引起的制造费用。将相同成本动因发生的成本归集到一起,即为同质成本库。

成本库的数量一方面取决于作业及其成本是否能够明确区分,另一方面取决于管理的需要和成本效益原则。

三、将各作业成本库价值分配计入最终产品或劳务成本计算单,计算完工产品或劳务成本

该成本计算步骤应遵循的作业成本计算规则是:产出量的多少决定着作业的耗用量,这种作业消耗量与产出量之间的关系即为作业动因。

选择成本动因,即选择驱动成本发生的因素。一项作业的成本动因往往不止一个,应选择与实耗资源相关程度较高且易于量化的成本动因,作为分配作业成本、计算产品成本的依据,如:人工小时、机器小时、机器准备次数、产品批数、收料次数、物料搬运量、订单份数、检验次数、流程改变次数等。

作业动因是将作业成本库成本分配到产品或劳务中去的标准,也是将作业耗费与最终产出相沟通的中介。既然作业中心和作业成本库是依据作业动因确认的,就每一作业成本库而言,其动因在第二步骤已经确立,因而成本计算在这一步骤并无障碍。如订单作业是批量动因作业,只需将该作业成本库成本除以当期订单份数得分配率,将此分配率乘以某批产品所用订单份数即可得到应计入该批产品成本计算单中订单成本项目中去的价值。

$$作业成本动因分配率 = \frac{作业成本}{作业成本支因数量}$$

分摊成本 = 某作业成本(库)分配率 × 被某产品耗用成本动因数量

将分配某产品的各作业成本(库)分摊成本和直接成本(直接人工及直接材料)合并汇总,计算该产品的总成本,再将总成本与产品数量相比,计算该产品的单位成本。

综上,整个程序归纳为:首先按作业归集制造费用,然后计算每一成本库单位成本动因的成本,即成本分配率,将归集于同质成本库中的制造费用,按各产品消耗的成本动因与单位成本动因的成本分配率分配作业成本。产品总成本为直接成本加上分配的各种作业成本。

[业务操作 8—1]

法兰公司生产 A、B 两种产品,有关产量、机器小时、直接成本、间接成本数据见表 8—1,生产经营 A、B 两种产品的相关作业及其动因数据见表 8—2。

表 8-1　　　　　　　　　　　A、B 两种产品的产量及成本资料

项目	A 产品	B 产品
产量	100 件	8 200 件
单位产品机器小时	3 小时/件	2 小时/件
单位产品人工成本	50 元/件	55 元/件
单位产品材料成本	95 元/件	90 元/件
制造费用总额	395 800 元	

表 8-2　　　　　　　　　　　　　制造费用作业资料

作业	作业动因	作业成本	成本动因 A	成本动因 B	合计
机器调试	调试次数	16 000 元	10 次	6 次	16 次
签订订单	订单份数	62 000 元	15 份	10 份	25 份
机器运行	机器小时	233 800 元	300 小时	16 400 小时	16 700 小时
质量检查	检测次数	8 400 元	30 次	20 次	50 次
合计		395 800 元			

要求：采用作业成本法进行 A、B 产品成本计算。

操作：

机器调试作业动因分配率 = 16 000 ÷ (10 + 6) = 1 000（元/次）

分配给 A 产品的机器调试成本 = 1 000 × 10 = 10 000（元）

分配给 B 产品的机器调试成本 = 1 000 × 6 = 6 000（元）

签订订单作业动因分配率 = 62 000 ÷ (15 + 10) = 2 480（元/份）

分配给 A 产品的签订订单成本 = 2 480 × 15 = 37 200（元）

分配给 B 产品的签订订单成本 = 2 480 × 10 = 24 800（元）

机器运行作业动因分配率 = 233 800 ÷ (300 + 16 400) = 14（元/小时）

分配给 A 产品的机器运行成本 = 14 × 300 = 4 200（元）

分配给 B 产品的机器运行成本 = 14 × 16 400 = 229 600（元）

质量检查作业动因分配率 = 84 000 ÷ (30 + 20) = 1 680（元/次）

分配给 A 产品的质量检查成本 = 1 680 × 30 = 50 400（元）

分配给 B 产品的质量检查成本 = 1 680 × 20 = 33 600（元）

A 产品最终承担制造费用 = 10 000 + 37 200 + 4 200 + 50 400 = 101 800（元）

B 产品最终承担制造费用 = 6 000 + 24 800 + 29 600 + 33 600 = 294 000（元）

单位 A 产品承担制造费用 = 101 800 ÷ 100 = 1 018（元）

单位 B 产品承担制造费用 = 294 000 ÷ 8 200 = 35.85（元）

如果用传统成本法以机器小时为数量基础分配制造费用：

传统制造费用分配率 = 395 800 ÷ (3 × 100 + 2 × 8 200) = 23.7（元/小时）

分配给 A 产品的制造费用 = 23.7 × 3 × 100 = 7 110（元）

分配给 B 产品的制造费用 = 23.7 × 2 × 8 200 = 388 680（元）
单位 A 产品承担制造费用 = 7 110 ÷ 100 = 71.1（元）
单位 B 产品承担制造费用 = 388 680 ÷ 8 200 = 47.4（元）
于是，作业成本法下：
A 产品的单位成本 = 95 + 50 + 1 018 = 1 163（元）
B 产品的单位成本 = 90 + 55 + 35.85 = 180.89（元）
而传统成本法下：
A 产品的单位成本 = 95 + 50 + 71.1 = 216.1（元）
B 产品的单位成本 = 90 + 55 + 47.4 = 192.5（元）
从上例看出，不同的成本计算方法下小批量生产产品的成本相差很悬殊。

学中做

E 公司是一个生产和销售电话的小型企业，主要有无绳电话和传真电话两种产品。公司最近开始试行作业成本计算系统，有关资料如下：

（1）2013 年年初制定了全年各月的作业成本预算，其中 2013 年 8 月份的预算资料见表 8-3。

表 8-3　　　　　　　　E 公司 2013 年 8 月预算资料

作业名称	作业动因	作业动因预算数	作业成本预算额（元）
机器焊接	焊接工时	1 000 工时	30 000
设备调整	调整次数	300 次数	1 500 000
发放材料	生产批次	25 批次	62 500
质量抽检	抽检次数	400 次数	170 000
合计			1 762 500

（2）8 月 4 日，该公司承接了甲客户购买 500 部传真电话和 2 000 部无绳电话的订单，有关的实际作业量见表 8-4。

表 8-4　　　　　　　　　实际作业量资料

产品名称	焊接工时	调整次数	生产批次	抽检次数
无绳电话	250	100	10	100
传真电话	500	200	20	200

（3）8 月 31 日，为甲客户加工的产品全部完工。8 月份各项作业成本实际发生额，见表 8-5。

表 8-5　　　　　　　　实际作业成本发生额　　　　　　　　单位：元

作业名称	机器焊接	设备调整	发放材料	质量抽检	合计
作业成本实际发生额	23 850	1 440 000	76 500	128 775	1 669 125

要求：(1) 计算作业成本的预算分配率；
　　　(2) 按预算分配率分配作业成本（已分配的作业成本）；
　　　(3) 计算差异调整率；
　　　(4) 分别计算甲客户无绳电话和传真电话的实际作业总成本。

操作：

① 见表 8-6。

表 8-6　　　　　　　　作业成本预算分配率　　　　　　　　单位：元

作业名称	作业成本预算额	作业动因预算数	作业成本预算分配率
机器焊接	30 000	1 000	30
设备调整	1 500 000	300	5 000
发放材料	62 500	25	2 500
质量抽检	170 000	400	425

② 见表 8-7。

表 8-7　　　　　　　　已分配的作业成本　　　　　　　　单位：元

产品	机器焊接	设备调整	发放材料	质量抽检	合计
无绳电话	30×250 =7 500	5 000×100 =500 000	2 500×10 =25 000	425×100 =42 500	575 000
传真电话	30×500 =15 000	5 000×200 =1 000 000	2 500×20 =50 000	425×200 =85 000	1 150 000
合计	22 500	1 500 000	75 000	127 500	1 725 000

③ 见表 8-8。

表 8-8　　　　　　　　差异调整率分配

作业名称	差异调整率
机器焊接	(23 850 - 22 500)/22 500 = 1 350/22 500 = 0.06
设备调整	(1 440 000 - 1 500 000)/1 500 000 = -60 000/1 500 000 = -0.04
发放材料	(76 500 - 75 000)/75 000 = 1 500/75 000 = 0.02
质量抽检	(128 775 - 127 500)/127 500 = 1 275/12 7500 = 0.01

④ 差异调整额 = 差异调整率 × 已分配的作业成本
　　实际作业成本 = 已分配的作业成本 + 差异调整额

计算分配的实际作业成本见表8-9。

表8-9　　　　　实际作业总成本计算分配表　　　　　　　单位：元

		机器焊接	设备调整	发放材料	质量抽检	合计
无绳电话	已分配成本	7 500	500 000	25 000	42 500	575 000
	差异调整额	7 500×0.06 =450	500 000× (-0.04) =-20 000	25 000×0.02 =500	42 500×0.01 =425	-18 625
	合计	7 950	480 000	25 500	42 925	556 375
传真电话	已分配成本	15 000	1 000 000	50 000	85 000	1 150 000
	差异调整额	15 000×0.06 =900	1 000 000× (-0.04) =-40 000	50 000×0.02 =1 000	85 000×0.01 =850	-37 250
	合计	15 900	960 000	51 000	85 850	1 112 750

学习子情境二
作业成本管理在企业中的应用

☞ **情境引例**

当企业界沉醉在"80%的销售量由20%的产品产生"的80/20法则时，罗伯特·卡普兰（Robert S. Kaplan）提出了被称为20/225的法则。他在进行作业成本研究中惊奇地发现许多产品实际上是侵蚀企业利润的，因为20%的产品（或顾客）竟然产生了225%的利润！

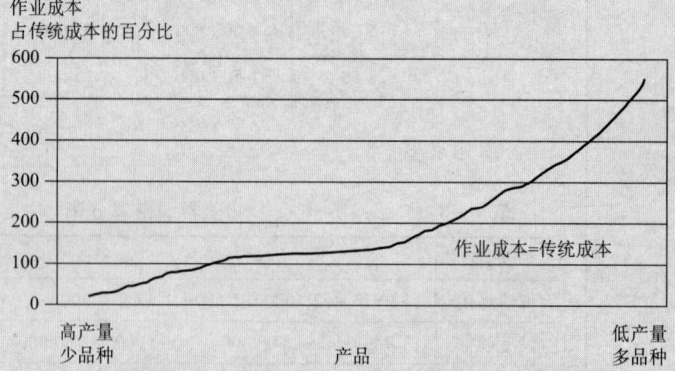

资料来源：Peter B.B. Turney, ABC The Performance Breakthrough, 1996.

图8-5　传统成本与作业成本对比

传统成本法与作业成本法为什么有这么大的差距？
作业成本法为什么能够准确地核算企业产品成本？

企业兼并

今世界航空制造业排行第一的美国波音公司有过多次兼并其他企业的案例，其中最著名的就是兼并美国麦霸公司。在1996年，"麦霸"在航空制造业排行世界第三，仅次于"波音"和欧洲的"空中客车"。该年"波音"以130亿美元的巨资兼并"麦霸"，使得世界航空制造业由原来"波音"、"空中客车"和"麦霸"三家共同垄断的局面，变为"波音"和"空中客车"两家之间的超级战争。新的波音公司在资源、研究与开发等方面的实力急剧膨胀，其资产总额达500多亿美元，员工总数达20万人，成为世界上最大的民用和军用飞机制造企业。这对于"空中客车"来说构成了极为严重的威胁，以至于两家公司发生了激烈的争执。在经过艰苦的协商、谈判后，波音公司最终被迫放弃了已经和美国几十家航空公司签订的垄断性供货合同，以换取欧洲人对这一超级兼并的认可。但是不管怎样，前无古人的空中"巨无霸"由此诞生，并对世界航空业产生了巨大影响。

职业判断与业务操作

一、作业成本管理

作业成本制度的建立应满足以下两个条件：一是企业有大量的间接费用和辅助资源耗费，二是产品、顾客和生产过程多样化。许多公司利用传统的标准成本系统或变动成本系统提供的信息，盲目增加产品品种，使其产品过于顾客化和过多地为顾客服务。他们没有看到为实现产品多样性、顾客化和为顾客服务所制定的决策是怎样导致过高的间接费用和辅助资源费用的。

可以说，发展至今，作业成本法已成为以作业为核心、成本分配观和过程分析观二维导向、作业成本计算与作业管理相结合的全面成本管理制度，如图8-6所示。

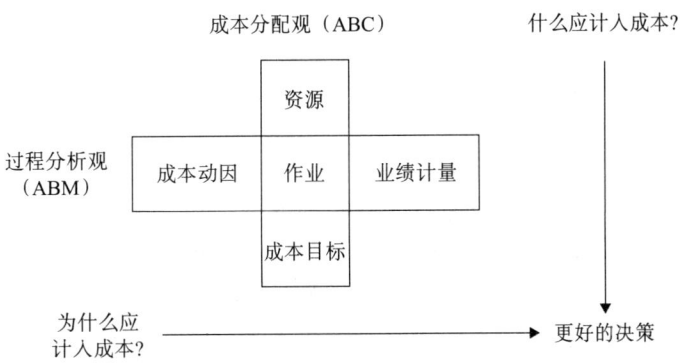

图8-6 全面成本管理制度体系

二、作业管理方法

（一）作业消除

作业消除就是消除不增值的作业。即先确定不增值的作业，进而采取有效措施予以消除。例如将原材料从集中保管的仓库搬运到生产部门，将某部门生产的零件搬运到下一个生产部门都是不增值作业。如果条件许可，将原料供应商的交货方式改变为直接送达原材料使用部门，改善工厂布局，缩短运输距离，削减甚至消除不增值作业。

（二）作业选择

作业选择就是尽可能列举各项可行的作业并从中选择最佳的作业。不同的策略经常产生不同的作业，例如不同的产品销售策略会产生不同的销售作业，而作业引发成本，因此不同的产品销售策略，引发不同的作业及成本。在其他条件不变的情况下，选择作业成本最低的销售策略，可以降低成本。

（三）作业减低

作业减低就是改善必要作业的效率或者改善在短期内无法消除的不增值的作业，例如减少整理准备次数，就可以改善整理准备作业及其成本。

（四）作业分享

作业分享就是利用规模经济效应提高必要作业的效率，即增加成本动因的数量但不增加作业成本，这样可以减低单位作业成本及分摊于产品的成本。例如新产品在设计时，如果考虑到充分利用现有其他产品使用的零件，就可以免除新产品的部分零件设计作业，从而减低新产品的生产成本。

> **小思考**
>
> 作业消除和作业减低就是不干作业、少干作业？
>
> 答：错误。作业消除就是消除不增值的作业，而作业减低就是提高必要作业的效率。

三、作业管理实例

管理者在进行了作业成本分析了解了产品成本之后，就会采取许多可行的策略来增加产品系列的获利能力。管理者利用作业信息所采取的行动即为作业管理。主要内容包括：产品重新定价、替代产品、重新设计产品、改进生产过程和经营策略、技术投资和产品削减等。

(一) 产品重新定价

在激烈的市场竞争中,一些公司处于被少数大公司控制的行业中,因此在产品定价方面很少有自主权,这使得公司很难从质量和性能的角度上对产品品种进行区分,顾客也能够非常容易地转换供应商以获得最低价格的产品。除非这个小公司的顾客非常忠诚(或者顾客的转换成本很高),这个公司必须遵循行业领导者的价格政策。在这种情况下,即使已经过详细的成本分析,公司也不能变更价格政策。这些公司必须注重于经营策略,而不是用定价来提高他们产品的获利性,这些经营策略包括重新设计、替代、削减产品或改进生产,产量增加只引起单位水平作业成本的增加,而批量作业成本和产品水平成本并未增加。

(二) 产品替代

与提高低产量、特殊订货产品可达到相同效果的方法是,用现有的低成本对可供选择的产品进行替代。在许多情况下,顾客并不关心高成本产品的一些特性。他们可能希望拥有一支紫红色的笔,但一支已经被大量生产的紫色笔因其价格较低,也许就会很好地满足顾客。

定价和产品替代是相互补充的行为,销售代理可以为顾客提供一种选择:即以高价格获得专门特殊性能的产品和以低价格获得一种低成本的替代品并放弃性能上的要求。运用作业成本分析提供的信息,销售代理可以同顾客进行一次易于理解的、基于事实的讨论,以使顾客了解性能、独特性和价格之间的交替关系。因此,如果一位顾客不愿意为独特产品多付出50%的价格,产品的销售代理就可以向其显示一种功能相同的现有产品,也可以满足其技术上的要求,而这种产品不需要在价格上多支付。一些公司已经给他们的销售代理配备了装有作业成本模型的笔记本电脑,这样代理部门就可以同顾客进行一次关于产品特性和价格之间关系的现场讨论。

(三) 重新设计产品

一些产品之所以昂贵是由于设计不合理。在没有作业成本引导产品设计的情况下,工程师们往往忽略许多部件及产品多样性和复杂的生产过程的成本。他们为性能而设计产品,却不考虑添加独特部件的成本、新顾客和复杂生产过程的需要。通过出色的设计来削减产品成本,最好机会是产品的再次设计。作业成本分析将揭示一些设计中存在的非常昂贵的复杂部件以及独特的生产过程,它们很少增加产品的绩效和功能,可以被删除或修改。产品的重新设计是非常有吸引力的选择。因为它经常不会被顾客发现,如果设计成功地完成了,公司也不必进行重新定价或替代其他产品。

(四) 改进生产经营过程

对作业成本法计算的产品水平成本进行仔细分析,也会给改进生产过程带来机会。传统的复杂产品成本的计算,是通过一个由最终产品所需的全部部件和配件组成的材料清单完成的。在作业成本法下,计算一个产品的成本当然也需要材料清单,但还需要作业清单。在作业清单中除了要显示材料、人工和机器小时等单位水平作业成本外,还要揭示生产产品所需的批量水平和产品水平的作业，如订购部件、安排生产、处理顾客订单、机器准备、加工产品清单、设计产品和生产过程。在前面，讨论了如何利用这些信息进行定价和同顾客讨论使用更便宜的替代产品的可能性，作业清单能提供额外的一系列可以降低产品所需资源成本的行为。例如，公司可以通过订购材料、加工产品、订单、机器准备、处理订单、发运、收款来改进其经营过程。

（五）改进经营策略

一般情况下，高产量的产品有大量的单位水平作业和较少的批量水平作业，低产量的特制产品有较低水平的单位水平作业和大量的批量水平作业。对于集中生产的高产量产品，适于在高效率地完成单位水平作业的工厂中生产。这些工厂，可能对于完成批量水平作业和辅助产品生产非常无效率。对于低产量高度多样化的产品，将在能高效地完成批量和产品水平作业的工厂中生产。这样的工厂，通常拥有熟练工人和通用的机器设备，它们可能对于完成单位水平作业非常无效，单位水平作业对于这些工厂显得非常昂贵，是由于需要大量高素质的直接人工来操作普通用途的机器，而普通用途的机器运作起来会比专业的、高度自动化的生产设备慢得多。但对于小批量的新型定制产品，较低的批量水平和辅助产品足以抵消较高的单位水平人工成本和机器运转时间。

（六）技术投资

弹性制造系统（FMS）是为了高效地制造呈弹性变化的多种类产品而组成的一个一体化的集合，由数控机床、自动传送带及其仓库、工业机器人与计算机控制中心等硬件设施构成，这些设施对零部件的形状差异、数量变化等具有充分的适应能力。弹性制造系统的成功运用，解决了先进的制造技术是怎样解决大量生产的效率与灵活性之间矛盾的。弹性制造系统和其他信息密集型的制造技术，如计算机辅助设计（CAD）、计算机辅助技术（CAE）和计算机辅助软件技术（CASE）都被视为极大地降低了批量水平作业和产品水平作业成本，而同时又保持了高度自动化生产的效率。因此，在这些高级且复杂的信息密集型制造技术上投资，实际上是出于降低传统的制造技术发生的批量水平作业和产品水平作业成本的愿望。然而这些成本，只有在工厂为计算批量水平作业和产品水平作业，而采用了作业成本制度时才是可视的。这些大量的、可视的批量水平作业和产品水平作业成本，成为计算机综合制造技术的主要缩减成本。

（七）削减产品

上面介绍的方法都是将不获利产品转变为获利产品的方法，如果上述方法不能奏效，那么管理者将不得不采取最后的办法：终止不获利产品的生产。

即使有些产品不能获利，但销售人员也不愿放弃。他们认为，这些产品是对获利产品的补充。从满足顾客需要和销售的角度来讲，企业必须拥有全面的产品线。在这种情况下，如果不获利产品确实能够增加整体产品的获利性，通过不获利产品和获利产品组合能使企业利润达到最大化，可以继续对不获利产品进行生产和销售。否则，要对之进行停产处理。

小思考

对这些具体的作业管理,你觉得可行的是什么?你是否有自己的作业管理新思路?

小资料

实施作业成本法(ABC)的关键因素

根据调查显示,能否成功实施 ABC,关键取决如下几方面:

1. 明确而一致的系统目标:系统的目标决定着系统的设计及其运行结果,目标不同,系统的结构设计、实施方法及其运行结果均会不同。如果没有明确而一致的系统目标,必将导致不明确甚至混乱的设计和结果。

2. 最高管理当局的支持:ABC 系统的运行涉及面广,并需要一定的人力、物力、财力支持。最高管理当局的支持与否,是 ABC 系统能否实施的前提。

3. 与业绩评价和报酬计划对接:变革常常会遭遇抵制。通过提供必要的激励,引导员工支持并参与 ABC 系统的设计和运行,并保证依据他们的业绩进行恰当的评价和奖惩,将有助于系统的推进。

4. 非会计所有:ABC 系统是贯串公司的所有成员的实践运用,而不是仅仅针对并依赖于会计部门。

5. 培训:对管理阶层及全员进行有关 ABC 设计、实施及系统有效性等方面的培训,使他们明白其概念并正确评价其优势,有利于激发大家的参与热情。

某香港保险公司提供两类"旅行保险计划"(简称 A 和 B),每类保险计划均由一位销售经理负责管理多位营业员,所有保险单和文件是由总部后勤(服务)部门负责处理。

这家保险公司的总经理刚上任十个月,他正努力提高公司的整体效益及利润。虽然这位总经理尽心尽力地为各项工作操劳,但情况不但没有改善,反而第二季度的整体旅行保险利润还下降了,因此,他进一步敦促营运部经理、电脑部经理、市场部经理削减运作成本,而另一方面,总经理增加投入旅行保险 B 计划的资源,因为 B 计划的客户反应比较好,而且边际利润比较高,总经理期望 B 计划的利润可以进一步提高。

假设你是刚刚被这家保险公司聘用的财务总监,董事会现正要求你协助总经理去解决以上的问题,并提高业绩及利润,你该从哪里入手?

> **情境小结**
>
> 作业成本法是一种以作业为间接成本分配为中介、以成本动因为间接成本分配基础的成本计算方法；是一种通过作业活动的追踪发现成本产生的作业动因，对成本的发生追根溯源和动态反映的成本计量系统。作业成本法建立在"作业消耗资源，产品消耗作业"的基本假设之上，作业成本计算起源于正确计算产品成本的动机，但是其意义已经深入到企业作业链和价值链的重构，深入到企业的作业管理之中。自 20 世纪 80 年代以来，作业成本法已受到越来越多的国家和企业重视，它不仅适用于工业、商业，也适合金融、财务、卫生等服务行业。但是成本计算法也有局限性，它仍以历史成本为基础，对企业战略决策缺乏直接相关；未能完全消除主观分配因素，如折旧和摊销。与传统成本相比计算的准确性还是大大提高。

习题与实训

一、单项选择题

1. 作业基础成本法适用与具有以下特征的企业（　　）。
   A. 间接生产费用比重较小　　　　B. 作业环节较少
   C. 生产准备成本较高　　　　　　D. 产品品种较少

2. 作业基础成本法的缺陷是（　　）。
   A. 实施成本较高　　　　　　　　B. 实施效果较差
   C. 成本决策相关性较弱　　　　　D. 间接费用的分配与产出量相关性较弱

3. 作业基础成本法与传统成本法的区别之一是作业基础成本法（　　）。
   A. 存在较多的同质成本库　　　　B. 存在较少的同质成本库
   C. 间接费用分配基础不一定是成本动因　　D. 成本决策相关性较弱

4. 下列是非增值作业的是（　　）。
   A. 产品设计　　　　　　　　　　B. 产品加工
   C. 过量储存　　　　　　　　　　D. 产品交付

5. 驱动一种业务活动即一个作业的成本的因素，并与该作业产生的成本与作业成本动因存在明显的因果关系的是（　　）。
   A. 机器工时　　　　　　　　　　B. 成本动因
   C. 订单数量　　　　　　　　　　D. 包装数量

6. 下列不属于作业分析内容的是（　　）。
   A. 识别增加价值的作业与非增值的作业　　B. 对增值作业进行仔细分析
   C. 消除非增值作业　　　　　　　　　　　D. 分析各作业之间相互联系

7. 作业成本法所采用的成本动因（　　）。
   A. 不考虑辅助作业　　　　　　　　B. 将作业与产品直接联系在一起
   C. 只考虑某些生产作业　　　　　　D. 将作业与产品间接联系在一起

8. 华宇公司本期制造费用共计 480 000 元，采用传统成本法核算，它拥有 5 个为辅助生产部门和 5 个生产部门，生产 25 种产品。其制造费用按品种分配应有（　　）分配至产品层次。
   A. 48 000 元　　　　　　　　　　　B. 480 000 元
   C. 1 920 元　　　　　　　　　　　　D. 0 元

9. 为多种产品生产提供服务的作业是（　　）。
   A. 专属作业　　　　　　　　　　　B. 增值作业
   C. 不增值作业　　　　　　　　　　D. 共同消耗作业

10. 在作业成本法下通常难以找到合适的成本动因，将（　　）作业所消耗的资源分配至产品。
    A. 车间管理　　　　　　　　　　　B. 直接人工
    C. 质量检验　　　　　　　　　　　D. 机器调试

11. 作业消耗一定的（　　）。
    A. 人力　　　　　　　　　　　　　B. 时间
    C. 产品　　　　　　　　　　　　　D. 资源

12. （　　）是指从产品开发、生产、营销最终到向顾客交付产品和劳务所必需的一系列作业价值的集合。
    A. 资源　　　　　　　　　　　　　B. 制造费用
    C. 价值链　　　　　　　　　　　　D. 作业成本

二、多项选择题

1. 下列属于选择成本动因时要考虑因素的是（　　）。
   A. 因果关系　　　　　　　　　　　B. 客观性
   C. 成本—效益　　　　　　　　　　D. 及时性

2. 作业基础成本法适用于具有以下特征的企业（　　）。
   A. 间接生产费用比重较大　　　　　B. 企业规模大、产品品种多
   C. 作业环节多且易辨认　　　　　　D. 生产准备成本较高
   E. 计算机技术较高

3. 作业的分类方法主要有（　　）。
   A. 按作业所完成的职能分　　　　　B. 按作业的执行方式分
   C. 按作业的性质分　　　　　　　　D. 按作业的受益对象分
   E. 按作业的时间长短分

4. 作业基础成本法的兴起和运用与以下新的制造环境密切相关（　　）。
   A. 专业化生产　　　　　　　　　　B. 电脑辅助设计
   C. 弹性制造系统　　　　　　　　　D. 适时制生产方式
   E. 自动化生产

5. 成本动因的选择应遵循以下原则（　　）。
A. 因果关系　　　　　　　　　　　　B. 受益性
C. 合理性　　　　　　　　　　　　　D. 全面性
E. 灵活性

6. 作业基础成本计算制度相对于产量基础成本计算制度而言具有以下特点（　　）。
A. 建立众多的间接成本集合
B. 实施成本低
C. 间接成本的分配应以成本动因为基础
D. 不同集合之间的间接成本缺乏同质性
E. 同一个间接成本集合中的间接成本是基于同一个成本动因所驱动

7. 下列有关产量基础成本计算制度表述正确的是（　　）。
A. 以人工成本、人工工时等作为间接费用分配的基础
B. 往往会夸大高产量产品的成本，而缩小低产量产品的成本
C. 整个工厂仅有一个或几个间接成本集合（如制造费用、辅助生产等），他们通常缺乏同质性
D. 主要适用于产量是成本主要驱动因素的传统加工业
E. 间接成本的分配以成本动因为基础

8. 下列各项中，属于直接成本的是（　　）。
A. 构成产品实体的原材料　　　　　　B. 车间照明用电费
C. 车间生产工人工资　　　　　　　　D. 车间管理人员工资
E. 销售部门员工工资

9. 下列属于作业成本法特点的是（　　）。
A. 缩小制造费用的分配范围　　　　　B. 扩大制造费用的分配范围
C. 增加分配标准　　　　　　　　　　D. 减少分配标准

10. 作业基础成本法与传统成本法相比（　　）。
A. 有较多的间接成本库
B. 按成本动因分配生产费用
C. 间接生产费用的分配基础常为非财务变量
D. 提供较精确的成本信息
E. 成本决策相关性较强

11. 作业成本计算法适用于（　　）的企业。
A. 制造费用比较大　　　　　　　　　B. 产品品种较少
C. 生产经营环节较多　　　　　　　　D. 企业信息化水平高

12. 下列成本动因中可能成为设备调整作业成本动因的是（　　）。
A. 设备调整次数　　　　　　　　　　B. 设备调整时间
C. 每次调整的资源成本　　　　　　　D. 直接人工小时

三、判断题

1. 企业的生产过程既是作业消耗资源、产品消耗作业的过程，又是产品价值的形成过程。（   ）
2. 成本动因是驱动或产生成本、费用的各种因素，它通常可分为两种：资源动因和作业动因。（   ）
3. 作业动因是将作业中心的成本分配到产品或劳务的标准，它反映了作业中心对资源的耗用情况。（   ）
4. 作业基础成本法是传统成本计算方法的一种，其主要特点是先按资源动因分配费用，计算各作业中心成本，再按作业动因分配作业成本，计算产品成本。（   ）
5. 在作业基础成本法下，制造费用的分配主要以与产出量相关的因素为分配基础。（   ）
6. 在作业成本法下，辅助生产部门的成本在分派到具体的产品或劳务之前也是先分配至生产部门的。（   ）
7. 预期的机器工时可以作为分配机器维护成本的合理动因。（   ）
8. 作业成本法以成本动因作为分配成本的基础，因此它能提供比传统成本法更为精确的成本信息。（   ）
9. 作业成本管理涉及的仅仅是生产成本而不包括期间费用。（   ）
10. 要实现作业成本管理的基本思想，就必须借助于作业分析。（   ）
11. 作业成本法与现行成本计算方法的区别主要在于对非产量相关间接计入费用的处理不同。（   ）
12. 作业成本计算法为作业成本管理系统提供成本核算的信息。（   ）
13. 采用作业分析是用来识别正确的成本动因以及它们对于生产一个产品或提供一项服务的影响。（   ）
14. 与资源费用的关联程度越低的成本动因越容易被选择。（   ）

四、简答题

1. 什么是作业？它与传统成本计算有何不同？
2. 成本动因、作业动因、资源动因的概念，以及三者的区别和联系。
3. 作业成本在企业除了成本计算还有什么用途？
4. 分析一下教学的成本动因。

五、业务题

1. 资料：某服装制造企业采用作业基础成本法核算产品成本。该企业某月发生直接材料成本32 000元，其中甲产品耗用18 000元，乙产品耗用14 000元；直接人工成本19 000元，其中甲产品应负担11 000元，乙产品应负担8 000元；制造费用56 000元，经分析该企业的作业情况如下表（单位：元）：

作业	作业动因	作业成本	成本动因		
			甲产品	乙产品	合计
机器调试	调试次数	20 000元	80次	120次	200次
材料整理	处理材料批数	62 000元	15批	10批	25批
使用机器	机器小时	12 000元	20小时	80小时	100小时
质量检查	检测次数	10 000元	10次	15次	25次
合计		104 000元			

要求：计算各作业中心的动因率。假定该企业的当月产量为甲产品500件，乙产品400件，期初期末在产品为零，计算这个月的完工产品总成本和完工产品单位成本。
编制有关费用归集、分配和完工产品入库的分录。

2. 资料：某钟表制造公司采用作业基础成本法计算分配间接费用，2013年5月份，该企业有关资料如下：

作业	作业动因	作业成本	成本动因		
			时钟	手表	合计
生产准备	准备次数	70 000元	30次	20次	50次
材料管理	零件数	20 000元	15件	25件	40批
包装与运输	运输数量	45 000元	5 000件	7 000件	12 000件
合计		135 000元			

要求：（1）用作业基础成本法计算分配每种产品的间接费用总额。
（2）以人工工时作为分配基础计算分配各产品的间接费用总额。假定装配每只时钟的小时数是0.5小时，装配每只手表的小时数是1小时。时钟的生产量为5 000只，手表为7 000只。

3. 某厂经分析有如下的作业：①物料采购；②物料验收及处理；③机器调整准备；④产品质量控制；⑤包装；⑥设备运行；⑦生产指令。
可供选择的成本动因：材料移动次数、检验小时、机器小时、指令单份数、订单数量、包装次数、准备次数。
要求：为上述每一项作业选择成本动因。

4. 假设某公司准备生产一种新产品，相关的生产包括四个层次的作业，各个层次的成本动因如下：单位作业层次——销售量，批作业层次——机器调整次数，产品作业层次——分类次数，能量作业层次以直接人工为基础分配。有关的生产数据如下表：

	单位成本	成本动因
单位级成本	55元	—
机器调整	2 000元/次	60次
分类	100元/次	800次
一般行政管理费用	300 000元	
其他数据：		
传统方法下的总固定成本	500 000元	
产品单位售价	80元/件	

该公司管理当局要求用传统成本管理系统和作业成本管理系统来分别计算新产品保本点的产销量。

5. 沿用第4题资料，假设市场调查表明产销量不足以达到20 000件，并认为可能的市场需求量是18 000件。公司经理因此要求设计人员采取措施降低成本。设计人员提交了一份新的设计方案，它可以使单位产品原材料消耗减少5元，但是，新的设计方案虽然降低了材料的单耗，但是提高了生产的复杂性，使机器调整次数增加20%，并使每次的分类费用增至140元，在这种情况下，该公司管理当局要求用作业成本管理系统来分别计算新产品保本点的产销量。

6. 某车间对某零件年需求量为50 000件，如果自制需直接材料成本20 000元，生产工人工资成本60 000元；产品设备调试20次，每次1 500元，质量检验50次，每次20元，生产线设计人员年工资20 000元；若要外购，则外购成本2.5元/件，另外，厂房、保险以及一般行政管理等费用每年200 000元，根据以上条件分析成本的相关性，该零件应该自制还是外购？

学习情境九
责 任 会 计

 **职业能力目标**

企业业绩评价是企业管理的基本前提。业绩评价与激励机制是同一个问题的两个方面。责任会计制度实质上是把责任会计制度与责任制度紧密联系在一起。从管理者的角度看，责任会计是以企业内部各责任单位为主题，以责、权、利相统一的制度为基础，以责任为中心，分权为前提，以利益为驱动的一种内部控制制度。通过本情境学习，掌握成本中心、利润中心、投资中心的含义及评价指标，掌握内部转移价格的制定方法；熟悉责任会计的基本内容及原则；了解责任的考核与分析方法。

 **典型工作任务**

一个石油炼制企业由常减压、催还裂化、加氢等不同的工序，动力、供电、仪表、维修等不同的部门组成，任何一个环节如果出问题，都会影响到企业整体的成本、效益和安全，所以为了加强管理，必须对各工序、部门落实成本、安全责任制，以不同的指标进行考核，在兼顾各部门的利益前提下，要充分调动其积极性，实现企业整体目标。

● **著名人物——张伯伦(E H Chamberin)**

基本资料：
张伯伦(E H Chamberin)，出生于美国华盛顿。
教育背景：
美国衣阿华大学、哈佛大学。
个人经历：
哈佛大学教授。
学术研究：
主要领域：经济学；
著名思想：垄断竞争论；
主要代表作：《垄断竞争理论》、《垄断竞争理论的起源和早期发展》等。

> **《基本会计理论》**
>
> 美国会计学会（American Accounting Association，简称 AAA）是美国最大的会计学术组织，其前身是 1916 年成立的美国大学会计教师联合会，1936 年改为现名。长期以来，AAA 一直致力于会计原则、会计准则和基本会计理论的研究，并先后发表了一系列研究报告，《基本会计理论》（A Statement of Basic Accounting Theory，即著名的 ASOBAT）就是其中十分重要的一份。该报告是 AAA 对其 1936 年至 1964 年会计理论研究成果的一个归纳总结和系统论证，它以会计是一个信息系统的认识论述基础，从满足会计信息使用者的要求出发，主要论及确认、计量和传递会计信息的准则及其在对内对外报告中的运用问题，并在分析过程中提出了一系列改进现行会计惯例的建议，最后根据社会环境和科学知识的发展趋势勾勒出未来会计理论的结构蓝图。

知识准备

一、责任会计概念

责任会计一词源于西方，它是指以企业内部的各个责任中心为会计主体，以责任中心可控的资金运动为对象，对责任中心进行控制和考核的一种会计制度。责任会计是会计核算和会计管理向企业内部纵深发展而出现的一种服务于企业内部的会计制度，这种制度要求在企业内部以可控责任为目标划分责任中心，然后为每个责任中心编制责任预算并按责任中心组织核算工作，最后通过预算与实际执行结果的比较来考核各个责任中心的业绩并兑现奖惩。

责任会计主体是企业内部的各个责任中心。责任会计主体与财务会计主体不同。财务会计主体可以是一个企业，也可以是若干个企业通过控股关系组织起来的集团公司。责任会计是企业内部控制会计，是企业内部的一项管理工作，它要求明确企业内部各个责任中心的责任归属，正确处理企业内部各个责任中心之间以及各个责任中心与企业之间的经济关系。

责任会计的对象是责任中心而不是产品，强调对责任中心进行事前、事中、事后的全过程管理。实行责任会计，需要在传统会计系统之外，建立一套针对责任中心的会计确认、计量、记录和报告系统。责任会计可以反映各责任中心的履行情况，便于管理部门对责任中心进行评价；责任会计能够把各个责任中心的经营目标与整个企业的目标统一起来，促进责任中心为保证企业总目标的实现而协同工作；可以使企业各部门、各环节的责、权、利有机结合，充分调动员工的积极性，最大限度发挥潜能，长久持续地增加企业效益。

二、责任会计的基本原则与内容

（一）建立责任会计的基本原则

1. 责、权、利相结合的原则

就是要明确各个责任中心应承担的责任，同时赋予它们相应的管理权力，还要根据其责任的履行情况给予适当的奖惩。

2. 总体优化原则

就是要求各责任中心的目标的实现要有助于企业总体目标的实现，使两者的目标保持一致。

3. 公平性原则

就是各责任中心之间相互经济关系的处理应该公平合理，应有利于调动各责任中心的积极性。

4. 可控性原则

就是指各责任中心只能对其可控制和管理的经济活动负责。区分责任中心的可控和不可控费用。

5. 反馈性原则

反馈性原则，就是要求各责任中心对其生产经营活动提供及时、准确的信息，提供信息的主要形式是编制责任报告。

6. 重要性原则

也称例外原则，就是要求各责任中心对其生产经营过程中发生的重点差异进行分析、控制。

（二）责任会计的内容

责任会计实质是核算与控制企业内部各责任中心（单位）责任履行情况的会计，其基本内容包括：

1. 合理划分责任中心，明确规定权责范围

规定权责范围，将企业各职能部门和各单位划分不同层次领域，根据权责统一的原则和生产经营特点，明确规定各责任中心应拥有的管理决策权限和应承担相应的经济责任。

2. 编制责任预算，确定各责任中心的业绩考核标准

明确责任目标，责任目标是各责任中心在其权责范围内应当完成的生产经营任务。责任预算是落实和完成责任目标的具体形式，是将全面预算确定的总目标层次分解，具体落实到每个责任中心，并作为控制经济活动，评价考核各责任中心业绩的依据。

3. 合理的内部转让价格

合理的内部转移价格会调动各责任中心的积极性，否则会是其中一方受益，另一方受损，受损方会失去工作动力，对企业整体经营管理不利。所以必须建立公正、权威的内部协调机制。

4. 建立健全严密的记录、报告系统

完善的责任会计制度必须保证信息的畅通无阻，保证信息的及时性、可靠性和适用性，从而保证责任会计对经济活动的事前和事中控制。因此，必须建立一套完整严密的会计信息系统，围绕各责任中心的成本、收入、利润、资金，进行信息的收集、整理、记录、计算，得出各责任中心的责任预算执行情况，并定期编制责任中心业绩报告。

5. 分析和评价实际工作业绩，制定合理而有效的奖惩制度

结合各责任中心的责任预算，对实际数与预算数进行差异分析，从而评价各责任中心工作业绩的优劣，进行相应的奖惩，及时总结经验，及时发现问题，采取措施，改进工作，巩固成绩，不断提高经济效益，实现企业长远目标。

在设计和建立责任会计制度时，通常应注意以下四点：

（1）分清变动成本和固定成本，并确定每项成本的责任。

（2）在制订实绩和成果的考核标准时，一定要考虑到能调动各级责任层次的工作积极性，使制度能同时兼顾集体和个人的经济利益。

（3）管理人员必须能根据实绩和成果的考核标准，随时掌握各责任层次的执行情况，借以控制并调整他们的经济活动。

（4）对于每个责任中心的实绩（或成果）报告，只应包括该层次所能控制的因素，对于不在该层次控制下的成本指标，则无须负责。

 小思考

你作为财务主管，应如何考核出纳、成本核算、报表的岗位的业绩？

 小资料

责任制的优越性

1978年以前，中国实行的计划经济，效率低下，人浮于事，产品没有竞争力。邓小平提出了改革开放，首先在农村实行包产到户，极大地调动了农民的生产积极性，粮食产量迅速提高，农产品基本满足自给，使农民走上了富裕之路。随后在城市工厂企业也推行承包制，大大提高了生产效率，工业品短缺局面迅速改变。在随后进行的一系列经济体制改革，都是以责任、权利、利益、义务明确为界限，明确各自的责权利，调动大家的积极性，使中国经济大为改观。

工作实例

表 9-1 是青岛海尔 2000 年和 2001 年损益表的简表。

表 9-1　　　　　　　　青岛海尔损益表（简表）　　　　　　　单位：千元

项目	2000.12.31		2001.12.31	
	母公司	百分比	母公司	百分比
营业收入	2 209 711	100.00%	2 757 992	100.00%
减：营业成本	1 878 733	85.02%	2 373 418	86.06%
营业税金及附加	3 984	0.18%	4 885	0.18%
减：销售费用	1 823	0.08%	36 860	1.34%
管理费用	169 033	7.65%	201 241	7.30%
财务费用	-1 640	-0.07%	777	0.03%
加：投资收益	255 953	11.58%	499 516	18.11%
营业利润	1 961 486	88.77%	2 629 171	95.33%
加：营业外收入	575	0.03%	585	0.02%
减：营业外支出	97	0.00%	169	0.01%
利润总额	1 961 964	88.79%	2 629 587	95.34%
减：所得税费用	23 985	1.09%	22 904	0.83%
净利润	1 937 979	17.70%	2 606 683	94.51%
销售利润率		14.98%		13.94%

点评：销售利润率是企业最关心的问题。例如海尔 2000 年的销售利润率是 14.98%，2001 年是 13.94%。虽然毛利不错，可是费用超支，控制不当，可能会使得它的净利润减少。如 2001 年，销售费用、财务费用增加很大，与销售收入增加不成比例，很显然在财务营运费用的管理上有可能出了问题。

另外，可以看到，2001 年，它的整体净利润虽然比 2000 年增长快，可是仔细分析，会发现其中很大的一个数字来自于投资收益，就是投资到其他公司赚的钱，而不是海尔本身产品的销售利润。出现这种情况，该由谁来承担责任？

学习子情境一
责任中心与考核

☞ **情境引例**

上海某制药厂，主要产品为大补膏和人参素，市场旺销，特别在春节前后，市场上常常脱销，供不应求。今年春节期间，该厂销售部门要求进行突击生产，加班加点，生产更多的产品以增加销售，提高利润。然而厂生产部门却反对这一做法，认为这样做要打乱全年生产计划，花费的代价太大,另外,生产部门知道,由于节假日加班加点往往要支付双倍甚至于三倍的工资,因此产品成本很高,在进行一系列成本指标考核时,显然对生产部门十分不利,甚至要影响奖金。所以生产部门竭力反对,并抱怨销售部门只顾自己的一系列销售指标,而不考虑生产部门的苦衷。

销售部门马上提出,生产部门是否愿意承担失去大量客户的责任,是否考虑到销售收入和企业利润等各项经济指标。当然,生产部门是不愿承担这些责任的。但双方互争不休,最后矛盾上交厂部。

厂长请财会科长提出意见,是否接受各项加班加点任务,怎样处理生产部门和销售部门之间的矛盾。假如你是财会科长,应该怎样回答这两个问题?

点评:一般情况下是要接受额外的生产任务,主要看其新增任务的边际收入是否大于边际成本而定。此题虽然没有讲明具体成本构成情况,但从该厂产品旺销,市场紧销的情况来看,可以肯定,该厂销售量,早已超过保本点销售量,所以只要有边际收入,一般情况下应当接受此特殊加班任务的,因为这样可多创边际收入,多增加利润。应该运用责任会计思想来解决销售部门和生产部门之间的矛盾,主要方法即对每一笔特殊加班任务,按引起责任进行归集和计入。因为是销售部门要求加班而引导增加费用进行归集后计入销售部门的成本中去。这样就不影响生产部门的一系列成本指标。而销售部门由于每次加班都要负担其责任成本,对接受加班任务也会变得十分慎重,除非其增加的利润大于增加的成本才能接受,所以矛盾将得以解决。

企业的全球战略化

2010年3月28日晚,吉利正式与美国福特汽车公司达成协议,以18亿美元收购福特旗下的沃尔沃轿车,获得沃尔沃轿车公司100%的股权以及相关资产(包括知识产权)。专家指出,正处于往高端汽车转型时期的吉利抓住金融危机的机遇,成功收购沃尔沃,这是中国民营汽车企业走向国际化道路上取得成功的标志性事件,而浙江吉利控股集团董事长李书福成为了最幸福的中国人。

吉利收购沃尔沃是国内汽车企业首次完全收购一家具有近百年历史的全球性著名汽车品牌,并首次实现了一家中国企业对一家外国企业的全股权收购、全品牌收购和全体系收购。

吉利收购沃尔沃并非一蹴而就。早在2002年,李书福就动了收购沃尔沃的念头,对其研究已有8年多,距首次正式与福特进行沟通已将近3年。在李书福看来,吉利对沃尔沃及汽车行业的理解,以及对于福特的理解等,都是福特选择吉利作为沃尔沃新东家非常重要的元素。

"并不是有钱就能买到全球名车之一的沃尔沃,反过来讲,也并不是说钱不多就买不到。"李书福认为,中国在采购与研发方面所蕴含的成本优势,必将增强未来沃尔沃轿车的全球竞争力。

国内整车制造企业去收购境外整车制造企业,吉利虽然不是第一例(2004年上汽收购韩国双龙),但影响却很大,中国巨大的市场份额也是吸引沃尔沃的主要因素之一。

"尽管吉利的技术实力不如沃尔沃,但是我们有巨大的国内市场作为支撑,对重振沃尔沃品牌有好处。"李明光说。他认为,这起并购案对中国制造业振兴会起到示范带动作用。"中国的民营企业已经具有开展跨国经营的视野和能力,我们不能忽视民营企业在'走出去'当中的地位和作用。"

职业判断与业务操作

一、责任中心及其类型

(一) 责任中心含义

为了使每个责任层次能对他们的实绩或成果负责,必须要有十分明确的责任范围,也就是他们能够控制的活动区域,这就叫作责任中心。

责任中心是指根据其管理权限承担一定的经济责任,并能反映其经济责任履行情况的企业内部单位。包含两方面的含义:具有履行经济责任中各条款的行为能力;一旦不能履行经济责任,能对其后果承担责任。

凡是管理上可分、责任可以辨认、成绩可以单独考核的单位,都可以划分为责任中心,大到分公司、地区工厂或部门,小到车间、班组或某一机台。

责任中心特征:
(1) 拥有与企业总体管理目标相协调且与其管理职能相适应的经营决策权。
(2) 承担与其经营决策权相适应的经济责任。
(3) 建立与其责任相配套的利益机制。
(4) 各责任中心的目标与企业整体目标协调一致。

(二) 责任中心主要类型

按照责任对象的特点和责任范围的大小,一般可分为"成本中心","利润中心","投资中心"三类。
(1) 成本中心:其经理人员仅对成本负责的责任中心。
(2) 利润中心:其经理人员要对成本和收入负责的责任中心。
(3) 投资中心:其经理人员不仅要对成本和收入,还要对投资负责的责任中心。

二、成本中心及其考核

（一）成本中心含义

成本中心是成本发生的区域，它只能控制成本，即只对成本负责。通常成本中心无法控制销货，也无法控制收益的生产。它的应用范围最广，任何对成本负有责任的单位都是成本中心。

企业里每个分厂、车间、部门都是一个成本中心，而它们又可以由各单位下面的若干工段、班组，甚至个人等许多成本中心所组成。小范围的成本中心（如个人、班组或工段等），与大范围的成本中心（如分厂、车间、部门等）不一样，只核算和考核单项成本项目，或少数几项主要成本。但无论怎样，成本中心所计算与考核的成本是责任成本，而不是产品成本。至于不生产的、没有收入的单位，如国家机关，也是成本中心（或也可称为费用中心）。

产品成本是按承担的客体进行核算的，其原则是谁受益，谁承担。而责任成本则按责任者进行核算，它的原则是谁负责，就算在谁的头上。因此，核算责任成本必须首先把成本按其可控性区分为"可控成本"与"不可控成本"两类。

那么，什么是可控成本呢？一般地说来，可控成本必须符合以下三个条件：

（1）责任中心有办法知道将发生什么耗费；

（2）责任中心有办法计量它的耗费；

（3）责任中心有办法控制并调节它的耗费。

凡不符合上述三个条件的，则为不可控成本。通常，可以按以下原则确定责任中心的可控成本：

（1）假如某责任中心通过自己的行动能有效地影响一项成本的数额，那么中心就要对这项成本负责。

（2）假如某责任中心有权决定是否使用某种资产或劳务，它就对这些资产或劳务的成本负责。

（3）某管理人员虽然不直接决定某项成本，但上级要求他参与有关事项，从而对该项成本的支出施加了重要影响；则它对该项成本也要承担负责。

属于某个责任中心的各项可控成本之和，即构成该中心的责任成本。平时应根据其实际发生数记入各该责任成本的编号账户内。这里应该指出，一个责任中心的不可控成本往往是另一个成本中心的可控成本。例如直接用于生产的原材料、燃料、动力，生产工人工资，以及车间经费中的变动部分，对于生产班组来说是可控的。至于车间经费的固定部分，对生产班组虽是不可控的；但对车间来说，则是可控的。又如在材料供应正常的情况下，由于材料质量不好而造成的超过消耗定额使用的材料成本，就生产车间来说是不可控成本，而在供应部门则可控成本。成本的可控与不可控是以一个特定的责任中心和一个特定时期作为出发点的，这与责任中心所处管理层次的高低，拥有管理权限及控制范围的大小和经营期间的长短有直接关系。

成本中心的特点：

（1）只对生产经营中投入的成本或费用负责；

（2）只对可控成本承担责任；

（3）只对责任成本评价和控制。

成本中心可以分为标准成本中心和费用中心。成本中心的目标是在保质保量完成生产任务或搞好管理工作的前提下，控制和降低成本费用。

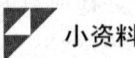 小资料

责任成本计算、变动成本计算和制造成本计算的区别

责任成本计算、变动成本计算和制造成本计算，是三种不同的成本计算方法，他们的主要区别是：
1. 核算的目的不同；
2. 成本计算对象不同；
3. 成本的范围不同；
4. 共同费用在成本对象间分摊原则不同。

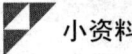 小资料

责任成本与标准成本的区别

1. 标准成本强调事先的成本计算，而责任成本重点是事后的计算、评价和考核，是责任的重要内容之一。
2. 标准成本在制定时是分产品进行的，事后对差异进行分析时才判别责任归属。计算责任成本的关键是判别每一项成本费用支出的责任归属。

（二）成本中心的考核

1. 标准成本中心的考核

标准成本中心的考核指标，是既定产品质量和数量条件下的标准成本。标准成本中心的产品质量和数量有良好的量化方法，如果能以低于预算水平的实际成本生产出相同的产品，则说明该中心业绩良好。

预算成本节约额＝预算成本－实际成本

预算成本节约率＝预算成本节约额/预算成本×100%

标准成本中心不需要做出价格决策、产量决策或产品结构决策，这些决策由上级管理部门做出，或授权给销货单位做出。

2. 费用中心的评价

费用中心的考核指标是费用预算。费用中心的业绩涉及预算、工作质量和服务水平。工作质量和服务水平的量化很困难，并且与费用支出关系不密切。这正是费用中心与标准成本中心的主要差别。

费用的归属和分摊方法：
(1) 直接计入责任中心
(2) 按责任基础分配
(3) 按受益基础分配
(4) 归入某一个特定的责任中心
(5) 不能归属于任何责任中心的固定成本

[业务操作 9—1]

法兰公司第一车间是一个成本中心，只生产 A 产品。其预算产量为 5 000 件，单位标准材料成本为 100 元/件；假定：100 元/件 = 10 元/千克×10 千克/件。实际产量为 6 000 件，实际单位材料成本 96 元/件，假定：96 元/件 = 12 元/千克×8 千克/件。假定其他成本暂时忽略不计。

要求：计算该成本中心消耗的直接材料责任成本的变动额和变动率，分析并评价该成本中心的成本控制情况。

操作：

责任成本变动额 = 96×6 000 − 100×6 000 = −24 000（元）

责任成本变动率 = −24 000/100×6 000×100% = −4%

计算结果表明，该成本中心的成本降低额为 24 000 元，降低率为 4%。其原因分析如下：

由于材料价格上升对成本的影响：(12 − 10)×8×6 000 = 96 000（元）

由于材料用量降低对成本的影响：10×(8×6 000 − 10×6 000) = −120 000（元）

该成本中心的直接材料成本节约了 24 000 元。

原因分析与评价：

(1) 由于材料采购价格上升致使成本超支 96 000 元，这属于第一车间的不可控成本，应将此超支责任由该车间转出，转由采购部门承担。

(2) 由于材料用量降低使得成本节约了 120 000 元，属于该中心取得的成绩。

三、利润中心及其考核

（一）利润中心的含义

一个责任中心，如果能同时控制生产和销售，既要对成本负责又要对收入负责，但没有责任或没有权力决定该中心资产投资的水平，而可以根据其利润的多少来评价该中心的业绩，那么，该中心称为利润中心。

利润中心是既对成本负责，又对收益负责的区域。它既要能控制成本的发生，也要能对应当取得的收益进行控制。它适用于企业管理中的较高层次，具有独立收入来源的单位，如分公司、分厂等。西方国家有些企业往往把条件成熟的生产车间或部门建立为利润中心，以扩大企业经营范围，朝分散经营、跨业经营的方向发展。

目前我国正在深入进行经济管理体制的改革，有些企业内部相对独立经营的单位已采用建立利润中心的办法，确实调动了它们节约使用资源，充分利用生产能力，提高经济效果，扩大收益金额的积极性。

利润中心的产品可能是物质产品，也可能是劳务。为了计算和考核它们的经济效果，每个利润中心必须进行完整的、独立的会计核算；从而算出收入与成本的差额，如边际贡献、增长利润或净利等。

（二）利润中心的分类

利润中心有两种类型：

1. 自然利润中心

自然的利润中心，它直接向企业外部出售产品，在市场上进行购销业务。自然形成的利润中心可以在外界市场进行销售业务，像一个独立的企业一样。自然的利润中心必须拥有产品销售权，还应赋予其相应的价格制定权、材料采购权和生产决策权。企业的内部单位只要具有产品销售权，能够直接对外销售产品，通常即可定为自然利润中心。但是，只是兼有产品定价权、材料采购权和生产决策权的自然利润中心才是完全的自然利润中心，否则就是不完全的自然利润中心。

一般来说，只有独立核算的企业才能具备作为完全自然利润中心的条件，企业内部的自然利润中心应属于不完全的自然利润中心。如企业的销售部门。对销售部门来说，其责任利润为当期所取得的销售净收入扣除税金、产品计划成本和可控销售费用后的余额。此外，销售部门还应对本部门的可控经费支出承担责任。

2. 人为利润中心

人为的利润中心，它主要在企业内部按照内部转移价格出售产品，而人为划分的利润中心。在企业内部各责任中心之间进行销售，因而需要使用"内部转移价格"，在内部实行等价交换。人为利润中心的特点就是其产品只在企业内部流转，因而只能取得企业内部收入。

人为利润中心有两种，它们在收入的计算上采用了不同的计价基础：一是包含利润在内的内部转移价格；二是成本型内部转移价格。这两类人为利润中心的差别是明显的：前者的利润是在生产过程中业已创造，但尚未实现的利润；后者的利润其实只是产品成本差异。为了使责任中心能够更明确地体现其特点，我们只把前者称为人为利润中心，而把后者仍称为成本中心。

工业企业内部的各个生产车间是否成为人为利润中心，应根据车间是否拥有独立进行经营管理的权力而确定，也就是说人为利润中心的负责人应拥有诸如决定本利润中心的产品品种、产品产量、作业方法、人员调配、资金使用、与其他责任中心签订"供销合同"以及向上级部门提出建议或正当要求等权力。车间人为利润中心的责任利润，是根据可控内部销售收入和可控内部销售成本计算的可控内部利润。

（三）利润中心的考核

利润中心的成本和收入，对利润中心来说必须是可控的，以可控收入减去可控成本就是利润中心的可控利润，也就是责任利润。一般来说，企业内部的各个单位都有自己的可控成本（费用），所以成为利润中心的关键是在于是否存在可控收入。

可控内部销售收入是按企业内部转移价格计算的。内部转移价格是企业制定企业内部其他单位进行"商品买卖"的产品的。内部转移价格企业内部进行管理时采用的价格，与真正的产品结算价格有很大区别。产品的结算价格并不完全取决于企业，还与该种产品的市场供求状况有关，其高低对企业的销售收入有直接的影响。车间产品的内部转移价格的制定权则完全在企业内部，内部转移价格合理与否，将直接影响到对人为利润中心工作业绩的评价。

责任会计中的可控收入通常包括以下三种：

1. 对外销售产品而取得的实际收入。

如果责任中心有产品销售权，能够对外销售产品，就会取得实际收入，由于获取实际收入就可以计算实现的利润，因而这类责任中心可以称为自然利润中心。

2. 按照包含利润的内部转移价格转出本中心而取得的内部销售收入。

如果责任中心的产品不能直接对外销售，而只是提供给企业内部的其他单位，那么取得的收入就是不对外销售的实际收入，只是企业内部销售收入。这种内部销售收入与该利润中心完工产品的差额，就是所谓的内部利润（或称生产利润）。由于这种内部利润并非现实的利润，因而创造内部利润的这种利润中心可以称为人为利润中心。

3. 按照成本型内部转移价格转出中心而取得的收入。

这类利润中心的产品也只是提供给企业内部的其他单位，因而也属于人为利润中心。但是，这类利润中心转出的产品是按照计划成本计价的，所谓收入实际上是按照计划成本转出的完工产品的总成本。将按照计划成本转出的完工产品总成本与完工产品实际成本的差额，视为内部利润。不难看出，这种内部利润实际上就是产品成本差异，只是在此使用了内部利润的概念。从这个意义上讲，大多数成本中心都可以转作人为利润中心。

对利润中心工作的业绩进行考核的重要指标是其可控利润，即责任利润。将利润中心的实际责任利润与责任利润预算进行比较，可以反映出利润中心责任利润预算的完成情况。将完成情况与对利润中心的奖惩结合起来，要以进一步调动利润中心增加利润的积极性。

在计量一个利润中心的利润时，需要解决两个问题：

第一，选择一个利润指标，包括如何分配成本到该中心；在评价利润中心业绩时，可有四种选择：

（1）边际贡献＝分部销售收入－分部变动成本

（2）分部可控边际贡献＝边际贡献－分部可控的固定成本

（3）部门边际贡献＝分部可控边际贡献－分部不可控的固定成本

（4）税前部门利润＝分部边际贡献－分配来的共同固定成本

边际贡献作为利润中心考核指标是不够全面，因为分部经理还有可控的部分固定成本，所以针对分部自身而言，考核可控边际贡献是最为合适。部门边际贡献，适合企业对利润中心的考核，表现为各部门对企业所做的贡献，但对分部本身不合理，因为不可控的固定成本，分部经理是无能为力。税前部门利润适合企业总体利益，因为针对企业总体还有共同的固定成本，但是对利润中心的考核是非常不合适，因为要对自己完全不能控制的固定成本负责是明显不合理的。

第二，为在利润中心之间转移产品或劳务规定价格，即内部转移价格，下一学习情境讲述。

利润中心考核的指标主要是利润。此外还需要一些非货币的衡量方法作为补充，包括生产率、市场地位、产品质量、职工态度、社会责任、短期目标和长期目标的平衡等。

[业务操作9—2]

法兰公司的第二车间是一个人为利润中心。本期实现内部销售收入500 000元，变动成本为300 000元，该中心负责人可控固定成本为40 000元，中心负责人不可控，但应由该中心负担的固定成本为60 000元。

要求：计算该利润中心的实际考核指标，并评价该利润中心的利润完成情况。

操作：

利润中心边际贡献总额 = 500 000 - 300 000 = 200 000（元）

利润中心负责人可控利润总额 = 200 000 - 40 000 = 160 000（元）

利润中心可控利润总额 = 160 000 - 60 000 = 100 000（元）

四、投资中心及其考核

（一）投资中心的含义

投资中心是对利润中心负责的责任中心，其特点是既要对成本、收入、利润负责，又要对利润与投资之间的比例关系等负责。

投资中心同时也是利润中心，区别主要是：（1）权利不同；（2）评价方法不同。只有具备经营决策权和投资决策权的独立经营单位才能成为投资中心。

投资中心的适用范围限于经营规模和管理权力较大的部门，一般是企业的最高层，是分权管理的最突出表现。

投资中心的目标：确保投资的安全回收和投资的收益率，以保证企业的规模和经营不断有所发展。投资中心是既对成本、利润负责，又对资金负责的区域。这就是说，它不但要能控制成本与收益，同时也要能控制其所占用的资金。它适用于能直接控制固定设备、应收账款、存货等资金的某一事业部、分厂或分公司等。很显然，占用一定数额的资金是降低成本获得收益的物质条件。因此，为了计算和考核投资中心的经济效果，必须考虑投资的报酬，如资金利润率、投资回收期等。

（二）投资中心的考核

1. 投资报酬率

又称投资利润率，是指投资中心所获得的利润与投资额之间的比率。

它具有如下优点：

（1）投资报酬率能反映投资中心的综合盈利能力。

（2）投资报酬率具有横向可比性。

（3）投资报酬率可以作为选择投资机会的依据，这样有利于调整资本流量和存量，优化资源配置。

（4）以投资报酬率作为评价投资中心业绩的指标，有利于正确引导投资中心的管理行为，避免短期行为。

投资报酬率 = 部门边际贡献/该部门营业资产
　　　　　= 资本周转率×销售成本率×成本费用利润率

如果该部门的资产在期初、期末有变化也可以采用算术平均计算该部门的资产。部门边际贡献也可以用不同指标，如净利润、净收益、税前利润等。

2. 剩余收益

剩余收益是指投资中心获得的利润扣减其占用资本最低投资收益后的余额。

这里的最低投资收益率一般是指企业各投资中心的平均报酬率或整个企业的预期报酬率。利用剩余收益指标来考核投资中心的业绩，不仅具有投资报酬率指标同样的优点，而且还克服了投资报酬率指标的缺陷。其计算公式是：

剩余收益 = 部门边际贡献 − 部门营业资产应计报酬
　　　　 = 部门边际贡献 − 部门营业资产×资产成本（或平均报酬率或期望报酬率）

[业务操作9—3]

法兰公司的平均报酬率为15%，其所属A投资中心的经营资产为5 000 000元，经营净收益为1 200 000元。

要求：

（1）计算该投资中心的投资报酬率和剩余收益。

（2）若追加投资2 000 000元，可为企业增加利润300 000元，计算此时投资中心的投资报酬率和剩余收益。

操作：

（1）投资报酬率 = 部门边际贡献/该部门营业资产 = 1 200 000/5 000 000 = 24%

剩余收益 = 部门边际贡献 − 部门营业资产应计报酬 = 1 200 000 − 5 000 000×15%
　　　　 = 450 000元

（2）投资报酬率 = 部门边际贡献/该部门营业资产
　　　　　　　 = （1 200 000 + 300 000）/（5 000 000 + 2 000 000）= 21.43%

剩余收益 = 部门边际贡献 − 部门营业资产应计报酬
　　　　 = （1 200 000 + 300 000）−（5 000 000 + 2 000 000）×15% = 450 000元

点评：站在该投资中心经理角度看，如果上级部门考核其投资报酬率，该经理肯定会拒绝增加投资，因为增加投资使该中心投资报酬率下降。如果上级部门考核其剩余收益则该投资中心经理则无所谓，因为剩余收益投资前后没有变化，态度肯定是不积极，因为要冒风险。但是站在企业角度由于增加投资，产生了利润，且增加利润率300 000/2 000 000 = 15%，满足企业的要求。可见不同角度考虑问题不一样，会造成决策的不一致，有时候会伤害企业整体利益。

小思考

你如果作为一个部门负责人，你如何思考上级对你的考核指标的合理性？如果你是一个企业高层负责人你怎样考核你的属下？在两者利益发生冲突的时候，该如何协调立场？

学习子情境二
内部转移价格

☞ 情境引例

某企业有甲、乙两个责任中心，生产一种A产品。甲中心每月可向乙中心提供半成品10 000件，其单位成本为80元，按价格为120元转给乙中心。乙中心将半成品加工为产成品，每件加工成本50元，产成品对外销售价180元。甲、乙两个责任中心每月销售利润见表9-2：

表9-2　　　　　　　　　责任中心销售利润表

项目	甲中心	乙中心
单位成本	80元	170元（注：120+50）
销售价格	120元	180元
单位销售利润	40元	10元
销售数量	10 000件	10 000件
销售利润总额	400 000元	100 000元

计算结果表明：两个中心的销售利润分别是40万元、10万元，明显甲中心的业绩好于乙中心。如果甲中心交给乙中心的半成品价格改为90元，在对外销售价不变的情况下，两个中心的利润又是多少？

家电下乡为什么可以拉动经济

2009年春节期间，中央电视台经济频道联合国家统计局，中国邮政集团公司，在全国范围内展开了CCTV 2008经济生活大调查，农村被访者的消费选择依次为：电脑，汽车，冰箱，摩托车，彩电，旅游，手机，空调，洗衣机。由此可见，农村居民对家电的需求十分旺盛。初步测算全面实施家电下乡，预计到2010年可以基本消化彩电，冰箱，洗衣机，空调，手机的中低端家电产品过剩产能，转移20%以上的出口能力，每年可降低顺差100

亿美元以上，每年新增消费近 1 000 亿元。

2009 年农村居民的人均纯收入为 4 671 元，而这样的收入水平似乎暗示着释放消费需求的可能，这相当于 20 世纪 90 年代后期城镇居民的收入水平，那时正是家电迅速普及的阶段。在出口受阻，经济低迷的形式下，拥有 8 亿多人口的农村市场，显然吸引力空前。2009 年 2 月 1 日起，家电下乡活动开始在全国推广。这是继国家对农民实行粮食直补，农资直补后，首次对农民在消费领域进行的直补。

职业判断与业务操作

一、内部转移价格的含义和制定原则

在责任会计体系中，企业内部的每一个责任中心都是作为相对独立的商品生产经营者存在的，为了分清经济责任，各责任中心之间的经济往来，应当按照等价交换的原则实行"商品交换"。各责任中心之间相互提供产品（或劳务）时，要按照一定的价格，采用一定的结算方式，进行计价结算。这种计价结算并不真正动用企业货币资金，而是一种观念上的货币结算，是一种资金限额指标的结算。计价结算过程中使用的价格，称为内部转移价格或内部转移价格。

制定转移价格的目的：（1）防止成本转移带来的部门间责任转嫁，使每个利润中心都能作为单独的组织单位进行业绩评价；（2）作为一种价格引导下级部门采取明智的决策，生产部门据此确定提供产品的数量，购买部门据此确定所需要的产品数量。

内部转移价格的作用：（1）内部转移价格是分清各责任中心经济责任的重要依据；（2）内部转移价格是测定各责任中心资金流量的重要依据；（3）内部转移价格是考核各责任中心生产经营成果的重要依据。

制定内部转移价格时应遵循的原则：

第一，公平性原则。企业制定的内部转移价格，应当使提供产品的责任中心和接受产品的责任中心都认为是公平合理的。

第二，目标一致原则。在制定内部转移价格时，既要考虑有关责任中心的利益，更要考虑企业的总体利益，并且尽量使两方面的利益保持一致。

第三，激励性原则。建立责任会计制度的目的，既不是分析考核、更不是核算记录，而是要激励企业的各个部门和员工，使其更加努力地工作，以实现企业的经营目标。

二、内部转移价格的类型及利弊

（一）按标准成本制订转移价格

这种办法就是根据产品或劳务的标准成本作为计价基础。它的优点是简便易行，而且不会把经营单位的浪费和无效劳动转嫁给其他单位负担。

但按标准成本计价，必须使经营单位无利可得。这样一来，经营单位就不会在成本控制和节约开支方面多下功夫，大大削弱了他们千方百计降低产品成本的积极性。

（二）按实际成本加成制订转移价格

这种办法就是根据产品或劳务的实际成本，加上一定的正常利润作为计价的基础。它的优点是能保证经营单位有利可得，可以调动他们的工作积极性。

但按实际成本加成必须会把经营单位的浪费和无效劳动都转嫁给其他单位负担，而且还会导致经营单位在制订决策时只从本身利益出发，而不考虑全公司的整体利益。

（三）按市价制订转移价格

这种办法就是根据产品或劳务的市场供应价格作为计价基础。在西方国家通常认为市场价格是内部转移价格的最好依据，因为市价最能适应利润中心的基本要求。那就是在一个企业内部造成一种竞争性的市场情势，使其中每个利润中心都成为独立的机构，各自经营，相互竞争，最后再用利润指标衡量它们的经营成果。如果制订的转移价格确能反映真正的市场情况，那么，利润中心的净利就能作为评价其实绩高低的真正依据。

现代企业在采用市价为转移价格时，企业内部的买卖双方一般应遵守以下几条规则：

（1）若卖方愿意对内销售，且售价与市价相符时，买方应有购买的义务，不得拒绝。

（2）若卖方售价高于市价时，买方有改向外界市场购入的自由。

（3）若卖方宁愿对外界销售，则应有不对内销售的权利。

应该注意的是，凡属内部转让的产品或劳务，往往是专门生产的，或具有特定的规格，这种情况下，就没有市价可作为准绳，这就是采用这个标准的局限性。

（四）按议价制订转让价格

这种办法就是按买卖双方共同协商的价格作为计价基础。因为在一般情况下，转移价格可以比市价低一些，这主要是由于：

（1）内部转移价格中所包含的推销费用和管理费用，通常要比外界供应的市价为低。

（2）内部转移的数量一般较大。

（3）转出单位拥有多余的生产能量。

因此，市场只能作为制订内部转移价格的上限，至于具体价格需由买卖双方参考市价协商议定。另外，当产品或劳务在没有市价的情况下，也只有采用议价的方式来决定。

最后还应指出，责任中心的相互转账，不可避免地会产生一些有关价格方面的争议事项；因此，企业内部应设置一个领导与群众相结合的、处事公正的权威机构，一般叫作经济仲裁委员会，专门对这些争议进行调查研究，秉公处理，实施仲裁。

> **小资料**

不同成本模式的转移价格

1. 计划制造成本型内部转移价格

适用范围：适用于采用制造成本法计算产品成本的成本中心之间的往来结算。

优点：将责任会计的责任成本核算与财务会计的产品成本核算有机地联系起来，没有虚增成本和虚增占用数额的现金，便于资金预算的分解落实。

缺点：没有与责任中心真正创造的利润联系起来，不能有效地调动责任中心增加产量的积极性。

2. 计划变动成本型内部转移价格

适用范围：适用于采用变动成本法计算产品成本的成本中心之间的往来结算。

优点：符合成本性态，揭示成本与产量之间的关系，反映责任中心的成本节约或超支，考核责任中心的工作业绩，有利于企业及各责任中心判断是否接受订货进行生产。

缺点：不能反映劳动生产率的变化，产品单位成本中有固定成本的影响，从而割裂了固定成本与产量之间的内在联系，也不利于调动各责任中心增加产量的积极性。

3. 计划变动成本加计划固定总成本型内部转移价格

适用范围：适用于采用各种方法计算产品成本的成本中心相互之间的往来结算。

优点：包含前述两种方法的全部优点，与产量有内在的归属关系。能够合理体现转移产品的劳动耗费，便于各责任中心正确计算产品成本。

缺点：较难合理确定计划固定总成本。在一个责任中心同时为几个责任中心提供产品的情况下，所需计划分配比例很难确定，无助于调动各责任中心增加产量的积极性。

4. 计划制造成本加利润型内部转移价格

适用范围：适用于人为利润中心之间的往来结算。

优点：有利于调动各责任中心增加产量的积极性，克服前述几种成本型内部转移价格的缺点。

缺点：计算的利润不是企业真正实现的利润，使产品成本核算不够真实，成本核算工作量大，会虚增各责任中心的流入量和资金占用额。

> **小思考**
>
> 如果你是一个汽车生产厂的财务经理，站在企业整体利益角度，如何处理轮胎生产车间、发动机生产车间的产品，可以在企业内部转移，也可在外部市场销售情况下，这两个车间与组装车间和销售部门之间的成本转移？

> **工作实例**
>
> 一个服装生产企业，从原材料棉花进厂到服装产品完成，要经历几个半成品过程，如纺纱、织线、布匹。这些半成品在目前市场上有的可以销售，就有市场价，有的不能销售，缺乏公平的市价。在不同的生产环节，各个生产车间都可以独立完成，如何进行内部转移加价格决策，对你作为一个总厂负责人应该全方位考虑，你作为具体财务经理如何具体操作也是件不容易的工作。

情境小结

本情境主要分析企业不同的核算单位如何进行责权利的确认，不同的责任单位所拥有的权力不同、所控制的资源不同，考核的依据就要根据各自的具体情况加以区分。同时在考核各责任中心的时候，局部利益和整体利益存在冲突，如何合理的协调矛盾，是责任中心考核指标的要点。成本中心、利润中心、投资中心在企业处于不同层次，权力逐步递增，考核的指标差异很大，而且同一成次，考核指标也有多种，在不同的条件考核指标应该根据企业的总体、长远目标调整，不应该一成不变。在处于多步骤生产的企业，在考核不同步骤（车间）的时候，这些步骤就是一个责任中心，他们处于生产的不同环节，成本转移不可避免，合理的内部转移价格是对各责任中心的利益影响重大，一旦不慎就会影响企业整体利益。

习题与实训

一、单项选择题

1. 计算投资报酬率时，其经营资产计价是采用（ ）。
   A. 原始价值   B. 账面价值
   C. 委估价值   D. 市场价值

2. 责任会计的主体是（ ）。
   A. 管理部门   B. 责任中心
   C. 销售部门   D. 生产中心

3. 投资中心的利润与其投资额的比率是（　　）。
   A. 内部收益率　　　　　　　　　　B. 剩余收益
   C. 部门贡献边际　　　　　　　　　D. 投资报酬率
4. 责任会计中确定责任成本的最重要的原则是（　　）。
   A. 可避免性　　　　　　　　　　　B. 因果性
   C. 可控性　　　　　　　　　　　　D. 变动性
5. 成本中心的责任成本是指该中心的（　　）。
   A. 固定成本　　　　　　　　　　　B. 产品成本
   C. 可控成本之和　　　　　　　　　D. 不可控成本之和
6. 下列项目中，不属于利润中心负责范围的是（　　）。
   A. 成本　　　　　　　　　　　　　B. 收入
   C. 利润　　　　　　　　　　　　　D. 投资效果
7. 利润中心一般是通过一定期间实际实现的利润同（　　）所确定的预计利润数进行对比，从而对利润中心的工作成果进行评价与考核。
   A. 标准成本　　　　　　　　　　　B. 责任成本
   C. 费用成本　　　　　　　　　　　D. 责任预算
8. 三种责任中心中处于最高层次的是（　　）。
   A. 成本中心　　　　　　　　　　　B. 利润中心
   C. 投资中心　　　　　　　　　　　D. 无所谓谁高谁低
9. 投资中心与利润中心的主要区别是（　　）。
   A. 投资中心拥有生产的经营决策权　B. 投资中心拥有投资决策权
   C. 投资中心拥有对外销售收入　　　D. 投资中心具有法人地位
10. 以产品在企业内部流转而取得"内部销售收入"为特征的责任中心称为（　　）。
    A. 成本中心　　　　　　　　　　　B. 投资中心
    C. 自然利润中心　　　　　　　　　D. 人为的利润中心
11. 下列会计系统中，能够履行管理会计"考核评价经营业绩"职能的是（　　）。
    A. 预测决策会计　　　　　　　　　B. 规划控制会计
    C. 对外报告会计　　　　　　　　　D. 责任会计
12. 为了使部门经理在决策时与企业目标协调一致，应采用的评价指标为（　　）。
    A. 销售利润率　　　　　　　　　　B. 剩余收益
    C. 投资报酬率　　　　　　　　　　D. 现金回收率
13. 成本中心控制和考核的内容是（　　）。
    A. 责任成本　　　　　　　　　　　B. 产品成本
    C. 直接成本　　　　　　　　　　　D. 目标成本
14. 下列项目中，不属于利润中心负责范围的是（　　）。
    A. 成本　　　　　　　　　　　　　B. 收入
    C. 利润　　　　　　　　　　　　　D. 投资效果
15. 供需双方分别按照不同的内部转移价格计价结算时采用的是（　　）。
    A. 实际成本　　　　　　　　　　　B. 市场价格

C. 协商价格 D. 双重市场价格

16. 在组织形式上,（　　）一般都是独立的法人。
    A. 成本中心 B. 利润中心
    C. 投资中心 D. 责任中心

17. 既对成本负责,又对收入负责的责任中心,被称为（　　）。
    A. 成本中心 B. 利润中心
    C. 投资中心 D. 责任中心

18. 关于责任中心的论述错误的是（　　）。
    A. 一般的成本中心都可以根据管理的需要划定为人为的利润中心
    B. 成本中心计算和考核的是责任成本,而非产品成本
    C. 成本中心的直接成本一定是可控成本
    D. 投资中心具有经营决策权和投资决策权

19. 在以成本作为内部转移价格制定基础的条件下,如果产品的转移涉及利润中心或投资中心时,内部转移价格应采用（　　）。
    A. 实际成本 B. 标准成本
    C. 标准成本加成 D. 变动成本

20. 在责任会计中,将企业办理内部交易结算和内部责任结转所使用的价格称为（　　）。
    A. 变动成本 B. 单项责任成本
    C. 内部转移价格 D. 重置价格

二、多项选择题

1. 投资利润率的高低受以下（　　）影响。
   A. 经营净资产周转率 B. 经营资产
   C. 经营净利润 D. 销售利润率
   E. 销售收入

2. 责任中心按其所负责任和控制范围不同,分为（　　）。
   A. 成本中心 B. 费用中心
   C. 投资中心 D. 收入中心
   E. 利润中心

3. 责任中心考核的指标包括（　　）。
   A. 可控成本 B. 产品成本
   C. 利润 D. 投资报酬率
   E. 剩余收益

4. 对投资中心考核的重点有（　　）。
   A. 贡献边际 B. 销售收入
   C. 营业利润 D. 投资报酬率
   E. 剩余收益

5. 利润中心包括（　　）两种类型。
   A. 人为的利润中心 B. 外部利润中心

C. 自然的利润中心 D. 收入中心
6. 成本中心可以有（　　）。
   A. 车间 B. 个人
   C. 工段 D. 班组
   E. 分厂
7. 投资中心的业绩评价指标主要有（　　）。
   A. 剩余收益 B. 回收期
   C. 内含报酬率 D. 投资报酬率
8. 内部转移价格的类型有（　　）。
   A. 市场价格 B. 协商价格
   C. 双重价格 D. 以成本为基础的价格
9. 责任中心一般可分为（　　）。
   A. 成本中心 B. 生产中心
   C. 销售中心 D. 利润中心
   E. 投资中心
10. 下列各项中，属于责任中心考核指标的有（　　）。
    A. 产品成本 B. 可控成本
    C. 利润 D. 剩余收益
    E. 投资报酬率
11. 内部转移价格的种类有（　　）。
    A. 双重价格 B. 变动成本价格
    C. 协商价格 D. 成本加成价格
    E. 市场价格
12. 为了计算责任成本，必须把成本划分为（　　）。
    A. 可控成本 B. 可避免成本
    C. 不可控成本 D. 不可避免成本
    E. 边际成本
13. 以下说法正确的有（　　）。
    A. 变动成本大多是可控成本
    B. 固定成本大多是不可控成本
    C. 可控成本可能是直接成本也可能是间接成本
    D. 凡从其他部门分配来的成本可以认为是不可控成本
    E. 成本中心的工作成果便于进行货币计量
14. 实行责任会计的条件有（　　）。
    A. 划分责任中心
    B. 规定权责范围
    C. 确定各个责任中心目标
    D. 建立和健全严密的信息收集、加工系统
    E. 评价和考核实际工作成绩

15. 成本中心的特点（　　）。
A. 工作成果不会形成可以用货币计量的收入
B. 工作成果不便于或不必进行货币计量，仅计量和考核发生的成本、费用
C. 工作成果可以形成用货币计量的收入
D. 工作成果便于进行货币计量

三、判断题

1. 市场价格作内部转移价格公平客观，所以责任中心之间内部交易结算及责任结转都应该采用市场价格作内部转移价。（　　）
2. 责任成本与可控成本的含义是一致的。（　　）
3. 成本中心扩展为利润中心的条件是解决成本中心之间的内部转移价格。（　　）
4. 成本中心实际发生的责任成本大于其责任成本预算，该差异为有利差异。（　　）
5. 剩余收益比投资报酬率更能反映投资中心的整体业绩。（　　）
6. 内部转移价格可以采用协商价格法制定。（　　）
7. 激励原则是建立责任会计制度应遵循的基本原则之一。（　　）
8. 成本中心实际发生的责任成本数大于其预算数的差异是有利差异。（　　）
9. 任何成本中心的责任成本必须是该中心的可控成本。（　　）
10. 成本中心的考核，就是只对成本负责。（　　）
11. 利润中心只对利润负责，不对成本负责，不对投资效果负责。（　　）

四、简答题

1. 如何评价投资中心的经营业绩？
2. 简述责任成本与可控成本之间的关系。
3. 确认可控成本必须同时具备什么条件？
4. 如何评价利润中心的业绩？
5. 简述投资报酬率指标的含义及使用时应注意的问题。

五、计算分析题

1. 某投资中心投资额为 100 000 元，年净利润为 20 000 元，公司为该投资中心规定的最低投资报酬率为 15%。请计算该投资中心的投资报酬率和剩余收益。

2. 某公司的平均报酬率为 13%，其所属某投资中心的经营资产为 8 000 000 元，经营净收益为 1 300 000 元。

要求：（1）计算该投资中心的投资报酬率和剩余收益。
（2）假定现追加投资 3 000 000 元，可为企业增加利润 450 000 元，计算此时投资中心的投资报酬率和剩余收益。

3. 某投资中心投资额为 100 000 元，年净利润为 20 000 元，公司为该投资中心规定的最低投资报酬率为 15%。请计算该投资中心的投资报酬率和剩余收益。

4. 仁达公司下面有几个分部均为投资中心。其中甲分部专门生产为电脑配套用的打印机，它的产品既销售给本公司的电脑分部，也出售给外界电子公司。计划年度甲分部准备生

产 12 000 台打印机，其中 4 800 台售给外部电子公司，销售单价为 690 元，其余 7 200 台转给本公司电脑分部，作为电脑的配套产品出售。该公司产销打印机发生的成本数据如下（按产销 12 000 台预计）：变动制造费用 120 元，固定制造费用 60 元，变动销售费用 66 元；固定销售费用 30 元；单位成本 276 元。

目前，该公司财务部提出下列三个标准作为制定内部转移价格的基础：变动成本、全部成本加成 50%、市场价格（即 690）。

要求：分别计算三种标准下甲分部的内部销售利润，并确定其全部销售利润。

5. 假定 A 公司下设甲、乙两个事业部，均系利润中心。

甲事业部专门生产一种组件售给乙事业部为制造某种产品之用。该项组件的内部转移价格若按完全成本法计算，其资料如下：组件的单位变动成本 40 元，组件分摊的单位固定成本 60 元，组件的单位成本 100 元。

乙事业部购进该项组件之后，还需进行加工，共要追加单位变动成本 50 元才能制成最终产品，然后以 200 元的价格向外界出售。下面是乙事业部单位产品的收入与成本的资料：

销售收入 200 元，变动成本：甲事业部转移价格 100 元，乙事业部追加成本 50 元，变动成本合计 150 元，贡献毛益 50 元。

最近 A 公司收到客户的订单，希望购买该种产品 200 件，但其购买单价只愿出 125 元。

要求：（1）试问乙事业部是否愿意接受该项产品的 125 元的单位售价？试说明理由。

（2）若甲、乙两事业部均有剩余生产能力可接受该客户 200 件的订货，无需增加固定设备。那么，乙事业部对上述要求所做的决策对整个公司业说是否有利？请说明理由。